Design and Analysis of Experiments Using R

R을 이용한 실험데이터 분석

백영민 지음

한나래 아카데미

R을 이용한

실험데이터 분석

2024년 12월 10일 1판 1쇄 박음
2024년 12월 20일 1판 1쇄 펴냄

지은이 | 백영민
펴낸이 | 조광재

펴낸곳 | (주)한나래플러스
등록 | 1991. 2. 25. 제2011–000139호
주소 | 서울시 마포구 토정로 222, 한국출판콘텐츠센터 418호
전화 | 02) 738–5637 · 팩스 | 02) 363–5637 · e–mail | hannarae91@naver.com
www.hannarae.net

ISBN 978–89–5566–314–3 93310

* 이 저서는 2021년 대한민국 교육부와 한국연구재단의 지원을 받아 수행된 연구입니다(NRF2021S1A3A2A02090597).

머리말

본서에서는 실험설계를 토대로 수집된 실험데이터를 R을 이용하여 어떻게 분석할 수 있는지 소개하였습니다. 무작위 배치(random assignment)와 실험조작(experimental manipulation)이 포함된 RCT(randomized control trial)를 기반으로 하는 실험설계기법은 가장 타당한 인과추론 방법이며, 실험데이터는 독립표본 티테스트(independent sample *t*–test)와 분산분석(ANOVA)과 같이 기초적 데이터 분석기법을 소개하는 입문과목에서 매우 빈번하게 활용됩니다. 이처럼 실험설계가 과학적 연구방법의 가장 기본이며 실험데이터에 많이 활용되는 데이터 분석기법이 입문과목에 소개되고 있음에도 불구하고, 전반적인 실험설계과정을 소개하거나 실험데이터를 구체적으로 어떻게 분석해야 하는지 소개하는 서적들을 찾기는 의외로 어려운 듯합니다. 입문서 성격을 지니는 R 관련 참고문헌들은 분산분석과 사후 다중비교(posthoc multiple comparison)를 소개하는 수준에 머무는 경우가 많고, 실험설계와 실험데이터 분석을 전문적으로 다루는 참고문헌들은 (적어도 제 관점에서는) 과도하게 전문적인 내용을 소개하는 경우가 적지 않은 듯합니다.

본서에서는 행동주의 사회과학(behavioral social science)이나 공중보건 및 의학분야(public health and medical science) 연구자들이 흔히 설계하게 되는 완전요인설계(full factorial design) 상황에서 구체적으로 실험표본을 얼마나 수집해야 하는지, 그리고 수집된 실험데이터를 어떻게 분석해야 하는지 서술하였습니다. 아울러 실험연구에서 종종 등장하는 추가 분석기법들로 단순효과 분석(simple effect analysis), 계획비교(planned contrast), 사후 다중비교를 포괄적이고 체계적으로 서술하였습니다.

본서의 내용은 다음과 같습니다. 먼저 1부 1장에서는 인과추론 관점에서 실험설계의 장점을 소개하고, 실험데이터 분석을 위한 기초 개념어들을 간단하게 설명하였습니다. 이후 2장에서 실험설계 및 실험데이터 분석의 진행과정 전반을 간략히 제시한 후, 3장에서 표본크기 추정(sample size determination)과 실험데이터 분석을 위한 R 패키지들을 소개하였습니다.

2부는 구체적 실험상황에 따라 장을 구분하여 서술하는 방식으로 구성하였습니다. 모든 장에서 활용도가 높은 실험설계 상황별로 표본크기 추정방법을 구체적으로 설명하고 예시한 후, 실험데이터 분석과정에서는 실험에 포함된 요인별 테스트를 진행해 결과를 제시하고, 추가 분석기법으로 단순효과 분석, 계획비교, 사후 다중비교를 설명하고 예시하였습니다.

4장에서는 단일요인설계 상황에서의 표본크기 추정방법을 소개한 후, 실험데이터를 대상으로 주효과를 추정하고 해당 주효과를 대상으로 적용 가능한 단순효과 분석, 계획비교, 사후 다중비교를 소개하였습니다. 4장에서 다룬 단일요인설계는 요인의 수준개수가 2개, 3개, 5개인 경우로 나누어 서술하였습니다. 4장의 내용을 숙지하시면 요인의 수준개수가 5개를 넘는 보다 복잡한 상황의 단일요인설계 데이터라도 어렵지 않게 분석하실 수 있습니다.

5장에서는 2요인설계 상황에서의 표본크기 추정방법을 소개한 후, 실험데이터를 대상으로 주효과와 상호작용효과를 추정하고 통계적으로 유의미한 상호작용효과가 나타났을 때 적용할 수 있는 단순효과 분석(단순주효과 분석 및 단순기울기 분석), 계획비교, 사후 다중비교를 소개하였습니다. 5장에서 소개한 2요인설계는 2×2 개체간 요인설계와 3×3 개체간 요인설계 2가지입니다. 5장의 내용을 숙지하시면 요인의 수준개수가 더 늘어나는 상황이더라도 어렵지 않게 응용하실 수 있을 것입니다.

6장에서는 3요인설계 상황에서의 표본크기 추정방법을 소개하고, 실험데이터를 대상으로 주효과와 2원상호작용효과 및 3원상호작용효과를 추정한 후 통계적으로 유의미한 3원상호작용효과가 나타났을 때 적용할 수 있는 단순효과 분석(단순주효과 분석과 단순2원상호작용 분석), 계획비교, 사후 다중비교에 대해 설명하였습니다. 6장에서 소개한 3요인설계는 3×3×2 개체간 요인설계 한 가지이지만, 4-6장의 내용을 잘 숙지하신다면 다른 유형의 3요인설계는 물론 요인의 개수가 4 이상인 다요인설계 상황이라도 잘 대처하실 수 있을 것입니다.

7장에서는 개체내 요인이 포함된 반복측정설계 상황에서의 표본크기 추정방법을 소개하고, 실험데이터 분석방법과 추가 분석방법들(단순효과 분석, 계획비교, 사후 다중비교 등)을 설명하였습니다. 7장에서는 개체내 요인이 포함된 실험데이터의 특성을 소개한 후, 표본크기 추정시 유념할 추가적 사항들에 대해 예시와 함께 설명하였습니다. 이후 개체내 요인이 포함된 요인설계 데이터에 대한 전통적 분석방법인 반복측정

분산분석(ANOVA with repeated measures)과 함께 최근 인기를 끌고 있는 혼합모형(mixed model)을 소개하였습니다. 또한 반복측정설계 데이터를 분석할 때 측정시점 간 오차항의 관계를 구조화하는 몇 가지 방법(compound symmetry, first-order auto-regressive, or unstructured error structure)을 혼합모형 활용 맥락에서 가급적 쉽게 소개하였습니다.

8장에서는 자주는 아니지만 종종 활용되고 있는 블록설계와 배속설계 개념을 간단히 소개한 후, 각 상황별 표본크기 추정방법과 실험데이터 분석방법 및 추가 분석방법을 예시하였습니다. 연구분야와 연구목적상 블록설계나 배속설계가 필요한 분이라면 4-7장의 내용을 숙지한 후 8장의 내용을 보시면 큰 도움이 될 것으로 생각합니다.

9장에서는 실험설계과정에서 연구자가 살펴보고자 하는 종속변수에 대해 정규분포를 가정할 수 없는 경우, 실험데이터를 어떻게 분석할 수 있는지 소개하였습니다. 9장에서 살펴본 종속변수 유형들은 '이항 범주형(binary categorical) 변수', '순위 범주형(ordered categorical) 변수', '무순위 범주형(unordered categorical) 변수', '횟수형(count) 변수' 등입니다. 4-8장에서 소개한 상황에서는 전통적인 분산분석이나 혼합모형을 사용해야 하지만, 9장에서 소개한 상황처럼 정규분포를 가정할 수 없는 종속변수의 경우에는 일반화선형모형(GLM, generalized linear model)이나 일반화선형혼합모형(GLMM, generalized linear mixed model)을 활용해야 합니다. 통상적인 분산분석 결과와 어떤 점이 다르고 어떤 점이 유사한지, 그리고 정규분포를 가정하기 어려운 종속변수가 포함된 실험데이터를 대상으로 효과패턴을 시각화하거나 추가 분석을 수행할 때 주의할 점은 무엇인지 구체적인 예시와 함께 쉽게 서술하려 노력하였습니다.

3부 10장에서는 실험설계와 실험데이터 분석과 관련하여 본서에서 다루지 않았던 부분들을 짧게라도 소개하고 심화학습을 원하는 독자분들을 위해 제가 알고 있는 참고문헌들을 제시하였습니다. 끝으로 11장에서는 본서의 전반적 내용과 함께 실험데이터 분석과정에서 유의할 요점들은 무엇인지 정리하였습니다.

《R을 이용한 실험데이터 분석》에 관심 있는 독자께 다음과 같은 부탁의 말씀을 드립니다. 첫째, 기초적 R 활용법을 숙지하신 후에 본서를 보시기 바랍니다. 본서는 R을 소개하는 목적보다 R을 활용하여 연구자가 계획하고자 하는 실험을 성공적으로 수행하기 위한 표본크기를 추정하고, 실제로 수집된 실험데이터를 자세하고 정교하게 분석할 수 있는 다양한 기법들을 설명하고 소개하는 데 중점을 두었습니다. 즉 저는 R이 무엇이며 어떻게 설치하고 어떻게 사용하는지에 대한 기초적 지식을 충분히 갖추었지만, R을 이용하여 실험연구의 표본크기를 추정하고 실험데이터를 분석하고 싶은 독자를 대상으로 본서를 저술하였습니다. 만약 R 활용법에 익숙치 않으시다면, 본서에 앞서 R 입문서들을 먼저 학습해주시기 바랍니다. 관련하여 제가 서술한 R 관련 입문서(백영민, 2023)를 참고하시거나 다른 R 관련 입문서적들을 참고하시기 바랍니다.

둘째, 효과적인 시각화 결과물을 얻기 위해 R 타이디버스(tidyverse) 방법, 구체적으로 `ggplot2` 패키지의 부속함수들을 어느 정도 이해하고 있으셔야 합니다. R 타이디버스 접근방법은 현대의 R 이용자 집단에서 주류를 차지하고 있으며, 무엇보다 매우 강력한 시각화 도구들을 제공하고 있습니다. 실험에 포함되는 요인의 개수와 각 요인의 수준개수가 많으면 많을수록 효과패턴 시각화가 필수적입니다. 이런 점에서 R 타이디버스 접근방법, 특히 `ggplot2` 패키지의 작동방식을 이해하는 것은 본서의 내용을 효과적으로 습득하는 데 필수적입니다.

셋째, 실험데이터는 연구자의 이론을 토대로 한 '설계(design)'를 토대로 수집된다는 점에서 기초적 수준의 연구방법론(research methodology) 사전지식을 반드시 습득하신 후 본서를 보시기 바랍니다. 즉 저는 실험데이터 분석에 대한 전반적인 내용을 소개한다는 점에서 본서에서는 독자들이 실험설계가 무엇이며 소위 관측연구와 어떤 방법론적 차별점을 갖는지 알고 있다고 가정하였습니다. 물론 1부 1장에서 실험설계의 특징과 등장배경, 그리고 실험데이터 분석을 위해 필수적인 개념들을 간략하게 정리하였지만, 분량 문제로 실험연구가 다른 연구와 비교할 때 어떤 강점을 지니며 어떤 약점에 취약한지에 대한 포괄적인 설명을 제시하지는 않았습니다. 실험연구의 특징을 이해하고 이론적 관점에서 실험데이터 분석결과의 장점을 효과적으로 제시하기 위해 기초적 수준에서라도 연구방법론을 꼭 학습하시길 강력히 권합니다. 이와 관련해 제가 서술한 학부생 수준의 연구방법론 참고문헌(백영민, 2018b) 혹은 관련 연구방법론 교과서(Babbie, 2020; Schutt, 2022; Shadish et al., 2001)를 참조하시기 바랍니다.

넷째, 본서는 실험설계를 처음 시도하거나 실험데이터 분석에 익숙하지 않은 독자들을 대상으로 서술하였지만, 독자께서는 여기에 만족하지 말고 스스로 참고문헌들을 찾아가며 심화학습을 시도해보시기 바랍니다. 본서에서는 표본크기 추정과 실험데이터 분석 관련 기본적 내용들을 포괄적으로 소개하였지만, 너무 전문적이거나 활용빈도가 높지 않은 기법들의 경우 참고문헌을 제시하는 것으로 갈음하였습니다. 그러나 연구목적이나 연구분과에 따라 본서에서 소개하는 기법들이 아닌 다른 기법, 혹은 더 심화한 형태의 기법이 필요할 수도 있습니다. 본서에서 제시하는 기법들을 충실하게 학습하신다면, 본서에서 추가로 제시한 참고문헌들을 통해 스스로 문제를 해결하실 수 있을 것으로 저는 생각합니다.

다섯째, 활동분과에서 주로 선호되는 실험설계는 무엇이며, 어떤 방식의 실험데이터 분석기법들이 활용되는지 잘 살펴보시고 본서를 보신다면 매우 효과적일 것으로 생각합니다. 제 나름의 최선을 다해 가급적 다양한 표본크기 추정 방법들과 실험데이터 분석기법들을 제시하였지만, 독자의 활동분야에 따라 어떤 부분은 거의 혹은 전혀 사용되지 않을 수도 있고, 어떤 부분은 본서에서 소개된 것보다 더욱 다양하고 심도 있는 방식으로 사용될 수도 있습니다. 저자의 경험범위와 독자의 활동영역의 불일치 문제는 거의 모든 책에서 나타나는 불가피한 부분이며, 활동분과에서 요구되는 것이 무엇인지를 먼저 파악하는 것이 이러한 틈을 메우기 위한 가장 좋은 방법이라고 저는 생각합니다.

저자 머리말을 마무리하기 전, 본서 출간에 큰 도움을 주신 ㈜한나래플러스의 조광재 대표님께 감사의 말씀을 드립니다. 어려운 출판시장 상황에서도 소량 판매에 그칠 수밖에 없는 전문도서 출간에 애써주셔서 진심으로 감사합니다. 아울러 스탠포드 대학교에서 박사과정을 밟고 있기에 같이 작업하지는 못했지만, 표본크기 추정과 관련하여 궁금한 사항이 있을 때 언제나 자세하고 충실하게 자료를 조사해주고 적극적으로 생각을 공유해준 박인서 선생에게 감사의 마음을 전합니다. 본서에 소개된 R 코드와 예시용 데이터는 모두 저자 홈페이지(https://sites.google.com/site/ymbaek/)에서 다운로드할 수 있습니다. 독자분들이 효율적이고 효과적으로 실험을 진행하고 실험데이터를 분석하는 데 본서가 도움이 되길 기원하며 이만 줄입니다.

2024년 7월 25일

연세대학교 아펜젤러관에서

백영민

차례

2부 실험데이터 분석 실습

3부 마무리

1부

실험설계와 실험데이터 분석 개요

1장 실험설계와 실험데이터 분석의 개념적 기초

어떤 학문분과든 상관없이 '실험(experiment)'이라는 용어는 매우 자주 사용됩니다. 본서에서는 인과추론(causal inference) 관점에서, 처치효과(treatment effect)를 가장 효과적으로 추정할 수 있는 과학적 연구방법으로 '무작위 배치와 통제집단이 포함된 실험(RCT, randomized controlled trial)'을 따르도록 설계된 실험데이터를 어떻게 설계하고 수집하며 분석할 수 있는지 소개하였습니다.

예시데이터를 대상으로 한 구체적 분석과정은 2부에서 제시하였으며, 1부에서는 실험 및 실험설계와 관련된 개념적 기초(1장), 전반적 진행과정 및 유의사항(2장), 실험데이터 분석을 위해 필요한 R 패키지(3장)에 대해서 간략하게 소개하였습니다.

1장에서는 왜 RCT를 토대로 한 실험연구가 인과추론 관점에서 최상의 연구기법인지 서술한 후, 실험데이터 분석을 위해 반드시 알아야 할 개념들은 무엇인지 간단하게 설명하였습니다.

1 실험연구와 인과추론

과학적 연구의 핵심은 과연 무엇일까요? 연구자에 따라 혹은 연구분과에 따라 이 질문에 대한 답은 다를 수 있습니다. 그러나 적어도 주류 연구방법론 혹은 데이터 분석 관련 문헌에서는 과학적 연구의 핵심목적으로 '타당한 인과관계 추론'을 지목하고 있습니다(백영민, 2018b; Babbie, 2020; Holland, 1986; Imbens, 2024; Pearl & Mackenzie, 2018; Schutt, 2022; Shadish et al., 2001). 행동주의 사회과학 분야에서 흔히 이야기하는 '내적 타당도(internal validity)'는 다름 아닌 연구자가 주장하는 원인과 결과의 인과관계의 타당성을 다루며, 흔히 원인-결과의 관계에 대한 추론을 '인과추론(causal inference)'이라고 부릅니다.

인과추론 방법에는 실험연구방법만 있지는 않습니다. 그러나 주류 학계에서 가장 신뢰할 수 있는 인과추론 방법은 실험연구방법, 보다 구체적으로 처치집단과 통제집단이 무작위 배치(random assignment)되고 실험처치물이 실험조작된(experimental manipulation) RCT(randomized controlled trial)를 토대로 한 실험연구방법입니다.

그러나 RCT의 역사는 생각보다 오래되지 않았습니다. 인과추론 관련 문헌에 따라 조금씩 다르기는 하지만, RCT를 기반으로 한 실험설계 기법의 시작은 그 시점을 빨리 잡는다면 1920년대 초반(Splawa-Neyman, 1923/1990), 늦게 잡는다면 1930년대 후반(Fisher, 1937)으로 본서가 저술되는 시점을 기준으로 약 100년 정도의 역사를 가지고 있을 뿐입니다. 그러나 이 100년의 기간은 확률론을 토대로 한 근대 통계학이 정초된 시기이며, RCT 기반 실험설계는 미식품의약국(U.S. FDA, Food and Drug Administration)을 비롯한 안전관련 규제기관에서 가장 신뢰하는 인과추론 연구방법으로 확립되었습니다.

RCT를 토대로 한 실험연구가 인과추론을 위한 최고의 연구방법인지 이해하기 위해서는 법칙정립적 인과관계(nomothetic causality), 즉 내적 타당도(internal validity)를 확보하기 위해 충족하여야 하는 다음의 세 조건을 먼저 이해해야 합니다.

① 원인변수의 변화와 결과변수의 변화는 서로 상관관계를 갖는다.
② 원인변수의 변화는 결과변수의 변화보다 시간적으로 먼저 선행한다.
③ 원인변수의 변화와 결과변수의 변화 사이의 상관관계를 설명할 수 있는 다른 변수들(즉 교란변수, confounding variables)은 존재하지 않는다.

먼저 첫 번째 조건은 데이터를 수집한 후에 살펴보아야 확인여부를 알 수 있기 때문에 실험연구와 직접적 관련성을 갖지는 않습니다. 그러나 RCT를 토대로 한 실험연구는 두 번째와 세 번째 조건을 매우 효과적으로 충족합니다. 우선 두 번째 조건의 경우, 실험연구에서는 결과를 측정하기 전에 실험조작된 처치 혹은 통제(treatment or control)를 개체에 노출 혹은 주입시킵니다. 다시 말해 실험과정에서 원인변수의 변화는 결과변수의 변화보다 시간적으로 먼저 발생합니다. 다음으로 세 번째 조건의 경우, 무작위 배치를 통해 달성됩니다. '무작위 배치(random assignment)'는 어떤 개체가 주어진 실험조건들에 배치될 확률이 동일하다는 것을 의미합니다. 예를 들어 가장 간단한 RCT 설계의 경우 처치집단과 통제집단의 두 집단이 존재하는데, 어떤 개체가 처치집단 혹은 통제집단에 배치될 확률이 .50으로 동일하다는 것을 의미합니다. 무작위 배치를 실시하면, 확률적으로 처치집단과 통제집단은 모든 측면에서 동일한 확률을 갖는다고 가정할 수 있게 됩니다. 이를테면 무작위 배치를 하게 될 경우 처치집단과 통제집단의 성별, 연령, 소득비율, 심리성향 등 생각할 수 있는 모든 요인들이 동일한 확률로 배치되었다고 가정할 수 있습니다. 다시 말해 실험조작된 원인변수를 제외한 다른 모든 교란변수들의 조건이 동일하다고 가정할 수 있게 됨에 따라 세 번째 조건을 확률론적 관점에서 충족하였다고 말할 수 있고, 만약 연구자의 예상대로 원인변수의 변화에 따라 결과변수의 변화가 확인되었다면(즉, 첫 번째 조건) 연구자가 제시한 인과관계는 확보되었다고 주장할 수 있게 됩니다.

인과관계 확립을 위한 3가지 조건들을 적어도 확률론적 관점에서 완벽하게 충족시킨다는 점에서 실험연구결과는 다른 연구결과보다 훨씬 우월하다는 평가를 받습니다. 물론 연구상황이나 연구윤리 등 여러 현실적 이유들로 인해 RCT를 적용할 수 없는 상황도 발생하며, 연구분과에 따라 '준-실험연구(quasi-experimental study)', '자연실험(natural experiment)', '관측연구(observational study)' 등이 더 많이 활용되기도 합니다. 그러나 RCT를 토대로 한 실험설계에서 벗어난 연구결과들은 내적 타당도를 확보하기 어렵다는 방법론적 한계에서 결코 자유로울 수 없으며, 성향점수분석(propensity score analysis, 백영민·박인서, 2021; Rosenbaum & Rubin, 1983)이나 계량경제학에서 주로 활용되는 도구변수(instrumental variables) 활용방법, 패널데이터 분석 과정에서 종종 등장하는 고정효과(fixed effect) 모형이나 이중차분법(DiD, difference-in-difference), 회귀불연속 설계(regression discontinuity design) 등(최근의 리뷰로는 Imbens, 2024 참조)은 인과추론 과정의 정교함에도 불구하고 특정한 가정들이 충족되는 조건에서만 제한적으로 내적 타당도를 확보할 수 있을 뿐입니다.

정리하자면 RCT를 토대로 하는 실험연구는 가장 효과적인 인과추론 기법이며,

실험데이터 분석기법은 관측연구나 준-실험연구에 활용되는 다양한 데이터 분석기법을 이해하기 위한 기초를 제공한다는 점에서 매우 중요합니다.

2 실험데이터 분석을 위한 기초 개념

여기서는 실험데이터 분석을 수행하기 위해서 필수적으로 알아야 할 기초 개념들을 간단하게 설명하도록 하겠습니다. 소제목으로 제시된 개념들이나 용어들을 모르신다면 꼼꼼하게 읽어보시고, 알고 계신다면 가볍게 훑어보시면 될 듯합니다.

2-1 통계적 유의도 테스트와 귀무가설

통계적 유의도 테스트(statistical significance test)는 소위 실증데이터 분석을 중심으로 전개되는 주류 과학에서 거의 언제나 활용되지만, 빈번하게 오용 혹은 남용되기도 합니다. 오남용의 위험성에도 불구하고 통계적 유의도 테스트는 변수와 변수의 관계 혹은 변수들과 변수들의 관계가 우연으로 치부될 수 있는지, 아니면 우연으로 치부되기 어려운지를 가르는 중요한 기법이라는 점은 부정할 수 없습니다. 통계적 유의도 테스트는 실험연구를 설계하는 과정에서 표본크기를 추정할 때 활용되며, 여느 데이터 분석과 마찬가지로 실험데이터 분석을 통해 연구가설을 테스트할 때 핵심역할을 수행합니다.

통계적 유의도 테스트에 대한 내용은 데이터 분석 관련 입문과목에 소개되기 때문에 여기서는 구체적인 예를 제시하지는 않겠습니다. 다만 실험연구를 수행할 때, 통계적 유의도 테스트가 어떠한 역할을 하는지 유념할 사항들만 간단하게 언급하겠습니다.

첫째, "통계적으로 유의하다(statistically significant)"는 말은 데이터 분석결과를 통해 연구자가 내린 결정이 통계적 관점에서 의미가 있음을 의미할 뿐이며, 통계적으로 의미가 있다는 말이 "실질적으로 의미가 있다(practically significant)" 혹은 연구자의 연구결과가 "과학적으로 참이다(scientifically true)"를 의미하지는 않습니다. 다시 말해 통계적으로 유의미한 결과는 연구자가 얻은 분석결과가 통계적(혹은 확률적)으로 우연이라고 보기 어렵다는 것을 의미하며, 동일한 결과라고 하더라도 연구자가 어떤 기준을 설정하는가에 따라 통계적 유의도 테스트 결과는 달라질 수 있습니다.

둘째, 통계적 유의도 테스트는 테스트의 기준을 어떻게 설정하는가에 따라서 동일한 분석결과에 대한 최종 의사결정 결과가 달라질 수 있습니다. 통계적 유의도 테스트는 귀무가설(혹은 영가설, null hypothesis)의 수용 혹은 기각 여부를 결정하는 테스트이며, 귀무가설의 수용여부를 판단하는 기준으로 흔히 $\alpha = .05$를 채택합니다. 먼저 귀무가설이란 "처치효과(treatment effect)가 '0'이다" 혹은 "원인변수 변화와 결과변수의 변화가 상호독립적이다(independent)"라는 것을 의미합니다. 반면 대안가설(혹은 대립가설, alternative hypothesis)은 귀무가설에 대한 대안적 가설을 의미하며, "처치효과가 '0'이 아니다" 혹은 "원인변수 변화와 결과변수 변화가 상호의존적(dependent)이다"를 의미합니다. 대안가설의 방향성을 어떻게 설정하는가에 따라 통계적 유의도 테스트는 일방향 테스트(one-sided test)가 될 수도 있고, 양방향 테스트(two-sided or both-sided test)가 될 수도 있습니다. 일방향 테스트와 양방향 테스트의 차이에 대해서는 조금 후에 설명하겠습니다. 다음으로 귀무가설의 수용여부를 결정하는 기준인 $\alpha = .05$는 '귀무가설을 수용해야 하는데 귀무가설을 기각할 확률'을 의미합니다. 예를 들어 $\alpha = .05$의 의미는 '처치효과 = 0'이라는 귀무가설을 기각하였을 때 올바르지 않은 의사결정을 내릴 확률[나중에 언급하게 될 제1종 오류(type 1 error)]이 100번 중 5번에 해당되는 어떤 통계치를 의미하며, 이러한 통계치를 흔히 임계값(critical value)이라고 부릅니다. 통계학 입문 관련 과목에서 흔히 등장하는 $z = 1.96$ 혹은 표본이 충분히 클 때(약 $n > 200$) $t = 1.96$이 바로 임계값입니다.

실험연구에서 α를 선정하는 것은 2가지 점에서 매우 중요합니다. 먼저 연구자의 연구가설 테스트 기준을 설정한다는 점에서 적절한 크기의 α를 설정하는 것이 매우 중요합니다. 왜냐하면 α를 0에 가깝게 설정할수록 귀무가설을 기각하기 위한 테스트 통계치의 임계값이 점점 증가하며, 테스트 통계치의 값을 증가시키기 위해서는 처치효과가 매우 크거나(즉, 평균차이가 매우 크거나 혹은 표본의 동질성이 매우 높아 표준오차가 매우 작거나), 표본크기가 매우 커야 하기 때문입니다. 다음으로 실험데이터를 수집하기 전 표본크기를 추정할 때, 적절한 크기의 α를 설정하는 것이 매우 중요합니다. 왜냐하면 처치효과의 크기가 일정하다고 가정할 때, α의 값이 작으면 작을수록 표본의 규모가 커야 충분한 크기의 테스트 통계치를 얻을 것으로 기대할 수 있기 때문입니다.

그렇다면 적절한 크기의 α는 과연 어느 정도일까요? 연구상황에 따라 혹은 활동 분과에 따라 그 기준은 다를 것입니다. 본서에서는 통상적으로 널리 받아들여지는 기준, 즉 $\alpha = .05$를 채택하였습니다. 즉 본서에서는 표본크기를 추정할 때 채택되는 기준인 $\alpha = .05$를 기준으로 받아들였으며, 실험데이터 분석과정에서 귀무가설을 테스트할 때는 테스트 통계치의 p값이 .05보다 큰 경우 귀무가설을 수용하고 작은 경우에는 귀무가설을 기각하였습니다. 아울러 귀무가설을 기각할 수 있는 처치효과에 대해서는 '통계적으로 유의미한 효과(statistically significant effect)'라는 표현을 사용하였습니다.

2-2 제1종 오류와 제2종 오류

앞서 통계적 유의도 테스트에서 채택되는 기준인 α의 의미를 '귀무가설을 수용해야 하는데 귀무가설을 기각할 확률'이라고 이야기했으며, α는 귀무가설 테스트 과정에서 발생할 수 있는 오류의 가능성으로 구체적으로 '제1종 오류(type 1 error)'라고 부른다고 말하였습니다. 즉 $\alpha = .05$로 설정한다는 것은 '귀무가설을 수용하는 것이 타당한 상황에서 귀무가설을 기각하는 오류'가 100번의 의사결정 중 5번 미만으로 발생하는 경우라면 용인하겠다는 의미입니다.

그러나 과연 귀무가설 테스트 과정에서만 오류가 발생할까요? 반대 상황, 즉 대안가설을 테스트하는 과정에서도 오류가 발생합니다. 다시 말해 '대안가설을 수용해야 하는데 기각할 확률' 역시도 통계적 의사결정의 오류이며, 이러한 오류를 '제2종 오류(type 2 error)'라고 부르며, 제2종 오류의 가능성은 β로 표기합니다. 아울러 제2종 오류를 범하지 않을 확률, 즉 1에서 β를 뺀 값을 '통계적 검증력(statistical power)'이라고 정의합니다. 다시 말해 통계적 검증력과 제2종 오류의 가능성의 합산값은 언제나 1.00입니다(즉 $\text{power} = 1 - \beta$, $\beta = 1 - \text{power}$).

연구방법론 혹은 데이터 분석 입문서들에서는 제1종 오류와 제2종 오류의 관계를 다음 [표 1-1]과 같이 정리하여 제시하는 것이 보통입니다.

[표 1-1] 제1종 오류와 제2종 오류

현실 / 의사결정	처치효과=0	처치효과≠0
귀무가설 수용	옳은 판단	제2종 오류 (type 2 error, β)
귀무가설 기각 & 대안가설 수용	제1종 오류 (type 1 error, α)	옳은 판단

앞서 설명했듯이 통상적으로 α는 .05를 기준으로 합니다. 그렇다면 β는 얼마를 기준으로 할까요? 일반적으로 $\beta = .20$, 다시 말해 통계적 검증력은 .80을 기준으로 설정하는 것이 관례인 듯합니다. 그러나 α든 β든 활동분과 따라 관례로 인정되는 기준이 다를 수도 있으니 주의하시기 바랍니다. 본서에서는 통상적 관례를 따라 $\alpha = .05$, $\beta = .20$을 기준으로 채택하였습니다.

2-3 일방향 테스트와 양방향 테스트

일반적으로 통계적 유의도 테스트에서는 귀무가설의 기각 여부에 초점을 맞춥니다. 전통적인 통계적 의사결정 과정에서는 귀무가설을 기각하였기 때문에 대안가설을 수용하는데, 이때 대안가설을 어떻게 설정하는가에 따라 귀무가설의 기각역(rejection region)이 다르게 설정될 수 있습니다. 앞서 이야기했듯이 귀무가설은 처치효과가 '0'이거나 혹은 원인변수의 변화와 결과변수의 변화가 서로 독립적이라고 가정하며, 대안가설은 처치효과의 방향성(즉 양의 값인지 음의 값인지) 혹은 원인변수 변화와 결과변수 변화의 방향성(즉 같은 방향으로 공변하는지, 아니면 다른 방향으로 공변하는지)의 설정 여부에 따라 다르게 설정됩니다.

데이터 분석 프로그램에서 디폴트로 채택하는 대안가설은 방향성을 고려하지 않는 대안가설이며, 이 경우 기각역은 왼쪽 방향(음의 값)과 오른쪽 방향(양의 값)에 모두 존재하기 때문에 통계적 유의도 테스트를 위한 기준인 α를 2로 나누어준 $\frac{\alpha}{2}$의 확률값을 갖는 테스트 통계치를 임계값으로 설정합니다. 즉 기각역이 왼쪽과 오른쪽 두 방향 모두 존재한다는 점에서, 이러한 통계적 유의도 테스트를 '양방향 테스트(two-sided test)'라고 부릅니다. 일반적으로 통용되는 $\alpha = .05$를 기준으로 할 때, $\frac{\alpha}{2} = .025$인 임계값은 z테스트를 기준으로 $z = \pm1.96$입니다. 즉 테스트 통계치가 이러한 임계값보다 크거나($z > 1.96$) 혹은 작은($z < -1.96$) 경우 귀무가설을 기각하고 대안가설을 받아들입니다.

이와 달리 방향성을 명확하게 반영한 대안가설을 수립할 수도 있습니다. 예를 들어 "처치효과는 '0'보다 크다"라고 대안가설을 설정할 경우, 기각역은 오른쪽 방향에만 존재하기 때문에 통계적 유의도 테스트 기준인 α의 확률값을 갖는 테스트 통계치가 임계값으로 설정됩니다. 다시 말해 이 경우 기각역이 오른쪽 방향에만 존재한다는 점에서 이러한 통계적 유의도 테스트를 '일방향 테스트(one-sided test)'라고 부릅니다. $\alpha = .05$를 기준으로 할 때, 일방향 테스트의 임계값은 z테스트를 기준으로 $z = +1.65$입니다. 즉 테스트 통계치가 이보다 큰 경우, 귀무가설을 기각하고 대안가설을 받아들입니다.

아마도 짐작컨대 대부분의 독자들은 양방향 테스트와 일방향 테스트가 무엇인지 일정 수준 이상 이해하고 계실 것입니다. 통상적인 데이터 분석 입문과목에서 언급되는 내용을 본서에서 다시금 정리하는 이유는 3가지입니다.

첫째, 표본크기 추정을 위한 거의 대부분 패키지들의 디폴트가 양방향 테스트와 일방향 테스트를 동시에 진행하도록 설정된 경우가 많습니다. 보다 구체적으로 말해 귀무가설 테스트에서 발생할 수 있는 오류(제1종 오류)의 경우 '양방향 테스트'를, 대안가설 테스트에서 발생할 수 있는 오류(제2종 오류)의 경우 '일방향 테스트'를 적용합니다. 즉 $\alpha = .05$와 $\beta = .20$이라는 통상적 기준을 적용했다고 하더라도, 귀무가설 테스트 방식을 양방향 테스트로 진행하였는지 아니면 일방향 테스트로 진행하였는지에 따라 표본크기 추정결과가 달라질 수 있습니다. 방금 이야기했듯이 대부분의 표본크기 추정 패키지들은 귀무가설 테스트 관련 오류 가능성에 대해서는 양방향 테스트를, 대안가설 테스트 관련 오류 가능성에 대해서는 일방향 테스트를 실시하도록 디폴트가 설정되어 있습니다. 대안가설 테스트의 경우는 일방향 테스트를 진행하는 것에 문제가 없지만, 귀무가설 테스트의 경우 양방향 테스트를 실시할 필요가 없다고 확신한다면 가급적 일방향 테스트를 실시하는 것도 고려해보시는 것이 좋습니다.

둘째, 테스트 통계치의 특성에 따라 귀무가설 테스트 과정에서 양방향 테스트가 불가능한 경우가 종종 발생합니다. 예를 들어, 처치집단과 통제집단의 평균차이를 테스트하는 상황을 가정해봅시다. 이 경우 가장 많이 사용되는 테스트 방법은 독립표본 티테스트이지만, 분산분석을 사용할 수도 있습니다. 만약 독립표본 티테스트를 사용한다면, 연구자의 연구목적에 따라 양방향 테스트와 일방향 테스트 중 한 가지를 선택할 수 있습니다. 반면 분산분석을 사용한다면 분석기법의 특성상 일방향 테스트만 사용 가능하며,[1] 이 과정에서 테스트 통계치를 통해 효과의 방향성(즉 처치효과가 '0'보다 큰지 혹은 '0'보다 작은지)을 고려할 수 없기 때문에 기술통계치 혹은 모형 추정결과에 대한 그래프를 통해 추후 해석해야 합니다.

셋째, 분석기법에 따라 효과크기 통계치 및 효과크기 통계치의 95% 신뢰구간(CI, confidence interval)이 다르게 나타납니다. 양방향 테스트가 가능한 테스트 통계치의 경우, 효과크기 통계치 역시 양방향으로 계산될 수 있습니다. 반면 일방향 테스트만이 가능한 테스트 통계치의 경우, 효과크기 통계치 역시 일방향으로 고정되어 있습니다. 예를 들어 실험데이터 분석에서 매우 자주 등장하는 코헨의 d의 경우 $(-\infty, +\infty)$와 같이 양방향의 범위를 갖는 반면, 부분에타제곱($\eta^2_{partial}$)의 경우 (.00, +1.00)와 같이 양의 방향성만을 갖습니다.

본서에서는 2부 4장에서, 독립표본 티테스트가 적용되는 상황의 귀무가설 테스트 과정에서 양방향 테스트와 일방향 테스트 방식에 따라 표본크기 추정이 어떻게 달라질 수 있는지를 간단하게 소개하였습니다. 그리고 해당 사례를 제외한 다른 모든 상황(2부 4-9장)에서는 통상적인 데이터 분석 프로그램의 디폴트 조건, 즉 $\beta = .20$을 기준으로 하는 대안가설 테스트의 경우 일방향 테스트를, $\alpha = .05$를 기준으로 하는 독립표본 티테스트의 경우 양방향 테스트를, 분산분석의 경우 일방향 테스트를 적용하는 방식으로 표본크기를 추정하였습니다.

2-4 요인형 변수 코딩법: 더미코딩, 효과코딩, 합산코딩

실험데이터의 원인변수는 실험조건(예를 들어 통제집단과 처치집단)이며, 이는 범주형 변수에 해당됩니다. 통상적인 회귀모형, 이를테면 OLS(ordinary least squares) 회귀모형이나 일반화선형모형(GLM, generalized linear model)에 익숙한 분들이라면 잘 아시겠

1 분산분석은 용어 그대로 분산을 활용하므로 기준값보다 큰 양의 차이값이든, 아니면 기준값보다 작은 음의 차이값이든 제곱 과정에서 모두 동일하게 양의 값으로 전환되기 때문입니다.

지만, 범주형 변수가 원인변수로 모형에 투입될 경우 소위 '더미코딩(dummy coding)'을 활용합니다. 예를 들어 2수준 단일요인설계의 경우, 실험데이터의 원인변수는 '통제집단'과 '처치집단'으로 구성됩니다. 이러한 형태의 범주형 원인변수를 회귀모형에 투입할 때는 어느 한 집단에는 '0'의 값을, 다른 한 집단에는 '1'의 값을 부여한 더미변수로 변환하는 방식을 택합니다. 반면 3수준 단일요인설계의 경우, 실험데이터의 원인변수는 '집단1', '집단2', '집단3'과 같이 세 집단으로 구성됩니다. 여기에 대해 더미코딩을 실시하여 '집단2'인 경우에는 '1', '집단1' 혹은 '집단3'인 경우에는 0의 값을 부여하는 '더미변수1'과, '집단3'인 경우에는 '1', '집단1' 혹은 '집단2'인 경우에는 0의 값을 부여하는 '더미변수2'의 두 더미변수를 생성한 후, '집단1'을 기준집단(baseline group)이라고 부릅니다. 거의 모든 데이터 분석 프로그램에서 회귀모형 추정시 범주형 변수를 원인으로 투입할 때, 더미코딩을 활용합니다. 더미코딩의 목적은 기준집단 대비 '1'의 값이 부여된 집단의 평균차이를 테스트하는 것입니다.

그러나 범주형 변수를 원인변수로 모형에 투입할 때 반드시 더미코딩만 사용해야 하는 법은 없습니다. 실험데이터를 분석할 때 거의 언제나 등장하는 분산분석의 경우 범주형 변수를 투입할 때 더미코딩이 아닌 '효과코딩(effect coding)' 혹은 '아노바코딩(ANOVA coding)'이라고 불리는 코딩방법을 활용합니다. 더미코딩의 목적이 기준집단 대비 특정집단의 평균차이를 살펴보는 것이라면, 효과코딩 혹은 아노바코딩의 목적은 전체평균 대비 특정집단의 차이를 살펴보는 것입니다. 그러나 더미코딩을 활용하든 효과코딩을 활용하든 모형을 추정하는 방식이 다를 뿐 모형의 적합도(즉, 데이터를 얼마나 잘 설명하는가?)는 전혀 다르지 않습니다.

효과코딩을 처음 듣는 분들에게는 지금의 이 설명이 모호하게 들릴 수도 있습니다. 구체적인 사례를 통해 더미코딩과 효과코딩(아노바코딩)이 어떤 점에서 다르며, 어떤 점에서 비슷한지 살펴보겠습니다. 아래의 예시데이터는 2부 4장에서 소개할 예시데이터입니다. 데이터를 불러온 후, 원인변수 x의 수준별 집단규모와 각 집단의 종속변수 y의 평균값을 계산하면 아래와 같습니다.

```
> library(tidyverse)
> mydata <- read_csv("dt_BSfactor1_level3.csv",show_col_types=FALSE)
> mysummary <- mydata |>
+   group_by(x) |>
+   summarise(
```

```
+   N=n(),M=mean(y)
+  ) |> print()
# A tibble: 3 × 3
  x       N      M
  <chr> <int> <dbl>
1 C       105   3.24
2 T1      105   3.60
3 T2      105   3.71
```

위의 추정결과에서 확인할 수 있듯, 원인변수는 3수준의 범주형 변수입니다. 위에서 얻은 추정결과 오브젝트에서 통제집단의 종속변수 평균값과 전체집단의 종속변수 평균값을 계산한 후, 각 집단의 평균에서 각각을 빼준 결과는 아래와 같습니다.

```
> mysummary |>
+  mutate(
+   CM=mean(mydata$y[mydata$x=="C"]), # 통제집단 평균
+   GM=mean(mydata$y), # 전체집단 평균
+   M_CM=M-CM, # 각 집단의 평균에서 통제집단의 평균을 빼줌
+   M_GM=M-GM # 각 집단의 평균에서 전체집단의 평균을 빼줌
+  )
# A tibble: 3 × 7
  x       N      M      CM     GM     M_CM   M_GM
  <chr> <int> <dbl> <dbl> <dbl> <dbl> <dbl>
1 C       105   3.24   3.24   3.52   0       -0.278
2 T1      105   3.60   3.24   3.52   0.362   0.0839
3 T2      105   3.71   3.24   3.52   0.471   0.194
```

위의 출력결과에서 M_CM 세로줄이 바로 더미코딩으로 살펴보고자 하는 평균차이입니다. 다시 말해 C 집단에 비해 T1 집단은 약 0.362만큼 더 높은 평균값을 가지며, C 집단에 비해 T2 집단은 0.471만큼 더 높은 평균값을 갖습니다. 반면 M_GM 세로줄은 효과코딩(아노바코딩)으로 살펴보고자 하는 평균값의 차이입니다. 즉 전체평균(3.52)과 비교할 때 T1 집단은 0.0839점이 더 높으며, T2 집단은 0.194점이 더 높습니다.

더미코딩과 효과코딩이 어떤 평균차이를 테스트하고자 하는지 이해하셨다면, 이제 실제로 더미코딩과 효과코딩을 적용한 변수들을 생성해봅시다. 2가지 코딩방법은 다음과 같이 수동으로 적용할 수 있습니다.

```
> # Dummy coding vs. Effect coding (ANOVA coding)
> mydata <- mydata |>
+  mutate(
+    dc1=ifelse(x=="T1",1,0),
+    dc2=ifelse(x=="T2",1,0),
+    ec1=ifelse(x=="T1",1,ifelse(x=="C",-1,0)),
+    ec2=ifelse(x=="T1",0,ifelse(x=="C",-1,1))
+  )
> mydata |>
+  count(x, dc1, dc2, ec1, ec2)
# A tibble: 3 × 6
  x       dc1   dc2   ec1   ec2     n
  <chr> <dbl> <dbl> <dbl> <dbl> <int>
1 C         0     0    -1    -1   105
2 T1        1     0     1     0   105
3 T2        0     1     0     1   105
```

출력결과에서 확인할 수 있듯 더미코딩의 경우 합산값이 '1'입니다. 반면 효과코딩의 경우 합산값이 0이 나옵니다. 2가지 코딩방법이 어떻게 다른지 위의 결과를 통해 충분히 이해하셨을 것으로 생각합니다. 이제 2가지 코딩방법을 적용한 OLS 회귀모형을 추정해보겠습니다.

다음 페이지를 보면 왼쪽에는 더미코딩을 적용한 OLS 회귀모형 추정결과가, 오른쪽에는 효과코딩을 적용한 OLS 회귀모형 추정결과가 제시되어 있습니다. 우선 모형 추정결과 하단을 주목해봅시다. R^2값이 정확하게 동일한 것은 물론 오차항의 표준오차(Residual standard error 부분)와 모형에 대한 테스트 통계치와 통계적 유의도 역시 정확하게 동일한 것을 확인할 수 있습니다. 다시 말해 더미코딩을 적용하든, 아니면 효과코딩을 적용하든 모형 추정결과는 전혀 달라진 바 없습니다.

그러나 모형 추정결과로 얻은 회귀계수는 상당히 달라 보입니다. 여기서 저는 '달라 보인다'라는 표현을 썼지 '다르다'라는 표현을 쓰지 않았다는 점에 주의하시기 바랍니다. 우선 더미코딩을 적용하여 추정한 OLS 회귀모형 회귀계수들은 앞서 살펴본 출력결과에서 T1 집단과 T2 집단의 M_CM에 해당되는 수치와 정확하게 동일합니다. 또한 더미코딩이 적용된 OLS 회귀모형의 회귀계수 절편값은 기준집단인 C 집단의 집단평균과 정확하게 같습니다. 반면 효과코딩을 적용하여 추정한 OLS 회귀모형 회귀계수들은 앞서 살펴본 출력결과에서 T1 집단과 T2 집단의 M_GM에 해당되는 수치와 정확

```
> lm(y~dc1+dc2, mydata) |> summary() #더미코딩

Call:
lm(formula = y ~ dc1 + dc2, data = mydata)

Residuals:
    Min      1Q  Median      3Q     Max
-3.3427 -0.6509 -0.0159  0.5750  2.9441

Coefficients:
            Estimate Std. Error t value Pr(>|t|)
(Intercept)   3.2381     0.0966  33.519  < 2e-16 ***
dc1           0.3615     0.1366   2.646 0.008553 **
dc2           0.4715     0.1366   3.451 0.000635 ***
---
Signif. codes:  0 '***' 0.001 '**' 0.01 '*' 0.05 '.' 0.1 ' ' 1

Residual standard error: 0.9899 on 312 degrees of freedom
Multiple R-squared:  0.04012,Adjusted R-squared:  0.03396
F-statistic:  6.52 on 2 and 312 DF,  p-value: 0.001683
```

```
> lm(y~ec1+ec2, mydata) |> summary() #효과코딩

Call:
lm(formula = y ~ ec1 + ec2, data = mydata)

Residuals:
    Min      1Q  Median      3Q     Max
-3.3427 -0.6509 -0.0159  0.5750  2.9441

Coefficients:
            Estimate Std. Error t value Pr(>|t|)
(Intercept)  3.51577    0.05577  63.036   <2e-16 ***
ec1          0.08385    0.07888   1.063   0.2886
ec2          0.19381    0.07888   2.457   0.0145 *
---
Signif. codes:  0 '***' 0.001 '**' 0.01 '*' 0.05 '.' 0.1 ' ' 1

Residual standard error: 0.9899 on 312 degrees of freedom
Multiple R-squared:  0.04012,    Adjusted R-squared:  0.03396
F-statistic:  6.52 on 2 and 312 DF,  p-value: 0.001683
```

히 같습니다. 아울러 효과코딩을 적용하여 추정한 OLS 회귀계수 절편값은 종속변수의 전체평균과 정확하게 동일합니다. 다시 말해 제시된 회귀계수는 연구자가 어떤 계획 속에서 비교를 진행하였는가에 따라 다른 추정결과를 제시한 것이며, 모형적합도 테스트 결과에서 확인할 수 있듯 코딩방법에 따라 모형의 설명력이 달라지지는 않습니다.

앞의 결과를 보고 상당히 놀란 독자들도 있을지 모르겠습니다. 그러나 놀랄 것도 없으며, 그렇다고 분석기법에 대해 불신할 필요도 없다고 저는 생각합니다. 앞에서 살펴보았듯, 어떠한 코딩방법을 적용하든 모형 추정결과(모형 설명력을 나타내는 R^2와 이에 대한 테스트 통계치 *F-value*)는 바뀌지 않기 때문입니다.

실험데이터를 분석할 때 코딩방법을 이해하는 것이 중요한 이유는 2가지입니다. 첫째, 일반적으로 주목하지는 않지만, 분산분석 결과를 제시할 때 코딩방식에 따라 절편값이 다르게 나타날 수 있습니다. 위의 결과에서 확인할 수 있듯, 더미코딩으로 얻은 절편값과 효과코딩으로 얻은 절편값은 그 추정값은 물론 테스트 통계치도 다릅니다. 다시 말해 분산분석 결과를 제시할 때 절편값을 보고하는 경우라면 어떤 코딩방법을 적용했는지 반드시 분명하게 밝혀야 합니다. 그러나 앞에서 이야기했듯이 범주형 원인변수에 대한 코딩방식은 범주형 원인변수의 설명력에는 어떤 영향도 미치지 않는다는 점에서 절편값에 특별하게 주목할 이유가 없다면 크게 주목할 필요는 없지 않을까 싶습니다.

둘째, 코딩방식을 이해하는 것, 특히 효과코딩의 특징을 이해하는 것은 실험데이터 분석에서 매우 자주 등장하는 '계획비교(planned contrast)'를 이해하기 위한 첫걸음이기 때문입니다. 앞에서 살펴보았듯, 더미코딩의 경우 특정 집단인 경우 '1'의 값을 갖고 다른 집단인 경우 '0'의 값을 갖지만, 효과코딩의 경우 범주형 원인변수를 구성하는 각 집단에 부여된 코딩값의 합이 반드시 0이 됩니다.

이러한 점에서 효과코딩은 '합산코딩(sum coding)'[2]의 일종으로 간주할 수 있습니다. 다시 말해 효과코딩 방식이 아닌 다른 방식으로 합산코딩을 실시하는 것도 얼마든지 가능합니다. 예를 들어 위의 예시데이터에서 범주형 원인변수의 수준 C, T1,

2 보다 정확하게 표현하자면 '합산값이 0이 되는 코딩(sum to zero coding)'이라고 불러야 하겠지만, 표현이 너무 번잡한 것 같습니다. 일반적으로 합산코딩이라고 부릅니다.

T2의 변화를 1차선형변화로 간주할 경우(즉, 순차적으로 증가 혹은 감소)와 2차곡선형변화(즉, 증가후 감소 혹은 감소후 증가)로 간주할 경우를 생각해볼 수 있습니다. 이러한 방식, 즉 범주형 원인변수의 수준 변화에 따른 효과를 다항회귀모형(polynomial regression) 관점에서 테스트하는 방식을 다항비교(polynomial contrast)라고 부릅니다. 보다 자세한 설명은 2부에서 다양한 사례들을 통해 살펴보겠습니다. 다만 1차선형변화와 2차곡선형변화는 아래와 같이 수동코딩을 통해서도 살펴볼 수 있습니다. 다항비교 방식의 합산코딩을 적용해도 모형적합도(모형의 설명력과 모형에 대한 테스트 통계치)는 달라지지 않지만, 회귀계수의 표현이 바뀐다는 점에 주목하시기 바랍니다.

```
> # 다항비교 코딩
> mydata <- mydata |>
+ mutate(
+   linear=factor(x,labels=c(-1,0,1)),
+   quadratic=factor(x,labels=c(1,-2,1))
+ ) |>
+ mutate(across(
+   .cols=c(linear,quadratic),
+   .fns=function(x){as.numeric(as.character(x))}
+ ))
> mydata |>
+ count(x,linear,quadratic)
# A tibble: 3 × 4
  x     linear quadratic n
  <chr> <dbl>  <dbl>     <int>
1 C     -1      1        105
2 T1     0     -2        105
3 T2     1      1        105
> lm(y~linear+quadratic, mydata) |> summary() # 다항코딩

Call:
lm(formula = y ~ linear + quadratic, data = mydata)

Residuals:
    Min      1Q  Median     3Q    Max
-3.3427 -0.6509 -0.0159 0.5750 2.9441

Coefficients:
             Estimate  Std. Error  t value  Pr(>|t|)
(Intercept)  3.51577    0.05577    63.036   < 2e-16 ***
```

```
linear        0.23574     0.06831    3.451  0.000635 ***
quadratic    -0.04193     0.03944   -1.063  0.288569
---
Signif. codes: 0 '***' 0.001 '**' 0.01 '*' 0.05 '.' 0.1 ' ' 1

Residual standard error: 0.9899 on 312 degrees of freedom
Multiple R-squared: 0.04012,    Adjusted R-squared: 0.03396
F-statistic: 6.52 on 2 and 312 DF, p-value: 0.001683
```

이전에 효과코딩과 합산코딩을 접해보지 않은 분들은 조금 어렵게 느끼실 수 있습니다. 그런 분들은 "비교코딩이 범주형 원인변수를 처리하는 유일한 코딩방식은 아니다"라는 점만 유념하고 이 부분을 잠시 접어두셔도 괜찮습니다. 아마도 2부의 예시 데이터 분석사례를 차근차근 따라간 후, 나중에 다시 이 부분으로 돌아와서 효과코딩의 의미와 더미코딩과의 차이점에 대한 설명을 살펴보시면 충분히 이해하실 수 있을 것입니다.

2-5 개체간 요인과 개체내 요인

RCT를 기반으로 한 실험설계의 경우 반드시 최소 1개 이상의 개체간 요인(between-subject factor)이 포함되며, 행동주의 사회과학을 추구하는 분과들의 경우 개체간 요인들로만 구성된 실험설계는 매우 자주 활용됩니다. 그러나 개체간 요인으로 처치효과를 발견하고자 할 경우, 표본크기를 매우 크게 증가시켜야 하는 문제가 발생합니다. 따라서 보다 효율적인 실험설계를 위해 개체간 요인과 함께 개체내 요인(within-subject factor)을 동시에 고려하기도 합니다.

이번 섹션에서는 개체간 요인과 개체내 요인을 살펴본 후, 실험설계 및 실험데이터 분석과정에서 어떤 점들을 유념해야 할지 간단하게 정리하겠습니다. 먼저 개체간 요인은 'between-subject factor'라는 이름에서 유추할 수 있듯, 실험에 포함되는 개체와 개체를 구별하는 범주형 변수를 의미합니다. 예를 들어 RCT에서 실험참여자를 처치집단과 통제집단으로 무작위 배치한 경우, '실험처치여부'라는 요인은 개체간 요인입니다. 왜냐하면 어떤 실험참가가 처치집단의 특성을 배정받았다는 말은 통제집단의 특성을 갖지 않는다는 의미이며, 따라서 실험처치여부는 실험참여자 개인의 개체특성을 반영하기 때문입니다. 개체간 요인들로만 구성된 실험데이터의 경우, 분산분석을 포함해 일반화선형모형(GLM)에서 요구되는 독립성 가정(independence assumption)이 충족되었다고 가정할 수 있습니다.[3] 그러나 개체간 요인을 활용하여 처치효과를 테스트하는 경우, 실험개체가 보유하는 다른 여러 특성들(이를테면 인구통계학적 속성이나 개인별로 상이한 심리적·행동적 특성들)로 인해 처치효과를 확인하는 것이 쉽지 않습니다. 왜냐하면 개체간 요인의 경우 상이한 개체들을 비교하는 과정에서 표본의 이질성이 크게 나타나고 이에 따라 통계적 검증력이 낮아지기 때문입니다.[4]

반면 개체내 요인은 'within-subject factor'라는 이름에서 유추할 수 있듯, 동일한 개체내부의 변화를 나타내는 범주형 변수를 의미합니다. 예를 들어 실험처치 자극을 제시하기 이전과 이후를 비교하는 것, 일반적으로 사전-사후 비교연구(before-and-after study, or pre-post study)에서 사용하는 '시간 변수'는 개체내 요인입니다. 왜냐하면 실험처치 이전의 개체들과 이후의 개체들은 모두 동일하기 때문입니다. 개체

---

3 물론 실험상황에 따라 실험처치의 효과가 개체를 넘어 인접한 다른 개체들로 옮겨질(spill-over, diffused, etc.) 가능성도 발생합니다. 예를 들어 운동이 건강에 미치는 효과를 살펴보는 연구의 경우, 운동처치를 받은 처치집단 구성원이 운동을 하는 것을 본 통제집단 구성원이 운동을 따라 할 수도 있습니다. 이러한 현상은 실험실을 벗어난 현실실험에서 매우 자주 발생하지만, 일단 본서에서는 설명의 편의성을 위해 상정하지 않았습니다.

4 가급적 공식을 제시하고 싶지는 않습니다만, 독립표본 티테스트 공식은 다음과 같습니다. 여기서 M_T, M_C는 처치집단과 통제집단의 평균을, n_T, n_C는 두 집단의 집단규모를, s_T, s_C는 두 집단의 표준편차를 의미합니다.

$$t = \frac{M_T - M_C}{\sqrt{\frac{s_T}{n_T} + \frac{s_C}{n_C}}}$$

만약 처치집단과 통제집단의 집단규모와 표준편차가 동일한 상황($n_T = n_C$ 그리고 $s_T = s_C$)을 가정하면, 위의 공식은 아래와 같이 바꾸어 쓸 수 있습니다.

$$t = \frac{M_T - M_C}{\sqrt{2 \times \frac{s}{n}}} = \frac{\sqrt{n} \times (M_T - M_C)}{2 \times s}$$

다시 말해 만약 동일한 평균차이와 동일한 표본크기를 가정한다면, 표본의 이질성이 클수록, 즉 s가 크면 클수록 테스트 통계치가 작게 나타납니다. 본문에서 통계적 검증력이 낮다는 말은 테스트 통계치가 작게 나타나기 때문에 귀무가설을 기각해야 하는데, 기각하지 않고 수용할 가능성이 높다는 뜻입니다. 따라서 만약 평균차이가 일정한데 표본의 이질성이 높다면, 임계값을 넘어서는 테스트 통계치를 얻기 위해서는 결국 표본크기를 키워야 합니다.

내 요인으로만 구성된 데이터의 경우,[5] 동일한 개체들을 서로 비교한다는 점에서(즉, 이전 표본과 이후 표본) 표본은 매우 동질적이며, 따라서 개체간 요인의 단점으로 지적된 '낮은 통계적 검증력' 문제는 발견되지 않습니다. 그러나 개체내 요인의 장점에도 불구하고, 사전-사후 비교연구는 문제점이 적지 않습니다. 왜냐하면 연구방법론 교과서에서 흔히 등장하는 '내적 타당도 저해요인(threats to internal validity)'이 매우 쉽게 개입하기 때문에 이 과정에서 인과관계의 타당성이 저해되기 쉽기 때문입니다. 예를 들어 실험처치 자극이 주어진 시점에서 실험과 무관한 외부 사건이 발생하여 사전-사후의 차이를 만들어냈을 가능성을 완전히 배제하기 어렵고,[6] 사전-사후의 차이가 실험처치로 인한 것이 아닌 유기체의 노화현상이나 성장현상[7] 등을 반영한 것이라고도 볼 수 있기 때문입니다. 그리고 무엇보다 개체내 요인의 경우 분산분석이나 일반화선형모형(GLM)과 같은 통상적 데이터 분석기법에서 요구하는 '독립성 가정'에 정면으로 위배된다는 문제가 발생합니다. 왜냐하면 어떤 개체 i의 첫 번째 측정시점에서의 관측값 $y_{i,t=1}$은 동일 개체의 두 번째 측정시점에서의 관측값 $y_{i,t=2}$와 매우 밀접하게 연관되어 있기 때문입니다. 다시 말해 $y_{i,t=2}$와 $y_{i,t=1}$은 서로가 서로에 대해 종속된(dependent) 모습을 보일 가능성이 매우 높습니다.

따라서 다른 연구방법들과 구분되는 실험연구의 최대 강점인 인과관계의 타당성을 확보함과 동시에 효율적인 실험설계를 추구하고자 한다면, 개체간 요인과 개체내 요인을 적절하게 혼합한 실험설계를 구축하는 것이 좋습니다. 본서에서는 2부 4장부터 6장까지는 개체간 요인들로만 구성된 실험설계를 살펴보았으며, 2부 7장에서는 개체내 요인으로만 구성된 연구설계를 소개한 후 개체간 요인과 개체내 요인이 동시에 활용된 반복측정실험설계(repeated measures design)를 소개하였습니다.

실험설계에서 개체간 요인과 개체내 요인의 장단점을 이해하는 것과 함께, 개체간 요인과 개체내 요인이 등장하는 실험데이터의 데이터 구성방식 역시도 반드시 이해해

---

5 본서는 RCT를 기반으로 진행된 실험설계에 대해서만 '실험연구'라는 용어를 사용하였습니다. 즉 개체내 요인만 포함된 연구의 경우 무작위 배치가 포함되지 않았기 때문에, 여기서는 '실험데이터'가 아닌 '데이터'라는 표현을 사용하였습니다.

6 흔히 '역사적 사건(historical event, 혹은 history)'이라고 불리는 내적 타당도 저해요인입니다.

7 흔히 '성숙(growth)'이라고 불리는 내적 타당도 저해요인입니다.

야 할 부분입니다. 특히 데이터 관리 측면에서 개체내 요인이 포함된 데이터를 어떻게 구성할 것인지 반드시 이해해야 합니다. 동일한 개체에게서 여러 시점에 걸쳐 반복적으로 데이터를 측정하는 경우, 데이터는 넓은 형태(wide format)로 저장될 수도 있고, 긴 형태(long format)로도 저장될 수 있습니다. 만약 '넓은 데이터(wide format data)'와 '긴 데이터(long format data)'라는 용어를 처음 접하는 독자라면, 데이터 관리와 관련된 기초서적을 통해 2가지 형태의 데이터의 의미가 무엇인지 먼저 살펴보기 바랍니다. 아울러 넓은 데이터를 긴 데이터로, 그리고 긴 데이터를 넓은 데이터로 전환하는 방법에 대해서도 사전지식을 갖추시길 부탁드립니다. 2가지 형태의 데이터 전환방법은 흔히 '데이터 재구조화(data-reshaping)' 혹은 '데이터 피봇팅(pivoting data)'으로 불립니다. 이와 관련 졸저(백영민, 2023, 207-227쪽) 혹은 다른 관련 문헌(특히, Wickham et al., 2023, Chapter 5)을 참고하시기 바랍니다.

2부 7장에서 보다 구체적인 예시를 통해 설명했지만, 데이터 관리방식에 대한 기초지식이 충분하지 않으면 본서의 설명이 충분하지 못하다고 느낄 수도 있습니다. 개체내 요인이 포함된 데이터 혹은 실험데이터를 분석할 때, 분석기법에 따라 긴 데이터와 넓은 데이터 중 특정 형태가 요구된다는 점에서, 데이터 형태와 데이터 재구조화 혹은 데이터 피봇팅에 익숙하지 않다면 관련 기초문헌들을 먼저 살펴보시길 권장합니다. 전통적인 반복측정분산분석(ANOVA with repeated measures) 기법의 경우 넓은 데이터 형식을 따르는 데이터가 선호되며, 최근 권장되고 있는 혼합모형(mixed model) 기법의 경우 긴 데이터 형식을 따르는 데이터가 필요합니다.

2-6 주효과와 상호작용효과

주효과(main effect)와 상호작용효과(interaction effect)라는 용어는 단지 실험데이터 분석에서만 등장하는 용어는 아니지만, 다요인설계를 따르는 실험의 경우 반드시 고려해야 하는 효과 추정항입니다. 우선 주효과와 상호작용효과의 정의가 무엇인지 먼저 살펴보겠습니다. 주효과란 다른 변수들의 수준에 상관없이 특정 변수가 종속변수에 미치는 효과를 의미하며, 상호작용효과란 특정 변수가 종속변수에 미치는 효과의 방향성(directionality)이나 크기(magnitude)가 다른 변수(들)의 수준에 따라 달라지는 효과를 의미합니다. 따라서 주효과 추정항 개수는 실험을 설계할 때 포함된 요인의 개수만큼 존재하며, 상호작용효과 추정항 개수는 실험상황에 따라 요인의 개수(n)에 해당되는 'n차'상호작용효과('n'-way interaction), '(n-1)차'상호작용효과 추정항, …… '2차'상호작용효과 추정항들까지 존재하기 때문에 요인의 개수가 많으면 많을수록 추정해야만 하는 추정항의 개수는 기하급수적으로 늘어나게 됩니다. 예를 들어 실험요인 A, B, C, D와 같이 4요인설계 실험을 실시할 경우, 주효과와 차수별 상호작용효과 추정항들은 다음과 같으며, 모형 추정을 통해서 얻을 수 있는 모든 추정항의 개수는 총 15개입니다.

- 주효과 추정항(4개): A, B, C, D
- 상호작용효과 추정항
  - 4차상호작용효과(1개): ABCD
  - 3차상호작용효과(4개): ABC, ABD, ACD, BCD
  - 2차상호작용효과(6개): AB, AC, AD, BC, BD, CD

실험과정에서 고려하는 요인의 개수는 4개에 불과하기에 분석이 간단하다고 생각하실 수도 있지만, 요인의 개수가 늘 때마다 상호작용효과 추정항의 개수가 급속하게 증가한다는 점에서 간결하고 효율적으로 실험을 설계하는 것이 권장됩니다.

또한 주효과와 상호작용효과의 정의를 명확하게 이해하는 것은 실험데이터를 분석할 때 매우 중요합니다. RCT를 토대로 한 실험의 경우, 실험집단들(처치집단 및 통제집단)을 무작위로 배치하며, 바로 이 무작위 배치 덕분에 교란변수들을 효과적으로 통제하여 타당한 인과관계를 추정할 수 있다는 점은 앞에서 이야기한 바 있습니다. 즉 RCT 기반 실험을 설계할 때 만약 단 하나의 요인만 포함하였다면, 이러한 실험데이터 분석으로 얻게 될 주효과는 해당 요인의 처치효과라고 인과추정할 수 있습니다(왜냐하면 무작위 배치 덕분으로 '다른 변수들의 수준에 상관없이'라는 조건과 "원인변수와 결과변수의 관계에 대한 교란변수가 존재하지 않는다"는 조건을 등치시킬 수 있기 때문입니다).

만약 무작위 배치된 실험처치요인에 대해 실험참가자의 성별이라는 요인을 추가로 고려한 2요인설계를 실시했다고 가정해봅시다. 자세한 데이터 분석결과는 2부의 여러 장들에서 살펴보겠지만, 만약 이러한 2요인설계를 따르는 실험데이터를 수집한 후 [표 1-2]와 같은 분석결과를 얻었다고 가정해보겠습니다.

[표 1-2] 2요인설계를 따르는 실험데이터에 대한 가상 분석결과

	처치집단	통제집단	총합
남성	$M_{처치,남성}=3.50$ $(n=20)$	$M_{통제,남성}=3.50$ $(n=20)$	$M_{.남성}=3.50$ $(n=40)$
여성	$M_{처치,여성}=4.00$ $(n=20)$	$M_{통제,여성}=3.50$ $(n=20)$	$M_{.여성}=3.75$ $(n=40)$
총합	$M_{처치.}=3.75$ $(n=40)$	$M_{통제.}=3.50$ $(n=40)$	$M_{..}=3.625$ $(n=80)$

표의 결과를 해석하는 것은 어렵지 않습니다. 첫째, 표의 맨 하단을 통해 확인할 수 있듯, 실험참여자의 성별을 고려하지 않았을 경우 처치집단의 평균은 통제집단의 평균보다 0.25점이 높습니다. 즉 주효과의 정의를 따라 '실험참여자의 성별차이를 고려하지 않았을 때'[8] 실험처치요인의 주효과는 0.25입니다. 위와 같은 실험데이터 분석상황에서 실험처치요인의 주효과에 대한 통계적 유의도 테스트에서 설정하는 귀무가설은 "성별요인의 수준을 고려하지 않았을 때, 처치집단의 평균과 통제집단의 평균은 동일하다($H_0: M_{처치.} = M_{통제.}$)"입니다.

둘째, 표의 맨 오른쪽을 통해 확인할 수 있듯, 실험처치여부를 고려하지 않았을 때, 실험참여 남성에 비해 실험참여 여성은 평균 0.25점이 높습니다. 즉 주효과의 정의를 따라 '실험처치요인의 수준차이를 고려하지 않을 때' 참여자의 성별요인의 주효과(성별차이)는 0.25입니다. 위와 같은 실험데이터 분석상황에서 실험참여자 성별요인의 주효과 대상 통계적 유의도 테스트에서 설정하는 귀무가설은 "실험처치여부를 고려하지 않았을 때, 남성 참여자의 평균과 여성 참여자의 평균은 동일하다($H_0: M_{.남성} = M_{.여성}$)"입니다.

셋째, 위의 실험설계에서 상호작용효과는 '실험처치요인과 성별요인 사이의 2원 상호작용효과' 하나이며, 이러한 2원상호작용효과는 "남성 참여자에게서 나타난 처치효과는 '0.00(0.00 = 3.50 - 3.50)'인 반면, 여성 참여자에게서 나타난 처치효과는

8 실험처치요인은 무작위 배치되었고 성별의 경우 실험요인으로 확정되었기 때문에, 두 요인을 교차하여 얻은 네 집단에서 나타날 수 있는 교란변수들은 확률적으로 동등하다고 가정할 수 있습니다.

'0.50(0.50 = 4.00 - 3.50)'으로, 처치효과는 여성 참여자에게서 0.50 더 높았다"로 해석할 수 있습니다. 즉 실험처치의 효과가 참여자 성별요인의 수준에 따라 어느 정도 다른지를 살펴보는 것이 상호작용효과의 핵심이며, 상호작용효과에 대한 통계적 유의도 테스트에서 설정하는 귀무가설은 "여성 참여자에게서 나타난 처치효과 0.50과 남성 참여자에게서 나타난 처치효과 0.00이 동일하다[$H_0: (M_{처치,남성} - M_{통제,남성}) = (M_{처치,여성} - M_{통제,여성})$]"입니다.

주효과와 상호작용효과의 정의는 실험설계를 이해하고, 실험데이터를 적절하게 해석하기 위해 필수적인 만큼 핵심사항을 주의 깊게 살펴보시기 바랍니다.

2-7 요인과 공변량

실험데이터를 분석할 때, 종속변수를 설명 혹은 예측하기 위한 변수는 '요인(factor)'과 '공변량(covariate)'으로 구분할 수 있습니다. 먼저 여기서 말하는 요인은 앞에서 이야기한 '개체간 요인'과 '개체내 요인'을 모두 포괄합니다. 다만 다요인설계에 포함되는 요인들 중 최소 하나 혹은 그 이상의 요인은 반드시 실험조작되어 무작위 배치된 요인이어야 합니다. 즉 인과관계 확립이라는 점에서 실험조작을 거쳐 무작위 배치된 요인은 '조작요인(manipulated factor)'이라고 불리며 실험설계에 최소 하나 이상 포함되어야만 하며, 실험개체의 내적 속성(이를테면 실험참여자의 성별)과 같이 실험조작이 불가능한 변수가 요인으로 포함된 경우 '비조작요인(non-manipulated factor)'이라고 불립니다. 활동분과에 따라 분류방식 혹은 용어의 사용방식이 다를 수 있지만, 일반적으로 조작요인의 경우 '원인변수(cause factor)'라고 불리며, 비조작요인의 경우 '조절변수(moderating variable)'로 분류됩니다.

실험데이터를 분석한 결과를 해석할 때, 조작요인과 비조작요인을 구분하는 것은 매우 중요합니다. 왜냐하면 RCT를 기반으로 하여 수집된 실험데이터에서 조작요인의 수준 변화에 따른 종속변수의 변화는 '인과관계'라고 해석할 수 있지만, 비조작요인의 수준 변화에 따른 종속변수의 변화는 인과관계일 수도 있고, 비조작요인과 종속변수 사이의 상관관계라고 말할 수도 있기 때문입니다. 즉 인과관계의 확립이라는 실험연구의 목적을 고려할 때, 분석의 핵심은 조작요인이 종속변수에 미치는 효과에 집중하는 것이 타당하며, 인과관계 관점에서 조작요인의 효과가 비조작요인의 수준에 따라 그

방향성이나 크기가 달라질 때 비조작요인의 의미를 찾을 수 있습니다.

이를테면 실험처치여부(처치집단과 통제집단) 요인과 성별(남성과 여성) 요인으로 구성된 2요인설계를 살펴봅시다. 이 경우 연구자는 인과관계를 명확하게 밝힐 수 있는 실험처치여부 요인에 집중해야 하며, 비조작요인인 성별은 처치효과가 성별에 따라 다른 모습을 보이는 경우에만 인과관계에 대해 추가 정보를 제공해줄 수 있습니다(예를 들어, 처치집단과 통제집단의 평균차이가 '남성'에게서는 나타나지 않지만, '여성'에게서는 강한 양의 처치효과가 나타난 경우, 연구자가 설정한 인과관계는 여성에게만 유효하다고 볼 수 있습니다). 이와 같은 2요인설계에서 남성과 여성 사이에 나타난 종속변수의 평균차이는 그저 남녀 사이의 차이(difference)를 보여줄 뿐, 성별효과의 결과를 보여준다고 보기 어렵습니다.[9] 따라서 조작요인과 비조작요인이 혼합된 실험을 실시하였을 경우, 조작요인의 효과에 가장 초점을 맞추어 실험데이터 분석결과를 제시하고 효과패턴을 시각화해야 합니다.

요인과 함께 연구맥락에 따라 '공변량'을 추가로 고려하기도 하며, 공변량이 추가 투입된 분산분석의 경우 '공분산분석(analysis of covariance, ANCOVA)'이라고 부릅니다. 공분산분석의 경우 본질적으로 분산분석과 다르지는 않습니다. 실험데이터를 분석할 때 공변량 변수의 형태와 요인의 관계에 주의하시기 바랍니다.

첫째, 공변량은 연속형 변수일 수도 있고 범주형 변수일 수도 있습니다. 실험설계에 투입되는 요인은 '범주형 변수'입니다. 연구상황과 맥락에 따라 요인은 '순위 범주형 변수'일 수도 있고 '무순위 범주형 변수'일 수도 있지만, 어떤 상황이든 '범주형 변수'라는 점은 바뀌지 않습니다. 그러나 공변량은 연속형 변수일 때도 있고 범주형 변수일 때도 있습니다. 특히 행동주의 사회과학의 경우, 5점 리커트 척도 혹은 7점 리커트 척도로 측정된 변수들이 적지 않은데, 이러한 변수를 어떻게 정의하고 모형에 투입할지 먼저 명확하게 판단을 내릴 필요가 있습니다. 2부에서 보다 구체적으로 설명하겠지만, 공분산분석에 투입되는 공변량을 어떤 변수로 정의하는지 혹은 어떤 수준으로

---

9 이 부분을 이해하기 위해서는 대안사실(counterfactual) 개념을 이해해야 합니다. 실험처치여부의 경우, 처치집단과 통제집단이 무작위 배치를 통해 구분되었습니다. 다시 말해 모든 개체는 처치집단이 될 수도 혹은 통제집단이 될 수도 있으며, 따라서 처치집단과 통제집단은 서로가 서로에 대해 대안사실 역할을 수행할 수 있습니다. 그러나 성별은 대안사실이 되기 어렵습니다. 왜냐하면 물리적으로 남성이 여성이 될 수 없으며, 여성은 남성이 될 수 없기 때문입니다.

통제하는지에 따라 공분산분석 추정결과가 조금 혹은 매우 크게 달라질 수도 있기 때문입니다.

둘째, 학문분과에 따라 다를 수도 있지만, 공변량은 종속변수와는 상관관계를 갖지만 요인과는 상호작용효과가 없다고 가정되는 변수입니다. 따라서 공변량을 포함한 공분산분석을 실시할 때는 가급적 공변량과 요인의 상호작용효과를 테스트해본 후, 통계적으로 유의미한 상호작용효과가 없다면 공변량의 독립성을 가정한 후 공분산분석을 실시하면 됩니다. 만약 공변량과 요인 사이의 상호작용효과가 통계적으로 유의미하게 나타난다면, 공변량을 단순하게 처리하지 않는 것이 나을 수도 있습니다. 물론 학문분과에 따라 그리고 연구자의 연구목적에 따라 요인과 통계적으로 유의미한 상호작용효과를 보이는 공변량을 처리하는 방식은 다를 수 있습니다. 그러나 연구자의 이론적 관점에서 보았을 때, 공변량과 요인 사이의 상호작용효과가 충분한 의미를 갖는다면 공변량에 대해 적극적으로 의미를 부여하는 것이 좋습니다. 만약 공변량이 범주형 변수라면 공변량을 '비조작요인'으로 간주하여 분석하면 되며, 공변량이 연속형 변수라면 공변량과 종속변수의 관계를 '기울기(slope)'로 간주하여 분석할 수도 있습니다. 2부에서 연속형 변수 형태의 공변량과 종속변수의 관계를 나타내는 기울기가 실험요인의 수준에 따라 어떻게 달라지는지 보여주는 기울기 분석(slope analysis) 사례를 제시하였습니다. 공분산분석에서 공변량의 역할이 무엇인지, 연구자의 활동분과에서 공변량을 어떻게 활용하는지 신중히 살펴보고 본서를 보신다면 큰 도움을 얻을 수 있을 것으로 생각합니다.

지금까지 실험연구의 등장배경과 함께 다른 연구와 비교할 때 실험연구가 갖는 특징은 무엇인지 살펴보고, 실험데이터 분석을 위한 기초적인 개념들을 소개하고 점검하였습니다. 1장에 제시된 개념들이 어떻게 구체적인 실험데이터 분석과정과 연관되는지 2부 4–9장에서 소개하겠습니다.

2장 실험데이터 분석의 전반적 진행과정

앞에서는 인과추론 관점에서 실험설계가 어떤 배경에서 등장하였는지 소개하고, 실험설계 및 실험데이터 수집 과정에 등장하는 개념들에 대하여 간략하게 살펴보았습니다. 이번 장에서는 실험을 설계하고 진행하는 전반적 과정을 소개한 후, 2부의 장들이 어떻게 구성되었는지 간략히 소개하도록 하겠습니다.

1 실험연구 진행과정

실험연구는 '실험설계', '표본크기 추정', '처치효과·효과크기 추정 및 효과패턴의 시각화', '추가 분석', '분석결과 해석'의 총 5단계로 나눌 수 있습니다. 다른 데이터 분석 기법과 달리 실험데이터 분석은 연구자의 이론적 관점과 연구가설이 무엇인가에 따라 진행되어야 합니다. 따라서 연구자의 활동분과에서 진행된 선행연구들과 연구대상의 특성을 꼼꼼하게 그리고 비판적으로 살펴보아야 합니다. 아쉽지만 본서는 저술의 목적상 특정 학문분과의 연구상황만을 가정할 수 없기 때문에 연구자가 직면하게 될 다양한 실험데이터 분석상황들을 가정하면서 어느 정도는 추상적으로 서술할 수밖에 없다는 점을 잘 살펴주시기 바랍니다.

1-1 실험설계

먼저 첫 번째 '실험설계' 단계에서는 실험을 구상합니다. 활동분과에 따라 실험진행방법은 어느 정도 다를 수 있습니다. 예를 들어 심리학의 경우 보통 한 편의 연구논문에 여러 차례의 실험결과(Study 1, Study 2, ……과 같은 방식으로)를 제시합니다. 즉 이러한 실험연구에서는 하나의 과학적 인과관계를 다양한 방식으로 구상된 실험들을 통해 다각도로 테스트하는 방식으로 내적 타당도와 외적 타당도를 확보하고자 합니다. 그러나 적지 않은 경우 하나의 연구논문은 한 편의 실험연구를 담고 있으며, 하나의 실험결과가 다른 연구들에서도 그대로 반복되는지를 테스트하는 방식으로 내적 타당도와 외적 타당도를 가늠하기도 합니다. 어떤 상황이든 실험연구에서 중요한 점은 연구자의 이론적 주장의 내적 타당도와 외적 타당도를 점검하는 것이며, 따라서 실험연구의 첫 번째 단계는 연구대상과 관련된 선행연구들을 철저하게 검토하는 것입니다.

어떻게 그리고 어느 정도 범위와 규모의 선행연구들을 검토해야 하는가에 대한 권장기준은 활동분과마다 제각각 다를 수 있습니다. 실험설계과정에서 반드시 고려할 요소는 아니지만, 유용한 가이드라인으로는 〈프리스마2020 가이드라인(PRISMA 2020 guideline)〉을 추천합니다. 〈프리스마2020 가이드라인〉은 의료과학 분야에서 활발하게 사용되지만, 사회과학 분야를 포함하여 다른 분야에서 아직 널리 사용되지 않고 있습니다. 그러나 체계적인(systematic) 선행연구 리뷰 가이드라인을 제공한다는 점에서 굳이 의학이나 약학 분야로만 한정할 필요는 없을 것으로 생각합니다. 〈프리스마2020 가이드라인〉에 대해서는 관련 참고문헌(Page et al., 2021)이나 홈페이지 게시자료[1]를 참고하시기 바랍니다.

선행연구에 대한 세밀하고 포괄적인 검토가 끝났다면, 연구자는 자신의 실험설계와 선행연구에서 제시된 실험설계가 어떤 점에서 유사·동일하며, 또 어떤 점에서 다른지를 명확하게 제시한 후, 실험을 통해 테스트하고자 하는 연구가설들을 설정합니다. 어떤 연구가설을 설정해야 하는지는 연구상황에 따라 다를 수 있습니다. 그러나

---

1 홈페이지는 https://www.prisma-statement.org입니다. 〈프리스마2020 가이드라인〉을 따라 진행되는 체계적 선행연구 수집과정에 대해서는 PRISMA Flow Diagram을 참조하시길 강력히 권장합니다(https://www.prisma-statement.org/prisma-2020-flow-diagram).

실험연구의 연구가설은 명확한 테스트가 가능하도록 서술되어야만 합니다. 특히 실험에 포함되는 요인의 개수가 많고 개별요인의 수준개수가 많을수록 연구가설을 구체적이고 명확하게 서술해야 합니다. 또한 데이터 수집이 종료된 후 처치효과를 추정하고 추가 분석을 실시하는 네 번째 단계에서 상호작용효과의 패턴을 구체적으로 밝히기 위해 단순주효과(simple main effect) 테스트를 실시할 예정이거나, 전체 실험집단 중 일부 집단의 평균차이에 대한 계획비교(planned contrast)를 실시할 계획이라면 반드시 연구가설을 명확하게 밝히고 서술해야만 합니다.

1-2 표본크기 추정

두 번째 단계에서는 연구자의 연구가설에 부합하는 분석결과를 얻기 위해 얼마나 많은 데이터를 수집해야 하는지 추정해야 하며, 실험데이터 분석 관련 문헌에서는 이 과정을 '표본크기 추정(sample size determination)'이라고 부릅니다. 표본크기 추정과 관련해서는 '2부 4장', '별첨-1' 및 2부의 각 장별 첫머리에 보다 자세한 내용과 예시를 제시하였습니다. 실험연구의 표본크기를 추정할 때는 다양한 요인들을 고려해야만 합니다. 그러나 '귀무가설 기각(rejecting null hypothesis) 및 대안가설 수용(accepting alternative hypothesis)'에만 초점을 맞춘다면, '제1종 오류(type 1)', '제2종 오류(type 2 error)', '효과크기(effect size)'의 3가지 정보만 주어지면 표본크기를 추정할 수 있습니다.

일반적으로 제1종 오류 가능성은 $\alpha = .05$를, 제2종 오류 가능성은 $\beta = .20$을 설정합니다(물론 이러한 기준은 절대적인 것이 아니며, 분과의 특성이나 연구상황에 따라 α와 β는 다르게 설정될 수도 있습니다). 그러나 실험데이터를 수집하기 전에 효과크기가 어느 정도일지 합리적으로 예상하는 것은 결코 쉽지 않습니다. 제가 알고 있는 범위에서 표본크기 추정을 진행할 때 효과크기를 예상하는 방법은 크게 3가지입니다.

첫 번째 방법은 연구자가 진행하는 실험과 동일하거나 유사한 '선행연구'의 분석결과를 토대로 효과크기를 추정하는 방법입니다. 이를테면 다른 국가 혹은 다른 연구팀의 연구결과가 재현(replicate)될 수 있는지를 살펴보는 것이 실험의 목적이라면, 과거의 연구결과에서 보고된 효과크기 통계치(예를 들어 $\eta^2_{partial}$)를 그대로 활용하는 것입니다. 그러나 연구자가 선행연구에서는 시도되지 않은 성격의 실험을 시도하는 경우라면, 첫 번째 방법을 활용하는 것은 어려울 가능성이 높습니다.

두 번째 방법은 실험을 '사전테스트(pilot test)'와 '본테스트(main test)'로 구분하여 두 차례 실시하는 방법입니다. 즉 소규모의 사전테스트를 통해 효과크기 통계치를 별도로 계산한 후, 이 결과를 활용하여 본테스트에 필요한 표본크기 통계치로 활용하는 것입니다. 사전테스트를 활용하는 것은 좋은 방법이지만, 이 과정에서 비용과 노력이 추가 투입되어야 한다는 단점이 존재합니다.

세 번째 방법은 표준적인 효과크기 통계치 분류를 활용하는 것입니다. 독자의 활동분과에 따라 다를 가능성이 높지만, 소위 '행동주의 사회과학(behavioral social science)' 분과에서는 코헨의 효과크기 분류(Cohen, 1988)를 활용합니다. 구체적으로 코헨(Cohen, 1988)은 실험데이터 분석에서 가장 널리 사용되는 부분에타제곱($\eta^2_{partial}$) 통계치의 크기 기준을 '.01'인 경우는 '소(small)효과', '.06'인 경우는 '중(medium)효과', '.14'인 경우는 '대(large)효과'로 분류하고 있습니다(물론 $\eta^2_{partial}$ 외의 다른 효과크기 통계치들에 대한 분류기준 역시 제시하고 있으니 필요할 경우 찾아보시기 바라며, 효과크기에 대한 분류는 연구자와 분류기준을 설정한 연도에 따라 다를 수 있습니다. 예를 들어 코헨의 효과크기 분류기준의 경우 1988년 기준과 1992년 기준이 조금 다릅니다). 개인적으로 코헨의 효과크기 분류는 상당히 주관적이고 자의적이라는 문제가 있다고 생각하지만, 그렇다고 코헨의 분류체계가 널리 활용되고 있으며 많은 연구자가 이를 수용하고 있다는 현실이 부정되는 것은 아닙니다. 아무튼 만약 연구자가 자신의 연구가설의 처치효과가 '중효과'라고 기대하며, 분산분석(ANOVA, analysis of variance)을 실험데이터 분석기법으로 채택할 경우라면 .06–.14 범위를 갖는 $\eta^2_{partial}$ 중 가장 적절할 것으로 기대되는 효과크기 통계치를 투입하여 표본크기를 추정하면 됩니다. 만약 활동분과에서 코헨의 효과크기 분류가 널리 인정된다면, 그리고 연구에서 기대되는 효과크기가 어떠할지에 대해 연구자가 근거 있는 추정결과를 갖고 있다면, 세 번째 방법의 활용을 고려할 수 있습니다.

본서에서는 통상적 기준으로 활용되는 제1종 오류 가능성 $\alpha = .05$, 제2종 오류 가능성 $\beta = .20$을 토대로 효과크기 통계치의 경우 첫 번째 방법, 즉 선행연구에서 활용된 효과크기 통계치를 제시하는 방법을 택하였음을 밝힙니다. 표본크기는 연구윤리 관련 '기관생명윤리위원회(IRB, Institutional Review Board)' 검토 과정에서 중요하게 고려되는 기준 중 하나이며, 무엇보다 연구비 규모와 매우 밀접하게 연결되는 중요한 요소라는 점에서 세밀하고 주의 깊은 과정을 거쳐 추정하시기 바랍니다.

1-3 처치효과 추정 및 효과패턴의 시각화

표본크기 추정이 끝나면 실험을 진행한 후, 수집된 데이터를 분석합니다. 3단계에서 가장 중요하게 고려할 사항은 데이터 형태에 맞는 분석기법을 선택하는 것입니다. 우선 종속변수의 분포가 어떠한지 살펴보아야 합니다. 실험데이터의 종속변수가 정규분포(normal distribution)를 가정할 수 있는 경우라면 통상적인 분산분석(ANOVA) 혹은 공분산분석(ANCOVA) 모형을 활용하면 됩니다. 그러나 만약 종속변수에 대해 정규분포를 가정하기 어려운 경우라면, 종속변수의 형태에 맞는 일반화선형모형(GLM, generalized linear model) 혹은 일반화선형혼합모형(GLMM, generalized linear mixed model)을 사용하여야 합니다. 정규분포를 가정할 수 있는 종속변수를 대상으로 한 실험데이터 분석은 4-8장을, 그리고 정규분포를 가정하기 어려운 종속변수를 대상으로 한 실험데이터 분석은 9장을 참조하시기 바랍니다.

만약 정규분포 가정이 적용되는 종속변수인 경우 사용되는 (공)분산분석을 실시하는 경우라면, 활동분과에서 널리 받아들여지는 (공)분산분석 관례가 무엇인지 잘 살펴보기 바랍니다. 일반적으로 3가지를 고려할 필요가 있습니다. 첫째, 집단간 분산동질성 가정(variance homogeneity assumption)이 성립되는지, 그리고 만약 이 가정이 위배될 경우 어떠한 대안적 테스트 방식을 권장하는지 살펴보기 바랍니다. 일반적으로 분산동질성 가정의 충족여부를 살펴보는 방법으로는 르빈의 *F*테스트(Levene's *F*-test)가 널리 활용되지만, 활동분과에 따라 다른 방식의 테스트가 더 선호될 수도 있으며, 르빈의 *F*테스트가 널리 활용되더라도 중심값(center)을 어디에 두고(즉, '평균'인지 아니면 '중앙값'인지) 분산동질성 테스트를 진행하는지도 유념해 살펴보기를 권합니다.

둘째, 분산합 추정방법이 어떠한지 살펴보기 바랍니다. 본서에서는 맥스웰과 델라니(Maxwell et al., 2018)의 제안을 따라 제III유형 (공)분산분석을 주로 제시하였습니다. 그러나 활동분과에 따라 제I유형이나 제II유형 (공)분산분석이 권장될 수도 있습니다. 분산합을 추정하는 3가지 유형(제I유형, 제II유형, 제III유형)과 데이터 분석 패키지들에 따라 디폴트로 제공되는 유형이 어떻게 다른지, 그리고 데이터 분석결과와 통계적 의사결정에 어떤 영향을 미치는지에 대해서는 '2부 4장'과 '별첨-2'에 보다 자세하게 설명하였습니다.

셋째, 테스트 결과 제시방식과 선호되는 효과크기 통계치가 무엇인지 살펴보시기 바랍니다. 본서에서는 제가 속한 분과에서 널리 사용되는 APA 양식을 따라 테스트 결과와 효과크기 통계치인 코헨의 d와 $\eta^2_{partial}$를 보고하였지만, 활동분과에 따라 테스트 결과를 보고하는 방식이 상이할 수 있고, 효과크기 통계치의 경우도 코헨의 d나 $\eta^2_{partial}$보다 보수적인 효과크기 통계치가 활용될 수 있기 때문입니다.

처치효과를 추정하고 활동분과에서 요구하는 양식에 맞도록 테스트 통계치와 효과크기 통계치를 제시한 후에는 효과패턴 시각화 결과물을 제시할 것을 권장합니다. 물론 활동분과에 따라 효과패턴 그래프를 선호하지 않을 수도 있으며, 실험설계구조가 매우 간단할 경우(이를테면 단일요인설계이면서 요인의 수준개수가 2-3개 정도에 머무를 경우) 굳이 효과패턴 그래프가 필요하지 않을 수도 있습니다. 그러나 통계적으로 유의미한 상호작용효과가 확인된 경우이거나, 요인의 개수가 많고 요인의 수준개수도 많은 경우라면 효과패턴 시각화 결과물을 제시할 것을 강하게 권장합니다. 특히 최근 R이용자들에게 인기를 얻고 있는 `ggplot2` 패키지와 이를 토대로 구성된 `emmeans` 패키지의 `emmip()` 함수는 강력한 시각화 도구이며, 복잡한 실험데이터 분석결과를 효과적이면서 동시에 효율적으로 제시할 수 있는 다양한 함수들을 제공하고 있습니다. 보다 구체적인 실험데이터 분석결과 시각화 방법들은 2부에서 확인할 수 있습니다.

1-4 추가 분석: 단순효과 분석, 계획비교, 사후 다중비교

실험설계가 복잡할수록 3단계의 분석결과만으로는 실험데이터를 충분히 분석하기 어렵습니다. 단일요인설계(single factorial design)에서 요인의 수준이 3수준 혹은 그 이상인 경우, 그리고 상호작용효과가 포함되는 다(多, *n*-)요인설계(*n*-factorial design)인 경우, (공)분산분석 실시 후 거의 언제나 추가 분석을 실시합니다. 본서에서는 추가 분석방법으로 '단순효과 분석(simple effect analysis)', '계획비교(planned contrast)', '사후 다중비교(posthoc multiple comparison)' 3가지를 제시하였습니다.

첫째, 통상적으로 단순효과 분석은 2원(혹은 3원 이상)분산분석을 실시합니다. 단순효과 분석은 '단순주효과(simple main effect) 분석'과 '단순상호작용효과(simple interaction effect) 분석'으로 구분됩니다. 단순효과 분석을 실시하는 목적은 분산분석에 따라 통계적으로 유의미하다고 확인된 상호작용효과를 보다 구체적으로 이해하는 것입니다. 예를 들어 이원분산분석을 실시한 후 한 요인의 효과가 다른 한 요인의 수준별로 어떠한지를 구체적으로 보여주는 것이 단순주효과 분석의 목적이며, 3원분산분석을 실시한 후 두 요인 사이의 상호작용효과가 다른 한 요인의 수준별로 어떠한지를 구체적으로 보여주는 것이 단순상호효과(보다 구체적으로 단순2원상호작용효과) 분석의 목적입니다. 단순주효과 및 단순상호작용효과 분석의 의미와 예시는 2부의 5장부터 9장까지 제시하였습니다. 물론 일원분산분석의 경우에도 단순효과 분석이 가능하지만, 실제 연구에서 널리 활용되지는 않기에 2부 4장에서 예시사례를 통해 어떤 의미인지 간단하게 제시하였습니다.

둘째, 계획비교는 연구자의 사전계획에 따라 상정한 연구가설을 토대로 실험설계에 포함된 특정 집단(들)과 다른 집단(들)의 평균차이를 테스트하는 방법입니다. 실험에 포함된 요인개수가 많고 요인별 수준개수가 많을 경우, 통계적 검증력을 희생할 필요 없이 사용할 수 있습니다. 본서에서는 계획비교를 요인의 효과패턴(이를테면 1차선형효과, 2차곡선형효과 등) 확인을 위한 다항비교(polynomial contrast)와 연구자가 수동으로 지정한 방식의 계획비교로 구분한 후, 다양한 실험상황에서 어떻게 계획비교를 실시할 수 있는지 서술하였습니다.

셋째, 사후 다중비교는 요인의 수준개수가 3개 이상일 경우 발생하는 평균비교당 오차율(error-rate per comparison)과 족내오차율(familywise error-rate)의 차이를 보정한 통계적 유의도를 기반으로 평균차이를 테스트하는 방법입니다. 일반적으로 사후 다중비교는 앞서 서술한 계획비교와 달리 사전에 설정된 연구가설 없이 진행할 수 있다는 장점이 있지만, 비교대상이 되는 평균쌍의 개수가 늘어날수록 통계적 유의도 수준이 과하게 조정된다는 점에서 통계적 검증력 희생을 감수해야만 합니다. 본서에서는 실험데이터의 상황에 따라 활용 가능한 다양한 사후 다중비교 방법을 제시하였으며, 아울러 사후 다중비교 방법에 따라 적절한 통계적 유의도 조정방법에 대해서도 예시하였습니다.

1-5 분석결과의 해석

추가 분석까지 완료했다면 실험데이터 분석결과가 연구자에게 어떤 의미를 갖는지 활동분과의 이론적 관점에서 적절하게 해석하고 평가하면 됩니다. 5단계는 연구상황에 따라 다를 수밖에 없으며, 데이터 분석과 관련된 영역이라기보다는 실증분석 결과에 대한 이론적 추상화의 영역입니다. 활동분과의 이론적 관심사가 무엇인지, 그리고 구체적인 연구결과가 어떠한 의미를 갖는지 적절하게 판단한 후 결과를 해석하면 될 듯합니다. 본서에서는 통상적인 데이터 분석 관점에서 분석결과를 어떻게 해석하고 평가할 수 있는지 간단하게 언급하였습니다.

지금까지 설명한 실험설계 및 실험데이터 분석 단계들은 아래의 [표 2-1]과 같이 정리할 수 있습니다. 앞에서 서술하였듯, 1단계와 5단계는 연구자의 연구문제와 활동분과의 관례에 맞게 적절하게 진행해야 하는 부분입니다. 따라서 본서에서는 1단계와 5단계에 대한 서술은 간단하게 제시한 반면, 2단계인 표본크기 추정과 3단계인 처치효과 추정 및 효과패턴 시각화 그리고 4단계인 추가 분석의 경우 실험상황별 예시데이터 분석을 통해 최대한 구체적이고 자세한 설명을 제시하였습니다.

[표 2-1] 실험설계 및 실험데이터 분석 단계

단계	고려사항
1. 실험설계	• 연구대상과 관련된 선행연구 검토 • 연구자의 실험상황 검토 • 연구설계 • 연구가설 설정(특히 4단계 추가 분석 관련)
2. 표본크기 추정	• 연구설계 유형 및 추정대상 효과 추정항 확정 • 제1종 오류와 제2종 오류(type 1 and type 2 error) 설정 • 효과크기 추정 및 표준적 효과크기 통계치 설정
3. 처치효과 추정 및 효과패턴의 시각화	• 종속변수의 유형 확인 – 정규분포 가정된 종속변수의 경우 * 집단간 분산동질성 가정 성립여부 판단 * 분산합 추정방법 설정(type I, type II, type III) * 효과크기 통계치 추정 – 정규분포 가정이 불가능한 제한적 종속변수의 경우 * 종속변수의 유형을 파악하고 이에 맞도록 모형 설정 • (필요시) 효과패턴 시각화

4. 추가 분석	• 단순효과 분석(simple effect analysis) – 2원(혹은 3원 이상의) 상호작용효과 테스트 결과에 따라 필요시 단순주효과 분석 실시 – 3원(혹은 4원 이상의) 상호작용효과 테스트 결과에 따라 단순상호작용효과 분석 실시 • 계획비교(planned contrast) – 1단계(실험설계)에서 연구가설을 설정하였을 경우에만 계획비교 실시 가능 • 사후 다중비교(posthoc multiple comparison) – 별도의 연구가설 없이 실험설계 유형에 가장 적합한 방식의 집단간 평균비교 * 모든 집단을 비교할 것인지, 아니면 특정 요인의 수준별로 다른 요인의 수준별 집단비교를 수행할 것인지? * 요인수준이 순위 범주형 변수인지 아니면 무순위 범주형 변수인지? * 요인에서 '통제집단'과 같이 명확한 기준집단이 존재하는지?
5. 분석결과의 해석	• 실험설계 단계에서 검토한 선행연구와 연구가설 맥락에서 분석결과 해석

2 2부의 구성 개요

1부에서는 실험데이터 분석에 필요한 사전지식들과 R을 통한 분석실습에 필요한 패키지들을 소개하였습니다. 본서의 가장 핵심적 내용은 제2부이며, 4-9장까지 총 여섯 장으로 구성되어 있습니다. 각 장을 나눈 기준은 총 4가지로, ①종속변수가 정규분포를 따른다고 가정할 수 있는지 여부, ②개체내 요인이 실험설계에 포함되어 있는지 여부, ③실험에 포함된 요인의 이론적 성격, ④실험설계에 포함된 요인개수 등입니다. 아울러 2부 4-9장 모두 앞에서 소개한 실험설계와 표본수집 및 데이터 분석 과정에 맞추어 서술하였습니다.

먼저 4장에서는 개체간 요인이 1개 포함된 단일요인설계를 다루었습니다. 보다 구체적으로 개체간 요인이 2개 수준이고 공변량이 전혀 없는 경우 활용할 수 있는 독립표본 티테스트를 시작으로, 공변량이 포함된 일원분산분석을 소개하였습니다. 이후 실험요인의 수준이 3개인 경우, 그리고 5개인 경우의 일원분산분석기법을 소개하였습니다. 3가지 실험설계 상황에서 어떻게 표본크기를 추정하는지 소개하였으며, 집단간 분산동질성 테스트 방법 및 분산동질성을 가정하기 어려운 경우 사용할 수 있는 대안적 분석방법으로 웰치 조정기법과 일반최소자승(GLS, generalized least squares) 모형을 소개하였습니다. 또한 요인의 효과 추정 통계치를 계산하는 방법과 효과크기 통계치(코헨의 d, $\eta^2_{partial}$)는 어떻게 얻을 수 있으며, 그 의미는 무엇인지 예시를 통해 설명하였습니다. 아울러 추가 분석기법으로 단순효과 분석, 계획비교, 연구상황에 따라 상이하게 적용 가능한 다양한 사후 다중비교 방법들을 소개하였습니다. 단일요인설계와 일원분산분석은 실험설계 유형들과 실험데이터 분석 중 가장 간단한 사례이지만, 이후 소개된 실험설계와 실험데이터 분석의 기초가 됩니다. 단일요인설계에 대한 사전지식을 지닌 독자들도 복습하는 기분으로 꼭 한번 훑어보시길 부탁드립니다.

5장에서는 개체간 요인의 개수가 2개인 2요인설계를 다루었습니다. 여기서는 2요인설계의 가장 간단한 형태인 2×2 요인설계와 조금 더 복잡한 형태로 3×3 요인설계를 소개하였습니다. 5장에 소개된 2가지 요인설계를 이해한다면, 다른 형태의 보다 복잡한 실험설계들(예를 들어 5×2 혹은 8×3 요인설계) 역시 응용해 활용할 수 있을 것입니다. 4장과 마찬가지로 5장에서도 예시된 2가지 2요인설계 상황에서 예상되는 상호작용효과를 토대로 표본크기를 어떻게 추정할 수 있는지 예시하였으며, 집단간 분산동질성을 가정할 경우의 이원분산분석과 분산동질성을 가정하기 어려운 상황에서의 GLS모형 추정방법을 각각 제시하였습니다. 5장에서는 통계적으로 유의미한 2원상호작용효과가 등장할 경우 유용하게 활용할 수 있는 '단순주효과 분석'의 의미와 해석방법을 예시데이터를 토대로 구체적으로 서술하였습니다. 또한 실험요인과 연속형 변수 형태의 공변량의 상호작용효과가 나타날 경우 유용하게 활용할 수 있는 '(단순)기울기 분석' 방법에 대해서도 간단하게 설명하였습니다. 아울러 2요인설계 상황에서 계획비교를 어떻게 실시할 수 있는지, 그리고 특정 요인의 수준별 다른 요인의 수준별 집단평균을 어떻게 사후 다중비교할 수 있는지 서술하였습니다.

6장에서는 개체간 요인이 3개 포함된 3요인설계와 이에 따른 실험데이터 분석방법을 예시하였습니다. 6장에서는 3×3×2 3요인설계를 예시로 제시하였으며, 3원상호작용효과를 확인하기 위한 표본크기 추정방법을 소개한 후, 모형 추정방법과 이에 따른 3원상호작용효과, 2원상호작용효과, 주효과의 의미와 각 효과의 효과크기 통계치 산출방법을 소개하였습니다. 6장에서는 단순2원상호작용효과의 개념과 의미를 예시를 통해서 설명하였으며, 삼원분산분석 상황에서의 계획비교와 사후 다중비교를 소개하였습니다.

7장에서는 개체내 요인이 포함된 실험설계를 소개하였습니다. 무작위 배치가 반영된 개체간 요인 없이 2수준 개체내 요인 실험데이터를 대응표본 티테스트, 반복측정분산분석, 혼합모형의 3가지 분석방법 차원에서 예시한 후, 3수준 개체내 요인이 반영된 실험데이터에서 나타날 수 있는 오차항 구조의 개념과 최적의 오차항 구조 파악방법에 대해서 예시와 함께 설명하였습니다. 개체내 요인의 특성과 분석방법을 살펴본 후에는 개체내 요인과 개체간 요인이 함께 포함된 실험설계 상황과 실험데이터 분석방법을 제시하였습니다. 기존의 반복측정분산분석 접근법과 최근 주류로 자리잡고 있는 혼합모형 접근방법의 공통점과 차이점을 소개한 후, 왜 혼합모형 접근방법이 기존의 반복측정분산 접근방법보다 더 효율적이며 타당한지 설명하였습니다.

8장에서는 블록설계와 배속설계에 대해 간략하게 설명하였습니다. 연구상황에 따라 불가피하게 개입될 수밖에 없는 효과요인이 존재할 경우, 이를 블록요인으로 포함시킨 블록설계를 통해 보다 효율적인 연구설계가 가능합니다. 한편 연구대상에 따라 요인들의 관계가 위계적으로 얽혀 있는 경우라면 배속설계를 진행할 수밖에 없는 상황에 맞닥뜨릴 수도 있습니다. 따라서 8장에서는 예시데이터를 통해 블록설계와 배속설계의 개념과 특성을 간단하게 설명하였습니다.

끝으로 9장에서는 정규분포를 가정할 수 없는 종속변수가 포함된 실험설계를 소개하였습니다. 연구상황에 따라 연구자가 분석하고자 하는 현상은 '예-아니오'와 같은 이분 범주형 변수일 수도 있고, '없음-조금-충분-많음'과 같이 차등적 성격이 강한 선호나 관심을 측정하는 순위 범주형 변수 일수도 있으며, 순위를 부여할 수 없는 여러 선택지들 중 하나를 선택한 결과(이를테면 동일한 성능과 가격의 상품A, 상품B, 상품C 중 무엇을 선택하였는지)와 같은 무순위 범주형 변수일 수도 있습니다. 또한 범주형 종속변수가 아니라고 하더라도 0과 양의 정수로 측정되는 횟수형 변수(count variable) 역시도 정규분포를 가정하기 어려운 경우가 매우 빈번합니다. 특수한 실험상황에서 활용되지만, 이러한 성격의 종속변수를 활용할 수밖에 없는 실험연구자들을 고려하여 9장을 서술하였습니다.

3 본서의 활용법

첫째, 연구방법론의 기초지식이 필수적입니다. 1장에서 실험설계와 관련된 핵심내용을 간략하게 정리하였지만, 활동분과에 따라 선호되는 실험설계 혹은 실험과정에서 불가피하게 발생할 수밖에 없는 제약조건 혹은 특수상황이 존재할 수 있습니다. 다른 데이터 분석기법들도 마찬가지지만, 실험설계 데이터를 분석할 때는 무엇보다 연구방법론 기초지식을 꼭 갖추어야 합니다.

둘째, 오직 R만이 실험데이터를 분석할 수 있는 분석도구는 아니지만, 매우 효과적이고 효율적인 분석도구라는 점은 확실합니다. R 언어의 작동방식, 그리고 무엇보다 최근 R이용자 집단에서 주류로 자리잡은 타이디버스 접근방법에 대한 사전지식을 갖추어야 합니다. 타이디버스 접근방법에 대해서는 위컴 등(Wickham et al., 2023)과 졸저(백영민, 2023)를 참조하시기 바랍니다.

셋째, 가급적 책을 순서대로 보시는 것이 좋습니다. 물론 상황에 따라 독자께서 원하는 부분을 선택적으로 볼 수도 있지만, 실험설계와 실험데이터 분석에 대해 사전에 경험해본 분이라고 하더라도 단일요인설계 데이터 분석을 소개한 4장은 가볍게라도 꼭 훑어보시면 좋을 것이라 생각합니다. 특히 집단간 분산동질성 가정이 유효하다고 보기 어려운 경우 사용을 고려해볼 수 있는 GLS모형, 단순효과 분석이나 계획비교 등은 기초적 실험설계 데이터 분석을 소개한 도서들에서 주목하지 않는 부분이지만, 5장 이후 다요인설계 상황에서의 실험데이터 분석을 이해하기 위한 핵심이기 때문입니다.

넷째, 7장과 9장에서는 동일 개체를 대상으로 한 반복측정 데이터를 다루고 있으며, 8장에서는 위계적 배속관계가 반영된 실험설계를 소개하고 있습니다. 7–9장의 내용을 학습하는 과정에서 개체내 분산과 개체간 분산, 그리고 집단간 분산과 집단내 분산을 동시에 추정하는 혼합모형(mixed model)을 소개하고 있습니다. 7장과 9장을 살펴보기 전에 다층모형(multi-level model) 관련 개념과 용어들을 같이 학습하시면 매우 효과적입니다(백영민, 2018a; Bolger & Laurenceau, 2013; Raudenbush & Bryk, 2002).

다섯째, 9장에서는 정규분포를 가정하기 어려운 종속변수를 대상으로 한 실험설계 데이터 분석을 다루고 있습니다. 이항 종속변수인 경우 활용되는 이항로짓모형, 순위 범주형 종속변수인 경우 활용되는 순위형로짓모형, 무순위 범주형 종속변수인 경우 활용되는 다항로짓모형, 횟수형 종속변수에 대한 포아송 모형, 음이항 모형, 영포화 모형, 허들 모형 등의 경우, 본서의 목적상 많은 분량을 할애할 수는 없었습니다. 만약 이와 같이 정규분포를 가정할 수 없는 제한적 종속변수 투입모형에 대한 사전지식이 없는 분이라면 다른 문헌들을 먼저 살펴보시기 바랍니다(백영민, 2019; Hoffman, 2016; Long, 1997).

여섯째, 활동분과의 실험연구들과 함께 본서를 활용하시면 좋겠습니다. 예를 들어 본서의 5장을 살펴보면서 아울러 활동분과의 2요인설계를 통해 수집된 실험데이터를 이원분산분석을 통해 분석한 실증연구 논문과 같이 살펴보신다면 학습효과가 대폭 증대될 것으로 생각합니다.

3장 실험데이터 분석기법 실습을 위한 R 패키지

실험설계 데이터의 표본크기를 추정하고 실험데이터 분석을 실습하기 위해 본서에 소개할 R 패키지들은 크게 네 집단으로 묶을 수 있습니다.

첫째, 실험데이터 분석과 직접적 연관성은 없지만, 데이터 관리와 사전처리, 데이터 분석결과의 시각화(visualization)와 제시(display)를 위한 범용 데이터 분석 R 패키지들입니다. 여기에 속하는 패키지들은 실험데이터 분석이 아닌 다른 유형의 데이터 분석에도 매우 빈번하게 사용됩니다. 여기에 속하는 패키지들로 본서에서는 `tidyverse` (version 2.0.0), `patchwork` (version 1.2.0), `lmtest` (version 0.9-40), `modelsummary` (version 2.1.0), `writexl` (version 1.5.0), `knitr` (version 1.46) 패키지 등을 사용하였습니다.

둘째, 실험데이터 수집을 진행하기 전에 어느 정도 규모의 표본을 수집해야 하는지를 추정하기 위한, 다시 말해 표본크기 추정(sample size determination)을 위한 패키지입니다. 앞서 이야기했듯이 용납 가능한 수준의 제1종 오류와 제2종 오류 가능성을 가정할 때 처치효과의 효과크기를 예상할 수 있다면, 어느 정도 규모의 표본을 수집해야 하는지 추정할 수 있습니다. 표본크기 추정을 위한 다양한 R 패키지들 중 본서에서는 `pwrss` 패키지(version 0.3.1)를 활용하였습니다.

셋째, 본서의 핵심인 실험데이터 분석을 위한 패키지들입니다. 물론 R 베이스에서는 분산분석을 위한 기초함수들[이를테면 `aov()` 함수나 `TukeyHSD()` 함수 등]을 포함하고 있지만, 실험데이터를 심도 있게 분석하기에는 충분하지 않습니다. 실험데이터를 체계적으로 분석하기 위해 본서에서는 `emmeans` (version 1.10.2), `afex` (version 1.3-1), effectsize (version 0.8.8), car (version 3.1-2), nlme (version 3.1-164), lme4 (version 1.1-35.3), lmerTest (version 3.1-3), glmmTMB (version 1.1.9) 패키지 등을 사용하였으며, 특히 실험데이터 분석에서 가장 중요한 기능들을 제공하는 emmeans 패키지의 부속함수들을 집중적으로 소개하였습니다.

넷째, 정규분포를 가정하기 어려운 제한적 종속변수(limited dependent variable)가 포함된 실험데이터를 분석하기 위한 패키지들을 9장에서 소개하였습니다. 본서에서 살펴본 제한적 종속변수들은 '예/아니오'와 같이 2가지 범주로 구성된 이항 범주형 변수, '정상-경증-중증'과 같이 뚜렷한 순서의 의미를 갖는 순위 범주형 변수, 3가지 이상의 선택지 중 가장 선호하는 것을 선택하는 무순위 범주형 변수, 0과 양의 정수로 측정되는 횟수형 변수(count variable) 등입니다. 제한적 종속변수가 포함된 실험데이터의 분석방법은 9장에서 집중적으로 소개하였으며, 이를 위해 본서에서는 ordinal (version 2023.12-4), RVAideMemoire (version 0.9-83-7), nnet (version 7.3.-19), MASS (version 7.3.-60.2), pscl (version 1.5.9) 패키지 등을 사용하였습니다.

독자분들은 실험데이터 분석방법을 본격적으로 소개하는 2부를 접하기 전에 3장에 소개된 패키지들을 반드시 먼저 설치하시기 바랍니다. 참고로 이 책을 저술할 때 제가 사용한 R은 version 4.4.1이었으며, 사용한 패키지들은 2024년 7월을 기준으로 CRAN에 모두 등재되어 있기 때문에 install.packages() 함수를 이용하여 쉽게 설치하실 수 있습니다. 아울러 제가 알고 있는 범위에서 본서에 소개된 패키지들에서는 OS(Mac이든 Windows든)에 따른 분석결과의 차이나 버그 등은 발견되지 않았습니다.

1 범용 데이터 분석 R 패키지: tidyverse, patchwork, lmtest, modelsummary, writexl, knitr

범용 데이터 분석 R 패키지들로는 실험데이터를 심도 있게 분석하지 못합니다. 그러나 이 패키지들은 저장된 실험데이터를 불러오거나, 변수들에 대한 사전처리를 진행하거나, 분석결과를 정리하고 시각화하는 작업을 진행하는 등 데이터 분석 관련된 전반적

작업을 진행하는 데 필수적입니다.

첫째, tidyverse 패키지(version 2.0.0)는 데이터 관리 및 사전처리, 시각화에 혁신을 가져온 패키지이며, 실험데이터를 넘어 모든 형태의 데이터 처리 효율성을 높이는 패키지입니다. tidyverse 패키지 부속함수들의 기능에 대한 보다 자세한 예시와 설명은 졸저 《R 기반 데이터 과학: tidyverse 접근(개정판)》(백영민, 2023)이나 위캠 등(Wickham et al., 2023)[1]을 참조하시기 바랍니다.

둘째, 여러 그래프를 병렬하여 제시하기 위해 patchwork 패키지(version 1.2.0)를 활용하였습니다. patchwork 패키지는 tidyverse 패키지를 구성하는 ggplot2 패키지로 생성된 시각화 자료들을 이어붙일 때 유용하며, 매우 직관적으로 작동하기 때문에 특별하게 지식이 필요하지는 않습니다.

셋째, lmtest 패키지(version 0.9-40)는 로그우도비 테스트(log-likelihood ratio χ^2test)를 실시하기 위해 사용하였습니다. 배속관계(embedded relationship)의 두 모형 중 어느 모형이 통계적으로 더 설명력이 높은지를 비교하는 목적으로 사용하였습니다.

넷째, modelsummary 패키지(version 2.1.0) 부속함수들은 모형 추정결과를 정리하여 제시할 때 매우 유용합니다. R에서는 모형 추정결과를 정리하여 제시하는 summary() 함수를 제공해주지만, 다항로짓모형의 경우 summary() 함수로 얻은 출력결과는 가독성이 매우 떨어집니다. 이에 따라 본서에서는 9장에서 다항로짓모형 추정결과를 제시할 때, modelsummary 패키지의 modelsummary() 함수를 활용하였습니다. 물론 modelsummary 패키지는 분산분석이나 OLS 회귀모형 혹은 일반화 선형모형(GLM) 등에서도 활용 가능합니다. 그러나 실험데이터를 심도 있게 분석하는 것이 본서의 목적이라는 점에서 불가피한 상황이라고 판단된 다항로짓모형 추정결과 제시에서만 modelsummary 패키지를 사용하였습니다.

다섯째, 분석결과를 요약·제시하는 방법을 예시하는 과정에서 writexl(version 1.5.0)과 knitr(version 1.46) 패키지의 기능 일부를 소개하였습니다. writexl 패키지의 경우 이름에서 쉽게 확인할 수 있듯, R 오브젝트를 외부에 엑셀데이터 형태로 저장하는 write_xlsx() 함수를 제공합니다. writexl 패키지의 write_xlsx() 함수

1 위캠 등(Wickham et al., 2023)의 서적은 무료로 보실 수 있습니다. https://r4ds.hadley.nz/

는 엑셀 프로그램의 범용성을 고려할 때, R을 이용하지 않는 사람들에게 분석결과를 전달하고자 할 때 매우 유용합니다. 아울러 LaTeX 소프트웨어 시스템을 사용하는 독자를 위해 knitr 패키지의 함수를 이용해 분석결과를 LaTeX 형식의 아웃풋으로 어떻게 바꿀 수 있는지 예시할 때 간략하게 소개하였습니다.

2 표본크기 추정 R 패키지: pwrss

본격적으로 실험데이터를 수집하기 전, 첫 번째 단계는 '연구자가 예상하는 효과크기의 효과를 발견하기 위해 어느 정도 규모의 데이터를 수집해야 하는지 결정하는 것'입니다. 흔히 데이터 분석 관련 문헌에서 '표본크기 추정'으로 불리며, 실험연구 제안서를 작성하거나 소위 'IRB(기관생명윤리위원회, Institutional Review Board)' 검토를 받는 것이 보통입니다. IRB 검토 요청시 연구자는 연구표본규모를 밝혀야 하는데, 통계학적 관점에서 어느 정도 규모의 표본을 수집해야 하는지에 대한 추정과정이 바로 '표본크기 추정'입니다.

표본크기 추정 목적의 R 패키지들은 본서에서 소개한 pwrss 패키지는 물론 pwr,[2] pwr2, WebPower[3] 패키지 등 매우 다양하며, 또한 G*Power(Faul et al., 2009)[4]와 같이 독립된 개별 소프트웨어도 존재합니다. 본서에서 표본크기 추정을 위해 pwrss 패키지를 이용한 가장 큰 이유는 표본크기 추정결과가 '양의 정수' 형태로 제시된다는 점이며(다른 패키지들의 경우 소수점으로 표기되어 수동으로 올림처리를 해야 함), 표본크기 추정과정에서의 옵션 구성이 가장 쉽다고 느꼈기 때문입니다. 물론 상대적으로 WebPower 패키지에 비해 제공되는 기능들이 다소 제한적이지만, 표본크기

2 pwr 패키지를 이용한 표본크기 추정방법에 대해서는 차재형(2021)을 참조하시기 바랍니다.

3 WebPower 패키지를 이용한 표본크기 추정방법의 경우 장과 유안(Zhang & Yuan, 2018)을 참조하시기 바랍니다.

4 G*Power 패키지 사용방법의 경우 개발자들의 영문매뉴얼(https://www.psychologie.hhu.de/fileadmin/redaktion/Fakultaeten/Mathematisch-Naturwissenschaftliche_Fakultaet/Psychologie/AAP/gpower/GPowerManual.pdf)이나, 강현철(2019), 남상석(2015) 등을 참고하시기 바랍니다.

추정을 개념적으로 이해하기에는 pwrss 패키지가 가장 최적의 기능을 제공한다고 생각합니다.

본서에서 소개하는 표본크기 추정 과정의 기본적인 개념을 이해하게 되면 WebPower 패키지에서 보다 다양하게 제공되는 여러 기능들도 쉽게 이해하실 수 있을 것입니다. 아울러 구조방정식 모형(SEM, structural equation modeling), 다층모형(multi-level modeling), 네트워크 분석(network analysis)[5] 등과 같은 고급기법을 사용할 때 등장하는 몬테카를로 기반 표본크기 추정방법 역시 어렵지 않게 이해하실 수 있을 것입니다.

3 실험데이터 분석 R 패키지: emmeans, afex, effectsize, car, nlme, lme4, lmerTest, glmmTMB

세 번째 집단으로 소개할 R 패키지는 실험데이터를 심도 있게 분석하기 위한 패키지들이며, 이 패키지들의 부속함수와 기능을 소개하기 위해 본서에서 가장 많은 분량을 할애하였습니다.

첫째, 실험데이터 분석과정에서 가장 중요한 패키지는 emmeans 패키지(version 1.10.2)입니다. emmeans 패키지는 실험조건별 추정된 한계평균(estimated marginal mean)을 계산하는 기능과 함께, 분산분석(ANOVA, analysis of variance)을 포함 일반화선형모형(GLM, generalized linear model) 및 일반화혼합모형(GLMM 혹은 GMM, generalized linear mixed model) 추정결과를 토대로 단순효과 분석, 계획비교, 사후다중비교, 기울기 분석 등을 손쉽게 진행할 수 있는 함수를 제공하고 있으며, 2부에서 보다 자세히 설명할 합산테스트(joint test) 함수를 통해 실험데이터를 다각적이고 심도

5 이들 기법에 대한 표본크기 추정방법에 대해서는 본서 11장에서 간단히 소개하였습니다. 구조방정식모형(SEM)의 경우는 pwrSEM 앱(Wang & Rhemtulla, 2021)이나 뮤쎈 부부의 M-plus 알고리즘(Muthen & Muthen, 2002)을 R에서 구현한 simsem 패키지를 활용할 수 있으며, 다층모형의 경우 simr 패키지를 활용할 수 있고(Bolger & Laurenceau, 2013), 네트워크 분석의 경우 powerly 패키지(Constantin et al., 2024)를 활용할 수 있습니다.

있게 분석할 수 있도록 도와줍니다. 아울러 tidyverse 패키지의 ggplot2 함수와 연동되는 실험데이터 분석결과에 대한 시각화 방식 도구들도 제공하고 있습니다. R을 이용하여 실험데이터를 분석하고자 하는 연구자라면 emmeans 패키지 기능들을 피할 수 없다고 말할 수 있을 정도로 핵심적인 분석기법들을 포괄하고 있으며, 함수들 역시도 직관적인 방식으로 구성되어 있습니다. 실험데이터에 대한 추가적 분석과정에서 emmeans 패키지 함수들이 어떻게 활용되는지에 대한 구체적 내용은 2부에서 확인하실 수 있습니다.

둘째, afex 패키지(version 1.3-1)는 분산분석, 즉 정규분포를 가정할 수 있는 종속변수가 포함된 실험데이터 분석기법을 효율적으로 진행할 수 있도록 도와줍니다. 물론 분산분석은 R 베이스의 aov() 함수를 통해서도 추정할 수 있습니다. 다만 aov() 함수의 제곱합 추정방식은 '제I유형'을 디폴트로 삼고 있으며, 이는 통상적으로 널리 활용되는 분산분석 제곱합 추정방식이 아닙니다. 실험데이터 분석이 활발하게 적용되는 의료분야의 경우, '제I유형'보다 보수적인 추정치를 제공하는 '제III유형'을 선호하는 경향이 있기 때문입니다. 이러한 이유 때문에 제I유형이 아닌 다른 유형(제II유형 혹은 제III유형) 분산분석기법을 지원하며 편리하게 이용할 수 있는 R 패키지들이 개발되어 있습니다. 제가 알고 있는 범위에서 가장 널리 사용되는 분산분석용 R 패키지는 afex 패키지와 rstatix 패키지, 그리고 car 패키지가 있습니다. 본서에서는 제III유형 분산분석 추정기법을 디폴트로 한 afex 패키지를 소개하였습니다. afex 패키지를 이용하면 개체간 요인들로 구성된 일원분산분석 및 이원분산분석, 다원분산분석은 물론 개체내 요인이 포함된 반복측정분산분석도 간단하게 추정할 수 있습니다.

셋째, 처치효과의 통계적 유의도 테스트와 함께 효과크기 통계치를 추정하기 위해 effectsize 패키지(version 0.8.8)를 사용하였습니다. 효과크기 통계치를 계산하는 다양한 R 패키지들이 존재합니다. 그러나 다른 패키지들과 비교해 effectsize 패키지의 함수들을 이용하면 상이한 방식의 효과크기 통계치를 쉽게 변환할 수 있습니다 (이를테면 *F-value*를 $\eta^2_{partial}$으로, 혹은 *t-value*를 코헨의 *d*로).

넷째, 분산동질성을 테스트하기 위해 car 패키지(version 3.1-2)를 사용하고, 집단간 분산이질성을 반영한 일반최소자승(GLS, generalized least squares) 모형을 추정하기 위해 nlme 패키지(version 3.1-164) 함수들을 활용하였습니다. 또한 반복측정분산분석을 실행할 때도 두 패키지의 일부 기능들을 간략하게 소개하였습니다.

다섯째, 개체내 요인이 포함된 실험데이터를 일반화선형혼합모형(GLMM)으로 추정하기 위해 lme4(version 1.1-35.3), lmerTest(version 3.1-3), glmmTMB(version 1.1.9) 패키지 등을 소개하였습니다. 최근 개체내 요인이 포함된 데이터를 분석할 때 혼합모형을 주로 사용합니다. lme4 패키지와 lme4 패키지에 대한 추가적 기능을 제공하는 lmerTest 패키지는 정규분포를 가정할 수 있는 종속변수 혹은 이항 범주형 변수나 포아송 분포를 가정할 수 있는 횟수형 종속변수인 상황에서의 일반화선형혼합모형(GLMM)에서 사용하였고, 횟수형 종속변수이지만 '0'이 과도하게 많이 등장하는 상황에서 개체내 요인 혹은 개체내 요인과 개체간 요인의 상호작용을 일반화선형혼합모형(GLMM)으로 추정할 때는 glmmTMB 패키지를 활용하였습니다.

4 제한적 종속변수 실험데이터 분석 R 패키지: ordinal, RVAideMemoire, nnet, MASS, pscl

네 번째로 소개할 R 패키지들은 정규분포를 가정하기 어려운 제한적 종속변수에 대한 일반화선형모형(GLM) 혹은 영포화 모형(zero-inflated model)을 추정할 때 사용하였습니다. 이들 패키지를 이용하여 제한적 종속변수 대상 모형들을 추정하는 보다 다양한 예시에 대해서는 졸저 《R 기반 제한적 종속변수 대상 회귀모형》(백영민, 2019)을 참고하시기 바랍니다.

첫째, ordinal 패키지(version 2023.12-4)와 RVAideMemoire 패키지(version 0.9-83.7)의 경우 종속변수가 순위 범주형 변수인 실험데이터를 분석할 때, 다시 말해 순위로짓모형을 추정할 때 사용하였습니다. ordinal 패키지는 순위 범주형 종속변수에 대한 일반화선형모형(GLM)을 추정할 때 사용하였으며, RVAideMemoire 패키지의 경우 순위 범주형 일반화선형모형(GLM) 추정결과를 토대로 실험조건별 종속변수 범주의 추정확률을 계산할 때 사용하였습니다.

둘째, nnet 패키지(version 7.3.-19)는 종속변수가 무순위 범주형 변수인 실험데이터를 분석할 때, 즉 다항로짓모형을 추정할 때 사용하였습니다.

셋째, MASS 패키지(version 7.3.-60.2)는 음이항 모형(negative binomial model)을 추정할 때 사용하였습니다. 종속변수가 횟수형 변수일 경우, 통상적으로 포아송 모형과 음이항 모형을 추정한 후, 음이항 모형이 포아송 모형보다 데이터에 대한 설명력이 더 높은지를 테스트하는 과대분포(overdispersion) 테스트를 실시하기 때문입니다.

넷째, 만약 실험데이터에서 개체간 요인들만 존재하고 횟수형 종속변수에서 '0'의 발생빈도가 과도하게 많을 경우, 영포화 모형 혹은 허들 모형(hurdle model)을 사용하였으며 pscl 패키지(version 1.5.9)를 사용하였습니다(개체내 요인이 포함되어 있을 경우에는 앞에서 소개한 glmmTMB 패키지를 사용해야 합니다).

4장 단일 요인설계(Single-factor Between-Subject Design)

5장 2요인설계(Two-way Between-Subject Factorial Design)

6장 3요인설계(Three-way Between-Subject Factorial Design)

7장 반복측정설계(Repeated Measures Design)

8장 블록설계(Block Design)와 배속설계(Nested Design)

9장 제한적 종속변수 포함 실험설계

2부

실험데이터

4장 단일 요인설계

첫 번째로 하나의 개체간 요인의 효과를 추정하는 단일 요인설계(single-factor between-subject design)를 소개하겠습니다. 가장 간단한 형태의 실험데이터이며, 데이터 분석을 소개하는 기초과목들에서 처음에 소개되는 것이 보통입니다. 흔히 쉽다고 생각하지만, 생각만큼 쉽지 않습니다. 여기에 소개되는 내용은 실험데이터 분석에서 가장 기초가 되는 내용입니다. 과거에 실험데이터를 다루었던 분이라도 한 번은 읽고 지나가시길 부탁드립니다.

4장에서 다룰 개체간 요인은 '2수준으로 구성된 개체간 요인', '3수준으로 구성된 개체간 요인', '다수준(이를테면 5수준)으로 구성된 개체간 요인' 이렇게 3가지입니다. 각 상황별로 실험데이터 분석 진행과정을 '표본크기 추정, 실험설계, 데이터 수집', '처치효과 및 효과크기 추정', '계획비교(planned contrast)나 사후 다중비교(posthoc multiple comparison)와 같은 추가 분석', '공변량을 투입한 공분산분석(ANCOVA)', '분석결과의 제시 및 해석'으로 나누어 서술하였습니다.

1 2수준 요인의 경우

우선 단일 요인설계에 포함된 개체간 요인이 통제집단과 처치집단, 두 수준으로 구성된 경우를 살펴봅시다. 2수준 개체간 요인이 1개 활용된 실험설계는 가장 간단한 형태의 실험입니다.

1-1 표본크기 추정, 실험설계, 데이터 수집

실험데이터 분석을 시작하기 위해서는 우선 실험데이터를 확보해야 합니다. 그렇다면 실험데이터는 '①어떻게' 그리고 '②얼마나' 모아야 할까요? 먼저 '어떻게'는 본서에서 도움을 줄 수 있는 부분이 아닙니다. 적절한 실험설계가 어떤 것인지는 연구자가 소속된 학문분과의 관례와 연구자의 연구대상이 지닌 성격에 따라 달라지기 때문입니다. 그러나 '얼마나' 수집해야 하는가에 대해서는 '표본크기 추정(sample size determination)'이라고 불리는 일련의 분석기법들이 존재합니다.

앞서 설명했듯이 실험설계와 데이터 수집은 연구자의 엄밀한 이론적 예측을 토대로 진행됩니다. 이론적 예측을 위해 연구자는 자신이 탐구하는 주제와 관련된 다양한 선행연구들을 읽고 비판적으로 고찰합니다. 관련 분야와 관련된 선행연구를 꼼꼼하게 읽었다면, 연구자는 자신의 실험결과가 어떠할 것인지 '이론적으로 기대(theoretically expect)'할 수 있게 됩니다. 물론 연구자가 시도하는 실험은 선행연구와 동일하지 않지만, 어떠한 결과가 나올 수 있을지 예상하는 것은 불가능하지 않습니다. 예를 들어 선행연구들을 충분히 살펴본 연구자라면, 통제집단의 평균이 3.00일 때 처치집단의 평균은 3.50을 넘을 것 같고(다시 말해 일방향 테스트), 각 집단의 표준편차는 1.00으로 크게 다를 것이 없을 것이라고 예상할 수 있습니다(우선 이러한 예측이 충분히 타당하고 합리적이라고 가정합시다).

이 상황에서 통상적인 제1종 오류 가능성(즉 $\alpha = .05$)을 기준으로 귀무가설을 기각할 수 있는 테스트 통계치를 얻기 위해 어느 정도의 표본을 모아야 할까요? 통계학 관점의 서적에서는 t분포를 활용하여 계산을 합니다만, 본서에서는 R프로그래밍 관점에서 접근해보겠습니다. 통제집단과 처치집단의 크기가 각각 10부터 60까지 순차적으로 증가할 경우, 즉 전체 표본수를 기준으로 20부터 120까지 변할 경우, 각 상황에서의 테스트 통계치(*t-value*)와 테스트 통계치의 p값이 어떻게 변하는지 계산해보겠습니다.

```
> library(tidyverse)
> #평균과 표준편차(다시 말해 효과크기)
> m1 <- 3.50
> m2 <- 3.00
> sd1 <- sd2 <- 1.00
```

```
> sample_size_alpha <- function(n1,n2){
+  tvalue <- (m1-m2)/sqrt(((sd1^2)/n1)+((sd2^2)/n2))
+  pvalue <- pt(q=tvalue,df=(n1+n2-2),lower.tail=F)
+  mystat <- tibble(tvalue,pvalue,samplesize=n1+n2)
+  return(mystat)
+ }
> # 표본크기가 20부터 120까지 변할 경우
> mySSD <- tibble()
> for (myN in 10:60){
+  mySSD <- bind_rows(mySSD,sample_size_alpha(myN,myN))
+ }
```

이후 $\alpha = .05$ 기준에서 통계적으로 유의미하기 위한 최소 표본수를 계산하면 다음과 같이 계산할 수 있습니다. 아래의 결과에서 확인할 수 있듯이 $\alpha = .05$를 기준으로 귀무가설을 기각하기 위해서는 표본크기가 최소 46 이상이어야 합니다.

```
> # p < .05인 가장 작은 표본수는?
> mySSD |>
+  filter(pvalue<0.05) |>
+  filter(samplesize==min(samplesize))
# A tibble: 1 × 3
  tvalue pvalue samplesize
   <dbl>  <dbl>      <dbl>
1   1.70 0.0485         46
> mySSD |>
+  mutate(sig=ifelse(pvalue<0.05,"Reject H0","Accept H0")) |>
+  ggplot(aes(x=samplesize, y=pvalue,color=sig))+
+  geom_line()+
+  geom_point(size=1)+
+  geom_vline(xintercept=c(46),lty=2)+
+  scale_x_continuous(breaks=c(20,46,120))+
+  labs(x="Sample size (n1+n2)",y="p-value",
+     color="H0 decision")+
+  theme_bw()
```

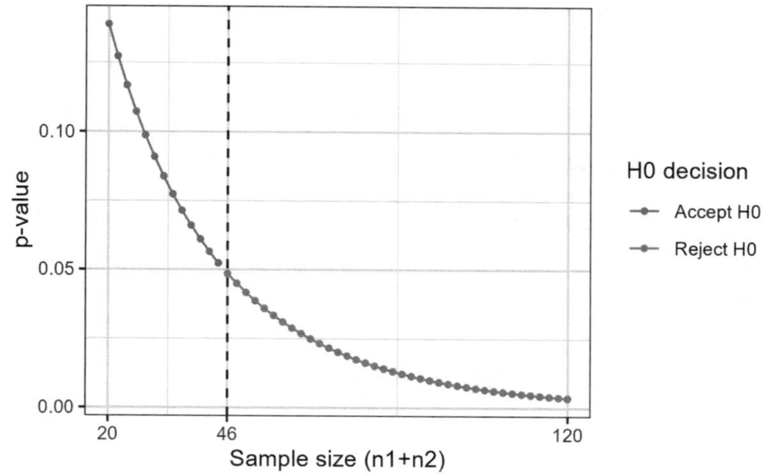

[그림 4-1] 표본크기 변화에 따른 테스트 통계치 변화와 통계적 의사결정

그러나 위의 [그림 4-1]에서 얻은 계산결과는 귀무가설 기각 여부만을 고려한, 다시 말해 제1종 오류의 가능성만을 고려한 것입니다. 대안가설의 기각 여부, 즉 제2종 오류는 여기에서 고려되지 않았습니다. 만약 각 집단별로 23개의 사례를 확보하였을 경우 얻을 수 있는 테스트 통계치인 $t = 1.70$을 기준으로 확률분포를 고려할 경우, 대안가설을 기각할 확률과 기각하지 못할 확률은 각각 약 .50입니다. R을 기반으로 계산한 결과는 아래와 같습니다.

```
> #beta와 통계적 검증력
> pt(q=1.70, df=23+23-2, ncp=1.70) #대안가설을 기각하지 못할 확률
[1] 0.4961787
> 1- pt(q=1.70, df=23+23-2, ncp=1.70) #대안가설을 기각할 확률
[1] 0.5038213
```

대안가설을 기각하지 못할 확률, 다시 말해 제2종 오류의 발생확률은 β로 표기하며, 따라서 대안가설을 기각할 확률은 $1-\beta$로 표기할 수 있습니다. 여기서 $1-\beta$를 바로 통계적 검증력(statistical power)이라고 부릅니다. 따라서 위와 같이 표본크기가 46인 표본(32개의 통제집단 사례와 32개의 처치집단 사례)을 수집하였을 경우, 귀무가설 기각에서 오류를 범할 확률은 .05이며, 대안가설 기각에서 오류를 범할 확률은 .50입니다.

제1종 오류의 경우 관례적으로 $\alpha = .05$가 널리 받아들여지고 있습니다(물론 논란은 존재합니다). 비슷하게 제2종 오류의 경우 $\beta = .20$, 바꿔 말해 통계적 검증력으로는 power = .80이 일반적으로 활용됩니다. 그렇다면 제1종 오류의 발생가능성이 .05보다 작고 제2종 오류의 발생가능성이 .20보다 작은, 2가지 조건을 모두 만족하는 규모의 표본을 모으려면 얼마나 모아야 할까요? 마찬가지로 표본크기를 20에서부터 120까지 증가시킬 때 '$\alpha = .05$와 $\beta = .20$의 두 조건을 동시에 충족하는 최소 규모의 표본'은 어떠한지 살펴봅시다. 아래의 추정결과에서 확인할 수 있듯이 총 사례수는 102, 즉 통제집단과 처치집단에 각각 최소 51개의 사례를 수집해야 합니다.

```
> # 표본규모에 따른 테스트 통계치와 통계적 유의도, beta 추정값
> sample_size_alpha_beta <- function(n1,n2){
+  tvalue <- (m1-m2)/sqrt(((sd1^2)/n1)+((sd2^2)/n2))
+  pvalue <- pt(q=tvalue,df=(n1+n2-2),lower.tail=F)
+  beta <- pt(qt(0.95,n1+n2-2),n1+n2-2,tvalue)
+  power <- 1-beta
+  mystat <- tibble(tvalue,pvalue,beta,power,samplesize=n1+n2)
+  return(mystat)
+ }
> # 표본크기가 20부터 120까지 변할 경우
> mySSD <- tibble()
> for (myN in 10:60){
+  mySSD <- bind_rows(mySSD,sample_size_alpha_beta(myN,myN))
+ }
> # p < .050이면서 beta < 0.20인 조건을 만족하는 가장 작은 표본수는?
> mySSD |>
+  filter(pvalue<0.05&beta<0.20) |>
+  filter(samplesize==min(samplesize))
# A tibble: 1   5
  tvalue pvalue  beta power samplesize
   <dbl>   <dbl> <dbl>  <dbl>      <int>
1   2.52 0.00657 0.194  0.806        102
> mySSD |>
+  mutate(statpower=ifelse(beta>=0.20,"Reject Ha","Accept Ha")) |>
+  ggplot(aes(x=samplesize, y=pvalue,
+             color=statpower))+
+  geom_line()+
+  geom_point(size=1)+
+  geom_vline(xintercept=c(46,102),lty=2)+
+  scale_x_continuous(breaks=c(20,46,102,120))+
```

```
+ labs(x="Sample size (n1+n2)",y="p-value",
+      color="H0 decision")+
+ theme_bw()
```

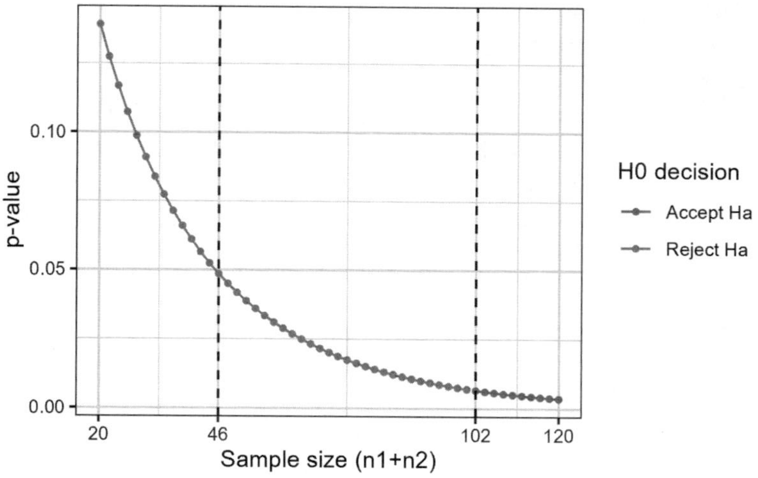

[그림 4-2] $\alpha = .05$와 $\beta = .20$의 두 조건을 동시 충족하는 표본크기 탐색

물론 [그림 4-2]에 제시된 과정은 표본크기 추정과정을 보여주기 위한 것입니다. 일반적으로는 위와 같이 직접 프로그래밍을 실시하기보다는 R 패키지를 이용하여 표본크기를 설정합니다. 여기서 제가 소개하는 패키지는 pwrss 패키지(version 0.3.1)입니다.[1] 만약 두 집단간 평균비교를 위한 표본크기를 추정한다면 `pwrss.t.2means()` 함수를 이용하면 됩니다. 여기서 `mu1`, `mu2`는 두 집단의 평균을, `sd1`, `sd2`는 두 집단의 표준편차를, `kappa`는 두 집단의 비율을 의미합니다. 아울러 `power`는 통계적 검증력을, `alpha`는 제1종 오류 발생확률 기준을 의미합니다. 끝으로 `alternative` 옵션으로는 연구자가 실시하는 테스트가 양방향 테스트인지(`"not equal"`), 아니면 일방향 테스트인지(`"greater"`는 첫 번째 집단이 두 번째 집단보다 큰 평균값을 갖는다는 것이 대안가설일 경우, `"less"`는 첫 번째 집단이 두 번째 집단보다 작은 평균값을 갖는다는

1 pwrss 패키지 외에 pwr 패키지나 WebPower 패키지도 많이 활용됩니다. 아울러 표본크기를 추정하는 개별 프로그램으로 G*Power 프로그램(Faul et al., 2019) 역시 널리 사용되고 있습니다.

것이 대안가설일 경우에 활용할 수 있습니다)를 지정합니다.[2] 조건을 지정한 후 얻은 결과는 아래와 같습니다.

```
> # 표본크기 결정 및 검증력 분석
> library(pwrss) # Sample size & power analysis
> pwrss.t.2means(mu1=3.50, mu2=3.00, # 두 집단의 평균
+               sd1=1, sd2=1, kappa=1, # 두 집단의 평균과 사례수 비율
+               power=0.80, alpha=0.05,  # alpha와 beta를 설정함으로써
+               alternative="greater")
Difference between Two means
(Independent Samples t Test)
H0: mu1 = mu2
HA: mu1 > mu2
------------------------------
 Statistical power = 0.8
 n1 = 51
 n2 = 51
------------------------------
Alternative = "greater"
Degrees of freedom = 100
Non-centrality parameter = 2.525
Type I error rate = 0.05
Type II error rate = 0.2
```

---

2 사회과학에서는 활용되는 경우가 거의 없지만, 다른 유형의 대안가설도 가능합니다. 두 집단의 평균값이 지정된 허용범위를 넘지 않아 동등하다고 간주할 경우에는 "equivalent" 옵션을, 첫 번째 집단의 평균값이 두 번째 집단의 평균값보다 일정 수준 이하로 낮지 않을 것이라는 대안가설의 경우 "non-inferior" 옵션을, 첫 번째 집단의 평균값이 두 번째 집단의 평균값보다 일정 수준 이상으로 낮을 것이라는 대안가설의 경우 "superior" 옵션을 활용합니다.
이러한 유형의 대안가설들은 약물실험에서 흔히 등장합니다. 예를 들어 어떤 약물의 특허가 만료된 후 소위 '카피약'(제네릭, generic)이 개발되었을 때, 카피약의 효능성이 오리지널 약물의 효능성과 비교해 90-110%의 범위 이내여야 한다면 "equivalent" 옵션을 활용할 수 있으며, 만약 최소 90% 혹은 그 이상의 효능성을 반드시 보여야 한다면 "non-inferior" 옵션을 활용할 수 있습니다. 반면 기존 약물보다 최소 110% 이상의 효능성을 보여야만 신약이 월등하게 좋은 약이라고 평가받는 경우라면, "superior" 옵션을 활용할 수 있습니다.
그러나 제가 알고 있는 범위에서 이러한 3가지 대안가설은 사회과학에서는 거의 활용되지 않는 상황입니다. 이에 본문에서 별도의 설명을 제시하지 않았습니다. "not equal"이 아닌 다른 alternative 옵션에 대해서는 본서 말미의 '별첨-1'을 참조하시기 바랍니다.

결과를 이해하는 것은 어렵지 않습니다. 각 집단별로 51개의 사례를 표집하면 됩니다. 한 가지 여기서 Non-centrality parameter라는 부분의 결과 2.525는 테스트 통계치(*t-value*)를 의미합니다.

만약 일방향 테스트가 아니라 양방향 테스트를 실시하고자 한다면 다음과 같이 alternative 옵션을 바꾸면 됩니다(다른 조건은 그대로 사용하였습니다).

```
> pwrss.t.2means(mu1=3.50, mu2=3.00, # 두 집단의 평균
+                sd1=1, sd2=1, kappa=1, # 두 집단의 평균과 사례수 비율
+                power=0.80, alpha=0.05, # alpha와 beta를 설정함으로써
+                alternative="not equal")
Difference between Two means
(Independent Samples t Test)
H0: mu1 = mu2
HA: mu1 != mu2
------------------------------
 Statistical power = 0.8
 n1 = 64
 n2 = 64
------------------------------
Alternative = "not equal"
Degrees of freedom = 126
Non-centrality parameter = 2.828
Type I error rate = 0.05
Type II error rate = 0.2
```

지금까지 표본크기를 설정하는 방법을 살펴보았습니다. 표본크기 설정과 관련된 보다 자세한 내용에 대해서는 '별첨-1. 표본크기 설정' 부분을 참조하시기 바랍니다.

선행연구를 토대로 $\alpha = .05$, $\beta = .20$을 기준으로, 연구자가 실험을 진행하여 df_factor1_level2.csv라는 이름의 데이터를 얻었다고 가정해보죠. 이제부터 본격적으로 실험데이터를 분석해보겠습니다.

1-2 처치효과 및 효과크기 추정

이제 실험데이터를 분석하여 실험처치효과를 추정해봅시다. 이를 위해 분석에 필요한 패키지들을 먼저 실행해봅시다.

```
> # 개체간 요인 1개 실험
> # 2개 집단(Treated versus control)
> library(car)  # Anova(.., type="III")
> library(afex)
> library(emmeans)
> library(multcomp)
> library(nlme) # 동분산을 가정하지 않는 경우
> library(effectsize)
> library(tidyverse)
```

다음으로 데이터를 불러온 후 확인해봅시다. 이 데이터에는 측정사례를 식별할 수 있는 변수(ID), 종속변수(y), 실험처치변수(x), 공변량(cov)이라는 4가지 변수가 존재합니다.

```
> mydata <- read_csv("dt_BSfactor1_level2.csv",show_col_types=FALSE)
> mydata |> print(n=2)
# A tibble: 128 × 4
     ID     y     x   cov
  <dbl> <dbl> <chr> <dbl>
1     1     2     C     4
2     2     3     C     7
# i 126 more rows
# i Use `print(n = ...)` to see more rows
```

먼저 문자형(<chr>)으로 입력된 실험처치변수를 요인형(<fct>)으로 변환한 후, 처치변수의 측정수준 순서를 처치집단("T"), 통제집단("C")으로 재배열하였습니다.

```
> mydata <- mydata |>
+  mutate(
+   x=factor(x),  # 요인형 변수로
+   x=fct_relevel(x,"T","C") # 집단의 순서 설정
+  )
```

분과에 따라 처치집단과 통제집단의 평균을 비교하기 전에, 두 집단의 분산을 비교하기도 합니다. 분산동질성 테스트(혹은 동분산 테스트; variance homogeneity test, or variance equality test)라고 불리는 절차가 바로 그것입니다. 처치집단과 통제집단의 분산이 동등한지를 테스트하는 이유는 집단간 분산이 동질적인지 이질적인지에 따라 자유도(*df*)를 상이하게 적용하며, 따라서 통계적 유의도가 다르게 계산되기 때문입니다. 분산이 완전하게 동질적일 경우 자유도는 $n_1 + n_2 - 2$가 적용되지만, 동질성에서 멀어지면 멀어질수록(다시 말해 집단간 분산이 서로 다르면 다를수록) 자유도는 $n_1 + n_2 - 2$보다 훨씬 더 크게 줄어듭니다.

분산동질성 테스트 기법에는 여러 가지가 있지만, 일반적으로 르빈의 테스트(Levene's *F*-test)가 많이 활용됩니다. 여기서는 `car` 패키지에서 제공하는 `leveneTest()` 함수를 사용하겠습니다.[3] 참고로 르빈의 *F*테스트에서 가정하는 귀무가설은 "처치집단의 분산과 통제집단의 분산은 동일하다($\sigma^2_{treatment} = \sigma^2_{control}$)"입니다. 다음 출력결과에서 확인할 수 있듯이 두 집단의 분산은 동질적이라고 볼 수 있습니다 [$F(1,126) = 0.05, p = .82$].[4]

---

3 바틀렛 테스트도 가능합니다. 동일하지는 않지만, 르빈의 테스트와 바틀렛의 테스트 추정결과는 엇비슷한 것이 보통입니다.

```
> #바틀렛 테스트
> bartlett.test(y~x,mydata)
      Bartlett test of homogeneity of variances
data: y by x
Bartlett's K-squared = 0.16515, df = 1, p-value = 0.6845
```

4 분산동질성 테스트를 실행할 때, 중심값으로 평균(mean)을 사용할지 아니면 중앙값(median)을 사용할지에 따라 테스트 결과가 조금씩 달라질 수 있습니다. 일반적으로 널리 활용되는 상업용 데이터 분석 프로그램들(SPSS, SAS 등)의 경우 평균이 디폴트로 설정된 반면, `car` 패키지의 `leveneTest()` 함수의 경우 중앙값이 디폴트로 설정되어 있습니다. `car` 패키지의 `leveneTest()` 함수의 디폴트는 코노버 등(Conover et al., 1981)의 제안을 따른 것이며, 코너버 등에 따르면 평균을 중심값(center)으로 사용하는 것보다 중앙값(median)을 중심값으로 사용하는 것이 제1종 오류 가능성을 대폭 감소할 수 있다고 합니다. 만약 상업용 데이터 분석 프로그램과 같이 평균을 중심값으로 택할 경우는 아래와 같습니다(통계적 유의도 수준이 크게 다르지는 않지만, 중앙값을 사용해서 얻은 .82와 비교할 때 0에 조금 더 가까워진 점에 주목하시기 바랍니다).

```
> leveneTest(y~x,mydata,center=mean)
Levene's Test for Homogeneity of Variance (center = mean)
      Df F value Pr(>F)
group  1  0.087 0.7685
     126
```

```
> #분산동질성 테스트를 실시하기도 함
> leveneTest(y~x,mydata)
Levene's Test for Homogeneity of Variance (center = median)
      Df F value Pr(>F)
group  1  0.0513 0.8211
     126
```

개체간 요인이 1개이고 개체간 요인의 수준이 단 2개일 경우, 가장 권장할 수 있는 데이터 분석기법은 독립표본 티테스트(independent sample *t*-test)입니다. 만약 등분산 테스트 결과를 받아들인다면 다음과 같은 방식으로 독립표본 티테스트를 진행하면 됩니다. 여기서 var.equal=TRUE를 반드시 지정해야 하며, 이를 지정하지 않을 경우에는 두 집단의 분산동질성을 가정하지 않은 분석결과가 제시됩니다.

```
> t.test(y~x,mydata,var.equal=TRUE)

	Two Sample t-test

data:  y by x
t = 5.0434, df = 126, p-value = 1.555e-06
alternative hypothesis: true difference in means between group T and group C is not equal to 0
95 percent confidence interval:
 0.5506484 1.2618516
sample estimates:
mean in group T mean in group C 
        3.56250         2.65625 
```

다음으로 var.equal=TRUE를 제거한 후 t.test() 함수를 실행하면, 집단간 분산의 이질성을 반영한 독립표본 티테스트 결과가 출력됩니다. 집단간 분산동질성을 가정하지 않는다는 것을 명확히 보여주기 위해서는 t.test() 함수 내부에 var.equal을 FALSE로 설정하는 것이 좋습니다.

```
> t.test(y~x,mydata) #동일 t.test(y~x,mydata,var.equal=FALSE)

	Welch Two Sample t-test

data:  y by x
t = 5.0434, df = 125.67, p-value = 1.56e-06
```

```
alternative hypothesis: true difference in means between group T and group C is not equal to 0
95 percent confidence interval:
 0.5506393 1.2618607
sample estimates:
mean in group T mean in group C
        3.56250         2.65625
```

위의 결과를 var.equal=TRUE로 설정하였을 경우의 결과와 비교해보면, 테스트 통계치인 *t-value*의 값은 5.0434로 동일합니다만, 자유도(df)는 다른 값을 갖는 것을 확인할 수 있습니다(분산동질성을 가정할 경우 126, 가정하지 않았을 경우 125.67). 출력결과에서 'Welch'라는 표현은 바로 '웰치(Welch)'라는 이름의 통계학자가 제시한 조정방식에 따라 자유도를 조정했다는 것을 의미합니다. 분산동질성을 가정한 경우, 자유도가 보다 작게 추정됨에 따라 *p-value*의 경우도 0에서 조금 더 멀어진 것을 확인할 수 있습니다(분산동질성을 가정할 경우 $\frac{1.555}{10^6}$, 분산동질성을 가정하지 않았을 경우 $\frac{1.56}{10^6}$). 그러나 분산동질성을 가정하든 아니면 가정하지 않든, $\alpha = .05$를 기준으로 귀무가설("처치집단의 평균은 통제집단의 평균과 같다")은 기각되는 것을 알 수 있습니다.

처치효과에 대한 테스트를 진행하였으니, 이제 처치효과의 효과크기(effect size)를 계산해봅시다. 두 집단의 평균을 비교하는 경우 가장 널리 사용되는 효과크기 통계치는 '코헨의 *d*(Cohen's *d*)'입니다. 여기서 저는 코헨의 *d*를 계산하기 위해 effectsize 패키지의 cohens_d() 함수를 활용하였습니다. 사용방법은 어렵지 않습니다. 종속변수와 2개 수준의 개체간 요인을 공식(formula) 형식으로 투입한 후 해당 변수가 포함된 데이터를 지정하고, 분산동질성을 가정할 경우는 pooled_sd 옵션을 TRUE로 설정하고 분산동질성을 가정하지 않는 경우는 FALSE로 설정하면 됩니다. 현재의 예시 데이터에서는 분산이 동일하다고 볼 수 있기 때문에 여기서는 pooled_sd=TRUE로 가정하였습니다(FALSE 옵션으로 해도 그 결과는 소수점 둘째 자리에서 거의 구분되지 않습니다. 직접 확인해보시기 바랍니다).

```
> cohens_d(y~x,data=mydata,pooled_sd=TRUE)  # equal variance assumed
Cohen's d |       95% CI
------------------------
0.89      | [0.53, 1.25]

- Estimated using pooled SD.
> # cohens_d(y~x,data=mydata,pooled_sd=FALSE)  # unequal variance assumed
```

앞의 출력결과에서 얻은 $d = 0.89$는 1표준편차의 변화를 가정할 때 두 집단의 평균차이는 약 0.89라는 것을 의미하며, 코헨의 *d*의 95% 신뢰구간은 [0.53, 1.25]라는 것을 의미합니다. 그렇다면 코헨의 *d*의 크기를 어떻게 받아들여야 할까요? 이 통계치를 개발한 코헨은 자신의 저작을 통해 코헨의 *d*의 크기를 기준으로 효과크기를 '소(small)효과', '중(medium)효과', '대(large)효과'로 나눈 바 있습니다(Cohen, 1988). 그러나 적지 않은 연구자들이 코헨이 제시한 코헨의 *d* 크기 분류에 대해서 의구심을 표명하기도 합니다. 왜냐하면 실험자극의 특성이나 연구의 맥락이 고려되지 않았다는 문제점이 있으며, 무엇보다 코헨 스스로 자신의 분류방식을 조심스럽게 사용해야 한다고 경고하고 있기 때문입니다(Cohen, 1988, p. 12). 저 역시 마찬가지이며, 코헨의 효과크기 분류에 대해 그리 호의적이지는 않습니다. 그러나 효과크기를 어떻게 해석해야 하는지에 대한 전반적 분류체계로 코헨의 분류체계는 널리 활용되고 받아들여지고 있는 것이 현실입니다. 아무튼 앞서 얻은 0.89라는 값의 코헨의 *d*가 어느 정도의 효과인지를 1988년에 제시된 코헨의 기준을 적용해 판단하고자 한다면, 아래와 같이 `interpret()` 함수에 `rules="cohen1988"`을 적용하면 됩니다. 아래에서 확인할 수 있듯이 $d = 0.89$의 처치효과는 '대(large)효과'에 해당됩니다.

```
> interpret(cohens_d(y~x,data=mydata,pooled_sd=TRUE),
+      rules="cohen1988")
Cohen's d |        95% CI | Interpretation
------------------------------------------
0.89      | [0.53, 1.25] |          large

- Estimated using pooled SD.
- Interpretation rule: cohen1988
```

사실 알고 나면 놀라운 것은 아니지만, 코헨의 *d*는 표본크기를 고려하지 않았다는 점을 제외하고는 *t-value*와 본질적으로 동일합니다. 다시 말해 *t-value*와 자유도(즉, 표본의 크기와 모수의 개수)만 알고 있다면, 테스트 통계치인 *t-value*를 활용하여 코헨의 *d*를 추정할 수 있습니다. '메타분석(meta-analysis)'을 알고 계시거나 혹은 직접 실행해본 분이라면, 연구논문에서 보고된 테스트 통계치와 표본크기, 테스트 기법 등의 정보를 활용하면 표준화된 효과크기를 역산해낼 수 있고, 이들을 통합하면 개별

연구결과들을 표준화한 후 통합할 수 있다는 것을 알고 계실 것입니다(심성률, 2019; Hunter & Schmidt, 2004). effectsize 패키지의 t_to_d() 함수는 테스트 통계치와 자유도를 활용하여 코헨의 *d*를 계산해줍니다. 앞에서 얻은 티테스트 결과의 테스트 통계치와 자유도를 이용하여 코헨의 *d*를 계산하면 다음과 같습니다. 추정결과가 아주 조금 다른데, 이는 반올림으로 인해 나타난 차이에 불과합니다.

```
> # t-value 활용
> t_to_d(t=5.0434, df_error=126)
d    |        95% CI
-------------------
0.90 | [0.53, 1.26]
```

코헨의 *d* 외에도 헤지스의 *g*(Hedges's *g*), 글래스의 델타(Glass's Δ)와 같은 다양한 효과크기 통계치들이 존재합니다. 헤지스의 *g*는 표본크기가 작을 경우, 코헨의 *d*를 추정할 때 발생할 수 있는 편향을 수정할 수 있는 것으로 알려져 있습니다(대략 표본크기가 20 미만일 경우). 글래스의 델타는 효과크기를 계산할 때, 통제집단이 아닌 처치집단의 표준편차를 사용합니다.[5] 헤지스의 *g*와 글래스의 델타 모두 코헨의 *d*보다 효과크기를 더 보수적으로 추정하는 경향이 있습니다.

2개 수준의 개체간 요인의 처치효과를 살펴보는 경우, 독립표본 티테스트를 통해

---

5 헤지스의 *g*와 글래스의 델타는 effectsize 패키지의 hedges_g() 함수와 glass_delta() 함수를 이용하여 추정할 수 있습니다. 아래의 결과에서 확인할 수 있듯 헤지스의 *g*의 효과 추정치는 코헨의 *d*와 거의 구분되지 않지만, 95% 신뢰구간이 아주 조금 넓습니다. 글래스의 델타의 경우, 코헨의 *d*와 비교할 때 효과크기를 조금 더 작게 추정하는 것을 확인할 수 있습니다.

```
> # Hedges' g, Glass's Delta
> hedges_g(y~x,data=mydata,pooled_sd=TRUE) # equal variance assumed
Hedges' g |        95% CI
------------------------
0.89      | [0.52, 1.25]
- Estimated using pooled SD. > glass_delta(y~x,data=mydata) # pooled_sd=TRUE CANNOT be used
Glass' delta (adj.) |        95% CI
----------------------------------
0.86                | [0.49, 1.22]
```

처치효과를 테스트하고, 코헨의 d를 통해 효과크기를 추정하는 것이 가장 일반적이고 효율적입니다. 그러나 실험데이터의 경우 분산분석(ANOVA)을 활용하는 것이 일반적이고, 무엇보다 독립표본 티테스트로는 앞으로 다루게 될 보다 복잡한 실험설계를 통해 얻은 데이터를 분석할 수 없다는 점에서 2개 수준의 개체간 요인의 처치효과를 분산분석을 통해 살펴보도록 하겠습니다.

앞서 이야기했듯이, 분산분석을 위한 R 함수는 aov() 함수인데 여기서는 '제I유형(Type I)'을 기반으로 제곱합(SS, sums of squares)을 추정하는 것이 디폴트입니다. 그러나 통상적인 상업용 데이터 분석 프로그램(SAS, SPSS 등)에서는 '제III유형(Type III)'을 디폴트로 설정하여 분산합을 추정하고 있으며, 이 과정에서 적지 않은 오해가 발생하는 듯합니다. R에 관심을 가졌던 분들 중 일부는 동일한 데이터를 대상으로 R의 aov() 함수를 이용해 추정한 분산분석 결과가 상업용 프로그램으로 얻은 분산분석 결과와 다르다는 점 때문에 R을 불신하기도 합니다. 그러나 이는 분산분석 모형 추정방식의 디폴트 차이로 인한 차이일 뿐이며, 현실의 실험데이터를 분석할 경우에는 R의 디폴트인 '제I유형'보다는 상업용 프로그램의 디폴트인 '제III유형'이 보다 적절할 수 있습니다. 왜냐하면 현실 실험데이터는 결측데이터가 발생하는 경우가 빈번하고, 또한 연구목적에 따라 통제집단과 처치집단의 사례수를 불균형하게(unbalanced) 수집하는 경우가 적지 않기 때문입니다(Maxwell et al., 2018).[6] 분산분석 과정에서 분산합 추정의 3가지 방식의 특성에 대해서는 '별첨 -2'를 통해 예시와 함께 보다 자세한 설명을 제시하였으니 관심 있는 분들은 참고하시기 바랍니다.

이에 따라 본서에서는 R의 aov() 함수 대신, 분산분석에 특화된 다양한 함수들을 제공하는 afex 패키지의 함수들을 활용하여 '제III유형'의 분산분석을 소개하도록 하겠습니다. 제 경험상 '제III유형'의 분산분석을 실시하는 방법에는 다음과 같은 4가지 방법이 가장 많이 활용됩니다.

---

6 물론 반론이 없는 것은 아닙니다. 버네이블(Venables, 1998)은 제III유형으로 분산분석을 실시한 결과의 잠재적 문제점을 지적하면서 '제I유형'을 추천하고 있습니다[R의 aov() 함수는 이를 토대로 제I유형 제곱합 추정을 분산분석의 디폴트로 설정한 것입니다]. 반면 랑스러드(Langsrud, 2003)는 '제II유형'이 다른 유형보다 더 적절한 방식이라고 주장한 바 있습니다. 그러나 아마도 가장 적절한 해결책은 "하나의 올바른 분산분석 방법을 찾는 것보다는 각 유형별 분산분석의 목적을 이해하고 이에 맞는 제곱합 추정방법이 무엇인지 집중하는 것"(Hector et al., 2010, p. 315)이라고 생각합니다. 본문에 언급하였듯, 각 유형이 어떤 특징을 갖는지 궁금하신 분들은 '별첨-2'를 참고하시기 바랍니다.

첫째, R의 aov() 함수를 추정한 오브젝트를 저장한 후 drop1() 함수를 활용하는 방법입니다. 아마도 가장 고전적인 방법일 것입니다. 별도의 패키지를 설치할 필요가 없다는 점에서 매우 유용하지만, aov() 함수 추정결과를 저장하는 별도의 과정을 거쳐야 하며, 무엇보다 R에 익숙하지 않은 분이라면 drop1() 함수를 활용하는 방법을 좀 낯설고 불편하게 느낄 수 있습니다.

둘째, R의 aov() 함수를 추정한 오브젝트를 저장한 후 car 패키지의 Anova() 함수의 type 옵션을 활용하여 '제III유형'의 분산분석을 실행하는 것입니다. 첫 번째 방법에 비해 직관적이고, 상대적으로 더 이해하기 쉽습니다. 다만 첫 번째 방법과 마찬가지로 aov() 함수 추정결과를 별도 저장해야 한다는 점이 조금 번거로울 수 있습니다.

셋째, rstatix 패키지의 anova_test() 함수를 활용하는 것입니다. 첫 번째나 두 번째 방법과 비교할 때 매우 효율적이고, 무엇보다 개체간 요인의 처치효과 테스트 추정결과는 물론 분산분석의 효과크기 통계치로 가장 널리 사용되는 부분에타제곱($\eta^2_{partial}$)까지 같이 출력된다는 점에서 사용이 편리합니다.

넷째, 본서에서 집중적으로 소개할 afex 패키지의 aov_ez() 함수나 aov_4() 함수를 활용하는 것입니다. 이 함수들은 적어도 개체간 요인이 투입되는 분산분석의 경우 활용법의 편리함이라는 측면에서 rstatix 패키지의 anova_test() 함수와 크게 다르지는 않습니다. 그러나 나중에 소개할 개체내 요인을 투입한 분산분석의 경우에는 afex 패키지의 aov_ez() 함수나 aov_4() 함수가 훨씬 더 사용하기 편리한 듯합니다. 따라서 여기서 저는 afex 패키지의 함수들을 주로 소개하고자 합니다.

이제 각각의 방법을 간략하게 소개하겠습니다. 첫째, drop1() 함수를 이용한 방식을 소개하면 다음과 같습니다. 먼저 aov() 함수를 통해 분산분석을 추정한 결과를 오브젝트로 저장합니다. 이후 drop1() 함수에 저장된 오브젝트를 투입한 후, 어떠한 모수도 배제하지 않았을 때(~. 이라는 부분이 바로 여기에 해당됩니다)의 *F*값을 추정한 것(test="F")이 바로 '제III유형' 분산분석 추정결과입니다.

```
> # 아래와 같이 분산분석 가능: 단 디폴트 타입이 III유형이 아니라 I유형임
> # (불균형 데이터인 경우 통상적 패키지와 다른 결과가 나오는 경우가 빈번)
> myaov <- aov(y~x, mydata) # 제I유형
> drop1(myaov, ~., test="F") # 제III유형
Single term deletions
```

```
Model:
y ~ x
       Df Sum of Sq    RSS    AIC F value     Pr(>F)
<none>               130.19  6.169
x       1    26.281 156.47 27.706  25.436 1.555e-06 ***
---
Signif. codes:  0 '***' 0.001 '**' 0.01 '*' 0.05 '.' 0.1 ' ' 1
```

둘째, car 패키지의 Anova() 함수를 사용하는 방법은 아래와 같습니다. type 옵션을 지정하는 방식으로 직관적이고 간단합니다. 그러나 첫 번째로 살펴본 drop1() 함수의 출력결과와 달라 보이는, 그러나 절대로 다른 것은 아닌 점이 하나 있습니다. 출력결과에 보면 (Intercept)라는 가로줄의 결과는 개체간 요인의 첫 번째 집단의 종속변수 평균에 대한 통계적 유의도 테스트 결과에 불과합니다(즉, "개체간 요인의 첫 번째 집단 종속변수 평균은 0이다"라는 귀무가설 테스트). 따라서 처치효과를 추정한다는 점에서 x항에 대한 테스트 통계치 결과 $F(1,126) = 25.436, p < 0.001$은 중요한 의미를 갖지만, (Intercept)항에 대한 테스트 통계치 결과 $F(1,126) = 786.124, p < 0.001$은 실질적인 의미가 없습니다.[7]

```
> # 일반적으로는 car, afex, rstatix 등을 사용하는 것이 보통
> # car 패키지의 Anova() 함수 활용: 디폴트는 II유형
> Anova(myaov,type=3)
```

---

7 예를 들어 아래와 같이 종속변수에서 처치집단의 종속변수 평균값을 빼준 후, 동일한 모형을 추정해보면 (Intercept)항에 대한 테스트 통계치가 0.000이 나오는 것을 확인할 수 있습니다. 분산분석에서 절편값을 어떻게 추정하고 해석할지에 대해서는 1부 1장 '코딩방법' 설명 부분을 참조하시기 바랍니다.

```
> # 첫 번째 집단(여기서는 처치집단)의 종속변수 평균을 빼준 후 재추정
> mydata$y_mc <- mydata$y - mean(mydata$y[mydata$x=="T"])
> Anova(aov(y_mc~x, mydata),type=3)
Anova Table (Type III tests)

Response: y_mc
             Sum Sq  Df F value    Pr(>F)
(Intercept)   0.000   1   0.000         1
x            26.281   1  25.436 1.555e-06 ***
Residuals   130.188 126
---
Signif. codes:  0 '***' 0.001 '**' 0.01 '*' 0.05 '.' 0.1 ' ' 1
```

```
Anova Table (Type III tests)

Response: y
            Sum Sq  Df  F value     Pr(>F)
(Intercept) 812.25   1  786.124  < 2.2e-16 ***
x            26.28   1   25.436  1.555e-06 ***
Residuals   130.19 126
---
Signif. codes: 0 '***' 0.001 '**' 0.01 '*' 0.05 '.' 0.1 ' ' 1
```

셋째, rstatix 패키지의 anova_test() 함수를 활용하는 방법은 아래와 같습니다. 사용방법은 어렵지 않습니다. anova_test() 함수에 차례대로 데이터, 공식, 분산합 추정유형을 투입하였습니다. rstatix 패키지의 anova_test() 함수에서는 '제II 유형'을 디폴트로 제공하고 있습니다. 추가로 저는 effect.size 옵션으로 "pes", 즉 분산분석에서 가장 널리 사용되는 효과크기 통계치인 부분에타제곱($\eta^2_{partial}$)을 지정하였습니다(디폴트는 "ges" 즉 $\eta^2_{generalized}$). 사실 분산분석에 투입되는 요인이 단 하나뿐인 경우에는 $\eta^2_{generalized}$이든 $\eta^2_{partial}$이든 별 차이는 없지만, 2개 이상의 요인이 투입되는 경우에는 $\eta^2_{partial}$ 사용이 권장됩니다. $\eta^2_{partial}$은 .168로 나타났는데, 이는 개체간 요인 x가 종속변수의 전체분산 중 16.8%를 설명할 수 있다는 의미입니다(OLS 회귀모형의 R^2와 개념적으로 동일함).

```
> # rstatix 패키지 anova_test() 함수
> rstatix::anova_test(mydata,y~x,type=3,effect.size="pes") # effect.size 디폴트가 ges
ANOVA Table (type III tests)

  Effect DFn DFd      F        p p<.05   pes
1      x   1 126 25.436 1.56e-06     * 0.168
```

끝으로 본서에서 추천하는 방법은 afex 패키지의 aov_ez() 함수와 aov_4() 함수입니다. 먼저 aov_ez() 함수를 사용하는 방법은 다음과 같습니다. 함수 내부에 개체를 구분하는 변수를 문자형(id="ID")으로 지정하고, 마찬가지로 종속변수(dv="y")와 개체간 요인(between="x") 변수 역시 지정한 후, 각 변수들이 포함된 데이터를 지정하면 됩니다. afex 패키지에서 개체를 구분하는 변수를 반드시 지정하도록 요청하는 이유는 개체간 요인과 개체내 요인을 구별할 필요가 있기 때문입니다. 먼저 aov_ez() 함수의

경우 '제III유형'을 디폴트로 제공하고 있으므로, 만약 다른 유형의 분산분석을 추정하고자 한다면 type 옵션을 별도로 지정할 것을 권합니다.

```
> # afex 패키지의 aov_ez(), aov_4() 함수 추천
> # 각 사례의 ID변수가 필수적임(개체내 변화와 개체간 변화를 구분하는 목적)
> aov_ez(id="ID",dv="y",between="x",data=mydata)
Contrasts set to contr.sum for the following variables: x
Anova Table (Type 3 tests)

Response: y
 Effect   df MSE     F ges p.value
1   x 1, 126 1.03 25.44 *** .168  <.001
---
Signif. codes: 0 '***' 0.001 '**' 0.01 '*' 0.05 '+' 0.1 ' ' 1
```

분석결과에 표시된 "Contrasts set to contr.sum for the following variables: x"라는 말이 어떤 의미인지는 조금 후에 설명하겠습니다.

저는 aov_ez() 함수보다 aov_4() 함수를 더 추천합니다.[8] 이유는 다음의 3가지입니다. 첫째, 공변량을 추가로 투입하는 공분산분석(ANCOVA, analysis of covariance)의 경우 aov_ez() 함수보다 aov_4() 함수를 사용하는 것이 훨씬 더 용이하기 때문입니다. 둘째, 분산분석에 투입되는 요인이 2개 이상일 경우 aov_ez() 함수로는 가능한 모든 상호작용효과항들이 분석에 투입됩니다. 그러나 분석 맥락에 따라,

---

8 만약 car 패키지에 익숙하다면 aov_car() 함수를 추천합니다. 그러나 car 패키지 부속함수들에 익숙하지 않다면 차라리 aov_4() 함수를 사용하는 것이 더 나을 듯합니다.

```
> aov_car(y~x+Error(1|ID),data=mydata,
+         anova_table=list(es="pes",intercept=TRUE))
Contrasts set to contr.sum for the following variables: x
Anova Table (Type 3 tests)

Response: y
       Effect     df  MSE        F    pes p.value
1 (Intercept) 1, 126 1.03 1197.73 *** .905  <.001
2           x 1, 126 1.03   25.44 *** .168  <.001
---
Signif. codes: 0 '***' 0.001 '**' 0.01 '*' 0.05 '+' 0.1 ' ' 1
```

그리고 간소한 모형을 추정하려는 목적을 갖는 이용자라면 aov_4() 함수를 사용하는 것이 훨씬 더 합리적입니다. 셋째, aov_4() 함수의 분산분석 투입모형 지정방식이 일반적인 R 함수의 공식 지정방식에 더 잘 부합합니다.

aov_4() 함수를 이용하여 aov_ez() 함수와 동일하게 모형을 추정하는 방식은 아래와 같습니다. 여기서 저는 효과 추정치를 부분에타제곱($\eta^2_{partial}$)으로 별도 지정하였으며, 또한 car 패키지의 Anova() 함수의 출력결과에서와 같이 절편(intercept)항에 해당되는 결과 역시 같이 출력하였습니다(anova_table 옵션).

```
> aov_4(y~x+(1|ID), mydata,
+    anova_table=list(es="pes",intercept=TRUE))  #부분에타제곱, 절편항 추정
Contrasts set to contr.sum for the following variables: x
Anova Table (Type 3 tests)

Response: y
       Effect      df MSE       F   pes p.value
1 (Intercept) 1, 126 1.03 1197.73 *** .905  <.001
2           x 1, 126 1.03   25.44 *** .168  <.001
---
Signif. codes:  0 '***' 0.001 '**' 0.01 '*' 0.05 '+' 0.1 ' ' 1
```

먼저 출력결과에서 x항의 테스트 통계치는 $F(1,126) = 25.44$로 이 결과는 앞에서 살펴본 분산분석 결과들과 정확하게 동일합니다. 그러나 (Intercept)항의 테스트 통계치인 $F(1,126) = 1197.73$은 car 패키지의 Anova() 함수를 이용해 얻은 결과인 $F(1,126) = 786.124$와 상당히 다른 것을 확인할 수 있습니다. 동일한 데이터를 대상으로 동일한 모형을 적용했는데, 왜 결과가 다를까요? 그 이유는 "Contrasts set to contr.sum for the following variables: x"라는 부분에서 찾을 수 있습니다. 결론부터 말씀드리면, car 패키지의 Anova() 함수에서는 '더미코딩(dummy coding)'을 사용하여 분산분석을 실시한 반면, afex 패키지의 aov_4() 함수 혹은 aov_ez() 함수는 '효과코딩(effect coding)'을 사용하여 분산분석을 실시하였기 때문입니다. 그리고 "Contrasts set to contr.sum for the following variables: x"라는 출력결과는 데이터에서 더미코딩된 개체간 요인 x를 분산분석에서 주로 사용되는 합산코딩(sum coding)인 효과코딩으로 변환하였다는 것을 의미합니다. 더미코딩, 효과코

딩, 합산코딩의 관계에 대해서는 1부 1장에서 소개하였으니, 이 부분이 낯설거나 혼동되는 분들은 1장의 내용을 다시 살펴보시기 바랍니다.

먼저 데이터의 개체간 요인 x가 어떻게 코딩되었는지를 보면 아래와 같습니다.

```
> # 아래의 의미는 이른바 contrast coding을 실시하였다는 의미
> # Contrasts set to contr.sum for the following variables: x
> # x변수의 코딩방식
> contrasts(mydata$x)
  C
T 0
C 1
```

반면 2개 수준의 개체간 요인을 효과코딩하는 경우는 다음과 같은 방식으로 변환됩니다.

```
> contr.sum(2)
 [,1]
1  1
2 -1
```

즉 car 패키지의 Anova() 함수를 이용해 얻은 $F(1,126) = 786.124$에서 테스트되는 귀무가설은 "2수준 개체간 요인의 첫 번째 집단인 처치집단의 종속변수 평균은 0이다"인 반면, afex 패키지의 함수를 이용해 얻은 $F(1,126) = 1197.73$에서 테스트되는 귀무가설은 "전체표본의 종속변수 평균은 0이다"입니다.[9] 다시 말해 절편항의 F값이 다르게 추정된 것은 자연스러운 현상으로 놀랄 것은 없습니다.

---

9 예를 들어 아래와 같이 종속변수를 평균중심화 변환한 후 동일한 모형을 추정하면, (Intercept)항에 대한 테스트 통계치가 0.000이 나오는 것을 확인할 수 있습니다.

```
> # 종속변수를 평균중심화 변환
> aov_4(y2~x+(1|ID),
+       mydata |> mutate(y2=y-mean(y)), # mean-centering
+       anova_table=list(es="pes",intercept=TRUE))
Contrasts set to contr.sum for the following variables: x
Anova Table (Type 3 tests)
```

다음으로 분산분석의 효과크기에 대해서 몇 가지 추가로 말씀드리겠습니다. 앞서 독립표본 티테스트를 활용하였을 때 코헨의 *d*를 어떻게 계산할 수 있는지, 그리고 코헨이 1988년에 제시한 기준에 따라 코헨의 *d*의 크기를 '소효과', '중효과', '대효과'로 어떻게 나눌 수 있는지 소개한 바 있습니다. 마찬가지로 $\eta^2_{partial}$ 역시 '소', '중', '대'와 같은 방식으로 효과크기를 구분할 수 있습니다. 분산분석에 대한 효과크기 분류는 1992년 코헨의 기준(Cohen, 1992)이 널리 활용됩니다. 1988년 코헨의 분류와 마찬가지로 $\eta^2_{partial}$에 대한 효과크기 분류 역시 연구맥락을 고려하지 않았다는 점, 그리고 처치효과의 특성을 고려하지 않았다는 점에서 논란의 여지가 있다는 점은 유념하시기 바랍니다.

```
> # 효과크기 추정
> myaov <- aov_4(y~x+(1|ID), mydata,
+    anova_table=list(es="pes",intercept=TRUE))
Contrasts set to contr.sum for the following variables: x
> eta_squared(myaov) |>
+  interpret(rules="cohen1992")
# Effect Size for ANOVA (Type III)

Parameter | Eta2 |       95% CI | Interpretation
-------------------------------------------------
x         | 0.17 | [0.08, 1.00] |         medium

- One-sided CIs: upper bound fixed at [1.00].
- Interpretation rule: cohen1992
```

$\eta^2_{partial}$은 .17, 즉 개체간 요인 **x**는 종속변수의 전체분산 중 17%가량을 설명할 수 있는데, 이는 1992년 코헨이 제시한 기준에 따르면 '중(medium)효과'에 해당되는

```
Response: y2
       Effect     df  MSE      F   pes p.value
1 (Intercept) 1, 126 1.03   0.00       <.001   >.999
2           x 1, 126 1.03  25.44 ***  .168   <.001
---
Signif. codes: 0 '***' 0.001 '**' 0.01 '*' 0.05 '+' 0.1 ' ' 1
```

효과크기로 해석할 수 있습니다. 좀 이상하지요? 왜냐하면 데이터는 변한 것이 없고 분석방법만 바꾸었을 뿐인데 코헨의 d의 경우 코헨의 1988년 기준에 따라 '대(large) 효과'라고 분류되는 개체간 요인 x의 효과가, 동일인의 1992년 기준을 토대로 분류하면 '중(medium)효과'로 다르게 분류되기 때문입니다(1988년의 코헨 기준에서는 .14를 넘는 $\eta^2_{partial}$의 경우 '대효과'라고 분류하였습니다). 여기서 잘 알 수 있듯, 효과크기에 대한 분류는 다소 모호하고 자의적인 면이 적지 않습니다. 따라서 연구자가 효과크기에 대해 분류할 때는 반드시 누구의 어떤 기준을 따라 효과크기를 판별하였는지 명확하게 밝히는 것이 좋습니다.

다음으로 효과크기와 관련하여 $\eta^2_{partial}$이 아닌 다른 효과크기 통계치를 구하는 방법을 소개하겠습니다. 일반적으로 $\eta^2_{partial}$이 많이 사용되지만, ω^2이나 ϵ^2 그리고 코헨의 f^2 등도 자주 활용됩니다. 먼저 ω^2나 ϵ^2의 경우 $\eta^2_{partial}$과 비슷하게 해석할 수 있으며(즉 종속변수의 전체분산 중 요인이 설명하는 분산의 비율), ω^2나 ϵ^2은 $\eta^2_{partial}$과 비교해 작은 것이 보통입니다. 코헨의 f^2는 요인이 설명하지 못하는 분산 대비 요인이 설명하는 분산의 비율을 의미하며, 일반적으로 $\eta^2_{partial}$에 비해 조금 더 큰 수치를 보이며, 0부터 양의 무한대(positive infinite)의 값을 갖습니다. 따라서 코헨의 f^2은 상대적으로 해석하기가 쉽지 않은 듯하며, 활용빈도 역시 높지 않은 것 같습니다. 아무튼 ω^2, ϵ^2, 코헨의 f^2을 각각 계산하면 다음과 같습니다.

```
> # 다양한 효과측정치
> omega_squared(myaov) |>
+  interpret(rules="cohen1992")
# Effect Size for ANOVA (Type III)

Parameter | Omega2 |       95% CI | Interpretation
--------------------------------------------------
x         |   0.16 | [0.07, 1.00] |         medium

- One-sided CIs: upper bound fixed at [1.00].
- Interpretation rule: cohen1992
> epsilon_squared(myaov) |>
+  interpret(rules="cohen1992")
# Effect Size for ANOVA (Type III)

Parameter | Epsilon2 |       95% CI | Interpretation
----------------------------------------------------
```

```
x           |      0.16 | [0.07, 1.00] |          medium

- One-sided CIs: upper bound fixed at [1.00].
- Interpretation rule: cohen1992
> cohens_f_squared(myaov) |>
+  interpret(rules="cohen1992")
# Effect Size for ANOVA (Type III)

Parameter | Cohen's f2 |       95% CI | Interpretation
-----------------------------------------------------
x           |       0.20 | [0.09, Inf] |          medium

- One-sided CIs: upper bound fixed at [Inf].
- Interpretation rule: cohen1992
```

1-3 분산동질성 가정 위배시 대안적 분석방법: 웰치 조정기법과 GLS

처치효과 및 효과크기 추정을 마무리하기 전에, 집단간 분산이 이질적인 경우 사용할 수 있는 분산분석기법에 대해 말씀드리겠습니다. 앞서 독립표본 티테스트를 설명하는 부분에서, 집단간 분산이 동질적인 경우에 비해 이질적인 경우에는 웰치의 방법을 토대로 자유도를 조정한 후 통계적 유의도를 계산했던 것을 기억하실 것입니다. 분산분석의 경우도 마찬가지입니다. 지금까지 살펴본 분산분석기법들은 집단간 분산동질성을 가정하였습니다. 만약 집단간 분산동질성을 가정하기 어려운 상황이라면 어떻게 해야 할까요?

제가 아는 범위에서 2가지 분석기법이 존재합니다. 첫 번째는 `oneway.test()` 함수를 이용해 독립표본 티테스트의 방법과 마찬가지로 웰치의 방법을 적용하여 오차의 자유도(즉 두 번째 자유도, df_2)를 조정한 일원분산분석을 실시하고 통계적 유의도를 계산하는 방법입니다. 두 번째는 `gls()` 함수를 활용해 일반최소자승(GLS, generalized least square)모형을 적용하여 개체간 요인의 수준별 분산 차이를 가중치로 반영하고 조정하는 것입니다. 활용방법의 편의성과 확장성이라는 측면에서 저는 두 번째 방법, 즉 GLS모형을 추천하지만, 집단간 분산이 특이할 정도로 다르지 않다면 가급적 집단간 분산동질성을 가정한 분산분석을 사용하시길 권장합니다.

먼저 웰치의 방법을 적용한 일원분산분석 테스트를 실시하는 방법은 다음과 같습니다.[10] 여기서 var.equal=FALSE 옵션이 독립표본 티테스트에서 지정한 옵션과 동일한 것에 주목하시기 바랍니다.

```
> # 만약 집단간 등분산을 가정하기 어려울 경우
> # Welch's adjustment 사용
> oneway.test(y~x,data=mydata,var.equal = FALSE)

	One-way analysis of means (not assuming equal variances)

data:  y and x
F = 25.436, num df = 1.00, denom df = 125.67, p-value = 1.56e-06
```

분석결과에서 확인할 수 있듯 두 번째 자유도가 125.67로, 앞서 집단간 등분산을 가정한 분산분석 추정결과의 두 번째 자유도인 126보다 조금 작습니다. oneway.test() 함수를 기반으로 웰치의 방법을 적용하는 것은 집단간 분산이 매우 크게 다를 경우 유용할 수 있습니다. 그러나 몇 가지 아쉬운 점이 존재합니다. 첫째, 투입되는 개체간 요인의 수가 1개로만 제한됩니다. 다시 말해 분산분석에 2개 이상의 개체간 요인이 투입되는 경우에는 사용할 수 없습니다. 만약 2개 이상의 개체간 요인을 투입해야 할 경우라면, 번거롭더라도 여러 개체간 요인들을 하나의 개체간 요인으로 통합한 후 oneway.test() 함수에 투입해야 하며, 이 과정에서 상호작용효과 해석이 매우 까다로워집니다.[11] 둘째, 개체간 요인의 효과만을 추정할 수 있을 뿐, 개체내 요인의 효과를 추정할 수 없습니다. 셋째, 정확한 효과크기를 추정하는 것이 불가능합니다. 다시 말해 $\eta^2_{partial}$과 같은 효과크기 통계치를 정확하게 계산할 수 없으며, 이는 다음의 출력결과의 "`var.equal = FALSE` - effect size is an approximation" 부분을 보

---

10 rstatix 패키지의 welch_anova_test() 함수를 활용할 수도 있습니다. 분석결과는 동일합니다.

```
> # welch_anova_test 사용
> rstatix::welch_anova_test(y~x,data=mydata) |>
+ data.frame()
  .y.   n statistic DFn      DFd        p       method
1   y 128     25.44   1 125.6684 1.56e-06 Welch ANOVA
```

11 나중에 소개하게 될 계획비교를 통해 상호작용효과를 추정할 수 있지만, 그 과정이 다소 번잡합니다.

면 확인할 수 있습니다.

```
> oneway.test(y~x,data=mydata,var.equal = FALSE) |> eta_squared()
For one-way between subjects designs, partial eta squared is
 equivalent to eta squared. Returning eta squared.
`var.equal = FALSE` - effect size is an approximation.
# Effect Size for ANOVA

Eta2 |       95% CI
-------------------
0.17 | [0.08, 1.00]

- One-sided CIs: upper bound fixed at [1.00].
```

두 번째로 gls() 함수를 활용해 GLS모형을 활용하는 방법은 아래와 같습니다. 공식을 정의하고, 데이터를 지정하는 방법은 동일합니다. 여기서 weights 옵션의 의미는 변수 x의 수준별로 각각의 분산을 계산한 후, 이를 계산과정에서 가중치에 반영하여 적용한다는 것입니다[weights=varIdent(form=~1|x) 부분].

```
> # GLS 방식을 활용하는 경우
> mygls <- gls(y~x, mydata,weights=varIdent(form=~1|x))
> summary(mygls)
Generalized least squares fit by REML
 Model: y ~ x
 Data: mydata
      AIC      BIC    logLik
 377.8432 389.1884 -184.9216

Variance function:
 Structure: Different standard deviations per stratum
 Formula: ~1 | x
 Parameter estimates:
        C         T
1.0000000 0.9498868

Coefficients:
              Value Std.Error  t-value p-value
(Intercept) 2.65625 0.1302826 20.388364       0
xT          0.90625 0.1796902  5.043403       0
```

```
Correlation:
  (Intr)
xT -0.725

Standardized residuals:
       Min         Q1        Med        Q3       Max
-1.5890930 -0.6296406 -0.5681645 0.4419057 3.2081690

Residual standard error: 1.042261
Degrees of freedom: 128 total; 126 residual
```

출력결과에서 확인할 수 있듯, 통제집단(C)의 분산을 '1.0000000'으로 설정하였을 때, 처치집단(T)의 분산은 '0.9498868'로 상대적으로 작게 설정됩니다. 추정결과의 맨 마지막에 126 residual이라는 부분에서 자유도가 조정되지 않은 것처럼 보일 수 있지만, 바로 다음에 살펴본 '추가 분석' 섹션에서 본격적으로 소개할 emmeans 패키지의 함수들을 적용하면 분산이질성을 반영하기 위한 자유도 조정도 가능합니다.[12] emmeans 패키지의 emmeans() 함수와 contrast() 함수를 같이 활용하여 두 집단을 비교한 결과는 다음과 같습니다. 참고로 여기서는 웰치 조정방법이 아닌, 새더스웨이트(Satterthwaite) 조정방법을 적용하여 자유도를 조정하고 있습니다(약 125.86으로 126보다 아주 조금 작고, 웰치 조정방법으로 수정된 자유도인 125.67보다는 아주 조금 큼). emmeans 패키지의 emmeans() 함수와 contrast() 함수의 사용방법에 대한 보다 자세한 설명은 이어지는 추가 분석 섹션에서 자세히 설명하겠습니다.

---

12 만약 자유도가 조정된 *F*통계치를 원한다면 다음과 같이 합산테스트를 진행하는 방식도 가능합니다. joint_tests() 함수를 활용한 합산테스트에 대해서는 3수준 분산분석을 소개하면서 조금 더 자세히 설명하겠습니다. 아래의 출력결과에서 확인할 수 있듯, GLS모형을 활용하여 집단간 동질성을 가정하지 않았을 경우의 개체간 요인의 테스트 통계치는 $F(1,126) = 25.436$, $p < .001$로 나타납니다. 두 번째 자유도, 즉 새터스웨이트 방식으로 조정된 자유도(125.86)는 웰치 방식으로 조정된 자유도(125.67)와 큰 차이가 없습니다(다시 말해 방식의 차이가 조금 존재함).

```
> # joint test 활용
> mygls |> emmeans(~x) |>
+ joint_tests()
 model term df1    df2 F.ratio p.value
 x            1 125.86  25.436  <.0001
```

```
> mygls |> emmeans(~x) |>
+ contrast("pairwise")
 contrast estimate   SE  df t.ratio p.value
 T - C        0.906 0.18 126   5.043  <.0001

Degrees-of-freedom method: satterthwaite
> mygls |> emmeans(~x) |>
+ contrast("pairwise") |> data.frame() # 자유도 조정 확인
  contrast estimate        SE       df  t.ratio      p.value
1    T - C  0.90625 0.1796902 125.8603 5.043403 1.556988e-06
```

1-4 추가 분석: 계획비교, 사후 다중비교

일원분산분석에서의 추가 분석은 '계획비교(planned contrast)'와 '사후 다중비교(posthoc multiple comparison)'로 구분할 수 있습니다. 먼저 계획비교는 연구자가 비교하고자 하는 집단을 사전에 계획한 후, 사전계획된 방식으로 합산코딩(sum coding)을 실시하여 평균을 비교하는 것입니다. 그러나 개체간 요인이 2개 수준인 경우, 합산코딩은 '처치집단과 통제집단의 평균비교'로 이미 결정된 것이며 이외의 다른 비교방식을 생각할 수 없습니다.

다음으로 사후 다중비교는 요인의 수준별 모든 가능한 평균쌍(pairs of means)을 비교하는 것입니다. 이때 비교되는 평균쌍의 개수가 늘어나면 늘어날수록 '평균비교당 오차율(error-rate per comparison)'과 '족내(族內) 오차율(familywise error-rate)' 사이의 간극이 증가합니다. 그러나 개체간 요인이 2개 수준인 경우, 평균비교당 오차율과 족내오차율은 동일합니다(즉, 전혀 차이가 없습니다). 따라서 평균비교당 오차율과 족내오차율의 간극에 대해서는 조금 후에 개체간 요인의 수준이 3수준 이상인 경우에 보다 자세하게 살펴보겠습니다.

즉 처치집단과 통제집단, 두 집단으로 구성된 개체간 요인을 대상으로 한 분산분석의 경우에는 '독립표본 티테스트', '계획비교', '사후 다중비교' 3가지의 결과가 정확하게 동일합니다. 그러나 요인의 수준이 3개 이상으로 늘어날 경우, 사후비교를 적용했을 때와 계획비교를 적용했을 때의 결과가 달라집니다.

사후 다중비교를 진행하기 위해서는 우선 집단별 평균값을 추정해야 합니다. 모형을 기반으로 얻은 요인별 집단의 기댓값을 '추정된 한계평균(estimated marginal mean)'이라고 부르며, emmeans 패키지에서는 추정된 한계평균을 계산하고, 이들을 대상으로 평균비교를 수행하는 여러 함수들을 제공하고 있습니다. 우선 emmeans 패키지의 emmeans() 함수는 지정된 개체간 요인의 각 수준별 추정된 한계평균을 계산해줍니다. 앞서 추정했던 분산분석 오브젝트인 myaov에서 개체간 요인 x의 수준별 한계평균을 추정하면 아래와 같습니다. 이 모형에는 어떠한 공변량도 포함되지 않았고, 다른 요인도 포함되지 않았기 때문에 추정된 한계평균은 개체간 요인별 종속변수의 평균과 동일합니다.

```
> # 개체간 요인수준별 추정된 한계평균(estimated marginal mean)
> myaov |> emmeans(~x)  # 이 경우는 각 요인수준별 평균값과 동일
 x emmean    SE  df lower.CL upper.CL
 T   3.56 0.127 126     3.31     3.81
 C   2.66 0.127 126     2.40     2.91

Confidence level used: 0.95
```

먼저 계획비교를 실시해봅시다. 계획비교를 실시하기 위해서는 개체간 요인의 집단 순서에 따라 연구자가 합산코딩값을 지정해주어야 합니다. 예를 들어 "처치집단의 평균과 통제집단의 평균은 동일하다"는 귀무가설을 수식으로 표현하면 다음과 같습니다.

$$
\begin{aligned}
&H_0 : M_T = M_C, \text{즉} \\
&H_0 : M_T - M_C = 0, \text{즉} \\
&H_0 :\ (+1) \bullet M_T + (-1) \bullet M_C = 0
\end{aligned}
$$

처치집단과 통제집단의 계수는 차례대로 {+1, −1}입니다. 위와 같이 집단의 평균을 사전계획하여 비교하는 방법은 다음과 같습니다(만약 이 부분에서 효과코딩의 코딩 방식과 동일하다는 것을 떠올리셨다면 효과코딩과 합산코딩의 관계를 매우 잘 이해하고 계신 것입니다). contrast() 함수의 method 옵션에 list()함수를 지정한 후, 연구자가 원하는 방식의 사전비교 계수를 벡터 형태로 지정하면 됩니다. 출력결과에서 확인할 수 있듯, 요인의 수준이 2개인 경우 계획비교 결과는 독립표본 티테스트로 얻은 결과와 동일합니다.

```
> #계획비교
> myaov |>
+ emmeans(~x) |>
+ contrast(method=list(TvsC=c(1,-1)))
contrast estimate   SE df t.ratio p.value
TvsC        0.906 0.18 126   5.043  <.0001
```

다음으로 사후 다중비교를 실시하면 아래와 같습니다. contrast() 함수에 "pairwise"를 지정하면 비교 가능한 모든 평균쌍들에 대한 평균비교 결과가 제시됩니다. 앞에서 이야기했듯이 2수준 요인의 경우 비교 가능한 평균쌍은 단 하나뿐이며, 이 결과는 t.test() 함수로 얻은 결과나 앞서 살펴본 계획비교로 얻은 결과와 정확하게 동일합니다.

```
> #사후비교: 개체간 요인이 2개 수준인 경우 사후비교의 통계적 유의도 조정은 실시되지 않음
> myaov |>
+ emmeans(~x) |>
+ contrast("pairwise")
contrast estimate   SE df t.ratio p.value
T - C       0.906 0.18 126   5.043  <.0001
```

연구자의 목적에 따라 계획비교 혹은 사후 다중비교 결과를 대상으로 코헨의 d와 같은 효과크기 통계치를 산출하기도 합니다. effectsize 패키지의 t_to_d() 함수를 활용하면, 출력결과를 토대로 손쉽게 코헨의 d를 계산할 수 있습니다. 아래의 출력결과에서 확인할 수 있듯, 앞서 독립표본 티테스트로 얻은 코헨의 d와 동일한 결과입니다.

```
> #효과크기(Cohen's d)
> mypairwise <- myaov |> emmeans(~x) |>
+ contrast("pairwise") |> as_tibble()
> t_to_d(t=mypairwise$t.ratio, df_error=mypairwise$df) |>
+ interpret(rules="cohen1988")
d    |       95% CI | Interpretation
-----------------------------------
0.90 | [0.53, 1.26] |          large

- Interpretation rule: cohen1988
```

만약 집단간 분산이질성을 가정한다면, 앞에서 소개했던 GLS모형을 기반으로 집단별 추정된 한계평균을 계산한 후 두 집단의 평균차이를 비교하면 됩니다. 즉 gls() 함수 추정결과를 대상으로 앞에서와 마찬가지로 emmeans() 함수와 contrast() 함수를 사후비교 혹은 계획비교 형식에 맞게 활용하면 됩니다. 앞에서도 잠시 설명했지만, GLS모형을 적용하여 얻은 결과의 경우 새터스웨이트(Satterthwaite) 조정방법을 기반으로 수정된 자유도를 적용합니다.

```
> # 집단간 분산이 이질적인 경우
> mygls |> emmeans(~x) |>
+ contrast("pairwise") # 사후비교
 contrast estimate   SE  df t.ratio p.value
 T - C        0.906 0.18 126   5.043  <.0001

Degrees-of-freedom method: satterthwaite
> mygls |> emmeans(~x) |>
+ contrast(method=list(TvsC=c(1,-1))) #계획비교
 contrast estimate   SE  df t.ratio p.value
 TvsC         0.906 0.18 126   5.043  <.0001

Degrees-of-freedom method: satterthwaite
```

끝으로 단순효과(simple effect)를 추정하는 것 하나만 소개하겠습니다. 사실 일원분산분석 상황에서 단순효과 분석은 거의 진행하지 않습니다. 그러나 나중에 살펴볼 이원분산분석이나 다원분산분석의 경우 단순효과, 보다 정확하게는 단순주효과(simple main effect)와 단순상호작용효과(simple interaction effect) 추정은 매우 유용합니다. 이런 점을 감안하여 일원분산분석 상황에서 단순효과의 개념에 대해 간단하게 살펴보도록 합시다.

앞서 더미코딩(dummy coding), 효과코딩(effect coding), 합산코딩(sum coding)을 비교하면서 언급했듯이, 합산코딩을 적용한 분산분석 추정결과[앞에서의 afex 패키지의 aov_4() 함수로 얻은 추정결과]에서 절편(intercept)항의 테스트 통계치는 "표본의 종속변수 평균은 0이다"라는 귀무가설을 테스트합니다. 그렇다면 집단의 평균과 다른 집단의 평균을 비교하는 것이 아니라, 각 집단의 평균을 전체표본의 종속변수 평균(grand mean)과 비교할 수도 있지 않을까요? 예를 들어 예시데이터의 종속변수 y의 평

균과, 각 집단별 y의 평균을 계산하면 다음과 같습니다. 다시 말해, 처지집단의 평균인 3.56과 전체표본의 평균인 3.11을 비교하여 얻은 평균차이 0.453을 0과 비교하여 테스트하고, 통제집단의 평균인 2.66을 전체표본의 평균인 3.11과 비교하여 얻은 평균차이 -0.453을 0과 비교하여 테스트하는 것이 바로 일원분산분석 이후 실시할 수 있는 단순효과 분석입니다.

```
> # 단순효과(simple effect)가 어떤 의미인지 살펴보면 다음과 같습니다.
> mydata |>
+ mutate(My=mean(y)) |>
+ group_by(x) |>
+ mutate(y2=y-My) |>
+ summarise(
+   y=mean(y),My=mean(My),y2=mean(y2)
+ )
# A tibble: 2 × 4
  x         y    My     y2
  <fct> <dbl> <dbl>  <dbl>
1 T      3.56  3.11  0.453
2 C      2.66  3.11 -0.453
```

일원분산분석 맥락에서 단순효과는 contrast() 함수의 simple 옵션에 연구자가 원하는 단순효과의 항을 넣어주면 쉽게 얻을 수 있습니다. 아래의 출력결과에서 확인할 수 있듯, 전체평균과 비교할 때 처치집단과 통제집단의 평균은 통계적으로 유의미하게 다릅니다(상황에 따라 분산분석의 *F*값은 통계적으로 유의미한 값을 보이지만, 단순효과는 통계적으로 유의미하지 않을 수도 있습니다).

```
> myaov |> emmeans(~x) |>
+ contrast(simple="x") # 이 경우는 전체평균 대비 각 요인수준별 평균값과 동일
 contrast estimate     SE  df t.ratio p.value
 T effect    0.453 0.0898 126   5.043  <.0001
 C effect   -0.453 0.0898 126  -5.043  <.0001

P value adjustment: fdr method for 2 tests
```

그러나 한 가지 유념할 것이 있습니다. 출력결과의 맨 아래에서 확인할 수 있듯,

출력결과에 제시된 통계적 유의도는 FDR(False Discovery Rate, 허위발견율) 조정기법으로 조정된 통계적 유의도입니다. 우선 허위발견율(FDR)은 분석에 포함된 모든 테스트 결과가 통계적으로 유의미하다고 판단하였지만, 실제로는 유의미하지 않을 확률을 의미합니다. 다시 말해, 위의 출력결과는 2가지의 통계적 유의도 테스트 결과가 모두 유의미하지 않을 확률이 0.0001보다 작다는 것을 의미합니다. emmeans 패키지 개발팀(Lenth et al., 2024)에 따르면 사용하는 FDR을 토대로 한 통계적 유의도 조정기법(즉, fdr method)은 벤야미니-호쉬버그(Benjamini & Hochberg, 1995)가 제안한 조정기법입니다. 만약 contrast() 함수의 단순효과 테스트의 통계적 유의도를 디폴트인 FDR 조정기법이 아닌 다른 조정기법을 사용하고자 한다면, adjust 옵션에 원하는 조정기법을 지정하면 됩니다.[13] 예를 들어 본페로니 조정기법을 사용하고자 할 경우는 다음과 같습니다. 통계적 유의도가 매우 작아서 잘 구별되지 않지만, FDR 조정기법이나 본페로니 조정기법을 적용할 경우 *p-value*가 0에서 훨씬 더 멀어집니다.[14]

---

13 "holm", "hochberg", "hommel", "bonferroni", "BH", "BY", "fdr", "none"의 총 8개 옵션이 제공됩니다. 그러나 여기서 "BH"와 "fdr"은 이름이 다를 뿐 동일하며(FDR 기반 통계적 유의도 조정기법을 제안한 두 학자, Benjamini-Hochberg의 이니셜을 딴 것이 바로 "BH"), "none"의 경우 통계적 유의도 조정을 실시하지 않는다는 뜻입니다.

14 통계적 유의도 조정방식이 어떠한지 살펴보기 위해, 예시데이터의 10%만 무작위로 선별한 후, 통계적 유의도 조정을 전혀 진행하지 않은 경우와 본페로니 방식으로 통계적 유의도를 조정한 경우를 비교해보면 아래와 같습니다. 결과에 잘 나타나듯, 본페로니 방식을 사용할 때 통계적 유의도가 0에서 훨씬 더 멀어진 것을 알 수 있습니다.

```
> # 표본의 10%만 무작위로 뽑아 통계적 유의도 조정방식을 점검
> set.seed(1)
> tempdat <- mydata |>
+ mutate(rid=sample(1:nrow(mydata),nrow(mydata),replace=FALSE)) |>
+ filter(rid<0.1*(nrow(mydata)))
> tempaov <- aov_4(y~x+(1|ID),
+   data=tempdat)
Contrasts set to contr.sum for the following variables: x
> tempaov |> emmeans(~x) |> contrast(simple="x",adjust="none")
 contrast estimate    SE df t.ratio p.value
 T effect     0.75 0.242 10   3.098  0.0113
 C effect    -0.75 0.242 10  -3.098  0.0113
> tempaov |> emmeans(~x) |> contrast(simple="x",adjust="bonferroni")
 contrast estimate    SE df t.ratio p.value
 T effect     0.75 0.242 10   3.098  0.0226
 C effect    -0.75 0.242 10  -3.098  0.0226

P value adjustment: bonferroni method for 2 tests
```

```
> # 만약 다른 방식으로 p value 조정하고자 한다면
> myaov |> emmeans(~x) |>
+ contrast(simple="x",adjust="bonferroni") # 본페로니
 contrast estimate     SE  df t.ratio p.value
 T effect     0.453 0.0898 126   5.043  <.0001
 C effect    -0.453 0.0898 126  -5.043  <.0001

P value adjustment: bonferroni method for 2 tests
```

1-5 공변량을 투입한 공분산분석

앞에서 살펴본 분산분석에서는 실험조작된 변수만 모형에 투입되었습니다. 그러나 연구목적에 따라 종속변수와 연관성이 높은 공변량을 투입한 분산분석, 즉 공분산분석(ANCOVA, analysis of covariance)을 실시하기도 합니다. 예를 들어 고혈압이나 당뇨 등의 질환의 경우 고연령자에게서 발생할 가능성이 높으며, 따라서 약물실험을 할 때 참여자의 연령을 분석과정에서 고려하는 것이 보통입니다. 사회과학 분야에서도 상황은 비슷합니다. 이를테면 대통령의 국정홍보 영상물이 대통령의 지지도에 미치는 효과에 대한 실험연구를 진행한다고 가정해봅시다. 연구자에게는 '국정홍보 영상물 제시 여부'라는 개체간 요인의 효과가 어떤지 파악하는 것이 중요하겠지만, 실험참여자의 정치적 성향이 현직 대통령의 정치적 성향과 일치할수록 대통령 지지도가 높을 것이라고 짐작할 수 있습니다. 즉 실험처치효과를 보다 명확하게 파악하기 위한 목적으로 종속변수와 관련도가 높은 공변량을 모형에 투입한 공분산분석은 매우 빈번하게 활용됩니다. 당연한 것이겠지만, 공변량이 추가 투입될 경우 개체간 요인이 2수준이라고 하더라도 독립표본 티테스트는 사용할 수 없습니다.

afex 패키지의 aov_4() 함수를 활용하여 공분산분석을 실시하는 것은 다음과 같으며, 공식 부분에 공변량인 cov를 더해주면 되기에 그다지 어렵지 않습니다. 다만 공분산분석을 실시할 때는 공변량이 어떤 변수형태를 갖는지 먼저 파악할 필요가 있습니다. 만약 공변량이 더미변수이거나 요인형(factor) 변수인 경우라면 공변량 변수의 이름을 그냥 더해주면 되지만, 정수형(integer) 혹은 수치형(double) 변수로 입력된 연속형 변수인 경우라면 반드시 factorize 옵션을 FALSE로 설정해야 합니다. factorize=FALSE를 사용하지 않으면 해당 변수를 요인형 변수 형태로 추정하기 때

문입니다. 앞에서와 마찬가지로 저는 효과크기로는 $\eta^2_{partial}$(es="pes")을 지정하였고, 절편에 대한 추정결과 역시 포함하였습니다.

```
> ## 공분산분석(analysis of covariance)
> # 티테스트는 불가. ANCOVA
> aov_4(y~x+cov+(1|ID),data=mydata,
+       factorize=FALSE, # 연속형 변수의 경우 그대로 사용함
+       anova_table=list(es="pes",intercept=TRUE))
Contrasts set to contr.sum for the following variables: x
Anova Table (Type 3 tests)

Response: y
       Effect     df MSE          F  pes p.value
1 (Intercept) 1, 125 0.54      0.79  .006    .376
2           x 1, 125 0.54    6.96 **  .053    .009
3         cov 1, 125 0.54 114.49 *** .478   <.001
---
Signif. codes:  0 '***' 0.001 '**' 0.01 '*' 0.05 '+' 0.1 ' ' 1
Warning message:
Numerical variables NOT centered on 0 (matters if variable in interaction):
  cov
```

먼저 출력결과 하단에 제시된 경고메시지(Warning message)를 살펴봅시다. 경고메시지를 해석하면, 공분산분석에 투입된 공변량인 cov 변수가 0을 중심값(즉 평균값)으로 갖고 있지 않으며, 만약 연구자가 추정하는 모형에서 cov 변수와 다른 변수의 상호작용효과(interaction)를 추정한다면 해석상 문제가 발생할 수도 있다는 의미입니다. 일단 위에서 제가 추정한 모형의 경우 cov 변수와 다른 변수의 상호작용효과를 설정하지 않았기 때문에 x항의 추정결과[$F(1,125) = 6.96$, $p = .009$, $\eta^2_{partial} = .05$]와 cov 항의 추정결과[$F(1,125) = 114.49$, $p < .001$, $\eta^2_{partial} = .48$]는 아무런 문제가 없습니다. 그러나 절편항, 즉 (Intercept)항의 추정결과[$F(1,125) = 0.79$, $p = .38$]의 경우는 문제가 적지 않습니다. afex 패키지의 aov_4() 함수를 활용한 분산분석에서 (Intercept) 항의 추정결과는 "전체표본의 종속변수 평균은 0이다"라는 귀무가설을 테스트하는 것이라고 설명한 바 있습니다. 그렇다면 위의 공분산분석에서 (Intercept)항의 추정결과는 어떤 내용의 귀무가설을 테스트하는 것일까요? 여기서 테스트하는 귀무가설은 "공변량 cov의 값이 '0'인 조건에서 종속변수의 평균은 0이다"입니다. 여기서 문

제가 발생할 수 있습니다. 왜냐하면 상황에 따라 공변량 cov의 값이 '0'인 조건이 절대로 발생하지 않을 수 있기 때문입니다. 예를 들어 공변량을 보통의 리커트 5점 척도를 이용하여 1-5의 범위를 갖도록 측정하였다고 가정해봅시다. 이 경우 공변량의 최솟값은 '1'이며, 따라서 공변량이 '0'이라고 가정하는 것은 매우 비합리적입니다. 바로 이러한 이유 때문에 공분산분석의 경우 연속형 변수로 측정된 공변량은 평균중심화 변환(mean-centering)을 실시하는 것이 보통입니다. 평균중심화 변환을 실시할 경우, (Intercept)항이 추정하는 귀무가설은 "공변량 cov의 값이 평균인 조건에서 종속변수의 평균은 0이다"가 되며, 이에 대한 결과는 관측된 데이터에서 현실적 함의를 갖습니다. 이제 공변량 cov를 평균중심화 변환한 후, 공분산분석을 실시한 결과는 다음과 같습니다.

```
> # 공변량을 평균중심화
> mydata$cov_mc <- mydata$cov-mean(mydata$cov)
> # 공변량이 요인과 독립적 관계
> aov_4(y~x+cov_mc+(1|ID),data=mydata,
+        factorize=FALSE, # 연속형 변수의 경우 그대로 사용함
+        anova_table=list(es="pes",intercept=TRUE))
Contrasts set to contr.sum for the following variables: x
Anova Table (Type 3 tests)

Response: y
       Effect     df MSE           F pes p.value
1 (Intercept) 1, 125 0.54 2276.55 *** .948   <.001
2           x 1, 125 0.54    6.96 **  .053    .009
3      cov_mc 1, 125 0.54  114.49 *** .478   <.001
---
Signif. codes:  0 '***' 0.001 '**' 0.01 '*' 0.05 '+' 0.1 ' ' 1
```

이렇게 얻은 출력결과에는 경고메시지가 사라졌으며, 무엇보다 (Intercept)항이 달라진 것을 확인할 수 있습니다. 아울러 개체간 요인 x항과 평균중심화 변환을 실시한 공변량 cov_mc항의 테스트 통계치와 통계적 유의도, 효과크기 통계치가 앞에서 얻은 결과와 정확하게 동일한 것도 확인할 수 있습니다. 즉 연속형 변수로 측정된 공변량을 평균중심화 변환할 경우 모형 추정결과는 동일하지만, 절편항에 대한 테스트 결과와 의미가 달라진 것을 확인할 수 있습니다.

분과에 따라 다를 수도 있지만, 일반적으로는 공분산분석을 실시할 때 개체간 요인과 공변량 사이의 상호작용효과가 존재하는지 테스트하기도 합니다. 다시 말해 실험처치효과가 개체의 특성에 따라 달라지는지 여부를 테스트하는 것입니다. 만약 공변량과 개체간 요인의 상호작용효과가 존재한다면, 상호작용효과항을 넣어서 결과보고를 하는 것이 타당합니다. 반면 상호작용효과가 통계적으로 유의미하지 않거나 혹은 무시할 수 있을 정도로 미미할 경우에는 앞에서 실시한 공분산분석과 마찬가지로 공변량을 가법(加法, additivity) 형태로 더해주면 됩니다. 개체간 요인과 공변량 사이의 상호작용효과를 테스트하는 방법은 아래와 같습니다.

```
> # x, cov_mc의 상호작용효과 추정?
> aov_4(y~x*cov_mc+(1|ID),data=mydata,
+        factorize=FALSE, # 연속형 변수의 경우 그대로 사용함
+        anova_table=list(es="pes",intercept=TRUE))
Contrasts set to contr.sum for the following variables: x
Anova Table (Type 3 tests)

Response: y
        Effect     df MSE          F  pes p.value
1 (Intercept) 1, 124 0.55 1960.36 *** .941   <.001
2           x 1, 124 0.55    6.89 **  .053    .010
3      cov_mc 1, 124 0.55  110.24 *** .471   <.001
4   x:cov_mc 1, 124 0.55    0.00     <.001   .961
---
Signif. codes: 0 '***' 0.001 '**' 0.01 '*' 0.05 '+' 0.1 ' ' 1
```

출력결과에서 나타나듯, 개체간 요인 x와 공변량 cov_mc 사이에는 상호작용효과가 매우 미미한 수준입니다[$F(1,124) < 0.001$, $p = .96$]. 따라서 여기서는 공변량과 개체간 요인 사이의 상호작용효과는 고려하지 않은 공분산분석 추정결과를 사용하도록 하겠습니다.

공분산분석의 경우에도 emmeans() 함수를 이용하여 개체간 요인의 수준별 한계평균을 추정하고 contrast() 함수를 활용하여 쌍별비교(pairwise comparison)를 실시할 수 있습니다. 전반적으로 앞에서 소개한 분산분석과 비슷한 과정을 밟지만, 공분산분석의 경우 공분산의 수준을 어떻게 설정하는가에 따라 추정된 한계평균값이 다르게 나타납니다. 공분산분석 오브젝트가 투입될 경우, emmeans() 함수에서는

공변량의 값을 평균으로 설정한 후 지정된 개체간 요인의 한계평균을 추정하는 것을 디폴트로 삼고 있습니다. 앞에서 저는 공변량을 평균중심화 변환하였기 때문에 공변량의 평균은 '0'입니다.

```
> # 공변량이 투입될 경우, 공변량 수준을 어떻게 설정하는가에 따라 요인수준별
> # 추정된 한계평균이 달라짐
> # 공변량의 경우 평균을 설정(디폴트)
> myacov <- aov_4(y~x+cov_mc+(1|ID),data=mydata,
+                 factorize=FALSE,
+                 anova_table=list(es="pes",intercept=TRUE))
Contrasts set to contr.sum for the following variables: x
> myacov |> emmeans(~x)
 x emmean     SE  df lower.CL upper.CL
 T   3.29 0.0955 125     3.10     3.48
 C   2.93 0.0955 125     2.74     3.11

Confidence level used: 0.95
```

그러나 상황에 따라 특정한 공변량 값을 지정하여 개체간 요인의 수준별 한계평균을 추정할 필요가 있습니다. 이 경우에는 emmeans() 함수에서 at 옵션을 지정하면 됩니다. 공분산분석에 하나 혹은 둘 이상의 공변량이 투입될 수 있다는 점에서 at 옵션에서는 list() 함수를 사용하여야 합니다. 만약 공변량 cov_mc 변수가 평균보다 1표준편차만큼 큰 값을 갖는 경우를 가정한다면, 개체간 요인의 수준별 추정된 한계평균값은 아래와 같습니다.

```
> # 공변량이 1표준편차인 경우를 설정할 경우
> myacov |>
+   emmeans(~x,
+           at=list(cov_mc=sd(mydata$cov_mc)))
 x emmean    SE  df lower.CL upper.CL
 T   4.04 0.103 125     3.84     4.25
 C   3.68 0.133 125     3.41     3.94

Confidence level used: 0.95
```

출력결과에서 확인할 수 있듯, 추정된 한계평균값이 처치집단과 통제집단 모두에

서 상승하였습니다(왜냐하면 공변량의 값이 상승했기 때문입니다). 그렇다면 두 집단 사이의 평균을 비교한 결과도 과연 다를까요? 아래의 결과에 매우 잘 나타나듯, 공변량의 평균을 가정하든 평균보다 1표준편차 큰 공변량의 값을 가정하든 두 집단간 평균 차이는 정확하게 동일합니다. 왜냐하면 myacov 오브젝트에 추정된 공분산분석 모형에서 개체간 요인과 공변량 사이의 상호작용효과를 가정하지 않고 있기 때문입니다.

```
> myacov |> emmeans(~x) |>
+ contrast("pairwise")
 contrast estimate   SE  df t.ratio p.value
 T - C       0.368 0.14 125   2.638  0.0094

> myacov |> emmeans(~x,at=list(cov_mc=sd(mydata$cov_mc))) |>
+ contrast("pairwise")
 contrast estimate   SE  df t.ratio p.value
 T - C       0.368 0.14 125   2.638  0.0094
```

끝으로 공분산분석을 실시한 후 쌍별비교 결과에 대한 효과 추정 통계치로 코헨의 *d*를 계산해보겠습니다. 쌍별비교 결과를 오브젝트로 저장한 후, 테스트 통계치(t.ratio)와 자유도(df)를 t_to_d() 함수에 투입하면, 코헨의 *d*를 얻을 수 있습니다.

```
> mypair <- myacov |> emmeans(~x) |>
+ contrast("pairwise")  |> as_tibble()
> t_to_d(t=mypair$t.ratio, df_error=mypair$df) |>
+ interpret(rules="cohen1988")
d    |       95% CI | Interpretation
------------------------------------
0.47 | [0.12, 0.83] |          small

- Interpretation rule: cohen1988
```

출력결과에서 확인할 수 있듯, 공분산분석을 실시할 경우 개체간 요인 **x**의 처치효과크기는 코헨의 $d = 0.47$이며, 이는 1988년 코헨이 제안한 기준을 따르자면 '소(small)효과'에 해당합니다. 앞서 분산분석에서는 코헨의 $d = 0.89$[효과크기 분류는 '대(large)효과']였는데, 공변량을 고려할 경우 개체간 요인의 처치효과가 대폭 감소한 것을 확인할 수 있습니다. 아울러 다음의 결과에서 확인할 수 있듯, 공분산분석으로 추정한

$\eta^2_{partial}$은 1992년 코헨의 기준을 따를 때 '소(small)효과'로 분류될 수 있습니다[참고로 분산분석으로 추정한 $\eta^2_{partial}$은 0.17이었으며, 이는 '중(medium)효과'로 분류되었습니다].

```
> eta_squared(myacov) |> interpret(rules="cohen1992")
# Effect Size for ANOVA (Type III)

Parameter | Eta2 (partial) |       95% CI | Interpretation
-----------------------------------------------------------
x         |           0.05 | [0.01, 1.00] |          small
cov_mc    |           0.48 | [0.38, 1.00] |          large

- One-sided CIs: upper bound fixed at [1.00].
- Interpretation rule: cohen1992
```

1-6 분석결과 보고시 고려사항

지금까지 2수준의 개체간 요인이 투입된 분산분석, 그리고 2수준의 개체간 요인과 함께 연속형 변수 형태의 공변량이 추가투입된 공분산분석을 실시한 후, 개체간 요인의 수준별 한계평균을 추정하고, 각 수준별 평균을 비교해보았습니다. 분과에 따라 (공)분산분석 결과를 보고하는 방법은 다양할 것입니다. 제 경험 범위에서 2수준 개체간 요인이 1개 투입된 (공)분산분석을 실시할 경우, 개체간 요인의 자유도, 테스트 통계치, 통계적 유의도, 효과크기 통계치(일반적으로 $\eta^2_{partial}$)는 반드시 보고해야 하지만, 단순효과 분석결과나 개체간 요인수준에 따른 평균 변화패턴의 시각화 결과는 보고하지 않는 듯합니다(물론 상호작용효과가 포함된 다요인 분산분석 결과의 경우 시각화 결과를 보고하는 것이 통상적이며, 연구목적에 따라 쌍별비교 결과와 단순효과 분석결과 역시도 이에 맞게 보고해야 할 것입니다). 2수준 개체간 요인의 효과를 보고할 때 유의해야 할 사항을 정리하면 다음과 같습니다.

- 표본크기 추정을 위한 조건들을 보고함(제1종 오류, 제2종 오류, 효과크기 등)
- 개체간 요인의 수준별 평균과 표준편차 등의 기술통계치를 보고함. 만약 공분산분석을 실시하였다면, 가정된 공변량 수준을 명시한 후 조정된 평균(adjusted mean)을 보고함

• 집단간 분산동질성을 가정하였는지 여부를 보고함. 만약 분산동질성을 가정하기 어려운 경우라면, 어떤 방식(이를테면, 웰치 조정기법 사용 혹은 GLS모형 사용)으로 분산이질성에 대처하였는지를 보고함
• (활동분과에 따라) 효과크기 통계치를 보고함

분석결과를 표(table) 형태로 정리하는 R 패키지들이 많이 개발되어 있습니다. 제가 아는 범위에서 가장 널리 사용되는 패키지는 rempsyc 패키지입니다. 그러나 개인적으로는 활용도가 그리 높지 않다고 생각합니다. 저 개인적으로는 분석결과를 데이터 오브젝트로 저장한 후, 별도의 엑셀파일로 정리하여 다른 연구자에게 전달하는 것을 선호합니다. 왜냐하면 엑셀을 활용하는 것이 범용성 측면에서 더 낫다고 생각하기 때문입니다. 적어도 제 경험상 엑셀을 활용할 줄 모르는 분은 거의 없지만, LaTex나 pandoc 등을 활용할 줄 아는 분은 상대적으로 그리 많지 않기 때문입니다. 엑셀파일로 정리된 결과가 필요할 때 docx 혹은 hwp 형식의 문서파일에 복사하여 붙이면 데이터를 옮겨 적는 과정에서 오류도 거의 발생하지 않는 것 같습니다. 예를 들면 아래와 같은 방식입니다.

```
> # 엑셀파일로 저장
> myacov |> nice() |> # 데이터프레임 형식으로
+ as_tibble() |> print() |>
+ writexl::write_xlsx("ANOVA_Table_BSF_L2.xlsx")
# A tibble: 3 × 6
  Effect          df     MSE   F           pes   p.value
  <chr>           <chr>  <chr> <chr>       <chr> <chr>
1 (Intercept)     1, 125 0.54  2276.55 *** .948  <.001
2 x               1, 125 0.54     6.96 **  .053   .009
3 cov_mc          1, 125 0.54   114.49 *** .478  <.001
```

그러나 LaTex 혹은 html 형식의 분석결과 정리표를 원하는 경우, 혹은 동료 연구자가 LaTex를 쓴다면 아래와 같이 시도해보면 좋습니다.

```
> # LaTex 형식을 원하는 경우
> myaov |>
+ nice() |>
```

```
+ knitr::kable(format="latex") # "html", "pipe", "simple"도 가능

\begin{tabular}{l|l|l|l|l|l}
\hline
Effect & df & MSE & F & pes & p.value\\
\hline
(Intercept) & 1, 126 & 1.03 & 1197.73 *** & .905 & <.001\\
\hline
x & 1, 126 & 1.03 & 25.44 *** & .168 & <.001\\
\hline
\end{tabular}
```

위의 결과를 LaTex 형식의 문서형태로 변환하면 다음과 같은 결과를 얻을 수 있습니다. 여기서 df, F, p 등은 이탤릭체로 별도 변환해야 하고 pes는 별도의 편집을 거쳐 그리스어로 변환해야 하지만, LaTex 프로그램을 사용할 줄 아신다면 위의 결과를 편집하실 수 있을 것입니다. 그러나 개인적으로는 이러한 방식을 활용할 필요가 있는 분들은 그리 많지 않을 것으로 생각합니다.

Effect	df	MSE	F	pes	p.value
(Intercept)	1,126	1.03	1197.73 ***	.905	<.011
x	1,126	1.03	25.44 ***	.168	<.011

끝으로 분석결과를 시각화하는 방법을 소개하고 2수준 개체간 요인을 투입한 일원분산분석 섹션을 마무리하겠습니다. 앞서 이야기했듯, 2수준의 개체간 요인의 효과는 굳이 시각화를 하지 않아도 무방합니다. 왜냐하면 분석결과가 상대적으로 간단하기 때문입니다. 여기에 제시한 시각화는 emmeans 패키지에서 제공하는 시각화 도구를 소개하는 것이 주목적입니다. 여기에서 소개하는 방식을 이해하게 되면 향후 보다 복잡한 분산분석 결과를 시각화할 때 큰 도움이 될 것으로 생각합니다.

먼저 공변량을 고려하지 않은 분산분석을 시각화해봅시다. emmeans 패키지에서는 emmip() 함수를 제공하고 있습니다. 해당 함수에서 ~x의 의미는 X축에 개체간 요인 x를 배치한다는 뜻이며, CIs는 추정된 한계평균과 95% 신뢰구간(CI)을 제시하라는 의미입니다.

```
> # 2수준 개체간 요인이 투입된 일원분산분석에서는 불필요하지만,
> # 만약 평균비교를 하는 그래프를 그린다면
> myaov |>
+  emmip(~x,CIs=TRUE)
```

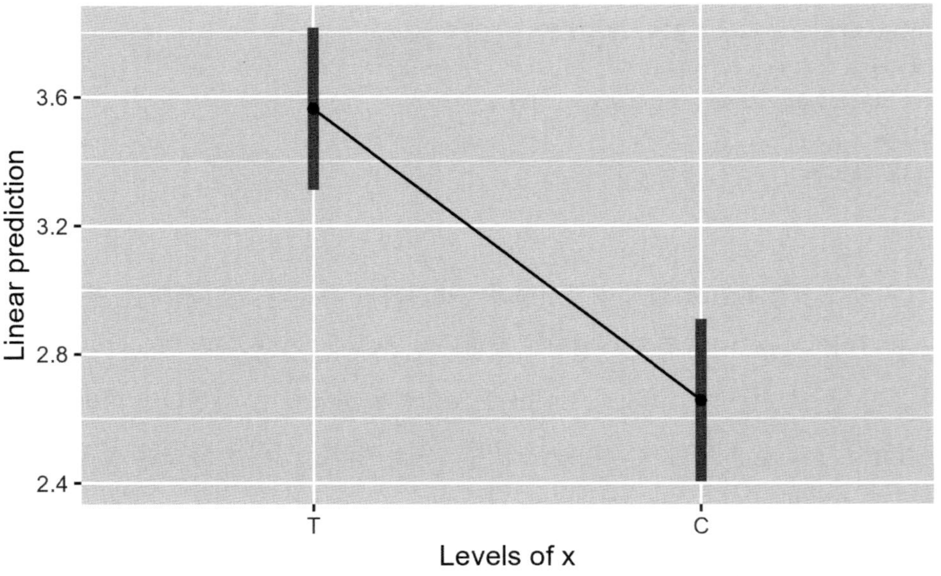

[그림 4-3] emmip() 함수 활용 처치집단과 통제집단의 평균비교 그래프 생성 (디폴트)

제시된 [그림 4-3]에서 잘 느껴지듯, emmip() 함수는 tidyverse 패키지를 구성하는 ggplot2 패키지 부속함수들을 토대로 작성된 함수입니다. 따라서 ggplot2 패키지의 부속함수들을 같이 사용할 수 있습니다. 그래프의 가독성을 높이기 위해 X축과 Y축의 라벨을 명기하고, 회색 바탕이 아닌 백색 바탕으로 바꾼 후 그래프를 다시 그리면 다음과 같습니다.

```
> myaov |>
+  emmip(~x,CIs=TRUE)+
+  labs(x="Factor x",y="Point estimates and 95% CIs")+ # 라벨작업
+  theme_bw() # 배경
```

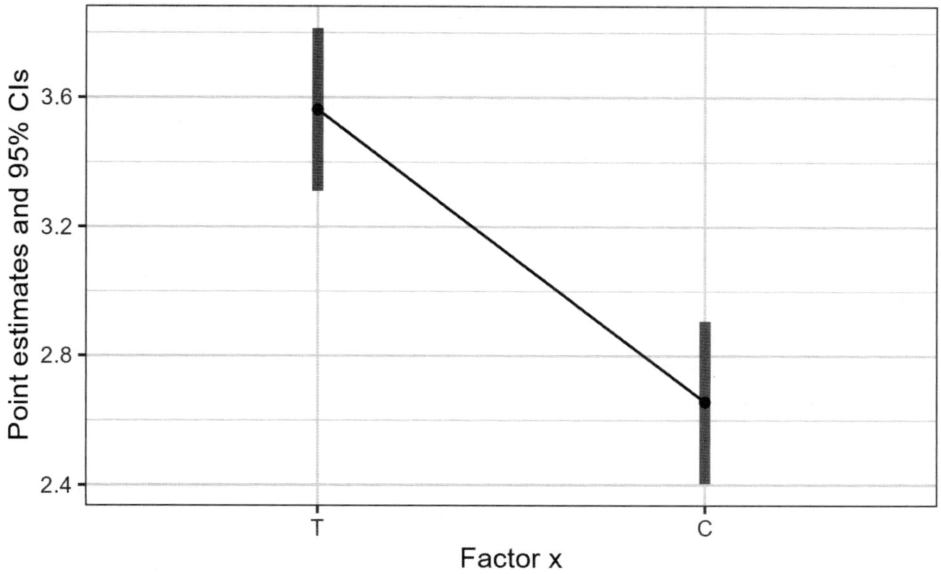

[그림 4-4] emmip() 함수 활용 처치집단과 통제집단의 평균비교 그래프 생성 (배경옵션 변경)

분산분석과 달리 공변량이 투입되는 공분산분석에서는 공변량의 수준을 어떻게 지정하는가에 따라 그래프가 달라질 수 있습니다. 예를 들어, 공변량의 수준을 평균을 중심으로 1표준편차가 높고 낮은 세 지점에 따라 개체간 요인의 수준별 한계평균 추정값과 95% CI가 어떠한지 그래프를 그리면 다음과 같습니다. 여기서 주의할 점은 emmip() 함수를 적용하기에 앞서 ref_grid() 함수를 이용하여 공변량의 수준을 사전에 지정해야 한다는 것입니다.

```
> # 표준편차 계산
> sd(mydata$cov_mc) |> round(2)
[1] 1.63
> # 3수준을 설정
> points3 <- c(-1.63, 0, 1.63)
> myacov |>
+  ref_grid(at=list(cov_mc=points3))
'emmGrid' object with variables:
  x = T, C
  cov_mc = -1.63, 0.00, 1.63
```

앞의 출력결과에서 확인할 수 있듯, 공변량의 세 수준이 설정되었습니다. 이제 emmip() 함수를 활용하되, 개체간 요인 x와 공변량 cov_mc를 같이 고려하면 됩니다. 공식 부분의 cov_mc~x는 X축에는 개체간 요인 x를 배치하고, 공변량 수준인 cov_mc를 색깔 범례로 구분한다는 의미입니다.

```
> # 공변량 수준을 색깔로 구분
> myacov |>
+ ref_grid(at=list(cov_mc=points3)) |>
+ emmip(cov_mc~x, CIs=TRUE)+
+ labs(x="Factor x",y="Point estimates and 95% CIs",
+    color="Covariate level")+
+ scale_color_manual(values=1:3,labels=c("M-SD","M","M+SD"))+
+ theme_bw()
```

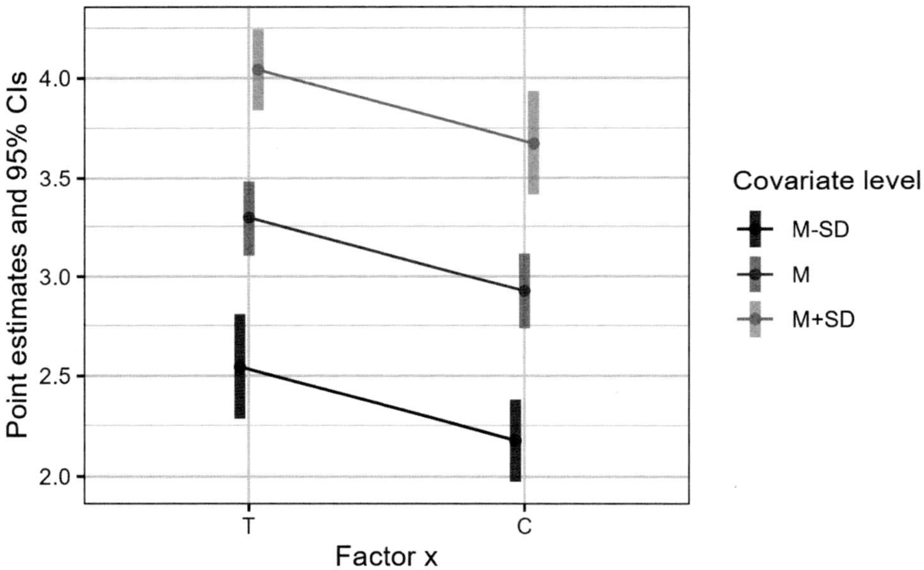

[그림 4-5] 공변량 수준별 처치집단과 통제집단의 평균비교 그래프

만약 공변량 수준에 따라 패시팅을 적용하고자 한다면 emmip() 함수의 공식 부분을 ~x|cov_mc와 같이 바꾸면 됩니다. 여기서 저는 facet_grid() 함수의 labeller 옵션을 활용하여 각 패널이 어떤 공변량 수준을 갖는지를 명확하게 표현하였습니다.

```
> # 공변량 수준에 따라 패시팅
> myacov |>
+   ref_grid(at=list(cov_mc=points3)) |>
+   emmip(~x|cov_mc, CIs=TRUE)+
+   labs(x="Factor x",y="Point estimates and 95% CIs")+
+   theme_bw()+
+   facet_grid(~cov_mc,
+        labeller=labeller(cov_mc=c("-1.63"="Covariate, M-SD",
+                     "0"="Covariate, M",
+                     "1.63"="Covariate, M+SD")))
```

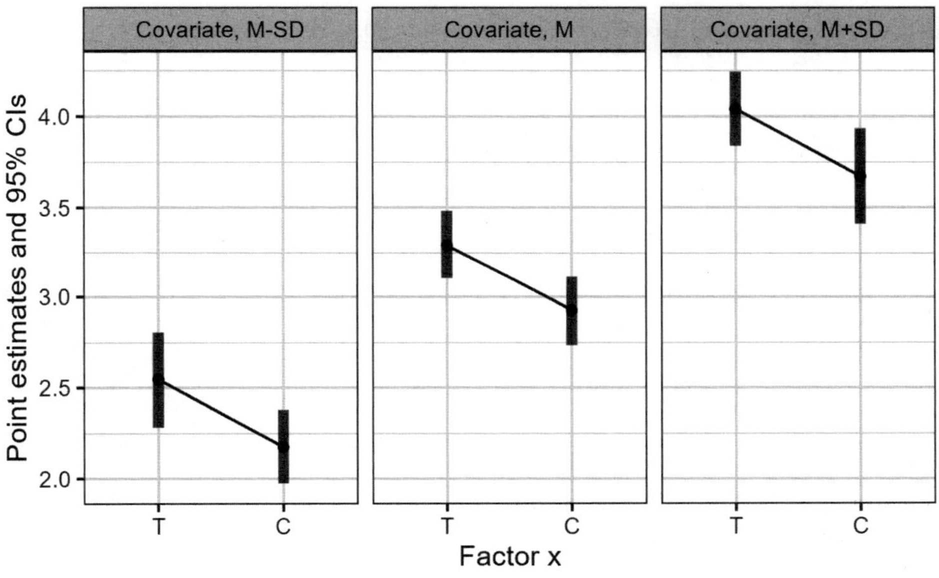

[그림 4-6] 공변량 수준별 처치집단과 통제집단의 평균비교 그래프 (패시팅)

위와 같이 2수준 개체간 요인의 효과를 살펴보는 그래프는 매우 간단하며 따라서 굳이 제시할 필요는 없습니다. 다만 emmip() 함수를 활용하는 방법과 과정에 대해서는 주목하시기 바랍니다. 언제나 그렇듯 간단한 것을 잘 수행할 수 있다면, 복잡한 것을 더 쉽게 효율적으로 수행할 수 있습니다.

2 3수준 요인의 경우

다음으로 개체간 요인의 수준이 3개인 경우를 살펴봅시다. 예를 들어 통제집단이 1개이지만, 처지집단이 2개인 경우가 여기에 해당됩니다(이를테면, 약물투여가 없는 집단, 기존 약물투여 집단, 신개발 약물투여 집단). 혹은 처치집단이 하나이지만, 통제집단이 2개인 경우도 여기에 해당됩니다(예를 들어 아무 처치도 받지 않은 통제집단, 플라시보를 제공한 통제집단, 약물처치를 한 처치집단). 개체간 요인이 3수준 이상인 경우에는 독립표본 티테스트를 사용할 수 없으며, 일원분산분석을 활용해야 합니다.

2-1 표본크기 추정, 실험설계, 데이터 수집

실험데이터 분석을 시작하기 전에 표본크기를 상정해봅시다. 앞에서 소개하였던 2수준 개체간 요인 상황의 경우, 통상적으로 활용되는 제1종 오류($\alpha = .05$) 및 제2종 오류($\beta = .20$) 기준으로 양방향 테스트(two-sided test)를 가정한 후, 선행연구를 토대로 추정된 각 집단의 기술통계치(평균과 표준편차), 집단사례수비율(kappa, κ)을 설정하는 방식으로 표본크기를 설정하였습니다. 3수준의 개체간 요인의 경우도 비슷하지만, 효과크기와 관련된 부분을 설정하는 방법이 조금 다릅니다. 왜냐하면 3수준 개체간 요인의 효과를 살펴본 선행연구들의 경우 분산분석기법을 활용하여 분석을 수행하였기 때문에, 분산분석의 효과크기 통계치, 즉 $\eta^2_{partial}$(참고로, 일원분산분석의 경우 $\eta^2_{generalized}$과 $\eta^2_{partial}$은 동일합니다)을 기반으로 표본크기를 설정해야 합니다.

예를 들어 하나의 통제집단과 2개의 처치집단(기존 처치와 새롭게 제안하고자 하는 처치)으로 구성된 3수준 개체간 요인의 효과를 추정하는 실험을 계획하고 있다고 가정해봅시다. 선행연구들을 살펴본 결과, 연구자는 개체간 요인의 효과가 $\eta^2_{partial}$을 기준으로 약 .03 정도가 나올 것으로 기대할 수 있습니다. 통상적으로 활용되는 제1종 오류($\alpha = .05$) 및 제2종 오류($\beta = .20$, 통계적 검증력은 .80)를 기준으로 할 때, 어느 정도 규모의 표본을 수집해야 하는지 추정해봅시다.

이 경우 `pwrss` 패키지의 `pwrss.f.ancova()` 함수를 이용하여 표본크기를 추정할 수 있습니다. 다음의 출력결과에서 확인할 수 있듯, $\eta^2_{partial}$을 `eta2`에 설정한 후, 분산분석에 투입되는 개체간 요인의 개수(n.way)와 요인의 수준(n.level)을 각각 1개와 3개로 설정하였습니다. 추가적으로 선행연구들에서는 공변량을 별도로 언급하지는 않았기에 n.covariate=0을 설정하였으나, 연구자는 연구와 관계되어 보이는 1개의 공변량을 별도 측정하였습니다. 이후 통계적 검증력('1 - 제2종 오류', 1-β)과 제1종 오류(α) 기준을 설정한 후, 표본크기 설정을 진행한 결과는 아래와 같습니다.

```
> # 선행연구를 토대로 표본의 크기를 설정
> library(pwrss)
> pwrss.f.ancova(eta2=0.03,
+                n.way=1,n.levels=3,
+                n.covariates=0,
+                power=0.80, alpha=0.05)
One-way Analysis of Variance (ANOVA)
 H0: 'eta2' or 'f2' = 0
 HA: 'eta2' or 'f2' > 0
-------------------------------------
Factor A: 3 levels
-------------------------------------
effect power n.total   ncp df1     df2
     A   0.8     315 9.728   2 311.537
-------------------------------------
Type I error rate: 0.05
```

출력결과에서 확인할 수 있듯, 3집단으로 구성된 전체표본규모는 315입니다. 즉 주어진 조건에 맞는 실험연구를 위해서는 집단별로 105명, 전체 315명의 실험참가자를 모집해야 합니다. 이를 토대로 연구자는 실험을 진행하였고, 실험과정에서 얻은 데이터는 dt_BSfactor1_level3.csv와 같습니다. 데이터를 불러온 후 개체간 요인을 요인형 변수(factor)로 변환하고 통제집단(C), 처치집단1(T1), 처치집단2(T2)의 순서로 설정하면 아래와 같습니다.

```
> mydata <- read_csv("dt_BSfactor1_level3.csv",show_col_types=FALSE)
> mydata |> print(n=2)
# A tibble: 315 × 4
     ID     y x       cov
  <dbl> <dbl> <chr> <dbl>
1     1  2.19 C      3.42
2     2  3.68 C      3.53
```

```
# i 313 more rows
# i Use `print(n = ...)` to see more rows
> mydata <- mydata |>
+ mutate(
+   x=factor(x),
+   x=fct_relevel(x,"C","T1","T2")
+ )
```

2-2 처치효과 및 효과크기 추정

먼저 집단간 분산의 동질성이 확보되었는지 살펴봅시다. 앞에서와 마찬가지로 저는 르빈의 F테스트를 실시하였습니다.

```
> leveneTest(y~x, mydata)
Levene's Test for Homogeneity of Variance (center = median)
       Df F value Pr(>F)
group  2   0.2071 0.8131
      312
```

르빈의 테스트 결과 $F(2,312) = 0.21, p = .81$로 나타나 집단간 분산동질성을 가정할 수 있다고 볼 수 있습니다. 이에 따라 afex 패키지의 avo_4() 함수를 활용하여 일원분산분석을 진행하겠습니다. 만약 르빈의 테스트와 같은 분산동질성 테스트 결과를 통해 판단할 때 집단간 분산동질성을 가정하기 어려울 경우, nlme 패키지의 gls() 함수를 활용하여 집단간 분산 이질성을 반영하는 것을 고려할 수도 있습니다.

앞에서 이야기했듯이 aov_4() 함수에 모형에 맞는 공식과 데이터를 투입한 후, $\eta^2_{partial}$과 절편항의 테스트 통계치 보고를 추가로 설정하여 얻은 일원분산분석 결과는 아래와 같습니다.

```
> # ANOVA
> myaov <- aov_4(y~x+(1|ID), mydata,
+                anova_table=list(es="pes",intercept=TRUE))
Contrasts set to contr.sum for the following variables: x
> myaov
Anova Table (Type 3 tests)
```

```
Response: y
       Effect     df MSE            F pes p.value
1 (Intercept) 1, 312 0.98 3973.50 *** .927    <.001
2           x 2, 312 0.98    6.52 ** .040     .002
---
Signif. codes: 0 '***' 0.001 '**' 0.01 '*' 0.05 '+' 0.1 ' ' 1
```

출력결과에서 확인할 수 있듯, 개체간 요인 **x**를 구성하는 세 집단 사이의 종속변수 평균쌍 중 최소 한 쌍에서 통계적으로 유의미한 차이가 존재합니다[$F(2,312) = 6.52$, $p = .002$, $\eta^2_{partial} = .40$]. 아울러 아래의 결과에서 확인할 수 있듯, 이러한 개체간 요인 **x**의 효과크기는 1992년에 코헨이 제시한 기준을 따른다면 '소(small)효과'로 분류할 수 있습니다.

```
> eta_squared(myaov) |>
+ interpret(rules="cohen1992")
# Effect Size for ANOVA (Type III)

Parameter | Eta2 |       95% CI | Interpretation
------------------------------------------------
x         | 0.04 | [0.01, 1.00] |          small

- One-sided CIs: upper bound fixed at [1.00].
- Interpretation rule: cohen1992
```

2-3 추가 분석: 계획비교, 사후 다중비교

그러나 위와 같이 개체간 요인의 효과를 추정하는 것보다 집단간 평균의 차이를 보는 것이 이론적으로 더 큰 의미가 있습니다. 개체간 요인의 수준이 2개인 상황에서와 다르게, 개체간 요인이 3수준 이상인 경우 추가 분석을 통해 이론적으로 보다 의미 있는 분석을 실시할 수 있습니다. 앞에서와 마찬가지로, '계획비교', '사후 다중비교', '단순효과 분석' 등을 고려할 수 있습니다.

먼저 큰 의미는 없지만, 전체평균을 대상으로 개체간 요인의 각 수준별 집단평균이 통계적으로 유의미한 차이를 보이는지를 살펴본 단순효과 분석부터 수행해봅시다. 우선 emmeans 패키지의 emmeans() 함수를 활용하여 추정된 한계평균(estimated marginal means)을 계산한 후, 세 집단의 한계평균 추정값을 확인하였습니다. 이후 각 집단의 평균 중 전체표본의 평균과 비교할 때 통계적으로 유의미하게 다른 평균값을 갖는 집단이 무엇인지 살펴보는 단순효과를 추정하기 위해 `contrast()` 함수의 `simple` 옵션을 이용하였습니다.

```
> # estimated marginal means
> myaov |>
+  emmeans(~x)
 x  emmean     SE  df lower.CL upper.CL
 C    3.24 0.0966 312     3.05     3.43
 T1   3.60 0.0966 312     3.41     3.79
 T2   3.71 0.0966 312     3.52     3.90

Confidence level used: 0.95
> # simple effect
> myaov |> emmeans(~x) |>
+  contrast(simple="x") # Benjamini-Hochberg adjustment
 contrast  estimate     SE  df t.ratio  p.value
 C effect   -0.2777 0.0789 312  -3.520   0.0015
 T1 effect   0.0839 0.0789 312   1.063   0.2886
 T2 effect   0.1938 0.0789 312   2.457   0.0218

P value adjustment: fdr method for 3 tests
```

출력결과에서 확인할 수 있듯, 벤야미니-호쉬버그 조정기법으로 통계적 유의도를 조정하였으며, 전체평균과 비교할 때 통제집단(C)은 통계적으로 유의미하게 작은 집단평균을 보였으며[$t(312) = -3.52$, $p = .002$], 처치집단2는 통계적으로 유의미하게 큰 집단평균을 보였습니다[$t(312) = 2.46$, $p = .02$]. 반면 처치집단1은 전체평균과 비교해 크게 다르지 않은 집단평균을 갖는 것을 확인할 수 있습니다[$t(312) = 1.06$, $p = .29$].

그러나 앞서 언급했듯이 일원분산분석을 실시한 후 단순효과를 실시하는 경우는 그리 많지 않으며, 이론적으로 흥미로운 결과를 보여주지 않는 것이 보통입니다. 그러나 3수준 이상의 개체간 요인이 포함된 일원분산분석의 경우, 계획비교(planned contrast)와 사후 다중비교(posthoc multiple comparison)를 통해 이론적으로 유용한 결과를 얻을 수 있습니다.

먼저 계획비교를 살펴보죠. 계획비교는 연구자의 이론적 관점에서 어떤 방식으로 집단들을 비교할지 사전에 계획한 후, 이를 토대로 집단간 평균을 비교하는 방법입니다. 계획비교에서 중요한 점은 집단간 평균비교를 수행하는 것이 이론적 관점에서 '사전에(a priori)' 계획되었다는 사실입니다(다시 말해 데이터를 분석해본 후 어떤 집단들을 어떻게 비교하겠다는 계획을 데이터 수집 이후에 수립하지 않았는다는 뜻입니다). 예를 들어 예시데이터의 세 집단의 평균에 대해 다음과 같은 방식으로 평균을 비교하겠다는 계획을 사전에 수립한 후, 집단간 평균을 비교한다고 가정해봅시다.

$$H_0(1): M_C = \frac{M_{T1} + M_{T2}}{2}$$

(두 처치집단의 평균은 통제집단의 평균과 동일하다)

$$H_0(2): M_{T1} = M_{T2}$$

(기존 처치물을 처치받은 처치집단1의 평균은
새로운 처치물을 처치받은 처치집단2의 평균과 동일하다)

$$H_0(3): \frac{M_C + M_{T1}}{2} = M_{T2}$$

(기존 처치물을 처치받은 처치집단1과 통제집단의 평균은
새로운 처치물을 처치받은 처치집단2의 평균과 동일하다)

예시데이터의 집단간 요인 `x`는 순서에 따라 {C, T1, T2}로 인코딩되어 있습니다. 위에서 지정된 귀무가설들을 테스트하고자 한다면, 다음과 같은 방식으로 계획비교를 위한 합산코딩을 진행하면 됩니다.

$$H_0(1): \{+2, -1, -1\}$$
$$H_0(2): \{0, +1, -1\}$$
$$H_0(3): \{+1, +1 - 2\}$$

앞서 2수준 개체간 요인을 투입한 분산분석에서 예시했던 것과 동일하게, `contrast()` 함수의 `method` 옵션을 다음과 같이 지정하면 손쉽게 사전비교 결과를 얻을 수 있습니다.

```
> # Planned contrast
> # H0: C = (T1+T2)/2
> # H0: T1 = T2
> # H0: T2 = (C+T1)/2
> myaov |>
+  emmeans(~x) |>
+  contrast(method=list(CvsT1T2=c(-2,1,1),
+                       T1vsT2=c(0,1,-1),
+                       T2vsCT1=c(-1,-1,2))) |>
+  summary(infer=TRUE)
 contrast estimate    SE  df lower.CL upper.CL t.ratio p.value
 CvsT1T2     0.833 0.237 312    0.367    1.299   3.520  0.0005
 T1vsT2     -0.110 0.137 312   -0.379    0.159  -0.805  0.4215
 T2vsCT1     0.581 0.237 312    0.116    1.047   2.457  0.0145

Confidence level used: 0.95
```

계획비교 결과별로 효과크기 통계치인 코헨의 *d*를 계산하면 다음과 같습니다. t_to_d() 함수를 활용하여 각 평균쌍별 테스트 통계치를 지정한 후, 자유도를 지정하면 어렵지 않게 효과크기를 계산할 수 있습니다. 출력결과에서 확인할 수 있듯, 전반적으로 통계적으로 유의미한 두 효과는 1988년 코헨의 기준을 따를 때 '소(small)효과'에 해당됩니다.

```
> t_to_d(t=c(3.520,-0.805,2.457),df_error=312) |>
+  interpret(rules="cohen1988")
d     |         95% CI | Interpretation
---------------------------------------
0.40  | [ 0.17, 0.62] |          small
-0.09 | [-0.31, 0.13] |     very small
0.28  | [ 0.05, 0.50] |          small

- Interpretation rule: cohen1988
```

계획비교를 살펴보았으니 이제 사후 다중비교를 살펴봅시다. 분산분석 결과를 통해 최소 하나의 평균쌍에서 통계적으로 유의미한 차이가 발견된 경우(즉 테스트 통계치가 통계적으로 유의미한 결과를 보인 경우), '비교당 오차율(error-rate per comparison)'과 '족내오차율(familywise error-rate)'의 차이를 조정하기 위해 집단간 비교에서 나타난 통계적 유의도를 조정한 후, 집단간 평균을 비교하는 방법이 바로 사후 다중비교입니다. 사후 다중비교는 '①어떤 방식으로 집단들을 비교'하는지, '②집단간 비교에서 나타난 통계적 유의도를 어떻게 조정'하는지에 따라 여러 가지로 구분될 수 있습니다.

먼저 가장 간단한 그리고 가장 널리 알려진 사후비교 방법은 개체간 요인의 집단별로 가능한 모든 평균쌍을 비교하는 것입니다. emmeans 패키지의 constrast() 함수에 "pairwise"를 지정하면, 가능한 모든 평균쌍을 비교할 수 있습니다. 3수준의 개체간 요인의 경우, 최대 3개의 평균쌍을 비교할 수 있습니다[요인의 수준을 k라고 할 때, 가능한 모든 평균쌍은 $\frac{k(k-1)}{2}$개 존재합니다]. 우선 가능한 모든 집단의 평균쌍을 비교하는 "pairwise" 옵션에서 디폴트로 채택된 통계적 유의도 조정기법은 뚜키(Tukey) 조정기법입니다.

```
> # Posthoc comparison
> myaov |> emmeans(~x) |>
+ contrast("pairwise") # Default Tukey
 contrast estimate    SE  df t.ratio p.value
 C - T1     -0.362 0.137 312  -2.646  0.0232
 C - T2     -0.471 0.137 312  -3.451  0.0018
 T1 - T2    -0.110 0.137 312  -0.805  0.7003

P value adjustment: tukey method for comparing a family of 3 estimates
```

만약 보다 보수적으로 통계적 유의도를 조정하고 싶다면, 본페로니(Bonferroni) 조정기법을 사용해볼 것을 권합니다. 일반적으로 뚜끼 조정기법이나 본페로니 조정기법은 꽤 보수적인 방법으로 분류되는데, 이들 기준을 따르면 큰 문제는 없을 것으로 예상됩니다. 본페로니 조정기법으로 통계적 유의도를 조정하는 경우는 아래와 같습니다.

```
> myaov |> emmeans(~x) |>
+ contrast("pairwise",adjust="bon") # Bonferroni
 contrast estimate    SE  df t.ratio p.value
 C - T1     -0.362 0.137 312  -2.646  0.0257
 C - T2     -0.471 0.137 312  -3.451  0.0019
 T1 - T2    -0.110 0.137 312  -0.805  1.0000

P value adjustment: bonferroni method for 3 tests
```

일반적으로 권장되지는 않습니다만, 통계적 유의도 조정기법을 사용하고 싶지 않다면(다시 말해 세 차례의 독립표본 티테스트를 수행하였을 때의 통계적 유의도를 얻고자 한다면), adjust 옵션을 "none"으로 지정하면 됩니다.

```
> myaov |> emmeans(~x) |>
+ contrast("pairwise",adjust="none") # No adjustment
 contrast estimate    SE  df t.ratio p.value
 C - T1     -0.362 0.137 312  -2.646  0.0086
 C - T2     -0.471 0.137 312  -3.451  0.0006
 T1 - T2    -0.110 0.137 312  -0.805  0.4215
```

3가지 통계적 유의도 조정기법(뚜끼, 본페로니, 조정없음)에 따라 집단별 평균비교 결과를 시각화하여 비교해봅시다. [그림 4-7]에서 명확하게 잘 드러나듯, 본페로니 기법을 사용하였을 때가 가장 보수적으로 평균비교를 실시하고 있는 것을 확인할 수 있습니다.

```
> bind_rows(result_none |> mutate(method="None"),
+           result_tukey |> mutate(method="Tukey"),
+           result_bon |> mutate(method="Bonferroni")) |>
+ mutate(method=fct_relevel(method,"None","Tukey")) |>
+ ggplot(aes(x=contrast,y=estimate,color=method))+
+ geom_point(size=3,position=position_dodge(width=0.2))+
+ geom_errorbar(aes(ymin=lower.CL, ymax=upper.CL),width=0,
+                position=position_dodge(width=0.2))+
+ labs(x="Contrasted groups",y="Estimated marginal means and 95% CI",
+      color="Adjustment method")+
+ theme_bw()
```

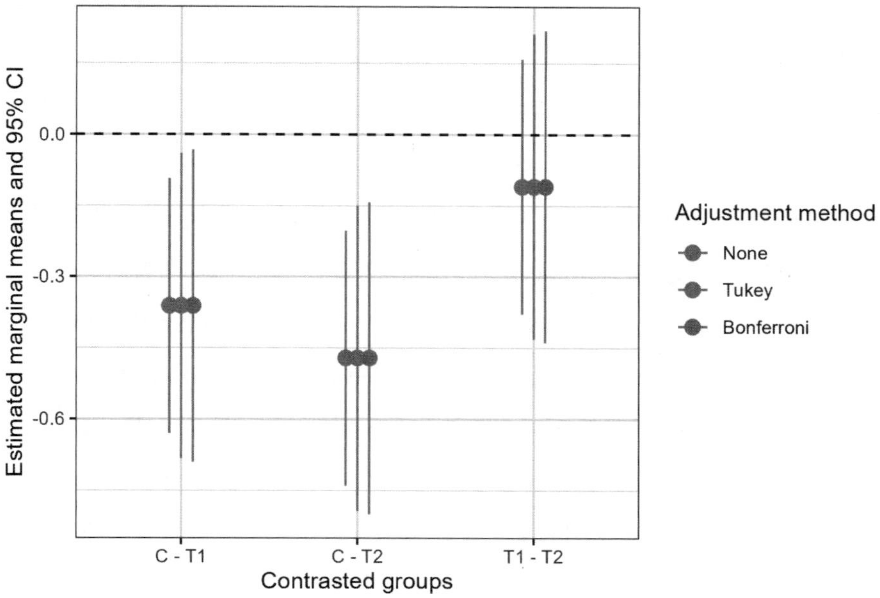

[그림 4-7] 통계적 유의도 수준 조정기법별 집단간 평균차이와 95% 신뢰구간 비교

앞으로 본서에서는 통계적 유의도 수준 조정기법으로 contrast("pairwise") 함수의 디폴트로 설정된 뚜끼 기법을 활용하겠습니다. 뚜끼 기법으로 얻은 사후비교 결과를 대상으로 효과크기 통계치인 코헨의 *d*를 계산하면 아래와 같습니다.

```
> t_to_d(t=c(-2.646,-3.451,-0.805),
+        df_error=312) |>
+ interpret(rules="cohen1988")
d     |        95% CI | Interpretation
----------------------------------------
-0.30 | [-0.52, -0.08] |          small
-0.39 | [-0.61, -0.17] |          small
-0.09 | [-0.31,  0.13] |     very small

- Interpretation rule: cohen1988
```

출력결과에서 잘 나타나듯, 통제집단의 평균($M = 3.24$)과 비교할 때 처치집단1의 평균($M = 3.60$)과 처치집단2의 평균($M = 3.71$)은 통계적으로 유의미하게 높으며[차례대로 $t(312) = 2.65$, $p = .02$, $d = -0.30$; $t(312) = -3.45$, $p = .002$, $d = -0.39$],[15] 이러한 처치효과는 1988년 코헨의 기준을 따르면 '소(small)효과'로 분류될 수 있습니다. 반면 처치집단1과 처치집단2의 평균은 통계적으로 유의미하게 다르지 않은 것을 확인할 수 있습니다.

끝으로, 개체간 요인의 수준을 비교한 후 통계적으로 유의미하게 다르지 않은 집단들에는 동일한 기호(이를테면 a, b, c……)를 부여하는 다중비교 기법도 존재합니다. 분산분석을 기반으로 진행된 논문들에서 흔히 활용되는 기법이며, `multcomp` 패키지의 `cld()` 함수를 활용하면 어렵지 않게 집단을 분류할 수 있습니다. 많이 활용되는 기법이지만, 오해가 많은 기법이기도 하여 최근에는 권장되지 않는 추세인 듯합니다(활동하는 학문분과마다 상황은 다를 수 있으니, 반드시 각자가 속한 학문분과의 관례를 잘 살펴보기 바랍니다). 아래와 같은 방식으로 어렵지 않게 결과를 얻을 수 있습니다.

```
> # 집단 분류(조심하여 사용)
> myaov |>
+  emmeans(~x) |> cld()
 x  emmean     SE  df lower.CL upper.CL .group
 C    3.24 0.0966 312     3.05     3.43      1
 T1   3.60 0.0966 312     3.41     3.79      2
 T2   3.71 0.0966 312     3.52     3.90      2

Confidence level used: 0.95
P value adjustment: tukey method for comparing a family of 3 estimates
significance level used: alpha = 0.05
NOTE: If two or more means share the same grouping symbol,
      then we cannot show them to be different.
      But we also did not show them to be the same.
```

출력결과에서 확인할 수 있듯, 통제집단과 다른 두 처치집단은 group의 분류기호가 동일하지 않기 때문에 뚜끼 기법을 적용하여 살펴본 집단간 평균이 통계적으로 유의미한 차이를 보인다고 볼 수 있습니다. 그러나 출력결과의 맨 아래 Note 부분을 읽

15 처치효과를 고려할 때, 테스트 통계치나 효과크기 통계치의 부호를 +로 바꾸는 것이 더 적절할 수도 있습니다. 개체간 요인의 수준을 정렬하거나 혹은 추정결과의 부호를 맥락에 맞게 해석하면 될 듯합니다.

어보면 알 수 있듯이, group이 2라고 분류된 두 집단(T1, T2)이 통계적으로 다르지 않다고 말할 수는 있지만 평균값이 통계적으로 동일하다고 간주할 수는 없습니다. "다르지는 않지만, 동일하다고 간주할 수 없다"라는 표현은 상당히 애매하며, 정말 많은 연구자들이 동일한 기호를 공유하는 집단들의 평균값이 통계적으로 동일하다고 해석하거나 결론내리는 것이 현실입니다. 바로 이런 이유로 인해, 집단을 기호로 분류하는 다중비교 기법은 최근에는 권장되지 않는 추세인 것으로 저는 알고 있습니다. 그러나 활동분과에 따라 집단분류 기호를 같이 제시하는 것이 관례인 경우도 있을 수 있으니 잘 살펴보시기 바랍니다.

contrast("pairwise") 함수의 결과는 비교 가능한 모든 평균쌍을 비교합니다. 그러나 개체간 요인의 수준이 여럿일 경우에는 통계적 유의도를 과도하게 보수적으로 추정할 가능성이 높습니다. 연구목적에 따라 '통제집단과 처치집단들'을 비교하는 사후비교를 종종 사용하기도 합니다. 예시데이터 맥락에서 말씀드리면, '통제집단-처치집단1'과 '통제집단-처치집단2'의 평균쌍은 비교하되, '처치집단1-처치집단2'의 평균쌍은 비교하지 않는 방법입니다. 이 경우 contrast("trt.vs.ctrl") 함수를 사용하며 ref 옵션에는 각 집단과 비교대상이 되는 기준집단을 설정합니다. 또한 이 경우 emmeans 패키지에서는 디폴트 통계적 유의도 조정방법으로 '근사적 더넷(approximation to the Dunnett; dunnettx)' 조정기법을 사용합니다. 그러나 개체간 요인의 집단 개수가 많지 않다면 dunnettx보다는 mvt 조정기법(더넷 조정기법)을 사용하는 것을 권장합니다.[16] 추정결과는 아래와 같습니다.

```
> #특정 집단과 다른 집단
> myaov |> emmeans(~x) |>
+ contrast("trt.vs.ctrl",ref="C",adjust="mvt")
contrast estimate    SE  df t.ratio p.value
T1 - C      0.362 0.137 312   2.646  0.0163
T2 - C      0.471 0.137 312   3.451  0.0012
```

16 제가 사용하는 PC를 기준으로 dunnettx 조정기법을 적용할 경우 0.62초가 소요되는 반면, mvt 조정기법을 사용할 경우 0.91초가 소요됩니다. 비교되는 집단 개수가 늘어날 경우 차이는 더 커집니다. 두 조정기법의 계산방식 차이에 대한 보다 자세한 설명은 emmeans 패키지 개발팀에서 제시한 매뉴얼을 참고하시기 바랍니다.

```
P value adjustment: mvt method for 2 tests
```

위의 출력결과와 뚜끼 조정기법으로 얻은 출력결과를 비교해보면, 더넷 조정기법으로 얻은 결과의 통계적 유의도가 0에 보다 가까운 것을 발견할 수 있습니다(예를 들어 '통제집단-처치집단1'의 경우 뚜끼 조정기법은 $p = .023$, 더넷 조정기법은 $p = .016$). 만약 연구의 목적이 특정 집단과 다른 집단을 비교하면서 족내오차율을 조정하는 것으로 충분하다면, 더넷 조정기법을 적용하고 contrast("trt.vs.ctrl")를 사용하는 것이 더 합리적일 것입니다.

다음으로 소개할 방법은 개체간 요인의 수준 순서에 따라서 순차적으로(consecutively) 평균쌍을 비교하는 방법입니다. 만약 실험처치의 자극이 순차적으로 증가하는 경우라면, 이 방법이 매우 효과적입니다. 예시데이터의 개체간 요인의 경우 '통제집단', '처치집단1',' 처치집단2'의 순서를 띠고 있으며, 순차적 평균비교를 하는 경우라면 '통제집단-처치집단1'과 '처치집단1-처치집단2'의 평균쌍을 비교할 수 있습니다. 이를 위해서는 contrast("consec") 함수를 사용하면 됩니다. 이때 디폴트로 채택된 통계적 유의도 조정기법은 더넷(mvt) 조정기법입니다. 만약 개체간 요인의 집단 순서를 역순으로 하고 싶다면, reverse 옵션을 TRUE로 설정하면 됩니다. 출력결과는 아래와 같습니다.

```
> # 개체간 요인 순서대로
> myaov |> emmeans(~x) |>
+ contrast("consec",adjust="mvt") # contrast("consec",reverse=T) 역순
 contrast estimate    SE  df t.ratio p.value
 T1 - C      0.362 0.137 312   2.646  0.0163
 T2 - T1     0.110 0.137 312   0.805  0.6346

P value adjustment: mvt method for 2 tests
```

3수준 개체간 요인의 집단별 평균비교와 관련하여 끝으로 소개할 사후비교는 수준 변화에 따른 평균 변화를 비교하는 것입니다. 활용빈도는 높지 않은 듯합니다만(적어도 저에게 익숙한 사회과학 분야의 경우), 특정 수준의 평균과 그 이전 수준(혹은 그 이

후 수준)의 누적평균을 비교하는 것이 목적이라면 유용할 수도 있습니다. 수준 변화에 따른 평균 변화는 contrast("mean_chg")를 활용하면 테스트할 수 있으며, 예시데이터의 경우, 첫 번째 수준인 통제집단의 평균과 이후 수준들에 해당되는 두 집단(처치집단1, 처치집단2)의 평균을 비교하고, 아울러 첫 번째 수준인 통제집단과 두 번째 수준인 처치집단1의 평균과 마지막 수준에 해당되는 처치집단2의 평균을 비교하는 방식으로 순차적으로 평균 변화를 테스트합니다. 디폴트 통계적 유의도 조정기법은 앞서 소개한 더넷 기법(mvt)입니다.

```
> # 평균 변화
> myaov |> emmeans(~x) |>
+ contrast("mean_chg") #(T1+T2)/2-C & (C+T1)/2-T2
 contrast estimate    SE  df t.ratio p.value
 C|T1        0.416 0.118 312   3.520  0.0010
 T1|T2       0.291 0.118 312   2.457  0.0274

P value adjustment: mvt method for 2 tests
```

쌍별비교를 마무리하기 전에 쌍별비교 결과에 대한 추가적인 통계적 유의도 테스트를 원할 경우 사용하는 합산테스트(joint test)를 실행할 수 있는 joint_tests() 함수를 살펴보겠습니다. 앞에서 가능한 모든 평균쌍을 비교했던 결과를 기억하실 것입니다. 반복이기는 하지만, 한번 살펴보죠.

```
> # joint test
> allpairs <- myaov |> emmeans(~x) |>
+ contrast("pairwise")
> allpairs
 contrast estimate    SE  df t.ratio p.value
 C - T1     -0.362 0.137 312  -2.646  0.0232
 C - T2     -0.471 0.137 312  -3.451  0.0018
 T1 - T2    -0.110 0.137 312  -0.805  0.7003

P value adjustment: tukey method for comparing a family of 3 estimates
```

앞에서 얻은 출력결과에서 다음과 같은 귀무가설을 테스트한다고 생각해봅시다.

$$H_0 : (M_C - M_{T1}) = (M_C - M_{T2}) = (M_{T1} - M_{T2})$$

위와 같은 귀무가설 테스트는 사실 아무런 의미가 없습니다. 왜냐하면 위의 결과는 본질적으로 일원분산분석의 테스트이기 때문입니다. 즉 우리가 얻었던 myaov 오브젝트의 개체간 요인 x의 테스트 통계치인 $F(1,312) = 6.52$에서 테스트하고자 하는 것이 바로 위의 귀무가설이기 때문입니다. 하지만 joint_tests() 함수를 이해하는 데는 도움이 됩니다. 예를 들어 위의 allpair 오브젝트를 대상으로 합산테스트를 진행하면 다음과 같습니다.

```
> joint_tests(allpairs)
model term df1 df2 F.ratio p.value
contrast      2 312   6.520  0.0017
```

위에서 얻은 결과는 분산분석으로 얻은 결과와 정확하게 동일합니다. 합산테스트 함수가 어떤 역할을 하는지 이해하셨을 것입니다. 이제 다음과 같이 상황이 바뀌었다면 어떨까요? 첫 번째 계획비교 결과는 실험처치집단들의 평균이 통제집단 평균과 동일한지 여부를 테스트한 것이며, 두 번째 계획비교 결과는 새로운 실험처치를 받은 집단의 평균이 기존의 실험처치를 받은 집단의 평균과 동일한지 여부를 테스트한 것입니다. joint_tests() 함수 추정결과에서 확인할 수 있듯, 첫 번째 계획비교의 효과 0.833은 두 번째 계획비교의 효과 0.110과 비교할 때 통계적으로 유의미하게 더 큽니다[$F(1,312) = 7.00, p = .009$].

```
> # 그러나 다음의 경우 유용할 수도
> # Planned contrast
> # H0: C = (T1+T2)/2
> # H0: T1 = T2
> myplans <- myaov |>
+   emmeans(~x) |>
+   contrast(method=list(CvsT1T2=c(-2,1,1),
+                        T1vsT2=c(0,-1,1)))
> myplans
 contrast estimate    SE  df t.ratio p.value
 CvsT1T2     0.833 0.237 312   3.520  0.0005
```

```
T1vsT2        0.110 0.137 312    0.805    0.4215

> joint_tests(myplans)
model term df1 df2 F.ratio p.value
contrast      1 312    7.002   0.0086
```

분산분석에 투입되는 요인의 개수가 더 많을수록, 그리고 요인별 수준의 개수가 더 많을수록 합산테스트를 통해서 더 많은 함의를 얻어낼 수 있습니다. 특히 다음 장에서 소개할 이원분산분석이나 다원분산분석의 경우 연구목적에 따라 joint_tests() 함수의 활용범위는 보다 넓습니다.

2-4 분산동질성 가정 위배시 대안적 분석방법

끝으로 집단간 분산동질성을 가정하기 어려운 경우를 간단하게 살펴보죠. 분석과정은 동일합니다만, 자유도와 관련된 부분에서 조심해야 합니다. 앞서 분산동질성을 가정한 경우 쌍별비교의 자유도는 모두 312(표본크기 315에서 모수 개수인 3을 빼준 값)로 동일하였습니다. 그러나 분산동질성을 가정하지 않을 경우에는 각 쌍별로 자유도가 제각각 다를 수 있습니다. 왜냐하면 집단별 분산이 제각각 다르기 때문입니다.

집단간 분산이 이질적이라고 가정할 때 GLS모형을 추정해봅시다. nlme 패키지의 gls() 함수를 기반으로 각 집단별 분산 이질성을 반영한 모형 추정결과를 오브젝트로 저장한 후, 분산분석 결과표 형태로 제시하면 다음과 같습니다. gls() 함수의 weights 정의 방식은 개체간 요인의 수준별로 분산을 추정한 후 분산이 클수록 더 작은 가중치를 부여한다는 의미입니다. 이후 개체간 요인의 테스트 통계치를 계산하고자 할 경우, 아래와 같은 방식으로 joint_tests() 함수를 활용하여 합산테스트를 진행해서 '자유도가 조정된 테스트 통계치'를 얻어야 합니다.

```
> # variance equality is not assumed
> mygls <- gls(y~x,mydata,weights=varIdent(form=~1|x))
> mygls |> emmeans(~x) |>
+ joint_tests()
model term df1    df2 F.ratio p.value
x             2 204.93    6.704   0.0015
```

앞의 출력결과에서 확인할 수 있듯, 분산동질성을 가정하였을 경우[$F(2,312) = 6.52$, $p = .002$]와 비교해 아주 조금 다른 테스트 통계치를 얻을 수 있습니다[$F(2,204.93) = 6.70$, $p = .002$]. 주목할 점은 자유도의 차이입니다. 분산동질성을 가정하였을 경우 두 번째 자유도가 312인 반면, 분산동질성을 가정하지 않았을 경우에는 204.93으로 상당히 줄어든 것을 확인할 수 있습니다.

번거롭기는 하지만 분산동질성을 가정하지 않았을 경우에는 다음과 같이 `effectsize` 패키지의 `F_to_eta2()` 함수를 이용하여 $\eta^2_{partial}$을 별도로 계산해야 합니다. 자유도가 정수가 아닌 소수로 표현된다는 점에 주목하시기 바랍니다.[17]

```
> F_to_eta2(6.704, 2, 204.93) |>  #효과크기를 원한다면
+  interpret(rules="cohen1992")
Eta2 (partial) |        95% CI | Interpretation
-----------------------------------------------
0.06           | [0.02, 1.00] |          small

- One-sided CIs: upper bound fixed at [1.00].
- Interpretation rule: cohen1992
```

다음으로 계획비교를 진행하면 다음과 같습니다. 분석결과에서 자유도 관련 부분을 주의 깊게 살펴보시기 바랍니다. 새터스웨이트(Satterthwaite) 조정기법을 적용하여 자유도를 조정하였으며, 집단별로 분산이 상이하기 때문에 `df`가 각각 212, 206(소수점 첫 번째 자리에서 반올림)[18]으로 상이한 것을 확인할 수 있습니다.

```
> #계획비교
> mygls |> emmeans(~x) |>
+  contrast(method=list(CvsT1T2=c(-2,1,1),
```

---

17 엄밀히 말해 분산동질성 가정이 유효하지 않은 경우라면 부분에타제곱을 계산하지 않는 것이 더 합리적입니다. 왜냐하면 부분에타제곱 통계치는 그 공식상 분산동질성 상황을 가정하였을 때만 계산할 수 있는 것이기 때문입니다. 따라서 여기서 계산한 부분에타제곱은 요인효과의 전반적 크기를 가늠하는 용도로만 사용하는 것이 적절하며, 전체 분산 중 6% 정도를 설명한다는 방식과 같이 구체적인 해석을 적용하는 것은 엄밀히 말해 부적절합니다.

18 보다 정확하게 말한다면 각각 약 211.87, 205.86입니다.

```
+                        T1vsT2=c(0,-1,1)))
 contrast estimate    SE  df t.ratio p.value
 CvsT1T2     0.833 0.236 212   3.529  0.0005
 T1vsT2      0.110 0.137 206   0.803  0.4229

Degrees-of-freedom method: satterthwaite
```

끝으로 통제집단 평균을 중심으로 다른 집단의 평균들과의 사후비교를 진행해보죠. 물론 다른 방식의 사후비교 역시 얼마든지 가능합니다("pairwise", "consec", "mean_chg" 등). 마찬가지로 자유도 부분에 주목해보시기 바랍니다. 평균쌍의 차례대로 209, 205로 자유도 크기가 동일하지 않습니다.

```
> #사후비교
> mygls |> emmeans(~x) |>
+ contrast("trt.vs.ctrl",ref="C",adjust="mvt")
 contrast estimate    SE  df t.ratio p.value
 T1 - C      0.362 0.139 209   2.595  0.0192
 T2 - C      0.471 0.134 205   3.531  0.0010

Degrees-of-freedom method: satterthwaite
P value adjustment: mvt method for 2 tests
```

합산테스트 역시 가능합니다. 예를 들어 조금 전에 살펴본 2가지의 계획비교로 얻은 효과들이 통계적으로 유의미하게 다른지 테스트한 결과는 아래와 같습니다. 마찬가지로 자유도에 집중하시기 바랍니다.

```
> #합산테스트
> mygls |> emmeans(~x) |>
+ contrast(method=list(CvsT1T2=c(-2,1,1),
+                        T1vsT2=c(0,-1,1))) |>
+ joint_tests()
 model term df1    df2 F.ratio p.value
 contrast     1 208.98   6.733  0.0101
```

2-5 공변량을 투입한 공분산분석

연구목적에 따라 공변량을 추가로 투입한 공분산분석(ANCOVA)을 실시해보겠습니다. 앞에서 2수준 개체간 요인과 공변량을 투입한 공분산분석과 마찬가지로 연속형 변수 형태의 공분산은 가급적 평균중심화 변환을 실시하는 것이 좋습니다. 그 이유는 앞서 2수준 개체간 요인이 투입된 공분산분석을 설명하면서 이야기하였습니다. 여기서는 먼저 공변량과 개체간 요인의 상호작용효과가 존재하는지 살펴보았습니다. 앞에서 언급했듯이 factorize=FALSE는 투입된 공변량을 연속형 변수로 취급한다는 의미입니다.

```
> ## ANCOVA
> mydata <- mydata |> mutate(cov_mc=cov-mean(cov)) # Mean-centering
> aov_4(y~x*cov_mc+(1|ID),data=mydata,factorize=FALSE)
Contrasts set to contr.sum for the following variables: x
Anova Table (Type 3 tests)

Response: y
    Effect     df MSE          F ges p.value
1        x 2, 309 0.50   3.39 *   .021    .035
2   cov_mc 1, 309 0.50 293.52 *** .487   <.001
3 x:cov_mc 2, 309 0.50   0.61      .004    .544
---
Signif. codes:  0 '***' 0.001 '**' 0.01 '*' 0.05 '+' 0.1 ' ' 1
```

분석결과 개체간 요인과 공변량 사이에는 통계적으로 유의미한 상호작용효과가 나타나지 않았습니다. 이에 따라 개체간 요인과 공변량이 서로 독립적이라고 가정한 후, 공분산분석을 실시하였습니다. 또한 공분산분석 추정결과를 대상으로 효과크기가 어떤지도 살펴보았습니다.

```
> myacov <- aov_4(y~x+cov_mc+(1|ID),data=mydata,factorize=FALSE,
+                 anova_table=list(es="pes",intercept=TRUE))
Contrasts set to contr.sum for the following variables: x
> myacov
Anova Table (Type 3 tests)
```

```
Response: y
       Effect     df MSE        F     pes p.value
1 (Intercept) 1, 311 0.50 7747.45 *** .961   <.001
2           x 2, 311 0.50    3.49 *   .022    .032
3      cov_mc 1, 311 0.50  297.33 *** .489   <.001
---
Signif. codes: 0 '***' 0.001 '**' 0.01 '*' 0.05 '+' 0.1 ' ' 1
> eta_squared(myacov) |> interpret(rules="cohen1992")
# Effect Size for ANOVA (Type III)

Parameter | Eta2 (partial) |       95% CI | Interpretation
-----------------------------------------------------------
x         |           0.02 | [0.00, 1.00] |          small
cov_mc    |           0.49 | [0.43, 1.00] |          large

- One-sided CIs: upper bound fixed at [1.00].
- Interpretation rule: cohen1992
```

분석결과 $F(2,311) = 3.49$, $p = .03$, $\eta^2_{partial} = .02$로 최소 하나의 평균쌍은 통계적으로 유의미하게 다르다는 것을 확인할 수 있습니다. 또한 개체간 요인의 효과크기는 1992년의 코헨의 분류를 따를 경우 '소(small)효과'에 해당되는 것을 알 수 있습니다.

공분산분석의 경우 공변량 수준을 어떻게 가정하는지에 따라 개체간 요인수준별 한계평균(marginal mean)의 추정결과가 다릅니다. emmeans 패키지의 경우 공변량 수준을 전체표본의 공변량 평균으로 설정하는 것이 디폴트입니다. 예를 들어 emmeans 패키지의 디폴트를 받아들일 경우, 다시 말해 전체표본의 공변량 평균으로 공변량을 가정할 경우(예시데이터에서는 cov_mc가 0인 경우), 개체간 요인수준별 한계평균은 아래와 같습니다.

```
> # marginal mean 추정
> myacov |>
+   emmeans(~x)   # covariate = 0 assumed
 x  emmean     SE  df lower.CL upper.CL
 C    3.39 0.0697 311     3.25     3.52
 T1   3.52 0.0694 311     3.38     3.65
 T2   3.65 0.0693 311     3.51     3.78

Confidence level used: 0.95
```

반면 공변량이 평균보다 1표준편차 높은 값을 갖는다고 가정할 경우, 아래와 같이 at 옵션을 지정하면 됩니다. at 옵션 지정 방법에서 대해서는 2수준 개체간 요인을 투입한 공분산분석을 예시하면서 설명하였습니다. 공변량이 2개 이상 투입될 수 있기 때문에 at 옵션을 지정할 때는 반드시 list() 함수를 같이 사용하여야 합니다. 출력 결과를 통해 추정된 한계평균이 달라진 것을 확인할 수 있습니다.

```
> myacov |>
+  emmeans(~x,at=list(cov_mc=sd(mydata$cov_mc)))  # covariate = 0 assumed
 x emmean     SE  df lower.CL upper.CL
 C     4.08 0.0848 311     3.92     4.25
 T1    4.21 0.0778 311     4.06     4.37
 T2    4.34 0.0784 311     4.19     4.50

Confidence level used: 0.95
```

먼저 계획비교를 실시해보겠습니다. 앞서 일원분산분석에서 사용했던 계획비교의 합산코딩을 그대로 적용하겠습니다. 아울러 각각의 계획비교 결과에 대한 효과크기 통계치인 코헨의 d 역시 계산해보겠습니다.

```
> # Planned contrast
> # H0: C = (T1+T2)/2
> # H0: T1 = T2
> # H0: T2 = (C+T1)/2
> myplancontr <- myacov |> emmeans(~x) |>
+  contrast(method=list(CvsT1T2=c(-2,1,1),
+                       T1vsT2=c(0,1,-1),
+                       T2vsCT1=c(-1,-1,2)))
> myplancontr
 contrast estimate     SE  df t.ratio p.value
 CvsT1T2      0.390 0.1714 311   2.274  0.0237
 T1vsT2      -0.131 0.0978 311  -1.341  0.1809
 T2vsCT1      0.392 0.1698 311   2.306  0.0217
> t_to_d(t=data.frame(myplancontr)$t.ratio,
+        df_error=data.frame(myplancontr)$df) |>
+  interpret(rules="cohen1988")
d    |        95% CI | Interpretation
-------------------------------------
```

```
0.26  | [ 0.03, 0.48] |          small
-0.15 | [-0.37, 0.07] |     very small
0.26  | [ 0.04, 0.48] |          small

- Interpretation rule: cohen1988
```

다음으로 사후 다중비교를 실시해보겠습니다. 만약 공변량과 개체간 요인의 상호작용효과를 고려하지 않을 경우, 사실 분산분석과 공분산분석의 사후 다중비교는 개념적으로 전혀 다르지 않습니다. 그러나 공변량과 개체간 요인의 상호작용효과항이 투입된 경우라면, 공변량의 수준을 어떻게 설정하는가에 따라 계획비교 결과가 달라질 수 있으니 주의하시기 바랍니다. 예를 들어 가능한 모든 평균쌍을 비교하는 방법은 아래와 같습니다(통계적 유의도 조정기법은 emmeans 패키지의 디폴트인 뚜끼 기법을 사용하였습니다). 사후비교 결과, 일원분산분석에서는 통계적으로 유의미하게 다른($p = .02$) 평균쌍을 보였던 '통제집단-처치집단1'이 공변량을 추가로 고려한 일원공분산분석에서는 흥미롭게도 더 이상 통계적으로 유의미하지 않은($p = .39$) 것으로 나타납니다.

```
> # 사후비교
> myacov |>
+   emmeans(~x) |> # covariate = 0 assumed
+   contrast("pairwise")
 contrast estimate     SE  df t.ratio p.value
 C - T1     -0.129 0.0988 311  -1.309  0.3914
 C - T2     -0.260 0.0986 311  -2.642  0.0235
 T1 - T2    -0.131 0.0978 311  -1.341  0.3736

P value adjustment: tukey method for comparing a family of 3 estimates
```

통제집단 평균을 중심으로 다른 처치집단들의 평균을 비교하는 사후 다중비교를 실시하는 경우는 다음과 같습니다(통계적 유의도 조정방법은 디폴트인 더넷 조정기법을 사용하였습니다). 분산분석의 경우 '통제집단-처치집단1'의 평균쌍이 통계적으로 유의미하게 다른 것으로 나타나지만($p = .02$), 공변량을 추가로 반영한 공분산분석에서는 '통제집단-처치집단1'의 평균쌍이 통계적으로 유의미하게 다르지 않은 것으로 나타납니다($p = .32$).

```
> myacov |>
+ emmeans(~x) |> # covariate = 0 assumed
+ contrast("trt.vs.ctrl",ref="C",adjust="mvt")
 contrast estimate     SE  df t.ratio p.value
 T1 - C       0.129 0.0988 311   1.309  0.3199
 T2 - C       0.260 0.0986 311   2.642  0.0165

P value adjustment: mvt method for 2 tests
```

만약 합산테스트를 원한다면, 분산분석에서 활용된 방식과 비슷하게 진행하면 됩니다. 이를테면 앞에서 계획비교로 얻은 myplancontra 오브젝트의 3가지 추정결과가 통계적으로 유의미하게 다르다고 볼 수 있는지를 합산테스트한 결과는 다음과 같습니다.

```
> # 합산테스트
> joint_tests(myplancontr)
 model term df1 df2 F.ratio p.value
 contrast     2 311   3.490  0.0317
```

2-6 분석결과 보고시 고려사항과 효과패턴의 시각화

지금까지 3수준의 개체간 요인이 투입된 분산분석, 그리고 3수준의 개체간 요인과 함께 연속형 변수 형태의 공변량이 추가 투입된 공분산분석을 실시한 후, 개체간 요인의 수준별 한계평균을 추정하고, 각 수준별 평균을 비교해보았습니다. 분과에 따라 (공)분산분석 결과를 보고하는 방법은 다양할 것입니다. 3수준 개체간 요인의 효과 역시 2수준 개체간 요인의 효과에 대한 분석결과 보고방식과 크게 다르지 않지만, 집단의 개수가 증가한 만큼 연구자의 연구상황에 따라 계획비교 혹은 사후 다중비교 결과를 추가로 보고하는 것이 보통입니다. 다만 연구목적과 상황에 따라 어떠한 방식으로 계획비교를 준비할지, 혹은 어떠한 방식으로 사후 다중비교를 진행할지 달라질 수 있으니, 활동분과의 요구조건과 관례에 맞도록 변형하시면 될 듯합니다. 3수준 개체간 요인을 대상으로 한 일원분산분석 혹은 일원공분산분석 결과를 보고할 때 유념할 사항은 다음과 같습니다.

- 표본크기 추정을 위한 조건들을 보고함(제1종 오류, 제2종 오류, 효과크기 등)
- 개체간 요인의 수준별 평균과 표준편차 등의 기술통계치를 보고함. 만약 공분산분석을 실시하였다면, 가정된 공변량 수준을 명시한 후 조정된 평균(adjusted mean)을 보고함
- 집단간 분산동질성을 가정하였는지 여부를 보고함. 만약 분산이질성을 가정하였다면, 어떤 방식(이를테면 웰치 조정기법 혹은 GLS 사용)으로 분산이질성에 대처하였는지를 보고함
- 개체간 요인의 효과 테스트 통계치(*F-value*)와 효과크기 통계치(이를테면 $\eta^2_{partial}$)를 보고함
- 연구목적에 따라 계획비교 혹은 사후 다중비교 테스트 결과를 보고함. 계획비교를 실시하였을 경우 이론적 근거를 갖는 연구가설을 사전에 설정해야 하며, 사후 다중비교 테스트를 실시하였을 경우 어떤 방식의 다중비교를 실시하고 통계적 유의도는 어떤 조정기법(이를테면 본페로니 조정기법, 뚜끼 조정기법 등)을 적용했는지 보고함
- (활동분과에 따라) 계획비교와 사후 다중비교의 효과크기 통계치를 보고함

끝으로 분석결과를 시각화하는 방법을 간략히 소개하고 마무리하겠습니다. 3수준 개체간 요인의 효과는 적어도 예시데이터의 맥락에서는 시각화 결과물을 굳이 제시하지 않아도 괜찮지 않을까 싶습니다. 왜냐하면 분석결과가 복잡하지 않기 때문입니다. 그러나 개체간 요인의 수준이 더 늘어나거나 개체간 요인의 개수 자체가 증가하는 상황을 고려한다면, 시각화 결과물을 제시하는 방법을 연습하는 것이 좋을 듯합니다.

먼저 분산분석을 시각화해봅시다. 앞에서 소개한 emmip() 함수를 활용하여 각 집단별 한계평균과 95% CI를 제시한 결과는 아래와 같습니다. emmip() 함수에서 제공되는 시각화 결과는 ggplot2 패키지를 기반으로 계산된 것이기 때문에 ggplot2 패키지의 함수들을 추가로 사용할 수 있습니다.

```
> # 시각화: 일원분산분석
> myaov |> emmeans(~x) |>
+   emmip(~x, CIs=TRUE,
+         CIarg = list(lwd =5, alpha = 0.4, color = "blue"))+
+   labs(x="level of treatment",y="Point estimate and its 95% CI",
```

```
+      caption="Type III")+
+ theme_classic()
```

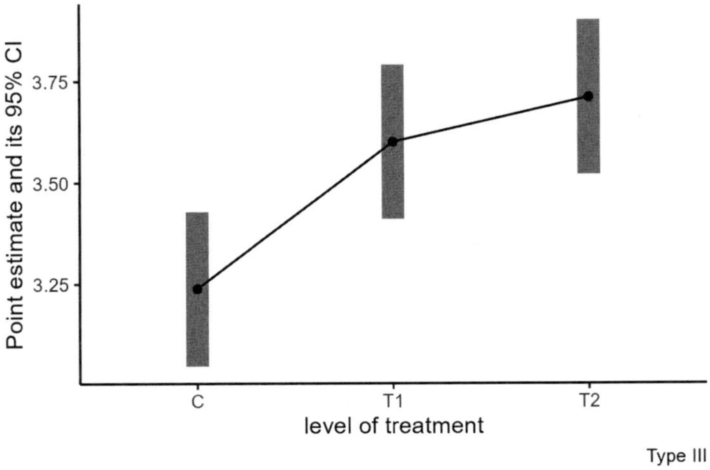

[그림 4-8] 요인수준 변화에 따른 종속변수의 평균과 95% 신뢰구간 변화

그래프를 이해하는 것은 어렵지 않을 것입니다. 다만 위와 같은 그래프를 해석할 때, 두 집단의 95% CI가 겹쳐지는지 여부와 두 집단의 평균차이에 대한 통계적 유의도 테스트가 서로 일대일 관계를 갖지 않는다는 점을 유념하시기 바랍니다. 즉 95% CI가 겹쳐지지 않는다면, 두 집단의 평균차이는 통계적으로 유의미하게 다릅니다. 다만 두 집단의 평균차이가 통계적으로 유의미하게 다르더라도 95% CI는 서로 겹쳐질 수도 있습니다. 구체적으로 예를 들자면, 위의 그래프에서 통제집단의 95% CI 상한(3.43)은 처치집단1의 95% CI의 하한(3.41)보다 값이 조금 더 크기 때문에 95% CI는 서로 겹칩니다. 하지만 두 집단은 통계적으로 유의미하게 평균값의 차이가 나타납니다. 95% CI가 겹치지 않으면 두 집단은 통계적으로 유의미하게 다른 평균값을 보이지만, 통계적으로 유의미하게 다른 평균값을 보이는 두 집단의 95% CI는 겹칠 수도 있다는 점을 유념하시기 바랍니다.

다음으로 공변량분석 결과도 공변량의 수준을 어떻게 설정해야 하는지 고려한다면 비슷하게 시각화할 수 있습니다. 예를 들어 공변량의 수준을 {M-SD, M, M+SD} 세 수준으로 설정한 후 이를 시각화하면 다음과 같습니다. `ref_grid()` 함수를 기반으로 공변량의 세 수준을 설정한 후 시각화하면 됩니다. 물론 개체간 요인과 공변량의 상호작용효과가 나타나지 않는다는 점을 고려한다면, 굳이 공변량 수준을 여럿 설정할 필요는 없을 듯합니다(즉 관례를 따라 평균값을 가정해도 무방하며, 그것이 효율성 측면에서 더 나을 수 있습니다).

```
> sd(mydata$cov_mc) # 표준편차 계산
[1] 1.455698
> myacov |> ref_grid(at=list(cov_mc=c(-1.46,0,1.46))) |>
+ emmip(cov_mc~x, CIs=TRUE,
+        CIarg = list(lwd =5, alpha = 0.4, color = "blue"))+
+ labs(x="level of treatment",y="Point estimate and its 95% CI",
+       color="Covariate",
+       caption="Type III")+
+ scale_color_manual(values=as.character(1:3),
+                    labels=c("M-SD","M","M+SD"))+
+ theme_classic()
```

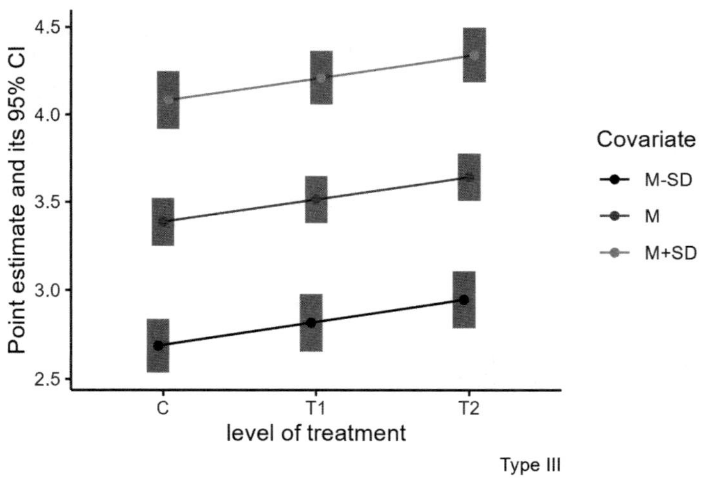

[그림 4-9] 공변량 수준별 요인의 수준 변화에 따른 종속변수의 평균과 95% 신뢰구간 변화

3수준 개체간 요인의 효과 역시 그렇게 복잡하다고 보기 어렵다는 점에서 시각화 결과를 꼭 제시할 필요는 없을 것 같습니다. 다만 세 집단간 관계가 독특하거나, 논문이 아닌 연구보고서나 연구결과 프레젠테이션에 발표하는 상황이라면 시각화 결과 제시를 고려해볼 수 있을 듯합니다.

3 다수준 개체간 요인의 경우

이제 개체간 요인의 수준 개수가 '3'을 넘어서는 다수준 개체간 요인 상황을 살펴봅시다. 물론 개념적으로는 다수준 개체간 요인은 3수준 개체간 요인과 동일합니다. 그러나 여기서 살펴보고자 하는 다수준 요인은 수준과 수준의 간격이 일정하게 배치된 요인을 의미합니다. 개체간 요인의 수준이 증가함에 따라 실험처치 자극이 지속적으로 증가하는 경우를 생각해볼 수 있습니다. 예를 들어 약물의 투입량을 점차 늘리면서 약물의 처치효과가 어떻게 변하는지 살펴보는 약물실험을 생각해볼 수 있습니다. 약물의 투약량을 늘리면 처치효과가 지속적으로 증가할까요? 상식적으로 보면 어느 정도까지는 처치효과가 증가할 수 있지만, 특정 수준을 넘어서면 처치효과가 정체되거나 심지어 감소할 수도 있습니다. 사회과학 분야에서도 상황은 비슷할 수 있습니다. 대표적인 사례가 공포소구(fear appeal)의 설득효과, 즉 설득메시지가 공포감을 자극할수록 설득효과는 증가하지만, 과도하게 공포감을 자극할 경우 역효과가 발생하는 현상입니다.

이번 섹션에서 집중적으로 소개할 내용은 처치자극의 강도를 지속적으로 증가시키는 경우 효과패턴이 어떻게 변하는지 살펴보고, 어떤 변화패턴이 가장 적절한지 테스트하는 다항비교(polynomial contrast)입니다.

3-1 표본크기 추정, 실험설계, 데이터 수집

실험데이터 분석을 시작하기 전에 표본크기를 추정해봅시다. 앞서 3수준 개체간 요인이 포함된 실험설계에서의 표본크기 추정방식과 본질적으로 동일합니다. 우선 통상적으로 활용되는 제1종 오류($\alpha = .05$) 및 제2종 오류($\beta = .20$, 통계적 검증력 .80)를 채택한 후, 실험자극의 강도를 총 5단계로 나누었으며(즉 5수준의 개체간 요인 설정), 각 집단의 사례수는 모두 동일하도록 설정하였습니다. 선행연구 결과들을 살펴본 결과, 5수준의 개체간 요인을 상정했을 때의 효과크기는 $\eta^2_{partial} = .05$ 정도일 것으로 추정되며(즉 종속변수 변화의 약 5%를 설명), 통상적으로 1개의 공변량을 투입한 공분산분석을 실시하고 있습니다.

이러한 상황에서 pwrss 패키지의 pwrss.f.ancova() 함수를 이용하여 표본크기를 추정해보겠습니다. 아래의 출력결과에서 확인할 수 있듯, $\eta^2_{partial}$ 값으로 기대되는 .05를 eta2에 설정한 후, 분산분석에 투입되는 개체간 요인의 개수(n.way)와 요인의 수준(n.level)을 각각 '1'과 '5'로 설정하였습니다. 또한 선행연구들에서 흔히 1개의 공변량을 투입한 공분산분석을 실시한다는 점에서 n.covariate=1을 설정하였습니다. 아울러 통계적 검증력('1-제2종 오류', '1-β')과 제1종 오류(α) 기준을 설정한 후, 표본크기 설정을 진행한 결과는 아래와 같습니다.

```
> library(pwrss)
> pwrss.f.ancova(eta2=0.05,
+                n.way=1,
+                n.levels=5,n.covariates=1,
+                power=0.80, alpha=0.05)
One-way Analysis of Covariance (ANCOVA)
 H0: 'eta2' or 'f2' = 0
 HA: 'eta2' or 'f2' > 0
------------------------------------
Factor A: 5 levels
------------------------------------
effect power n.total    ncp df1     df2
     A   0.8     232 12.189   4 225.585
------------------------------------
Type I error rate: 0.05
```

출력결과에서 확인할 수 있듯, 5집단으로 구성된 전체표본규모는 232입니다. 5개 집단의 사례수가 모두 동일하다는 점을 고려하면, 각 집단은 평균 46.4명의 실험참여자가 필요합니다. 그러나 상식적으로 0.40명이 존재할 수 없으므로 연구자는 '46.4'라는 숫자를 올림하여 각 집단별 47명의 실험참가자를 모집하여 총 235명의 표본을 수집하였습니다(물론 집단별 사례수를 조금씩 다르게 할 수도 있습니다. 이를테면 차례대로 46, 46, 46, 47, 47명씩 총 232명을 모집할 수도 있습니다).

```
> 232/5
[1] 46.4
> ceiling(232/5) # 올림
[1] 47
```

이를 토대로 연구자는 실험을 진행하였고, 실험과정에서 얻은 데이터는 dt_BSfactor1_level5.csv와 같습니다.

3-2 처치효과 및 효과크기 추정

데이터를 불러온 후 개체간 요인을 요인형 변수(factor)로 변환하고, 실험처치 자극의 순서별로 각 집단의 이름(T0, T1, T2, T3, T4)을 붙이면 아래와 같습니다.

```
> mydata <- read_csv("dt_BSfactor1_level5.csv",show_col_types=FALSE)
> mydata |> print(n=2)
# A tibble: 235 × 4
     ID     y   x    cov
  <dbl> <dbl> <chr> <dbl>
1     1  1.92   T0  -2.00
2     2  4.98   T0   3.76
# i 233 more rows
# i Use `print(n = ...)` to see more rows
> mydata <- mydata |>
+  mutate(
+   x=factor(x),
+   x=fct_relevel(x,str_c("T",0:4))
+  )
```

먼저 집단간 분산의 동질성이 확보되었는지 살펴봅시다. 앞에서와 마찬가지로 저는 르빈의 *F*테스트를 실시하였습니다.

```
> # variance equality test
> leveneTest(y~x,mydata)
Levene's Test for Homogeneity of Variance (center = median)
       Df F value Pr(>F)
group   4  0.7336 0.5699
      230
```

르빈의 테스트 결과 $F(2,230) = 0.73$, $p = .57$로 나타나 집단간 분산은 동질적이라고 볼 수 있습니다. 이에 따라 afex 패키지의 avo_4() 함수를 활용하여 분석을 진행하겠습니다. 아울러 앞서 선행연구들에서는 개체간 요인의 효과를 고려할 때 공변량을 고려하는 공분산분석을 실시했다는 점을 감안하여 이번에는 일원공분산분석(oneway analysis of covariance)을 진행하겠습니다. 먼저 개체간 요인과 공변량이 상호 독립적인 관계를 갖는지를 확인하기 위하여 공변량을 평균중심화 변환한 후, 상호작용효과를 테스트한 결과는 아래와 같습니다.

```
> aov_4(y~x*cov_mc+(1|ID), mydata, factorize=FALSE,
+       anova_table=list(es="pes",intercept=TRUE))
Contrasts set to contr.sum for the following variables: x
Anova Table (Type 3 tests)

Response: y
       Effect     df MSE            F pes p.value
1 (Intercept) 1, 225 0.84 3476.27 *** .939   <.001
2           x 4, 225 0.84    3.90 ** .065    .004
3      cov_mc 1, 225 0.84   15.58 *** .065   <.001
4   x:cov_mc 4, 225 0.84     1.19     .021    .315
---
Signif. codes:  0 '***' 0.001 '**' 0.01 '*' 0.05 '+' 0.1 ' ' 1
```

추정결과에 따르면 상호작용효과를 고려하지 않는 것이 더 낫습니다[$F(4,225) = 1.19$, $p = .32$]. 이에 공변량과 개체간 요인의 독립성을 가정한 후 공분산분석을 실시하였습니다. 공변량을 고려하였을 때, 개체간 요인의 수준별 평균쌍들에서 최소 한 쌍 이상이 통계적으로 유의미한 차이를 갖는 것을 확인할 수 있습니다. 아울러 이렇게 하여 얻은 효과크기는 1992년 코헨의 기준을 따를 때 '소(small)효과'로 분류될 수 있습니다.

```
> myacov <- aov_4(y~x+cov_mc+(1|ID), mydata, factorize=FALSE,
+                 anova_table=list(es="pes",intercept=TRUE))
Contrasts set to contr.sum for the following variables: x
> myacov
Anova Table (Type 3 tests)

Response: y
       Effect     df MSE            F pes p.value
1 (Intercept) 1, 229 0.84 3480.06 *** .938   <.001
```

```
2           x 4, 229 0.84    3.94 ** .064     .004
3      cov_mc 1, 229 0.84   13.44 *** .055    <.001
---
Signif. codes: 0 '***' 0.001 '**' 0.01 '*' 0.05 '+' 0.1 ' ' 1
> eta_squared(myacov) |> interpret(rules="cohen1992")
# Effect Size for ANOVA (Type III)

Parameter | Eta2 (partial) |       95% CI | Interpretation
----------------------------------------------------------
x         |           0.06 | [0.01, 1.00] |          small
cov_mc    |           0.06 | [0.02, 1.00] |          small

- One-sided CIs: upper bound fixed at [1.00].
- Interpretation rule: cohen1992
```

다음으로 처치자극의 강도 증가에 따라 조정된 한계평균이 어떻게 변하는지 살펴보겠습니다. 여기서는 통상적 관례에 따라 공변량의 수준을 '0'으로 설정한 후, 5개 개체간 요인수준별 조정된 한계평균이 어떠한지 살펴보겠습니다. 참고로 아래에서 at 옵션은 별도로 설정하지 않아도 무방합니다(디폴트이기 때문).

```
> # 한계평균 추정
> myacov |> emmeans(~x,at=list(cov_mc=0)) # covariate=0(평균) 가정
 x  emmean    SE  df lower.CL upper.CL
 T0   3.23 0.134 229     2.97     3.50
 T1   3.72 0.134 229     3.45     3.98
 T2   3.89 0.134 229     3.63     4.16
 T3   3.37 0.134 229     3.11     3.63
 T4   3.46 0.134 229     3.20     3.73

Confidence level used: 0.95
```

출력결과에서 확인할 수 있듯, 자극강도가 강해지면서 한계평균은 점점 증가하다가 세 번째 수준에서 정점(maximal point)을 찍은 후 점차 감소하고, 다섯 번째 수준부터는 비슷하게 유지됩니다. 개체간 요인수준 변화에 따른 조정된 한계평균의 변화패턴을 보다 쉽게 확인하기 위해 emmip() 함수를 활용해 변화패턴을 살펴보면 다음과 같습니다.

```
> #Visualization
> myacov |>
+ ref_grid(at=list(cov_mc=0)) |> #covariate=0(평균) 가정
+ emmip(~x,CIs=TRUE,
+       CIarg=list(lwd=5, alpha=0.4, color="blue"))+
+ geom_hline(yintercept=mean(mydata$y),lty=2)+ #전체표본평균
+ labs(x="level of treatment",y="Point estimate and its 95% CI",
+      caption="Type III, covariate assumed at its mean")+
+ theme_bw()
```

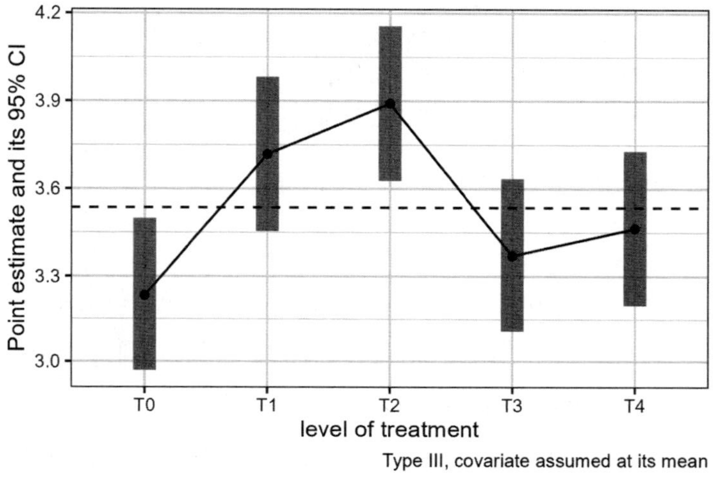

[그림 4-10] 요인수준 변화에 따른 종속변수 평균과 95% 신뢰구간 변화

그래프를 통해 소위 '뒤집힌 U자 패턴(inverted U pattern)'을 확인할 수 있습니다.

3-3 추가 분석: 계획비교, 사후 다중비교

앞에서 살펴본 2가지 일원분산분석 방법과 마찬가지로 계획비교, 사후 다중비교, 단순효과 분석 등의 추가 분석을 실시할 수 있습니다. 우선 일원분산분석 맥락에서는 그리 자주 활용되지는 않지만 단순효과 분석을 살펴봅시다. 단순효과 분석은 [그림 4-10]의 가로줄, 즉 종속변수의 전체평균을 기준으로 어떤 집단이 통계적으로 유의미한 평균차이를 보이는지 테스트하는 것입니다. 다음 결과에서 확인할 수 있듯, 벤야미니-호쉬버그(Bejamini-Hochberg) 조정기법으로 통계적 유의도 수준을 조정하였을 때(fdr method 부분), T0 집단평균은 전체표본의 평균보다 통계적으로 낮은 반면

[t(229) = −2.52, p = .03], T3 집단평균은 전체표본의 평균보다 통계적으로 높은 값을 보이고 있습니다[t(229) = −2.96, p = .02].

```
> #단순효과
> myacov |> emmeans(~x) |>
+ contrast(simple="x")
 contrast estimate   SE  df t.ratio p.value
 T0 effect  -0.3016 0.12 229  -2.516  0.0314
 T1 effect   0.1826 0.12 229   1.523  0.2115
 T2 effect   0.3558 0.12 229   2.962  0.0169
 T3 effect  -0.1654 0.12 229  -1.379  0.2115
 T4 effect  -0.0715 0.12 229  -0.596  0.5518

P value adjustment: fdr method for 5 tests
```

다음으로 연구자의 연구가설 테스트 측면에서 중요한 계획비교와 사후 다중비교를 실시해보겠습니다. 우선 계획비교의 경우 집단의 개수가 5개로 늘었을 뿐 본질적으로 바뀐 것은 없습니다. 만약 연구자가 선행연구를 토대로 다음과 같은 귀무가설을 설정했다고 가정해보죠. 다시 말해 M_{T0}를 고려하지 않을 때, M_{T1}과 M_{T2}의 평균이 M_{T3}과 M_{T4} 평균과 동일한지 여부를 테스트한다고 가정해보겠습니다.

$$H_0 : \frac{M_{T1} + M_{T2}}{2} = \frac{M_{T3} + M_{T4}}{2}$$

contrast() 함수에 method 옵션으로 위의 귀무가설이 가정하는 합산코딩 결과를 입력한 후, 그 결과를 살펴보면 됩니다. 즉 5개 개체간 요인의 순서대로 {0, 0.5, 0.5, −0.5, −0.5}와 같이 입력된 벡터를 부여하면 됩니다. 출력결과에서 확인할 수 있듯, M_{T1}과 M_{T2}의 평균은 M_{T3}과 M_{T4} 평균보다 통계적으로 유의미하게 더 큰 값을 보입니다[t(229) = 2.89, p = .004, d = 0.38].

```
> #계획비교
> myacov |> emmeans(~x) |>
+ contrast(method=list(T1T2vsT3T4=c(0,0.5,0.5,-0.5,-0.5)))
```

```
contrast  estimate    SE df t.ratio p.value
T1T2vsT3T4     0.388 0.134 229    2.889   0.0042

> t_to_d(t=2.889,df_error=229) |>
+ interpret(rules="cohen1988")
d   |       95% CI | Interpretation
-----------------------------------
0.38 | [0.12, 0.64] |           small

- Interpretation rule: cohen1988
```

그러나 [그림 4-10]과 같은 상황에서 아마도 가장 빈번하게 사용되는 계획비교는 contrast("poly") 함수를 통해 실험자극의 처치강도 효과패턴을 다항모형(polynomial model) 관점에서 살펴보는 것, 다시 말해 X와 Y의 관계가 1차선형(linear)관계인지 아니면 2차곡선형(quadratic)관계인지 아니면 3차큐빅(cubic)관계 중 어디에 가장 적합한지를 살펴보는 다항비교(polynomial contrast)일 것입니다. 다항비교를 실행하는 것은 어렵지 않습니다. 아래와 같이 contrast() 함수에 다항비교를 나타내는 "poly"를 지정하면 됩니다. 개체간 요인의 수준이 5개이기 때문에 1–4차 관계에 대한 분석결과가 도출됩니다.

```
> #다항비교
> myacov |> emmeans(~x) |>
+ contrast("poly")
contrast  estimate    SE  df t.ratio  p.value
linear        0.112 0.424 229    0.265   0.7915
quadratic    -1.475 0.502 229   -2.940   0.0036
cubic         0.926 0.424 229    2.185   0.0299
quartic       1.693 1.123 229    1.508   0.1331
```

위의 출력결과에 잘 나타나듯, 2차(quadratic)관계와 3차(cubic)관계의 경우 통계적으로 유의미한 결과를 얻었습니다. 다시 말해 그래프에서 우리가 확인했던 관계는 2차관계[$t(229) = 2.94$, $p = .004$] 혹은 3차관계[$t(229) = 2.19$, $p = .03$]라고 볼 수 있지만, 1차선형(linear)관계 혹은 4차(quartic)관계는 아닌 것을 알 수 있습니다. 그렇다면 위와 같은 다항비교는 어떤 방식으로 합산코딩된 것일까요? 다항비교를 위한 합산코딩을 확인하는 가장 좋은 방법은 contr.poly() 함수를 이용하는 것입니다. 먼저 해당 함수에 개체간 요인의 수준에 해당되는 '5'를 입력한 결과를 살펴보죠.

```
> contr.poly(5)
                .L         .Q            .C         ^4
[1,] -6.324555e-01  0.5345225 -3.162278e-01  0.1195229
[2,] -3.162278e-01 -0.2672612  6.324555e-01 -0.4780914
[3,] -3.510833e-17 -0.5345225  1.755417e-16  0.7171372
[4,]  3.162278e-01 -0.2672612 -6.324555e-01 -0.4780914
[5,]  6.324555e-01  0.5345225  3.162278e-01  0.1195229
```

숫자가 좀 복잡하지만 이해하는 것은 어렵지 않습니다. 즉 세로줄을 기준으로 각각의 다항관계를 살펴볼 수 있는 코딩값이 사전에 계획된 것입니다. 여기서 핵심은 행렬 형식으로 얻은 출력결과의 세로줄별 합이 반드시 0이라는 점, 즉 합산코딩을 실시한다는 점입니다. 왜냐하면 그렇게 되어야 각 관계별로 귀무가설을 테스트할 수 있기 때문입니다.

```
> # 세로줄 기준 합산값은 0
> apply(contr.poly(5), 2, sum) |> round(5)
.L .Q .C ^4
 0  0  0  0
```

자, 만약 연구자가 이런 연구문제를 갖고 있다고 가정해보죠. 선행연구들은 개체간 요인의 처치자극에 따른 효과패턴이 2차관계인지 아니면 3차관계인지에 따라 서로 결론이 갈리고 있습니다. 이에 따라 연구자는 "개체간 요인 x의 2차관계효과와 3차관계효과 중 어떤 효과가 더 데이터에 부합하는가?"에 대해 데이터에 근거한 실증결과를 얻고자 합니다. 어떻게 해야 할까요? 다음과 같은 방식으로 contr.poly() 함수에서 2차관계와 3차관계에 해당되는 코딩을 확보한 후, 이를 사전비교 형식으로 각각 입력하고, joint_tests() 함수를 활용해 합산테스트를 진행하면 됩니다.

```
> poly5 <- contr.poly(5)  # contrast coding scheme
> myacov |> emmeans(~x) |>
+   contrast(method=list(poly2=-1*poly5[,2],  # -1을 곱하여 양의 부호로
```

```
+                          poly3=poly5[,3])) |>
+ joint_tests()
 model term df1 df2 F.ratio p.value
 contrast        1 229   0.286   0.5934
```

출력결과에서 확인할 수 있듯, $F(1,229) = 0.29$, $p = .59$의 결과로는 개체간 요인 x의 처치효과 패턴이 2차관계인지, 아니면 3차관계인지 뚜렷하게 분별할 수 없습니다. 그러나 [그림 4-10]의 효과패턴을 육안으로 판단할 때 2차관계로 보는 것이 타당할 듯 합니다.

다음으로 사후 다중비교를 진행해보죠. 우선 요인의 수준이 많을 경우, 모든 가능한 평균쌍들을 대상으로 평균비교를 수행하는 것은 그리 좋은 방법이 아닙니다. 이유를 몇 가지 언급하면 다음과 같습니다. 첫째, 통계적 유의도가 너무 보수적으로 설정되기 때문입니다. 5수준 개체간 요인의 경우, 모든 가능한 평균쌍은 총 10개입니다. 본페로니 조정기법을 기준으로 보면, 앞서 살펴본 3수준 개체간 요인의 경우 조정된 통계적 유의도가 약 .017인 데 반해 5수준 개체간 요인의 경우 조정된 유의도는 .005가 됩니다. 통계적 유의도를 너무 느슨하게 설정하는 것도 문제이지만(제1종 오류의 가능성), 너무 보수적으로 설정하는 것 역시 문제입니다(제2종 오류의 가능성). 둘째, 현재 예시데이터에서 살펴보고 있는 상황은 개체간 요인의 수준이 실험처치의 강도를 반영하고 있습니다. 즉 개체간 요인은 명확하게 특정 간격을 중심으로 변화하고 있습니다. 이런 상황에서 개체간 요인수준의 순서나 간격을 무시하는 것은 개념적으로 적절하지 않을 수 있습니다.

이런 점들을 고려할 때, 가장 적절한 사후 다중비교 방법으로는 contrast("trt.vs.ctrl") 함수를 사용하여 특정 통제집단 평균과 다른 처치집단의 평균들을 각각 비교하거나, 혹은 contrast("consec") 함수를 통해 처치자극이 한 단위씩 바뀔 때마다 통계적으로 유의미한 평균 변화가 나타나는지를 살펴보는 방법이 자주 활용됩니다.

```
> # T0 중심으로 나머지 집단들 비교
> myacov |> emmeans(~x) |>
+ contrast("trt.vs.ctrl",ref="T0",adjust="mvt")
contrast estimate   SE  df t.ratio p.value
T1 - T0     0.484 0.19 229   2.555  0.0390
T2 - T0     0.657 0.19 229   3.467  0.0023
```

```
T3 - T0          0.136  0.19  229     0.719    0.8836
T4 - T0          0.230  0.19  229     1.213    0.5592

P value adjustment: mvt method for 4 tests
> # 실험자극 변화에 따라 평균 변화 비교
> myacov |> emmeans(~x) |>
+  contrast("consec")
 contrast estimate    SE  df t.ratio p.value
 T1 - T0     0.4842 0.19 229   2.555  0.0412
 T2 - T1     0.1732 0.19 229   0.913  0.7862
 T3 - T2    -0.5212 0.19 229  -2.746  0.0238
 T4 - T3     0.0939 0.19 229   0.495  0.9675

P value adjustment: mvt method for 4 tests
```

출력결과를 해석하는 것은 어렵지 않을 것입니다[2가지 사후 다중방법 모두 더넷 조정기법(mvt)을 기반으로 통계적 유의도를 조정하였습니다]. 먼저 contrast("trt.vs.ctrl") 함수 출력결과에서 확인할 수 있듯, T0 집단의 평균을 중심으로 할 때, T1과 T2 집단은 통계적으로 유의미하게 평균이 높았지만[각각 $t(229) = 2.56$, $p = .04$; $t(229) = 3.47$, $p = .002$], T3와 T4 집단은 T0 집단에 비해 두드러지게 평균이 높다고 보기 어렵습니다[각각 $t(229) = 0.72$, $p = .88$; $t(229) = 1.21$, $p = .56$]. 다음으로 contrast("consec") 함수 출력결과에서 나타나듯, T0에서 T1으로 자극이 강해질 때 두드러지게 평균이 상승하였으며[$t(229) = 2.56$, $p = .04$], T2에서 T3로 자극이 강해지면 두드러지게 평균이 하강하는 것을 알 수 있습니다[$t(229) = -2.75$, $p = .02$].

3-4 분산동질성 가정 위배시 대안적 분석방법과 공분산분석

선행 연구들에서 공변량을 분석에 투입하였다는 점에 주목하여 공분산분석(ANCOVA)을 진행하였습니다. 만약 공변량 투입 없이 일원분산분석을 진행하는 경우이거나, 혹은 집단간 분산동질성을 가정할 수 없을 때 GLS모형을 사용하는 경우라도, 개체간 요인의 효과를 테스트하고 계획비교와 사후비교를 진행하는 과정은 본질적으로 크게 다르지 않습니다(단, 분산동질성을 가정하지 않을 경우 자유도가 조정되는 부분에 대해서는 주의해야 합니다).

3-5 분석결과 보고시 고려사항

5수준의 개체간 요인과 공변량이 투입된 공분산분석의 경우도 앞에서 소개했던 2수준의 개체간 요인, 3수준의 개체간 요인이 투입된 분산분석 결과를 보고할 때와 비슷한 방식으로 결과를 보고하면 됩니다. 다수준 개체간 요인을 대상으로 한 일원분산분석 혹은 일원공분산분석 결과를 보고할 때 유념할 사항들은 다음과 같습니다.

- 표본크기 추정을 위한 조건들을 보고함(제1종 오류, 제2종 오류, 효과크기 등)
- 개체간 요인의 수준별 평균과 표준편차 등의 기술통계치를 보고함. 만약 공분산분석을 실시한다면, 가정된 공변량 수준을 명시한 후 조정된 평균(adjusted mean)을 보고함
- (가능하다면) 개체간 요인의 수준 변화에 따른 추정된 한계평균(estimated marginal means)의 변화를 그래프로 시각화하여 제시함
- 집단간 분산동질성을 가정하였는지 여부를 보고함. 만약 분산이질성을 가정한다면, 어떤 방식(이를테면, 웰치 조정기법 혹은 GLS 사용)으로 분산이질성에 대처하였는지를 보고함
- 개체간 요인의 효과 테스트 통계치(*F-value*)와 효과크기 통계치(이를테면 $\eta^2_{partial}$)를 보고함
- (연구목적에 따라) 개체간 요인의 수준이 처치자극의 강도를 정량화하였을 경우, 다항비교(polynomial contrast)를 실시하는 것을 신중히 고려함
- 연구목적에 따라 계획비교 혹은 사후 다중비교 테스트 결과를 보고함. 계획비교를 실시했을 경우 이론적 근거를 갖는 연구가설을 사전에 설정해야 하며, 사후 다중비교 테스트를 실시했을 경우 어떤 방식의 다중비교를 실시했고 통계적 유의도는 어떤 조정기법(이를테면 본페로니 조정기법, 뚜끼 조정기법 등)을 적용하였는지 보고함
- (활동분과에 따라) 계획비교와 사후 다중비교의 효과크기 통계치를 보고함

4 단일요인설계와 일원(공)분산분석: 정리

지금까지 하나의 개체간 요인이 종속변수에 미치는 효과를 추정하는 방법을 살펴보았습니다. 유념할 점들을 정리하면 다음과 같습니다.

첫째, 개체간 요인의 수준별 분산동질성을 가정할 수 있는지 여부를 살펴보기 바랍니다. 여기서는 르빈의 F테스트와 같은 분산동질성 테스트 기법을 활용하였지만, 분산동질성을 가정할 것인지의 여부는 연구자의 이론적 판단 혹은 활동하는 연구분과의 관례에 따라 적절한 방식을 따르시기 바랍니다. 만약 분산동질성을 가정할 수 있다면, 통상적인 분산분석 혹은 공분산분석 기법을 활용하면 됩니다. 여기서 저는 주로 afex 패키지의 aov_4() 함수를 통해 (공)분산분석을 진행하였습니다. 만약 분산동질성을 가정하기 어렵다면, 웰치의 일원분산분석(Welch's oneway ANOVA)이나 GLS모형을 통해 집단간 분산 이질성을 고려한 후, 자유도를 조정하는 보다 보수적인 분산분석 기법을 활용하시기 바랍니다.

둘째, 개체간 요인이 2수준인 경우 일원분산분석보다는 가급적 t.test() 함수를 활용하여 독립표본 티테스트를 사용하는 것이 간단하고 좋습니다. 그러나 연구 목적이나 상황에 따라 공변량을 고려해야 하는 경우라면 aov_4() 함수를 활용하여 공분산분석을 사용하는 것이 좋습니다. 공분산분석을 실시할 때는 가급적 개체간 요인과 공변량의 상호작용효과를 테스트한 후, 독립성이 확보될 수 있는지를 살펴보시길 권합니다.

셋째, 개체간 요인이 3수준 혹은 그 이상인 경우, aov_4() 함수를 활용하여 (공)분산분석을 사용하시기 바랍니다. 만약 공변량을 투입해야만 한다면, 가급적 개체간 요인과 공변량의 상호작용효과를 테스트하여 개체간 요인과 공변량이 상호독립적인지 확인하시기 바랍니다.

넷째, 연구목적에 맞는 추가 분석을 진행하시기 바랍니다. 아마도 일원(공)분산분석을 실시한 경우라면 단순효과 분석을 하는 일은 거의 없을 것이며, 대부분 상황에서 '계획비교' 혹은 '사후 다중비교'가 더 적합합니다. 두 방법 중 저는 가급적 계획비교를 활용하는 것이 낫다고 생각합니다. 왜냐하면 계획비교가 통계적 검증력 측면에서 더 낫고, 무엇보다 이론적 예측이 중요한 실험설계의 목적에 더 부합하기 때문입니다.

만약 사후 다중비교를 사용하게 된다면, 가급적 모든 집단간 평균쌍을 비교하는 사후비교 대신 실험설계의 특성에 맞는 사후비교를 진행하실 것을 권합니다. 예를 들어 constrast('trt.vs.ctrl') 함수나 constrast('consec') 함수를 활용하여 연구설계에 부합하는 사후 다중비교를 진행하시면 좋지 않을까 생각합니다. 왜냐하면 개체간 요인의 수준이 많을 경우, 비교되는 평균쌍의 개수도 늘어나며, 이에 따라 통계적 유의도를 너무 과도하게 보수적으로 조정할 수 있기 때문입니다. 그러나 활동분과에서 가장 널리 수용되는 추가 분석이 무엇인지 살펴보시는 것이 가장 중요합니다.

다섯째, 개체간 요인수준의 강도가 등간간격을 유지하며 순차적으로 변할 경우, 다항비교를 실시하시기 바랍니다. 실험처지자극의 강도와 평균 변화의 패턴이 어떠한지를 살펴보는 것은 실험을 통한 현상 이해에 매우 중요하기 때문입니다.

여섯째, 적절한 효과크기 통계치를 같이 보고하실 것을 강력히 권합니다. 의학이나 보건학 분야의 데이터를 다루는 분과는 물론이고 최근 사회과학 분야에서도 표본크기를 추정하는 것이 점점 정착되고 있습니다. 앞에서 살펴보았듯, 표본크기를 상정할 때 중요한 조건 중 하나가 어느 정도 수준의 효과크기를 예상할 수 있는지입니다. 다시 말해 테스트 통계치와 함께 적절한 효과크기 통계치도 같이 보고하면, 후속 연구자의 실험설계과정에 큰 도움을 줄 수 있습니다. 아울러 활동분과의 관례에 따라 효과크기를 어떻게 분류할 수 있을지 역시 명확한 근거와 함께 제시하시면 좋습니다.

일곱째, 개체간 요인이 하나인 경우에는 효용성이 그리 높지 않지만, joint_tests() 함수를 사용해 합산테스트를 수행하는 것이 좋을 경우 적극적으로 활용하시기 바랍니다. 이번 장에서는 GLS모형으로 집단간 요인의 효과를 추정할 때 자유도가 조정된 결과를 얻기 위한 목적으로 joint_tests() 함수를 소개하였고, 아울러 연구상황에 따라 계획비교로 설정된 가설들을 비교하는 과정에서 joint_tests() 함수를 소개하였습니다. 2개 이상의 개체간 요인들의 효과를 고려하는 다원분산분석에서는 합산테스트를 매우 자주 활용하게 될 것입니다.

5장 2요인설계

다음으로 개체간 요인이 2개 포함된 2요인설계를 살펴보겠습니다. 단일요인설계에서는 요인이 1개이며 따라서 하나의 '주효과(main effect)'만이 존재합니다. 그러나 2요인설계의 경우 어떤 한 요인의 효과가 다른 한 요인의 수준에 따라 달라질 수 있습니다. 어떤 한 요인의 효과가 다른 한 요인의 수준에 따라 달라지는 효과, 즉 상호작용효과(interaction effect)를 추가로 고려할 수 있는 점이 바로 단일요인설계와 다른 2요인 이상의 다요인설계(*n*-factorial design)의 특징입니다.

5장에서는 2요인설계 중 가장 간단한 2요인설계인 '2×2 개체간 요인설계(2×2 between-subject factorial design)'와 두 요인이 3수준인 '3×3 개체간 요인설계'에 대해 살펴보겠습니다. 각 상황별 실험데이터 수집계획과 분석 예시과정은 4장과 동일한 순서를 밟았습니다.

1 2×2 2요인설계

먼저 각 요인이 모두 2수준인 개체간 2요인설계를 살펴보겠습니다. 2×2 개체간 요인설계(between-subject factorial design)는 2요인설계 중 가장 간단한 설계에 해당됩니다.

1-1 표본크기 추정, 실험설계, 데이터 수집

먼저 어느 정도 규모의 실험데이터를 수집해야 할지 추정해봅시다. 앞서 살펴본 개체간 요인이 1개만 사용된 단일요인설계 실험데이터 대상 일원분산분석의 경우, 추정되는 효과항은 단 하나의 '주효과항'뿐입니다. 그러나 2요인설계 데이터를 대상으로 이원분산분석을 실시할 경우, 각 요인별 주효과항 2개와 상호작용효과항 1개가 추정됩니다. 그렇다면 무엇에 초점을 맞추어서 표본크기를 설정해야 할까요? 일반적으로는 연구자가 설정한 상호작용효과의 효과크기를 중심으로 표본크기를 설정합니다. 왜냐하면 2요인 실험설계를 진행하는 이유 중 하나는 어떤 요인의 효과가 다른 요인의 수준에 따라 달라지는지 여부, 즉 상호작용효과를 테스트하는 것이기 때문입니다.[1]

먼저 4장에서와 마찬가지로 제1종 오류와 제2종 오류의 기준은 각각 $\alpha = .05$, $\beta = .20$(즉 통계적 검증력 .80)으로 그대로 유지하겠습니다. 관련 선행연구들을 조사해 보니 각각 2수준으로 구성된 개체간 요인 a와 b의 상호작용효과의 효과크기 통계치의 중위값은 $\eta^2_{partial} = .0305$ 정도로 추정되었습니다. 선행연구들에서는 별도의 공변량에 대한 언급이 없었지만, 연구자의 이론적 관점에서는 종속변수와 연관된 공변량이 하나 존재할 것 같아 실험연구를 실행하는 과정에서 측정하였습니다. 연구자는 2수준의 요인 2개를 교차해 얻을 수 있는 4개 집단이 모두 동일한 규모를 갖는다고 가정하고 있습니다. pwrss 패키지의 pwrss.f.ancova() 함수를 이용하여 언급된 조건을 충족하는 표본크기를 계산하면 아래와 같습니다.

```
> library(pwrss) # Sample size & power analysis
> pwrss.f.ancova(eta2=0.0305,
+                n.way=2,
+                n.levels=c(2,2),
+                n.covariates=1,
+                power=0.80, alpha=0.05)
Two-way Analysis of Covariance (ANCOVA)
 H0: 'eta2' or 'f2' = 0
```

1 만약 2요인설계를 진행하면서 상호작용효과가 무시할 정도로 미미하다고, 다시 말해 '0'이라고 간주하고자 한다면, 서로 다른 두 요인을 교차하여 하나의 요인으로 변환한 후 단일요인설계에서 소개한 방법에 따라 표본크기를 추정할 수 있습니다.

```
HA: 'eta2' or 'f2' > 0
-------------------------------------
Factor A: 2 levels
Factor B: 2 levels
-------------------------------------
effect power n.total ncp df1    df2
     A   0.8       252 7.91   1 246.45
     B   0.8       252 7.91   1 246.45
   A x B 0.8       252 7.91   1 246.45
-------------------------------------
Type I error rate: 0.05
> 252/4
[1] 63
```

출력결과에서 확인할 수 있듯, 252명으로 구성된 표본을 수집해야 하며 각 집단에는 63명의 표본을 수집해야 합니다. 이를 토대로 연구자가 수집한 데이터는 dt_BSfactor2_2by2.csv입니다.

1-2 처치효과·효과크기 추정 및 효과패턴의 시각화

이제 예시데이터를 이원분산분석을 활용해 2개의 주효과항과 1개의 상호작용효과항을 대상으로 통계적 유의도를 살펴보고, 효과크기도 추정해보죠. 먼저 분석에 필요한 패키지들을 실행한 후, 데이터를 불러와봅시다. 아울러 개체간 요인에 해당되는 두 변수 a, b는 요인형 변수로 전환하였습니다.

```
> # 개체간 요인 이원분산분석
> library(car) # Anova(.., type="III")
> library(afex)
> library(emmeans)
> library(nlme)
> library(effectsize)
> library(tidyverse)
> # 데이터 불러오기
> mydata <- read_csv("dt_BSfactor2_2by2.csv",show_col_types=FALSE) |>
+   mutate(a=factor(a),b=factor(b)) # 요인형으로 변환
```

다음으로 각 집단에 따라 분산동질성을 가정할 수 있는지 살펴보겠습니다. 4장에서 소개하였던 내용과 마찬가지로 분산동질성을 충분히 가정할 수 있는 상황에서 제III 유형으로 제곱합을 계산하고자 한다면, afex 패키지의 aov_4() 함수를 비롯해 앞서 소개한 여러 기법들[2]을 활용하면 됩니다. 아무튼 집단간 분산동질성 테스트(여기서는 르빈의 F테스트)를 실시한 결과는 아래와 같습니다. 출력결과에서 확인할 수 있듯이 네 집단의 분산은 동질적이라고 가정할 수 있습니다[$F(3,248) = 0.43, p = .73$].

```
> #분산동질성 테스트
> leveneTest(y~a*b,mydata) #default: center=median
Levene's Test for Homogeneity of Variance (center = median)
       Df F value Pr(>F)
group   3  0.4338  0.729
      248
```

위의 출력결과를 토대로 집단간 분산동질성을 가정한 후, 주효과 2개와 2원상호작용효과 1개를 모두 추정한 이원분산분석을 실시한 결과는 아래와 같습니다.

```
> #주효과 상호작용효과
> myaov <- aov_4(y~a*b+(1|ID),data=mydata, #공식 부분은 y~a+b+a:b와 동일
+                anova_table=list(es="pes",intercept=TRUE))
Contrasts set to contr.sum for the following variables: a, b
> myaov
```

---

2 aov() 함수로 분산분석을 실시하여 얻은 오브젝트를 저장한 후 drop1() 함수를 활용하는 방법, car 패키지의 Anova() 함수의 type 옵션을 조정하는 방법, rstatix 패키지의 anova_test() 함수를 활용하는 방법 등이 존재합니다(아래 참조). aov() 함수로 얻은 오브젝트를 활용할 경우, 비교코딩을 적용하고 모형을 추정하면 완전하게 동일한 결과를 얻을 수 있습니다.

```
##다른 방법
#rstatix::anova_test(y~a:b+a+b,data=mydata,type=3,effect.size="pes") #디폴트는 제2유형
#합산코딩 적용
#contrasts(mydata$a) <- contr.sum(2)
#contrasts(mydata$b) <- contr.sum(2)
#obj_aov <- aov(y~a*b,data=mydata)
#drop1(obj_aov,~.,test="F")
#Anova(obj_aov,type="III")
```

4장에서 이야기했듯이 본서에서는 afex 패키지의 aov_4() 함수를 중심으로 실험데이터 분석기법을 소개하였습니다.

```
Anova Table (Type 3 tests)

Response: y
       Effect     df MSE          F pes p.value
1 (Intercept) 1, 248 1.00 3129.53 *** .927   <.001
2           a 1, 248 1.00   21.10 *** .078   <.001
3           b 1, 248 1.00    2.77 +   .011    .097
4         a:b 1, 248 1.00    8.69 **  .034    .004
---
Signif. codes: 0 '***' 0.001 '**' 0.01 '*' 0.05 '+' 0.1 ' ' 1
```

2원상호작용효과항(a:b)의 추정결과에 잘 나타나듯, 두 개체간 요인 a와 b 사이에는 통계적으로 유의미한 상호작용효과가 확인되며[$F(1,248) = 8.69$, $p = .004$], 이 상호작용효과는 전체분산 중 약 3%가량($\eta^2_{partial} = .034$)을 설명할 수 있는 것으로 나타납니다. 여기서 말하는 '상호작용효과'를 보다 구체적으로 설명하면, 다음과 같은 2가지 중 하나로 풀어쓸 수 있습니다.

- 개체간 요인 a가 종속변수 y에 미치는 효과는
  다른 개체간 요인 b의 수준에 따라 통계적으로 유의미하게 다르다.
- 개체간 요인 b가 종속변수 y에 미치는 효과는
  다른 개체간 요인 a의 수준에 따라 통계적으로 유의미하게 다르다.

그렇다면 주효과는 어떻게 해야 할까요? 주효과에 대한 해석은 여러분이 활동하고 있는 분과에 따라 다를 것 같습니다. 어떤 경우에는 다요인 실험설계에서 상호작용효과가 통계적으로 유의미할 때 주효과에 대한 해석을 실시하는 것은 무의미하며, 따라서 해석을 시도하지 말아야 한다고 말하기도 합니다.[3] 다른 어떤 경우에는 상호작용효과의 통계적 유의미성과 무관하게 주효과에 대한 해석을 실시하기도 합니다. 왜냐하

---

3 특히 제곱합 추정방식이 다를 경우, 데이터에 따라 주효과 추정결과가 다르게 나타날 수 있습니다. 만약 분석하고자 하는 데이터에서 집단간 집단규모가 다를 경우, 즉 불균형데이터(unbalanced data)인 경우라면 다요인설계 데이터의 주효과 추정결과는 3가지 제곱합 추정방식(제I유형, 제II유형, 제III유형)에 따라 상이하게 나타납니다. 불균형 제곱합 데이터에서 추정방식 차이에 따른 주효과 추정결과의 변화에 대해서는 '별첨-2'를 참조하기 바랍니다.

면 주효과 테스트가 유의미하다는 것은, 특정 요인의 효과가 다른 요인의 수준을 고려하지 않았을 때 전체표본에서 나타날 수 있다는 점을 알려주기 때문입니다. 본서에서는 어떤 입장이 타당한지에 대해 별도의 언급을 하지 않겠습니다. 다만 위의 결과에서 각 요인의 주효과는 다음과 같이 해석할 수 있습니다.

- 개체간 요인 a의 주효과는 통계적으로 유의미하다[$F(1,248) = 21.10$, $p < .001$]. 즉 모형에 포함된 다른 개체간 요인 b의 수준을 고려하지 않을 때, 개체간 요인 a의 수준에 따라 종속변수의 기댓값은 통계적으로 유의미하게 다르게 변화하며, 이는 종속변수의 분산 중 약 8%를 설명한다($\eta^2_{partial} = .078$).
- 개체간 요인 b의 주효과는 통계적으로 유의미하지 않다[$F(1,248) = 2.77$, $p > .097$]. 즉 모형에 포함된 다른 개체간 요인 a의 수준을 고려하지 않을 때, 개체간 요인 b의 수준에 따라 종속변수의 기댓값은 통계적으로 크게 다르게 변하지 않으며, 약 1% 정도의 종속변수의 분산이 설명될 뿐이다($\eta^2_{partial} = .011$).

통계적으로 유의미한 상호작용효과가 포함될 경우, 사실 위에서 서술한 주효과의 경우 상당히 제한적으로 해석될 수 있습니다. 왜냐하면 상호작용효과가 통계적으로 유의미하게 나타난다는 말은 특정 개체간 요인의 효과에 대해서 어떤 일반적인 평가를 내리기 애매하다는 것을 뜻하기 때문입니다. 구체적으로 "'a의 주효과를 설명할 때 b의 수준을 고려하지 않는다'라는 말이 'a의 효과가 b의 수준에 따라 달라진다'는 상호작용효과에 대한 설명과 문제없이 공존할 수 있는가?"라고 의문을 가질 수 있습니다.[4]

통계적으로 유의미한 상호작용효과가 나타났을 때, 주효과를 어떻게 해석할 것인가에 대한 부분은 활동분과의 관례를 잘 살펴서 적절하게 선택하시기 바랍니다. 나중에 다시 말씀드리겠지만, 본서를 포함해 R을 기반으로 실험데이터 분석을 설명하는

---

4 이러한 의문점에 동의하신다면, 상호작용효과가 통계적으로 유의미한 경우에 주효과를 설명하는 것 대신 특정 요인(들)의 수준에 따라 다른 특정 요인의 효과가 어떠한지 살펴보는 단순주효과(simple main effect)를 살펴보는 것이 더 낫다고 생각하실 것입니다. 개인적으로는 상호작용효과항의 통계적 유의도 테스트 결과에 따라 다음과 같은 방식의 분석이 타당하다고 생각합니다. 첫째, 통계적으로 유의미하지 않은 상호작용효과가 나타날 경우, 상호작용효과 추정항을 빼고 주효과만을 추정한 후 주효과항을 해석합니다. 둘째, 통계적으로 유의미한 상호작용효과항이 나타날 경우, 상호작용효과를 해석한 후 단순주효과 테스트를 실시하고 그 결과를 해석합니다.

참고문헌들에서 활용하는 emmeans 패키지의 경우, 상호작용효과항이 포함된 분산분석 모형에서 주효과를 추정할 때 이용자들에게 주의사항을 알리는 방식을 택하고 있습니다. 활동분과의 관례에 따라 주효과를 설명하고 해석하는 것이 표준으로 확고히 자리 잡았다면, 관련 주의사항은 그냥 넘어가도 무방할 듯합니다(이 부분은 조금 후에 실제 사례와 같이 다시 살펴보겠습니다).

이원분산분석 결과표를 얻었으니 효과패턴이 어떤지 한번 살펴봅시다. 일원분산분석의 경우에는 시각화 방식이 필수적이라고 보기 어려웠지만, 이원분산분석부터는 시각화를 하는 것이 매우 좋습니다. 청중이나 독자의 입장에서 그래프 없이 상호작용효과 패턴을 이해하는 것은 사실 쉽지 않습니다. emmeans 패키지의 emmip() 함수를 활용하면 다음과 같이 쉽게 상호작용효과 패턴을 시각화할 수 있습니다. 공식(formula) 표현 부분의 b~a는 X축에 a를 배치하고, 색깔범례로 b를 배치한다는 의미입니다. 일반적으로 원인으로 취급되는 독립변수의 경우 X축에, 조건(condition)으로 취급되는 조절변수의 경우 범례로 배치합니다. 즉 여기서 저는 a를 원인변수로, b를 조절변수로 상정하였습니다.

```
> # 시각화
> emmip(myaov, b~a, CIs=TRUE,
+       CIarg=list(lwd=5,alpha=0.4))+
+   labs(x="Factor a", y="Point estimates and 95% CI", color="Factor b",
+       caption="Type III")+
+   theme_classic()
```

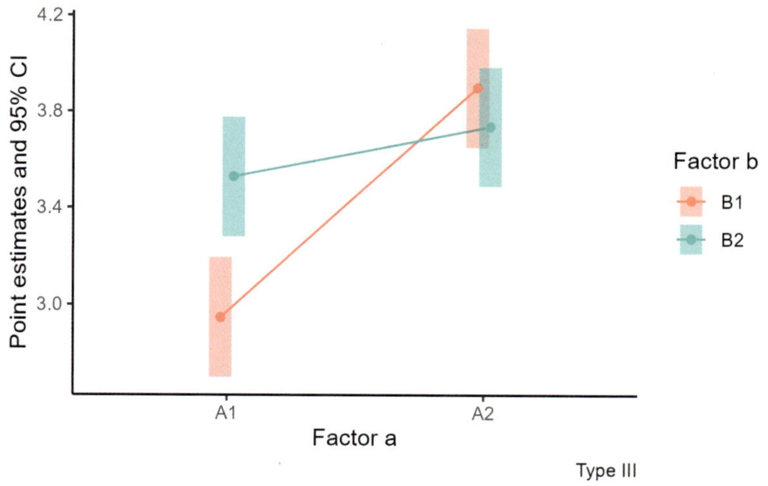

[그림 5-1] emmip() 함수를 활용한 2×2 2요인 실험데이터에서 나타난 상호작용효과 시각화

만약 emmip() 함수에서 제공하는 형식이 아닌 다른 방식의 시각화를 원한다면, plotit 옵션을 FALSE로 지정하여 해당 데이터를 저장하고 이를 활용하여 연구자가 원하는 방식으로 직접 시각화할 수 있습니다. 먼저 시각화 작업을 위한 데이터를 저장하면 아래와 같습니다.

```
> # 만약 다른 형태의 그래프를 원한다면
> myfig <- emmip(myaov, b~a, CIs=TRUE, plotit = FALSE) |>
+ print()
 b  a yvar    SE df LCL UCL tvar xvar
B1 A1  2.95 0.126 248 2.70 3.19   B1   A1
B2 A1  3.53 0.126 248 3.28 3.78   B2   A1
B1 A2  3.90 0.126 248 3.65 4.15   B1   A2
B2 A2  3.74 0.126 248 3.49 3.98   B2   A2

Confidence level used: 0.95
```

저장된 myfig 데이터 오브젝트를 활용하여 95% 신뢰구간(CI)을 오차막대기(error-bar)로 하고, 추정된 한계평균값을 막대그래프 형식으로 표현한 그래프를 그려보죠. 아래와 같이 ggplot2 패키지의 geom_bar() 함수와 geom_errorbar() 함수를 이용하면 얼마든지 원하는 그래프를 그릴 수 있습니다. ggplot2 패키지를 활용하여 시각화하는 방식에 대해서는 졸저(백영민, 2023) 혹은 관련된 다른 책들을 참고하시기 바랍니다.

```
> myfig |>
+ ggplot(aes(x=xvar,y=yvar,fill=tvar))+
+ geom_bar(stat="identity",alpha=0.5,position=position_dodge(width=0.9))+
+ geom_errorbar(aes(ymin=LCL,ymax=UCL),width=0.2,position=position_dodge(width=0.9))+
+ labs(x="Factor a", y="Point estimates and 95% CI", fill="Factor b",
+      caption="Type III")+
+ coord_cartesian(ylim=c(2.5,4.5))+
+ scale_y_continuous(expand=expansion(mult=0,add=0))+
+ theme_classic()
```

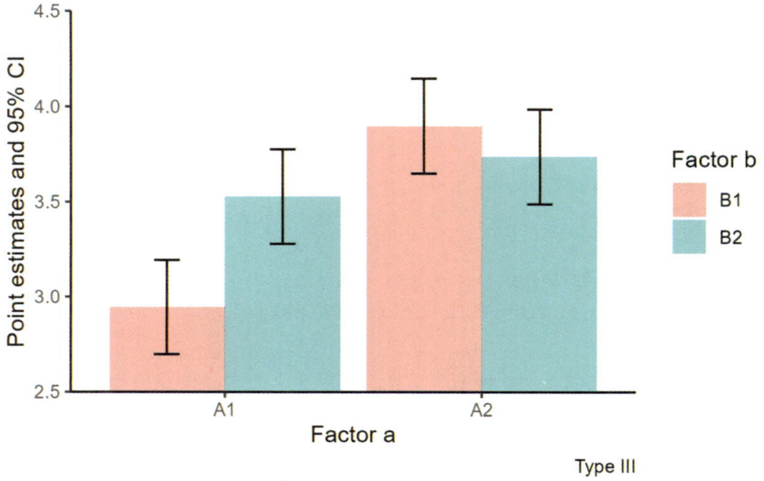

[그림 5-2] 2×2 2요인 실험데이터에서 나타난 상호작용효과 (막대그래프)

위의 두 그림을 살펴보면, 개체간 요인 a의 효과가 다른 개체간 요인 b의 수준에 따라 다르게 나타납니다. 즉 개체간 요인 b의 수준이 B1인 경우의 개체간 요인 a의 효과가, 개체간 요인 b의 수준이 B2인 경우의 개체간 요인 a의 효과보다 훨씬 크다는 것이 시각적으로 잘 드러납니다. 앞의 이원분산분석 결과에서 얻은 상호작용효과항에 대한 통계적 유의도 테스트 결과인 $F(1,248) = 8.69$, $p = .004$가 의미하는 바가 바로 이것입니다.

끝으로 활용도가 높지는 않을 것 같지만, 연구목적에 따라 이원분산분석 기법으로 분석한 결과를 아래와 같이 마치 일원분산분석 기법으로 분석한 것처럼 제시할 수도 있습니다. emmip() 함수에서 ~a:b는 두 요인의 수준을 차례대로 교차해 하나의 요인처럼 취급한다는 것을 의미합니다(즉 A1B1, A2B1, A1B2, A2B2의 순서). 예를 들어 연구목적상 A1B1에 해당되는 집단이 다른 집단들보다 유독 한계평균이 낮게 추정된 것을 보여주고자 할 경우라면 다음의 [그림 5-3]도 나쁘지 않을 듯합니다.

```
> # 두 요인을 통합하여 제시할 경우
> emmip(myaov,~a:b, CIs=TRUE,
+       CIarg=list(lwd=5,alpha=0.3,color="blue"))+
+ theme_bw()
```

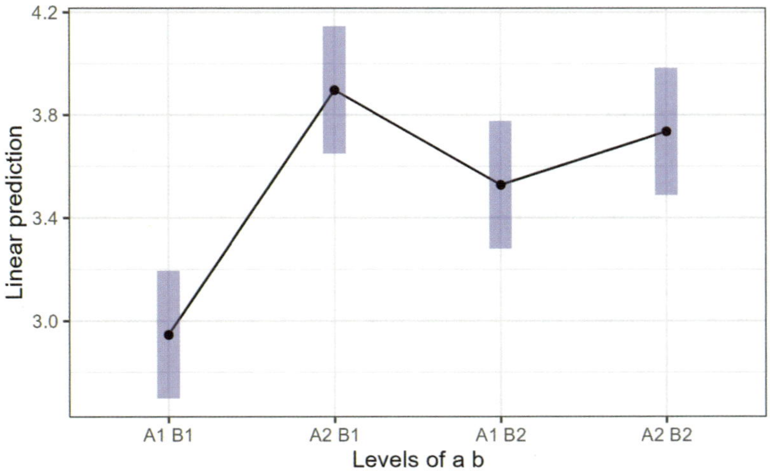

[그림 5-3] 두 요인을 하나의 요인으로 변환한 후 시각화

1-3 추가 분석: 단순효과 분석, 계획비교, 사후 다중비교

4장에서와 마찬가지로 단순효과 분석(simple effect analysis), 계획비교(planned contrast), 사후 다중비교(posthoc multiple comparison) 3가지를 추가 분석으로 진행해 보겠습니다. 3가지 추가 분석을 진행하기 전, 추정된 한계평균을 계산하는 방법에 대해 먼저 간단히 설명하겠습니다. 2요인설계의 경우, 한계평균을 추정하는 방법 역시 이원분산분석으로 추정항을 얻는 방식과 비슷합니다. 즉 한계평균 역시 ①개체간 요인 a의 수준별 추정된 한계평균, ②개체간 요인 b의 수준별 추정된 한계평균, ③개체간 요인 a와 개체간 요인 b의 수준을 교차하여 상호작용효과를 살펴볼 수 있는 추정된 한계평균과 같이 3가지로 구분할 수 있습니다.

먼저 ①과 ②와 같이 하나의 개체간 요인의 수준별 한계평균을 추정하고자 하면, 원하는 이름의 개체간 요인을 투입하면 됩니다. 순서대로 한계평균을 추정하면 다음과 같습니다.

```
> # 한계평균추정(단일요인)
> myaov |> emmeans(~a)
NOTE: Results may be misleading due to involvement in interactions
 a emmean     SE  df lower.CL upper.CL
 A1   3.24 0.0892 248     3.06     3.41
```

```
A2    3.82 0.0892 248      3.64     3.99

Results are averaged over the levels of: b
Confidence level used: 0.95
> myaov |> emmeans(~b)
NOTE: Results may be misleading due to involvement in interactions
 b emmean     SE  df lower.CL upper.CL
 B1    3.42 0.0892 248      3.25     3.60
 B2    3.63 0.0892 248      3.46     3.81

Results are averaged over the levels of: a
Confidence level used: 0.95
```

출력결과에서 "NOTE: Results may be misleading due to involvement in interactions" 부분을 먼저 주목하시기 바랍니다. 제시된 출력결과는 "상호작용항이 포함되어 있기 때문에 제시된 결과는 오해를 부를 수도 있다" 정도로 해석할 수 있습니다. 우선 이 말은 분석결과가 오류라거나 틀렸다는 뜻이 아니라는 점을 분명히 숙지하시기 바랍니다. 그럼에도 불구하고 '오해'라는 표현이 삽입된 이유는 앞에서 제가 이야기했던 "상호작용효과가 통계적으로 유의미할 경우, 주효과를 해석하는 것이 타당한가?"라는 질문과 밀접하게 관련되어 있습니다. 다시 말해 상호작용효과항이 통계적으로 유의미할 경우 주효과를 별도로 해석하지 않는 분과라면 위와 같은 방식으로 한계평균을 추정할 이유가 전혀 없겠지만, 만약 상호작용효과항의 통계적 유의미성 판단여부와 무관하게 주효과를 해석해야 하는 경우라면 위와 같은 방식으로 한계평균을 추정한 후, 추가로 contrast() 함수를 활용하여 계획비교 혹은 사후 다중비교를 진행할 수 있습니다.

반면 이원분산분석에서 두 개체간 요인의 수준을 교차한 모든 집단의 한계평균을 추정하고자 할 때 연구목적에 따라 ①개체간 요인 b의 수준별 개체간 요인 a의 수준별 한계평균을 추정할 경우, ②개체간 요인 a의 수준별 개체간 요인 b의 수준별 한계평균을 추정할 경우, ③두 개체간 요인을 단순교차하여 각 집단별 한계평균을 추정할 경우, 3가지 방식 중 하나를 택할 수 있습니다. ①의 방식에서는 emmeans() 함수 내부에 ~a|b와 같은 방식으로, ②의 방식에서는 ~b|a와 같은 방식으로, ③의 방식에서는 ~a:b와 같은 방식으로 공식을 지정하면 됩니다.

```
> # 두 요인의 수준을 교차하여 모든 집단의 한계평균을 추정
> myaov |> emmeans(~a|b)
b = B1:
 a emmean    SE  df lower.CL upper.CL
 A1    2.95 0.126 248     2.70     3.19
 A2    3.90 0.126 248     3.65     4.15

b = B2:
 a emmean    SE  df lower.CL upper.CL
 A1    3.53 0.126 248     3.28     3.78
 A2    3.74 0.126 248     3.49     3.98

Confidence level used: 0.95
> myaov |> emmeans(~b|a)
a = A1:
 b emmean    SE  df lower.CL upper.CL
 B1    2.95 0.126 248     2.70     3.19
 B2    3.53 0.126 248     3.28     3.78

a = A2:
 b emmean    SE  df lower.CL upper.CL
 B1    3.90 0.126 248     3.65     4.15
 B2    3.74 0.126 248     3.49     3.98

Confidence level used: 0.95
> myaov |> emmeans(~a:b)  # myaov |> emmeans(~b:a)와 순서가 다를 뿐 본질적으로 동일
 a   b  emmean    SE  df lower.CL upper.CL
 A1  B1    2.95 0.126  248     2.70     3.19
 A2  B1    3.90 0.126  248     3.65     4.15
 A1  B2    3.53 0.126  248     3.28     3.78
 A2  B2    3.74 0.126  248     3.49     3.98

Confidence level used: 0.95
```

출력결과에서 확인할 수 있듯 4개 집단의 한계평균이 제시된다는 점에서 세 방식은 동일하지만, 연구자는 자신의 연구설계와 연구목적에 맞는 방법을 사용해야 합니다. 예를 들어 만약 연구자가 개체간 요인 a를 원인변수로, 개체간 요인 b를 조건변수로 상정하였다면, ~a|b와 같이 공식을 지정해야 합니다(즉 조건별로 실험처치의 효과가 어떻게 달라지는지 테스트함).

가장 먼저 단순효과 분석(simple effect analysis)을 실시해보겠습니다. 앞에서 살펴본 일원분산분석에서의 단순효과 분석에서는 전체평균과 비교해 각 집단평균이 통계적으로 유의미하게 다른지를 테스트하였고, 아주 특별한 경우가 아니라면 특별히 어떤 의미가 있는 분석이라고 보기 어렵다는 이야기를 하였습니다.

그러나 이원분산분석과 다음 장에서 살펴볼 다원분산분석의 경우, 단순효과 분석은 이론적 관점에서 유용한 정보를 제공해줍니다. 이원분산분석 맥락에서 단순효과 분석은 '단순주효과(simple main effect) 분석'입니다. 즉 어떤 특정 요인의 수준에 따라 다른 요인의 효과가 어떠한지를 테스트하는 것입니다. 예를 들어 요인 a의 효과가 어떤지 요인 b의 수준별로 구분하여 테스트한다면, 요인 a의 단순주효과 분석이라고 부를 수 있습니다. 아래와 같이 `joint_tests()` 함수의 by 옵션을 사용하면 쉽게 테스트할 수 있습니다.

```
> #단순주효과 분석
> myaov |> emmeans(~a|b) |>
+ joint_tests(by="b")
b = B1:
 model term df1 df2 F.ratio p.value
 a            1 248  28.433  <.0001

b = B2:
 model term df1 df2 F.ratio p.value
 a            1 248   1.354  0.2458
```

출력결과에서 확인할 수 있듯, 요인 a의 효과는 요인 b가 B1인 수준에서만 통계적으로 유의미하며[$F(1,248) = 28.43$, $p < .001$], B2인 수준에서는 통계적으로 유의미한 효과가 나타나지 않습니다[$F(1,248) = 1.35$, $p = .25$]. [그림 5-1]의 효과패턴과 출력결과에 나타난 단순주효과 분석결과를 같이 비교해보면 단순주효과 분석이 어떤 역할을 하는지 쉽게 이해할 수 있습니다.

만약 반대로 요인 a의 수준별 요인 b의 단순주효과 분석을 실시하고자 한다면, 다음과 같이 `joint_tests()` 함수의 by 옵션을 "a"로 바꾸어주면 됩니다. 일반적으로 조절변수의 수준별 원인변수의 단순주효과 분석을 실시하며, 연구맥락에 따라 조절변수를 by 옵션에 지정해주면 됩니다.

```
> myaov |> emmeans(~a|b) |>
+  joint_tests(by="a")
a = A1:
 model term df1 df2 F.ratio p.value
 b                1 248  10.639   0.0013

a = A2:
 model term df1 df2 F.ratio p.value
 b                1 248   0.823   0.3653
```

만약 연구맥락상 필요하다면, 아래와 같은 방식으로 각 집단의 평균이 전체평균과 통계적으로 유의미하게 다른지 여부를 비교할 수도 있습니다.[5]

```
> myaov |> emmeans(~a|b) |>
+  contrast(simple=c("a","b"))
 contrast     estimate    SE  df t.ratio p.value
 A1 B1 effect -0.58039 0.109 248  -5.315  <.0001
 A2 B1 effect  0.37045 0.109 248   3.392  0.0016
 A1 B2 effect  0.00124 0.109 248   0.011  0.9909
 A2 B2 effect  0.20870 0.109 248   1.911  0.0762

P value adjustment: fdr method for 4 tests
```

---

5 만약 contrast() 함수의 simple 옵션에 하나의 요인만을 지정할 경우, 지정되지 않은 요인의 수준별로 지정된 요인의 단순효과, 즉 지정되지 않은 요인의 수준별 전체평균과 지정된 요인의 수준별 집단평균의 통계적 유의도 테스트 결과를 얻을 수 있습니다. 이를테면, 요인 b의 수준별 종속변수의 평균과 요인 a의 수준별 집단평균의 통계적 유의도를 테스트한다면 아래와 같습니다.

```
> myaov |> emmeans(~a|b) |>
+  contrast(simple="a")
b = B1:
 contrast estimate     SE  df t.ratio p.value
 A1 effect   -0.475 0.0892 248  -5.332  <.0001
 A2 effect    0.475 0.0892 248   5.332  <.0001

b = B2:
 contrast estimate     SE  df t.ratio p.value
 A1 effect   -0.104 0.0892 248  -1.163  0.2458
 A2 effect    0.104 0.0892 248   1.163  0.2458

P value adjustment: fdr method for 2 tests
```

그러나 일원분산분석 결과를 대상으로 실시했던 단순효과 분석과 마찬가지로, 위와 같은 단순효과 분석으로는 중요한 이론적 함의를 낳는 분석결과를 얻기는 어려울 듯합니다. 물론 표본의 전체평균이 특별한 의미를 갖는 경우(이를테면 표본의 전체평균이 모집단에 대한 알려진 평균과 동일한 경우)라면 위와 같은 분석에서 이론적 함의를 찾을 수 있을지도 모르겠습니다. 이에 따라 5장 이후부터의 단순효과 분석에서는 방금 전에 살펴본 단순주효과 분석, 다음 장에서 살펴볼 단순상호작용효과(simple interaction effect) 분석, 혹은 연속형 변수 형태의 공변량과 요인 사이에 통계적으로 유의미한 상호작용효과가 나타난 경우 사용하는 단순기울기(simple slope) 분석을 제시하겠습니다.

이제 다음으로 계획비교를 살펴보겠습니다. 4장에서 이미 살펴보았지만, 2수준 개체간 요인이 하나 포함된 일원분산분석의 경우 독립표본 티테스트, 계획비교, 사후비교를 구분하는 것이 원천적으로 불가능했습니다. 왜냐하면 분석에 포함된 집단이 단 2개였기 때문입니다. 2×2 2원 설계데이터에 대한 이원분산분산의 경우도 상황이 비슷합니다. 그러나 가장 간단한 형태의 2요인설계를 이해하는 것은 다음 섹션에서 다룰 보다 복잡한 2요인설계를 수월하게 진행하기 위해 꼭 필요한 단계이니 계획비교의 개념적 기초를 이해한다는 점에서 주목하시기 바랍니다.

이원분산분석 상황에서 계획비교를 이해하기 위해 이원분산분석(myaov) 추정결과를 다시 떠올려봅시다. 이원분산분석에는 개체간 요인 a의 주효과, 개체간 요인 b의 주효과, 두 요인의 상호작용효과, 총 3가지의 효과항이 존재합니다. 두 요인을 교차하여 하나의 요인으로 통합, 즉 A1B1, A2B1, A1B2, A2B2 네 집단으로 구분할 경우, 3가지의 효과항은 다음과 같은 코딩방식으로 테스트할 수 있습니다.[6]

---

6 본서에서는 개념만 간단히 소개했지만, 만약 부분요인설계(fractional factorial design)를 시도한다면 여기에 제시된 방식의 주효과 및 상호작용효과 테스트를 반드시 이해해야 합니다. 본서에서 집중하여 소개하는 완전요인설계와 부분요인설계가 개념적으로 어떤 차이가 있는지 궁금한 분들은 3부 10장을 참조하시고, 보다 심화된 내용을 원할 경우 10장에 소개된 부분요인설계 관련 참고문헌들을 참고하시기 바랍니다.

• 개체간 요인 a의 주효과 귀무가설:

$$H_0(1): \frac{M_{A1B1} + M_{A1B2}}{2} - \frac{M_{A2B1} + M_{A2B2}}{2} = 0$$

합산코딩: {0.5, −0.5, 0.5, −0.5}

• 개체간 요인 b의 주효과 귀무가설:

$$H_0(2): \frac{M_{A1B1} + M_{A2B1}}{2} - \frac{M_{A1B2} + M_{A2B2}}{2} = 0$$

합산코딩: {0.5, 0.5, −0.5, −0.5}

• 두 요인의 상호작용효과 귀무가설:

$$H_0(3): \left(\frac{M_{A1B1} - M_{A2B1}}{2}\right) - \left(\frac{M_{A1B2} - M_{A2B2}}{2}\right) = 0$$

합산코딩: {0.5, −0.5, −0.5, 0.5}

위와 같은 방식의 계획비교를 실시하면 다음과 같습니다. 먼저 emmeans() 함수 내부에 위에서 제시된 두 요인의 교차방식에 맞도록 ~a:b와 같이 공식을 지정합니다. 다음으로 contrast() 함수의 method 옵션을 설정한 후, 제시된 귀무가설 3가지에 해당되는 방식의 합산코딩을 벡터로 지정한 후, 각 벡터의 오브젝트 이름을 명기해주면 됩니다. 계획비교를 진행하는 과정은 본질적으로 4장에서 소개했던 방식과 동일합니다.

```
> #계획비교
> myplan <- myaov |> emmeans(~a:b) |>
+  contrast(method=list(Main_a=c(0.5, -0.5, 0.5, -0.5),
+                       Main_b=c(0.5, 0.5, -0.5, -0.5),
+                       Int_ab=c(0.5, -0.5, -0.5, 0.5)))
> myplan
contrast estimate    SE  df t.ratio p.value
Main_a     -0.579 0.126 248  -4.593  <.0001
Main_b     -0.210 0.126 248  -1.665  0.0972
Int_ab     -0.372 0.126 248  -2.948  0.0035
```

출력결과의 테스트 통계치는 *t*값으로 이원분산분석에서 제시된 *F*값과는 표현방식이 다르지만, 추정결과는 본질적으로 동일합니다(통계적 유의도값을 보면 정확하게 동일합니다). 실제로 위의 t.ratio를 제곱해보면 이원분산분석에서 제시된 *F*값과 정확한 값을 얻을 수 있습니다.

```
> myplan |> as_tibble() |>
+  mutate(t2=format(round(t.ratio^2,2),nsmall=2)) |>
+  select(t.ratio,t2)
# A tibble: 3 × 2
 t.ratio    t2
   <dbl>  <chr>
1  -4.59 "21.10"
2  -1.67 " 2.77"
3  -2.95 " 8.69"
```

만약 연구자의 이론적 관점에서 A1B1 집단의 평균이 다른 세 집단의 평균과 비교해 통계적으로 유의미하게 다른지 살펴보는 연구가설을 설정했다고 가정해봅시다. 만약 이런 상황이라면 다음과 같은 방식의 귀무가설 테스트와 계획비교가 가능할 것입니다.

$$H_0 : M_{A1B1} - \frac{M_{A1B2} + M_{A2B1} + M_{A2B2}}{3} = 0$$

합산코딩: {1, –1/3, –1/3, –1/3}

```
> # 연구가설을 설정하였을 때, 계획비교
> myplan <- myaov |> emmeans(~a:b) |>
+  contrast(method=list(A1B1vsOthers=c(1,-1/3,-1/3,-1/3)))
> myplan
 contrast       estimate    SE  df t.ratio p.value
 A1B1vsOthers     -0.774 0.146 248  -5.315  <.0001
```

4장과 마찬가지로 위에서 얻은 계획비교 결과에 대한 효과크기 통계치를 계산해야 한다면 다음과 같이 계산할 수 있습니다. 4장까지는 effectsize 패키지의 t_to_d() 함수를 활용하여 수동으로 코헨의 *d*를 계산했지만, 이제부터는 contrast() 함수를 적용하여 얻은 결과를 정리해 계산해주는 CohenD_based_on_t()라는 이름의 이용자 함수를 하나 정의하였습니다. 지금까지의 실험설계에는 개체간 요인만이 포함되었지만, 7장에서는 개체내 요인(within-subject factor)도 포함될 예정이기 때문에, 요인의 성격이 개체간 요인인지(TRUE) 아니면 개체내 요인인지(FALSE)를 구분할 수 있는 factor_WB라는 입력값(input)도 하나 별도 지정하였습니다. 위에서 얻은 계획비교 결과에 대한 통계적 유의도 테스트 결과와 코헨의 *d* 계산결과를 출력한 결과는 아래와 같습니다.

```
> # 효과크기 계산 이용자 함수
> CohenD_based_on_t <- function(Object_EMM_contrast,factor_WB){
+  mycontra <- as_tibble(Object_EMM_contrast)
+  mycohenD <- t_to_d(t=mycontra$t.ratio,df=mycontra$df,paired=factor_WB) |>
+    interpret(rules="cohen1988")
+  myresult <- bind_cols(mycontra,as_tibble(mycohenD)) |>
+    mutate(across(
+      .cols=c(estimate, SE, t.ratio,d,CI_low,CI_high),
+      .fns=function(x){format(round(x,3),nsmall=3)}
+    )) |>
+    mutate(
+      sigstar=cut(p.value,c(0,0.001,0.01,0.05,0.10,1.01),right=FALSE,
+                  labels=c("***","**","*","+"," ")),
+      p.value=ifelse(p.value<0.001,"<0.001",format(round(p.value,3),nsmall=3)),
+      DifSe=str_c(estimate,sigstar," (",SE,")"),
+      Cohen88=Interpretation,
+      ESCI95=str_c("[",CI_low,", ",CI_high,"]")
+    ) |>
+    select(contrast,df,DifSe,t.ratio,p.value,d,Cohen88,ESCI95)
+  return(myresult)
+ }
> myplan |>
+  CohenD_based_on_t(FALSE)
# A tibble: 1 × 8
  contrast        df DifSe            t.ratio p.value d      Cohen88    ESCI95
  <chr>        <dbl> <chr>            <chr>   <chr>   <chr>  <effctsz_> <chr>
1 A1B1vsOthers   248 -0.774*** (0.146) -5.315  <0.001  -0.675 medium     [-0.930, -0.418]
```

출력결과를 통해 쉽게 확인할 수 있듯, 연구가설을 토대로 진행된 계획비교 결과에 따르면, A1B1 집단의 평균은 다른 세 집단의 평균과 비교해 약 0.78점이 낮으며, 이 차이는 통계적으로 유의미하게 낮습니다[$t(248) = -5.32$, $p < .001$, $d = -0.68$]. 아울러

계획비교를 통해 살펴본 이 효과는 1988년 코헨의 분류를 따를 때 '중(medium)효과'로 분류될 수 있는 효과크기를 보여주고 있습니다.

다음으로 사후 다중비교를 진행해보겠습니다. 각 요인의 수준이 2개에 불과하다는 점에서 특정 개체간 요인수준별 다른 개체간 요인의 수준별 평균비교를 수행할 수 있는 사후비교 방법은 그리 많지 않습니다. 먼저 b수준별 a 요인의 수준별 모든 가능한(실질적으로는 1개) 평균쌍의 평균을 비교하면 다음과 같습니다. 사실 이 결과는 앞에서 살펴보았던 단순주효과 분석결과와 동일합니다(단, 2×2 2요인설계 데이터에 한정됩니다).

```
> #사후비교
> myaov |> emmeans(~a|b) |>
+ contrast("pairwise")
b = B1:
 contrast estimate    SE  df t.ratio p.value
 A1 - A2    -0.951 0.178 248  -5.332  <.0001

b = B2:
 contrast estimate    SE  df t.ratio p.value
 A1 - A2    -0.207 0.178 248  -1.163  0.2458
```

위의 출력결과를 보면 개체간 요인 a의 효과는 b = B1인 경우에 통계적으로 유의미한 것으로 나타나지만, b = B2인 경우에는 무시할 수 있을 정도로 효과가 미미하다는 것을 확인할 수 있습니다. 각 수준별 효과크기 통계치인 코헨의 *d*를 계산하면 아래와 같습니다.

```
> myaov |> emmeans(~a|b) |>
+ contrast("pairwise") |>
+ CohenD_based_on_t(FALSE)
# A tibble: 2 × 8
  contrast    df DifSe            t.ratio p.value d      Cohen88    ESCI95
  <fct>    <dbl> <chr>            <chr>   <chr>   <chr>  <effctsz_> <chr>
1 A1 - A2    248 -0.951*** (0.178) -5.332  <0.001  -0.677 medium     [-0.932, -0.421]
2 A1 - A2    248 -0.207  (0.178)   -1.163  0.246   -0.148 very small [-0.397,  0.102]
```

만약 b = B1인 경우 개체간 요인 a의 효과와 b = B2인 경우 개체간 요인 a의 효과가 통계적으로 유의미하게 다른지를 테스트해보면 어떨까요? 4장에서 이미 소개했던 joint_tests() 함수, 즉 합산테스트를 활용하면 테스트할 수 있습니다.

```
> # Joint test
> myaov |> emmeans(~a|b) |>
+ contrast("pairwise") |>
+ joint_tests()
model term df1 df2 F.ratio p.value
b           1 248   8.690  0.0035
```

사실 위의 분석결과는 이미 앞에서 우리가 확인한 것입니다. 즉 위의 출력결과에서 얻은 $F(1,248) = 8.69$, $p = .004$는 이원분산분석 결과에서 얻은 2개의 개체간 요인 사이의 상호작용효과 테스트 결과와 동일합니다. 만약 이원분산분석 결과와 동일한 결과를 얻고자 한다면, emmeans() 함수 추정결과를 대상으로 바로 합산테스트를 적용하면 됩니다.[7]

```
> myaov |> emmeans(~a|b) |>
+ joint_tests()
model df1 df2 F.ratio  p.value
a       1 248  21.097  <.0001
b       1 248   2.772  0.0972
a:b     1 248   8.690  0.0035
```

일반적으로 2×2 2요인설계의 경우, 주로 활용되는 사후 다중비교 방법은 요인별 수준을 교차한 후 얻은 모든 집단 사이의 평균쌍을 대상으로 통계적 유의도 수정기법(예를 들어 연구상황 혹은 활동분과의 관례에 따라 뚜끼, 본페로니, 혹은 더넷 조정기법 등)을 적용하는 것입니다. 예를 들어 뚜끼 기법을 토대로 2×2 2요인설계에 포함된 네 집단 사이의 평균비교를 수행한 결과는 다음과 같습니다. 뚜끼 기법으로 통계적 유의도를

---

7 이는 종속변수의 분포가 정규분포를 따르지 않아 분산분석을 활용하기 어려운 상황에서 매우 유용하게 활용될 수 있습니다. 혼합모형이나 제한적 종속변수 대상 실험데이터 분석과정에서 joint_tests() 함수를 활용하는 방법은 7-9장에서 보다 구체적으로 예시하였습니다

조정해도 A1B1 집단이 다른 세 집단보다 통계적으로 유의미하게 낮은 평균을 보이는 것을 확인할 수 있습니다.

```
> myaov |> emmeans(~a:b) |>
+ contrast("pairwise") |>
+ CohenD_based_on_t(FALSE)
# A tibble: 6 × 8
  contrast       df DifSe                t.ratio  p.value d        Cohen88     ESCI95
  <chr>       <dbl> <chr>                <chr>    <chr>   <chr>    <effctsz_>  <chr>
1 A1 B1 - A2 B1  248 "-0.951*** (0.178)" "-5.332" <0.001  "-0.677" medium      [-0.932, -0.421]
2 A1 B1 - A1 B2  248 "-0.582** (0.178)"  "-3.262" 0.007   "-0.414" small       [-0.665, -0.162]
3 A1 B1 - A2 B2  248 "-0.789*** (0.178)" "-4.425" <0.001  "-0.562" medium      [-0.815, -0.308]
4 A2 B1 - A1 B2  248 " 0.369  (0.178)"   " 2.070" 0.166   " 0.263" small       [ 0.013,  0.513]
5 A2 B1 - A2 B2  248 " 0.162  (0.178)"   " 0.907" 0.801   " 0.115" very small  [-0.134,  0.364]
6 A1 B2 - A2 B2  248 "-0.207  (0.178)"   "-1.163" 0.650   "-0.148" very small  [-0.397,  0.102]
```

만약 첫 번째 집단인 A1B1을 통제집단으로 설정할 수 있다면, contrast("trt.vs.ctrl") 함수를 이용하여 더넷 기법을 활용하여 통제집단과 다른 집단들(이 경우 실험처치집단)의 평균비교를 실시할 수도 있습니다. 아래와 같이 말이죠.

```
> myaov |> emmeans(~a:b) |>
+ contrast("trt.vs.ctrl",ref=1,adjust="mvt") |> # Dunnet adjustment
+ CohenD_based_on_t(FALSE)
# A tibble: 3 × 8
  contrast       df DifSe              t.ratio p.value d     Cohen88    ESCI95
  <chr>       <dbl> <chr>              <chr>   <chr>   <chr> <effctsz_> <chr>
1 A2 B1 - A1 B1  248 0.951*** (0.178)  5.332   <0.001  0.677 medium     [0.421, 0.932]
2 A1 B2 - A1 B1  248 0.582** (0.178)   3.262   0.004   0.414 small      [0.162, 0.665]
3 A2 B2 - A1 B1  248 0.789*** (0.178)  4.425   <0.001  0.562 medium     [0.308, 0.815]
```

여기서 contrast() 함수의 interaction 옵션을 한번 살펴보겠습니다. 사실 2×2 2요인설계의 경우에는 이 옵션을 활용할 일이 없습니다만, 앞으로 살펴볼 다(多, *n*-)요인설계 실험데이터를 분석할 때는 contrast() 함수의 interaction 옵션을 이해하는 것은 매우 유용하며 필수적입니다. 예시데이터의 두 요인 a, b의 두 수준을 한 요인의 수준에 따라 쌍별비교한 후, 다른 요인의 수준에 따라 쌍별비교한 두 결과에 대해 통계적 유의도 테스트를 실시하면 어떻게 될까요? 그렇죠, 이것이 바로, 위에서 살펴본 두 요인 a, b의 상호작용효과입니다. 사실 동어반복의 무의미한 일처럼 보일 수 있지만, 지금 이야기한 방법을 진행하는 방식은 아래와 같습니다.

```
> # interaction 옵션의 이해
> myaov |>
+ emmeans(~a|b) |>
+ contrast(interaction=list(a="pairwise",b="pairwise"),by=NULL)
 a_pairwise b_pairwise estimate    SE  df t.ratio p.value
 A1 - A2    B1 - B2      -0.743 0.252 248  -2.948  0.0035
```

위에서 얻은 테스트 통계치인 $t(248) = -2.948$은 이원분산분석 결과에서 얻은 상호작용효과의 테스트 통계치인 $F(1,248) = 8.69$와 정확하게 동일합니다(두 집단을 비교할 경우 $F = t^2$). contrast() 함수의 interaction 옵션을 활용하면, 다음에 소개할 3×3 2요인설계 혹은 요인의 개수가 3개 이상인 다요인설계 데이터를 분석할 때 특히 효과적입니다. 왜냐하면 연구자가 원하는 거의 모든 상호작용효과 테스트를 수행할 수 있기 때문입니다.

1-4 공변량을 투입한 공분산분석

2요인설계로 수집한 실험데이터를 대상으로 공분산분석을 실시하는 과정은 4장에서 소개한 공분산분석(ANCOVA) 과정과 크게 다르지 않습니다. 만약 공변량이 연속형 변수 형태로 측정된 경우라면, 먼저 평균중심화 변환을 실시한 후, afex 패키지의 aov_4() 함수에서 factorize 옵션을 FALSE로 설정하고 분석을 진행하면 됩니다. 이때 가급적 공변량과 요인 사이의 상호작용효과가 나타나는지 확인하는 과정을 밟으시길 권합니다(물론 공변량과 요인 사이의 독립성을 '이론적'으로 가정할 수도 있습니다). 특히 공분산분석에 투입되는 요인의 개수가 2개 이상인 경우라면 고차(higher-order) 상호작용효과항(예시데이터의 경우 3원상호작용효과)을 살펴본 후, 다음 차수 상호작용효과항(예시데이터의 경우 2원상호작용효과항)을 순차적으로 제거하시길 권합니다.

```
> # 공분산분석
> # 연속형변수는 평균중심변환
> mydata$cov_mc <- mydata$cov-mean(mydata$cov)
```

```
> # 3원상호작용효과 체크
> aov_4(y~a*b*cov_mc+(1|ID),data=mydata,factorize=FALSE,
+       anova_table=list(es="pes",intercept=TRUE))
Contrasts set to contr.sum for the following variables: a, b
Anova Table (Type 3 tests)

Response: y
        Effect      df  MSE           F  pes p.value
1  (Intercept) 1, 244 0.75 4142.40 *** .944  <.001
2            a 1, 244 0.75   19.04 *** .072  <.001
3            b 1, 244 0.75    1.49     .006   .223
4       cov_mc 1, 244 0.75   83.62 *** .255  <.001
5          a:b 1, 244 0.75    9.70 **  .038   .002
6     a:cov_mc 1, 244 0.75    0.00    <.001   .965
7     b:cov_mc 1, 244 0.75    2.16     .009   .143
8   a:b:cov_mc 1, 244 0.75    0.01    <.001   .931
---
Signif. codes:  0 '***' 0.001 '**' 0.01 '*' 0.05 '+' 0.1 ' ' 1
> # 2원상호작용효과 체크
> aov_4(y~a*b+(a+b)*cov_mc+(1|ID),data=mydata,factorize=FALSE,
+       anova_table=list(es="pes",intercept=TRUE))
Contrasts set to contr.sum for the following variables: a, b
Anova Table (Type 3 tests)

Response: y
        Effect      df  MSE           F  pes p.value
1  (Intercept) 1, 245 0.74 4163.22 *** .944  <.001
2            a 1, 245 0.74   19.30 *** .073  <.001
3            b 1, 245 0.74    1.53     .006   .217
4       cov_mc 1, 245 0.74   83.97 *** .255  <.001
5          a:b 1, 245 0.74    9.76 **  .038   .002
6     a:cov_mc 1, 245 0.74    0.00    <.001   .962
7     b:cov_mc 1, 245 0.74    2.20     .009   .139
```

위의 출력결과에서 확인할 수 있듯, 공변량은 실험설계에 포함된 두 개체간 요인들과 독립적인 관계입니다. 이에 따라 최종 공분산분석 모형을 다음과 같은 과정을 통해 추정하였고, myacov라는 이름의 오브젝트로 저장하였습니다.

```
> # 요인과 독립적인 관계로 투입
> myacov <- aov_4(y~a*b+cov_mc+(1|ID),data=mydata,factorize=FALSE,
+    anova_table=list(es="pes",intercept=TRUE))
Contrasts set to contr.sum for the following variables: a, b
```

```
> myacov
Anova Table (Type 3 tests)

Response: y
       Effect     df MSE          F pes p.value
1 (Intercept) 1, 247 0.74 4209.28 *** .945  <.001
2           a 1, 247 0.74   19.51 *** .073  <.001
3           b 1, 247 0.74    1.54     .006   .216
4      cov_mc 1, 247 0.74   86.56 *** .260  <.001
5         a:b 1, 247 0.74   10.80 **  .042   .001
---
Signif. codes: 0 '***' 0.001 '**' 0.01 '*' 0.05 '+' 0.1 ' ' 1
```

2원공분산분석을 실시한 후, 분석결과를 시각화하고 집단간 비교를 실시하는 방식 역시 앞서 이원분산분석의 사례와 크게 다르지 않습니다. 단, 공변량의 수준을 어떻게 설정할 것인지 명확하게 입장을 정리한 후, 시각화 작업을 진행하고 추가 분석을 실시하시기 바랍니다. 일반적으로 공변량 수준은 평균(위에서는 공변량을 평균중심화 변환하였기 때문에 '0')으로 가정합니다.

이원분산분석에서 살펴본 추가 분석을 동일한 순서로 적용하겠습니다. 먼저 단순주효과 분석은 아래와 같습니다. 출력결과에서 확인할 수 있듯, 요인 a의 효과는 요인 b가 B1인 수준에서만 통계적으로 유의미하게 나타납니다[$F(1,247) = 29.65$, $p < .001$]. 이원분산분석 추정결과에 대한 추가 분석결과와 비교할 때 크게 달라진 것은 없습니다. 다만 공변량이 1개 추가되면서 두 번째 자유도(df2)가 248에서 247로 감소하였고, 테스트 통계치가 미미하게 달라진 것을 확인할 수 있습니다.

```
> # covariate의 경우 평균을 가정
> # 다른 추가 분석은 본질적으로 동일함
> # 단순주효과 분석
> myacov |> emmeans(~a|b) |>
+   joint_tests(by="b")
b = B1:
 model term df1 df2 F.ratio p.value
 a            1 247  29.648  <.0001

b = B2:
 model term df1 df2 F.ratio p.value
 a            1 247   0.660  0.4173
```

다음으로 계획비교를 실시해보겠습니다. 구체적으로 A1B1 집단과 다른 세 집단의 평균을 동일하다고 볼 수 있는지 여부를 테스트하는 계획비교의 경우 아래와 같습니다. 출력결과에서 확인할 수 있듯, 연구자가 계획비교에서 가정한 귀무가설은 기각되어 A1B1 집단의 평균은 다른 세 집단의 평균보다 통계적으로 유의미하게 낮게 나타나며[$t(247) = -5.15$, $p < .001$, $d = -0.66$], 이 효과는 1988년 코헨의 효과크기 분류기준을 따를 경우 '중(medium)효과'로 분류될 수 있습니다.

```
> # covariate의 경우 평균을 가정
> # 다른 추가적 분석방법은 본질적으로 동일함
> # 계획비교
> myacov |> emmeans(~a:b) |>
+  contrast(method=list(A1B1vsOthers=c(1,-1/3,-1/3,-1/3))) |>
+  CohenD_based_on_t(FALSE)
# A tibble: 1   8
  contrast        df DifSe              t.ratio p.value d      Cohen88     ESCI95
  <chr>         <dbl> <chr>             <chr>   <chr>   <chr>  <effctsz_> <chr>
1 A1B1vsOthers  247 -0.650*** (0.126) -5.148  <0.001  -0.655 medium      [-0.911, -0.399]
```

끝으로 사후 다중비교를 살펴보겠습니다. 데이터에 포함된 네 집단간 가능한 모든 평균쌍을 비교하면 다음과 같습니다. 분석결과 오브젝트가 다를 뿐, 본질적으로 동일한 과정을 거치는 것을 확인할 수 있으며, 이원분산분석 결과와 비교할 때 동일하지는 않지만 전반적으로 비슷한 패턴이 나타나는 것을 확인할 수 있습니다.

```
> # 사후비교
> myaov |> emmeans(~a:b) |>
+  contrast("pairwise") |>
+  CohenD_based_on_t(FALSE)
# A tibble: 6 × 8
  contrast      df DifSe                  t.ratio  p.value d        Cohen88     ESCI95
  <chr>       <dbl> <chr>                 <chr>    <chr>   <chr>    <effctsz_> <chr>
1 A1 B1 - A2 B1  248 "-0.951*** (0.178)" "-5.332" <0.001  "-0.677" medium      [-0.932, -0.421]
2 A1 B1 - A1 B2  248 "-0.582** (0.178)"  "-3.262" 0.007   "-0.414" small       [-0.665, -0.162]
3 A1 B1 - A2 B2  248 "-0.789*** (0.178)" "-4.425" <0.001  "-0.562" medium      [-0.815, -0.308]
4 A2 B1 - A1 B2  248 " 0.369  (0.178)"   " 2.070" 0.166   " 0.263" small       [ 0.013,  0.513]
5 A2 B1 - A2 B2  248 " 0.162  (0.178)"   " 0.907" 0.801   " 0.115" very small [-0.134,  0.364]
6 A1 B2 - A2 B2  248 "-0.207  (0.178)"   "-1.163" 0.650   "-0.148" very small [-0.397,  0.102]
```

1-5 분산동질성 가정이 유효하지 않을 경우

만약 집단간 분산이 과도하게 이질적이라면, GLS모형을 기반으로 각 집단별 분산이질성을 고려한 분석을 진행할 수 있습니다. 4장에서 소개했던 방식을 따라 nlme 패키지의 gls() 함수를 활용하면 됩니다. 이때, varIdent() 함수 내부의 공식을 지정할 때에 실험설계에 투입된 요인들을 모두 고려해야 합니다. form=~1|a*b에서 a*b를 설정하면, 총 4개 집단에 따라 이질적인 분산을 고려하게 됩니다.

```
> #분산동질성 가정이 유효하지 않을 경우
> mygls <- gls(y~a:b+a+b, mydata, weights=varIdent(form=~1|a*b))
> summary(mygls)
Generalized least squares fit by REML
 Model: y ~ a:b + a + b
 Data: mydata
      AIC      BIC    logLik
 739.7754 767.8828 -361.8877

Variance function:
 Structure: Different standard deviations per stratum
 Formula: ~1 | a * b
 Parameter estimates:
    A1*B1     A1*B2     A2*B1     A2*B2
1.0000000 0.8909006 1.0611550 1.0691857

Coefficients:
                Value Std.Error  t-value p-value
(Intercept)  3.526894 0.06304534 55.94218  0.0000
a1          -0.289575 0.06304534 -4.59313  0.0000
b1          -0.104973 0.06304534 -1.66504  0.0972
a1:b1       -0.185846 0.06304534 -2.94781  0.0035

 Correlation:
      (Intr) a1     b1
a1    -0.117
b1     0.047  0.055
a1:b1  0.055  0.047 -0.117
```

```
Standardized residuals:
        Min          Q1         Med          Q3         Max
-3.17285966 -0.62311971 -0.09842848 0.53473387 2.92284829

Residual standard error: 0.993035
Degrees of freedom: 252 total; 248 residual
```

출력결과 중 "Variance function:" 부분에서 확인할 수 있듯, 네 집단별 분산(표준편차)을 각기 다르게 고려하고 있습니다. 이 결과를 토대로 emmeans() 함수와 joint_tests() 함수를 이용하여 이원분산분석을 진행한 결과는 아래와 같습니다. 출력결과의 두 번째 자유도(df2)에서 알 수 있듯, 자유도가 조정되었으며 새터스웨이트(Satterwaite) 조정기법을 사용하였습니다[emmeans() 함수까지만 적용해보면 자유도 조정기법이 무엇인지 명확하게 알 수 있습니다].

```
> mygls |> emmeans(~a|b) |>
+ joint_tests()
 model term df1   df2 F.ratio p.value
 a            1 244.1  21.097  <.0001
 b            1 244.1   2.772  0.0972
 a:b          1 244.1   8.690  0.0035
```

이후 emmip() 함수를 이용해 추정결과를 시각화하거나, contrast() 함수를 통해 계획비교나 사후비교를 실시하는 과정 역시 크게 다르지 않습니다. 먼저 추정결과를 시각화하면 [그림 5-4]와 같습니다. 투입되는 모형 추정결과가 달라졌을 뿐 시각화 방식은 완전히 동일하기 때문에 이해하는 데 어려움은 없으실 것입니다.

```
> mygls |>
+ emmip(b~a, CIs=TRUE,
+        CIarg=list(lwd=5,alpha=0.4))+
+ labs(x="Factor a", y="Point estimates and 95% CI",
+       caption="GLS model")+
+ theme_bw()
```

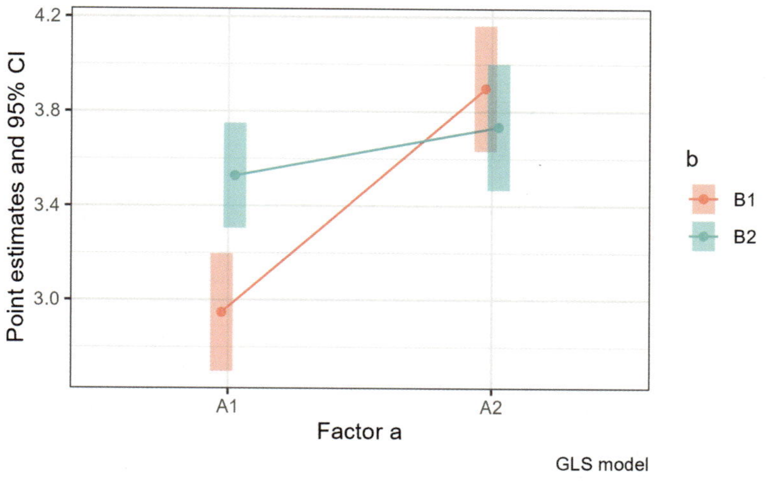

[그림 5-4] GLS모형 기반 2×2 2요인 실험데이터의 상호작용효과 패턴 시각화

앞서 이원분산분석이나 이원공분산분석을 진행한 후 실시한 추가 분석 역시 개념적으로 크게 다르지 않습니다. 먼저 단순주효과 분석을 진행하면 아래와 같습니다. 출력결과의 두 번째 자유도(df2)가 조정되었다는 점에 주목하시기 바랍니다.

```
> #단순주효과
> mygls |> emmeans(~a|b) |>
+ joint_tests(by="b")
b = B1:
 model term df1    df2 F.ratio p.value
 a             1 125.82  27.168  <.0001

b = B2:
 model term df1    df2 F.ratio p.value
 a             1 119.31   1.420  0.2358
```

계획비교 결과는 아래와 같습니다. 마찬가지로 분산동질성을 가정하지 않으면서 자유도가 매우 작게 나타난 것을 확인할 수 있습니다(이원분산분석 추정 후 살펴본 계획비교와 비교할 때, 자유도가 248에서 113으로 대폭 감소한 것을 알 수 있습니다).

```
> #계획비교
> mygls |> emmeans(~a:b) |>
```

```
+ contrast(method=list(A1B1vsOthers=c(1,-1/3,-1/3,-1/3)))
contrast      estimate    SE  df t.ratio p.value
A1B1vsOthers    -0.774 0.145 113  -5.343  <.0001

Degrees-of-freedom method: satterthwaite
```

끝으로 사후 다중비교 역시 실행방법은 크게 다르지 않습니다.

```
> #사후 다중비교
> mygls |> emmeans(~a:b) |>
+ contrast("pairwise")
contrast  estimate    SE  df t.ratio p.value
A1 B1 - A2 B1   -0.951 0.182 126  -5.212  <.0001
A1 B1 - A1 B2   -0.582 0.168 128  -3.471  0.0039
A1 B1 - A2 B2   -0.789 0.183 126  -4.308  0.0002
A2 B1 - A1 B2    0.369 0.173 121   2.130  0.1496
A2 B1 - A2 B2    0.162 0.188 125   0.858  0.8263
A1 B2 - A2 B2   -0.207 0.174 119  -1.191  0.6334

Degrees-of-freedom method: satterthwaite
P value adjustment: tukey method for comparing a family of 4 estimates
```

1-6 분석결과 보고시 고려사항

2×2 2요인설계를 토대로 수집된 실험데이터 분석결과를 보고할 때 고려할 사항을 정리하면 다음과 같습니다.

- 표본크기 추정을 위한 조건들(제1종 오류, 제2종 오류, 효과크기 등)을 명확하게 보고하며, 표본크기 추정시 기준으로 삼은 효과 추정항이 어떤 것인지(상호작용효과인지, 혹은 특정 요인의 주효과인지) 명확하게 보고함
- 추정된 한계평균(estimated marginal means)의 변화를 그래프로 시각화하여 제시하는 방식으로 효과패턴을 명확하게 전달함
- (필요시) 개체간 요인을 교차하여 얻은 수준별 평균과 표준편차 등의 기술통계치를 보고함. 만약 공분산분석을 실시하였다면, 가정된 공변량 수준을 명시한 후 각 집단

별 조정된 평균(adjusted mean)을 보고함

- 집단간 분산동질성을 가정하였는지 여부를 보고함. 만약 분산이질성을 가정하였다면, 어떤 방식(이를테면, GLS 사용)으로 분산이질성에 대처하였는지를 보고함
- 상호작용효과 테스트 통계치(*F-value*)와 효과크기 통계치(이를테면, $\eta^2_{partial}$)를 반드시 보고함. 또한 통계적으로 유의미한 상호작용효과가 발생하였을 경우, 주효과 추정결과를 해석할지 그 필요여부를 주의 깊게 결정함
- (연구목적에 따라) 계획비교 테스트 결과를 보고함. 2×2 2요인설계의 경우, 계획비교 대상이 극도로 제한된다는 점을 고려하여 계획비교를 실시하기 전에 이론적 근거를 갖는 연구가설을 사전에 설정할 수 있는지 세심하게 살펴봄
- (활동분과에 따라) 계획비교의 효과크기 통계치를 보고함

2 3×3 2요인설계

2-1 표본크기 추정, 실험설계, 데이터 수집

먼저 고려할 것은 표본규모 설정입니다. 지금까지와 마찬가지로 제1종 오류와 제2종 오류의 기준은 각각 $\alpha = .05$, $\beta = .20$(즉 통계적 검증력 .80)으로 그대로 유지하겠습니다. 또한 연구자는 선행연구 검토와 자신의 경험을 토대로 상호작용효과의 효과크기를 $\eta^2_{partial} = .03$으로 가정하였습니다. 아울러 선행연구에서 통상적으로 고려하는 공변량을 포함하여 실험을 진행할 예정이기에, 공변량 개수('1')도 표본크기 설정과정에 포함하였습니다. 연구자는 3수준의 요인 2개를 교차해 얻을 수 있는 9개 집단이 모두 동일한 규모를 갖는다고 가정하고 있습니다. pwrss 패키지의 pwrss.f.ancova() 함수를 이용하여 언급된 조건을 충족하는 표본크기를 계산하면 아래와 같습니다.

```
> # 3x3 factorial design
> library(pwrss)
> pwrss.f.ancova(eta2=0.03,
+                n.way=2,
+                n.levels=c(3,3),
+                n.covariates=1,
+                power=0.80, alpha=0.05)
```

```
Two-way Analysis of Variance (ANOVA)
 H0: 'eta2' or 'f2' = 0
 HA: 'eta2' or 'f2' > 0
-------------------------------------
Factor A: 3 levels
Factor B: 3 levels
-------------------------------------
effect power n.total  ncp df1     df2
     A   0.8     315  9.730   2 304.606
     B   0.8     315  9.730   2 304.606
   AxB   0.8     391 12.085   4 380.743
-------------------------------------
Type I error rate: 0.05
> 391/(3*3)
[1] 43.44444
```

출력결과에서 확인할 수 있듯, 391명으로 구성된 표본을 수집해야 하며 이를 실험에서 계획한 분석집단의 개수로 나누어주면 집단별로 44명이 필요합니다. 이를 토대로 연구자는 각 집단별 44명, 총 실험표본규모를 396(44×9)으로 설정하였습니다. 이를 토대로 연구자가 수집한 데이터는 dt_BSfactor2_3by3.csv입니다.

2-2 처치효과·효과크기 추정 및 효과패턴의 시각화

이제 실험데이터를 이원분산분석을 활용해 두 개체간 요인들의 주효과와 상호작용효과를 추정한 후, 추가로 공변량도 투입한 공변량분석도 같이 진행해봅시다. 먼저 데이터를 불러온 후, 개체간 요인에 해당되는 두 변수 a, b의 경우 요인형으로 전환하고, 공변량인 cov의 경우 평균중심화 변환을 적용해봅시다.

```
> #분석 시작
> library(car) #Anova(.., type="III")
> library(afex)
> library(emmeans)
> library(nlme)
> library(effectsize)
> library(tidyverse)
> mydata <- read_csv("dt_BSfactor2_3by3.csv",show_col_types=FALSE) |>
+  mutate(
```

```
+   a=factor(a),b=factor(b),  # 요인형 변수 전환
+   cov_mc=cov-mean(cov) # 평균중심화 변환
+ )
```

두 개체간 요인들을 먼저 투입한 이원분산분석 결과를 추정해봅시다.

```
> # 개체간 요인만 투입 분산분석
> aov_4(y~a*b+(1|ID),data=mydata,
+       anova_table=list(es="pes",intercept=TRUE))
Contrasts set to contr.sum for the following variables: a, b
Anova Table (Type 3 tests)

Response: y
       Effect     df MSE           F pes p.value
1 (Intercept) 1, 387 1.03 4598.66 *** .922   <.001
2           a 2, 387 1.03    5.85 **  .029    .003
3           b 2, 387 1.03    2.98 +   .015    .052
4         a:b 4, 387 1.03    5.02 *** .049   <.001
---
Signif. codes:  0 '***' 0.001 '**' 0.01 '*' 0.05 '+' 0.1 ' ' 1
```

출력결과에서 개체간 요인들 사이에 통계적으로 유의미한 상호작용효과를 확인할 수 있습니다[$F(4,387) = 5.02$, $p < .001$, $\eta^2_{partial} = .05$]. 다음으로 공변량을 투입해봅시다. 먼저 세 변수(a, b, cov_mc)를 교차하였을 때 얻을 수 있는 가능한 모든 상호작용효과 패턴을 확인해보겠습니다.

```
> # 공변량 투입 공분산분석
> aov_4(y~a*b*cov_mc+(1|ID),data=mydata,factorize=FALSE,
+       anova_table=list(es="pes",intercept=TRUE))
Contrasts set to contr.sum for the following variables: a, b
Anova Table (Type 3 tests)

Response: y
       Effect     df MSE           F pes p.value
1 (Intercept) 1, 378 0.70 6491.40 *** .945   <.001
2           a 2, 378 0.70    4.27 *   .022    .015
3           b 2, 378 0.70    0.86     .005    .423
4      cov_mc 1, 378 0.70  179.10 *** .321   <.001
```

```
5           a:b 4, 378 0.70     3.95 **  .040     .004
6     a:cov_mc 2, 378 0.70     2.81 +   .015     .062
7     b:cov_mc 2, 378 0.70     1.03     .005     .360
8  a:b:cov_mc 4, 378 0.70      0.76     .008     .549
---
Signif. codes:  0 '***' 0.001 '**' 0.01 '*' 0.05 '+' 0.1 ' ' 1
```

3원상호작용효과(a:b:cov_mc)의 경우 통계적으로 유의미하지 않은 것으로 나타납니다. 그러나 개체간 요인 a와 공변량 cov_mc 사이에는 통상적인 통계적 유의도 수준에 다소 못 미치는 2원상호작용효과가 나타납니다[$F(2,387) = 2.81$, $p = .062$]. 이제 3원상호작용효과를 빼고 공변량과 개별 개체간 요인의 2원상호작용효과를 추정한 공분산분석을 실시해보겠습니다.

```
> aov_4(y~a*b+(a+b)*cov_mc+(1|ID),data=mydata,factorize=FALSE,
+        anova_table=list(es="pes",intercept=TRUE))
Contrasts set to contr.sum for the following variables: a, b
Anova Table (Type 3 tests)

Response: y
       Effect     df MSE             F pes p.value
1 (Intercept) 1, 382 0.69 6620.80 *** .945   <.001
2           a 2, 382 0.69    4.08 *   .021    .018
3           b 2, 382 0.69    0.84     .004    .431
4      cov_mc 1, 382 0.69  182.93 *** .324   <.001
5         a:b 4, 382 0.69    4.26 **  .043    .002
6    a:cov_mc 2, 382 0.69    3.38 *   .017    .035
7    b:cov_mc 2, 382 0.69    1.10     .006    .336
---
Signif. codes:  0 '***' 0.001 '**' 0.01 '*' 0.05 '+' 0.1 ' ' 1
```

공변량은 개체간 요인 a와 통계적으로 유의미한 2원상호작용효과를 갖는 것으로 나타납니다. 이에 따라 다음과 같은 공분산분석을 추정한 후 myacov라는 이름의 오브젝트로 저장하였습니다.

```
> # 최종모형 결정
> myacov <- aov_4(y~a*b+a*cov_mc+(1|ID),data=mydata,factorize=FALSE,
+    anova_table=list(es="pes",intercept=TRUE))
```

```
Contrasts set to contr.sum for the following variables: a, b
> myacov
Anova Table (Type 3 tests)

Response: y
       Effect     df MSE           F  pes p.value
1 (Intercept) 1, 384 0.69 6698.68 *** .946   <.001
2           a 2, 384 0.69    3.62 *   .019    .028
3           b 2, 384 0.69    0.81     .004    .447
4      cov_mc 1, 384 0.69  188.34 *** .329   <.001
5         a:b 4, 384 0.69    3.91 **  .039    .004
6   a:cov_mc 2, 384 0.69    3.29 *   .017    .038
---
Signif. codes: 0 '***' 0.001 '**' 0.01 '*' 0.05 '+' 0.1 ' ' 1
```

출력결과에서 확인할 수 있듯, 두 개체간 요인 a와 b는 통계적으로 유의미한 상호작용효과를 보이는데[$F(4,384) = 3.91$, $p = .004$], 이는 전체분산 중 약 4%가량을 설명하며($\eta^2_{partial} = .039$), 1992년 코헨의 효과크기 분류기준을 적용한다면 '소(small)'효과로 분류할 수 있습니다.[8] 또한 개체간 요인 a와 공변량 사이에도 통계적으로 유의미한 상호작용효과를 발견하였는데[$F(2,384) = 3.29$, $p = .038$], 이는 전체분산 중 약 2%가량을 설명하며($\eta^2_{partial} = .017$), 1992년 코헨의 효과크기 분류기준을 적용한다면 '극소(very small)'효과로 분류할 수 있습니다.[9]

---

8 아래와 같이 얻을 수 있습니다.

```
> eta_squared(myacov) |> interpret(rules="cohen1992")
# Effect Size for ANCVA (Type III)

Parameter | Eta2 (partial) |       95% CI | Interpretation
-----------------------------------------------------------
a         |           0.02 | [0.00, 1.00] |     very small
b         |       4.18e-03 | [0.00, 1.00] |     very small
cov_mc    |           0.33 | [0.27, 1.00] |          large
a:b       |           0.04 | [0.01, 1.00] |          small
a:cov_mc  |           0.02 | [0.00, 1.00] |     very small

- One-sided CIs: upper bound fixed at [1.00].
- Interpretation rule: cohen1992
```

9 위의 각주의 출력결과를 참조하세요.

이제 2원공분산분석 결과를 시각화해봅시다. 먼저 공변량의 수준을 평균으로 상정하였을 때, 다시 말해 '0'으로 설정하였을 때의 두 개체간 요인의 상호작용효과를 시각화하면 아래 [그림 5-5]와 같습니다.

```
> # 시각화
> # 먼저 공변량을 평균(0)으로 설정 후 개체간 요인의 효과 분석
> myacov |>
+  emmip(~a|b, CIs=TRUE,
+        CIarg=list(lwd=5,alpha=0.4))+
+  labs(x="Factor a", y="Point estimates and 95% CI",
+       caption="Type III, covariate assumed at its mean")+
+  theme_bw()
```

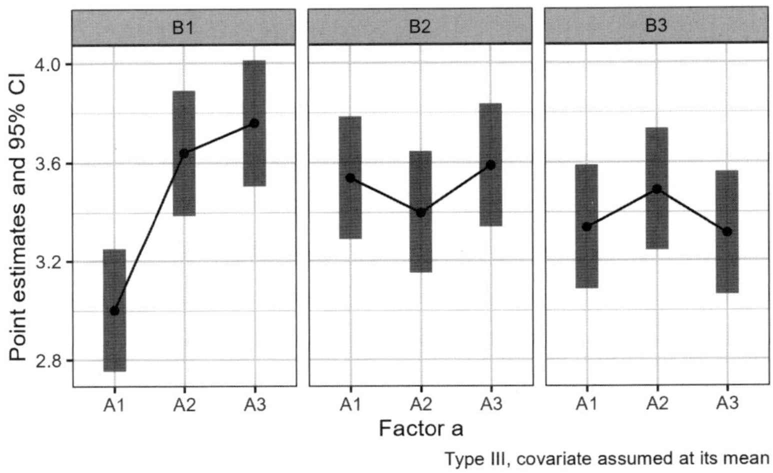

[그림 5-5] 3×3 2요인 실험데이터에서 나타난 2원상호작용효과 시각화

[그림 5-5]에서 확인할 수 있듯, 공변량의 효과를 통제하였을 때, 요인 a의 수준 증가에 따른 종속변수의 변화패턴은 요인 b의 수준에 따라 제각각 달라집니다. 즉 B1인 경우에는 요인 a의 수준이 증가할수록 한계평균이 선형적으로 증가하는 모습을 보이는 반면, B2 혹은 B3인 경우에는 요인 a의 수준이 증가해도 한계평균이 별로 변하지 않는 모습을 보입니다. 앞서 확인했던 두 요인 a와 b 사이의 통계적으로 유의미한 상호작용효과[$F(4,384) = 3.91$, $p = .004$]가 어떤 패턴을 보이는지는 [그림 5-4]에서 명확하게 알 수 있습니다.

다음으로 공변량과 개체간 요인 a 사이의 상호작용효과가 어떠한지를 시각화하여 나타내면 다음과 같습니다. 여기서는 공변량이 연속형 변수라는 점에서 공변량과 종속변수의 관계가 두 요인 a, b 수준에 따라 어떻게 변하는지를 쉽게 살펴볼 수 있도록 시각화하였습니다. 우선 예시데이터의 공변량이 어떤 범위를 갖는 연속형 변수인지를 확인한 후, 상위 10%와 하위 10%에 해당되는 지점을 확인해보죠.

```
> # 다음으로 공변량의 효과를 고려하여 시각화
> quantile(mydata$cov_mc,prob=c(0.1,0.9)) # 10-90% 범위
      10%       90%
-2.204965  2.273514
```

이제 범위를 소수점 둘째 자리에서 반올림한 후, 범위 내부의 간격을 0.10을 기준으로 나누어 공변량의 조건을 설정하였습니다. 이렇게 설정된 공변량의 범위는 cov_points라는 이름의 벡터로 저장하였습니다.

```
> # 0.10 단위로 10-90% 범위의 공변량 조건을 생성
> cov_points <- seq(-2.20, 2.27, by=0.10)
> cov_points
 [1] -2.2 -2.1 -2.0 -1.9 -1.8 -1.7 -1.6 -1.5 -1.4 -1.3 -1.2 -1.1 -1.0 -0.9 -0.8 -0.7 -0.6 -0.5
[19] -0.4 -0.3 -0.2 -0.1  0.0  0.1  0.2  0.3  0.4  0.5  0.6  0.7  0.8  0.9  1.0  1.1  1.2  1.3
[37]  1.4  1.5  1.6  1.7  1.8  1.9  2.0  2.1  2.2
```

다음으로 emmip() 함수를 이용하되, plotit 옵션을 FALSE로 설정하여 시각화를 위한 데이터를 생성하였습니다. 생성된 시각화 결과의 일부를 확인해보면 다음과 같습니다.

```
> myfig <- myacov |> ref_grid(at=list(cov_mc=cov_points)) |>
+  emmip(~cov_mc|a|b,plotit=FALSE,CIs=TRUE)
> myfig |> head()
 cov_mc  a  b yvar    SE  df  LCL  UCL tvar xvar
   -2.2 A1 B1 2.44 0.145 384 2.16 2.73    1 -2.2
   -2.2 A2 B1 2.76 0.170 384 2.42 3.09    1 -2.2
   -2.2 A3 B1 3.07 0.173 384 2.73 3.41    1 -2.2
   -2.2 A1 B2 2.98 0.153 384 2.68 3.28    1 -2.2
   -2.2 A2 B2 2.52 0.158 384 2.21 2.83    1 -2.2
```

```
  -2.2 A3 B2  2.90 0.153 384 2.60 3.20     1  -2.2

Confidence level used: 0.95
```

이 결과를 토대로 선그래프를 생성한 후, 95% 신뢰구간을 리본(ribbon)그래프 형식으로 제시하면 아래 [그림 5-6]과 같습니다.

```
> myfig |>
+ mutate(cov=cov_mc+mean(mydata$cov)) |>
+ ggplot(aes(x=cov,y=yvar))+
+ geom_line(aes(color=b),lwd=1.5)+
+ geom_ribbon(aes(ymin=LCL,ymax=UCL,fill=b),alpha=0.3)+
+ labs(x="Covariate", y="Point estimates and 95% CI",
+      color="Factor b",fill="Factor b",
+      caption="Type III")+
+ theme_bw()+
+ facet_grid(~a)
```

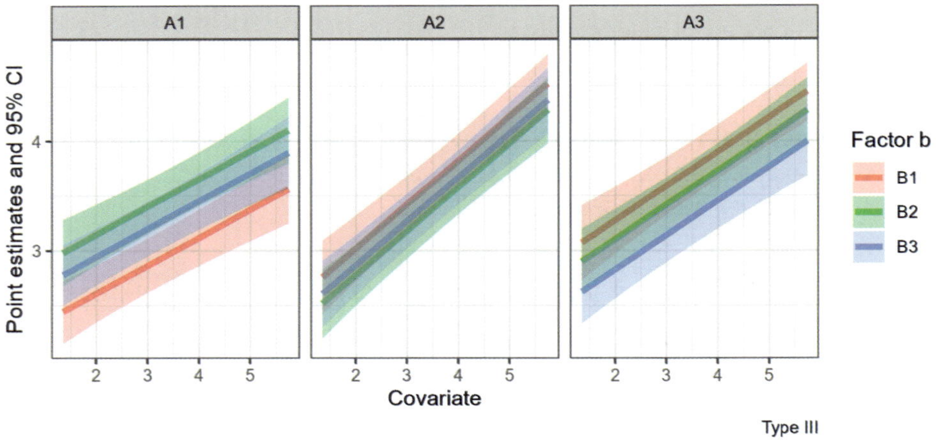

[그림 5-6] 개체간 요인과 공변량의 상호작용효과 시각화

그래프에서 잘 나타나듯, 공변량이 증가할수록 종속변수의 한계평균은 점차 증가하지만, 그 기울기는 요인 a의 수준이 A2인 경우에 가장 강하게 나타나고(가장 급격한 기울기), A1인 경우에는 가장 약하게 나타납니다(가장 완만한 기울기). 아울러 요인 b의 수준 변화는 공변량의 기울기 차이로 이어지지 않습니다.

2-3 추가 분석: 단순효과 분석, 계획비교, 사후 다중비교, 기울기 분석

이제 추가 분석을 실시해봅시다. 앞서 살펴본 2×2 2요인설계 데이터를 대상으로 한 이원분산분석과 마찬가지로 단순효과 분석, 계획비교, 사후 다중비교 3가지를 모두 실시할 수 있으며, 개체간 요인의 수준이 늘어난 만큼 보다 다양한 분석들을 실시할 수 있습니다. 우선 개체간 요인들로 인한 효과패턴 분석에 집중하기 위해 공변량을 0으로 통제하였을 때의 단순효과 분석, 계획비교, 사후 다중비교 진행방법을 서술한 후, 개체간 요인과 공변량 효과의 상호작용효과를 emtrends() 함수를 활용해 단순 기울기 분석 진행방법을 서술하는 순서로 진행하겠습니다.

공변량 통제 후 추가 분석 진행

먼저 단순주효과 분석을 진행하겠습니다. 요인의 개수가 2개이므로 2가지 단순주효과 분석이 가능하지만, 여기서는 요인 b를 조절변수로 설정하여 요인 b의 수준별 요인 a의 단순주효과가 어떻게 나타나는지 살펴보겠습니다. 아래와 같이 joint_tests() 함수의 by 옵션에 요인 b를 지정하면 단순주효과 분석을 실시할 수 있습니다. 출력결과에서 확인할 수 있듯, 요인 a의 효과는 요인 b가 B1인 경우에만 통계적으로 유의미합니다[$F(2,384) = 10.199$, $p < .001$].

```
> #공변량 통제 후, 추가 분석 진행
> #단순주효과 분석
> myacov |> emmeans(~a|b) |>
+  joint_tests(by="b")
b = B1:
 model term df1 df2 F.ratio p.value
 a            2 384  10.199  <.0001

b = B2:
 model term df1 df2 F.ratio p.value
 a            2 384   0.615  0.5411

b = B3:
 model term df1 df2 F.ratio p.value
 a            2 384   0.567  0.5677
```

활동분과에 따라 요인 b의 수준별 요인 a의 단순주효과의 효과크기 통계치를 추가로 요구할 수도 있습니다. 이런 경우 effectsize 패키지의 F_to_eta2() 함수를 활용하면 됩니다. 아래의 출력결과에서 확인할 수 있듯, 요인 b가 B1일 때 요인 a의 단순주효과의 효과크기는 $\eta^2_{partial} = .05$입니다.

```
> F_to_eta2(f=10.199,df=2,df_error=384) |>
+ interpret(rules="cohen1992")
Eta2 (partial) |       95% CI | Interpretation
----------------------------------------------
0.05           | [0.02, 1.00] |          small

- One-sided CIs: upper bound fixed at [1.00].
- Interpretation rule: cohen1992
```

*F-value*와 2개의 자유도 정보를 수동으로 입력하는 것은 번거로울 수 있습니다. 이에 앞으로 저는 아래와 같이 이용자 함수를 생성한 후 사용하고자 합니다.

```
> # 이용자 함수 생성
> Peta2_based_on_F <- function(Object_EMM_contrast){
+ mycontra <- as_tibble(Object_EMM_contrast)
+ N <- length(names(Object_EMM_contrast))
+ myPeta2 <- F_to_eta2(f=mycontra$F.ratio,df=mycontra$df1,df_error=mycontra$df2) |>
+  interpret(rules="cohen1992")
+ myresult <- bind_cols(mycontra,as_tibble(myPeta2)) |>
+  mutate(across(
+   .cols=c(df2,F.ratio,Eta2_partial,CI_low,CI_high),
+   .fns=function(x){format(round(x,3),nsmall=3)}
+  )) |>
+  mutate(
+   sigstar=cut(p.value,c(0,0.001,0.01,0.05,0.10,1.01),right=FALSE,
+               labels=c("***","**","*","+"," ")),
+   p.value=ifelse(p.value<0.001,"<0.001",format(round(p.value,3),nsmall=3)),
+   df2=str_remove(df2,"\\.000"),
+   Fvalue=str_c("F(",df1,", ",df2,")= ",F.ratio,sigstar),
+   Cohen92=Interpretation,
+   ESCI95=str_c("[",CI_low,", ",CI_high,"]")
+  ) |>
+  select(-1,-df1,-df2,-F.ratio,-CI,-sigstar,-CI_low,-CI_high) |>
```

```
+   select(names(Object_EMM_contrast)[2:(N-4)],Fvalue,p.value,Eta2_partial,Cohen92,ESCI95)
+ return(myresult)
+ }
> myacov |> emmeans(~a|b) |>
+ joint_tests(by="b") |>
+ Peta2_based_on_F()
# A tibble: 3 × 6
 b     Fvalue                 p.value Eta2_partial Cohen92     ESCI95
 <fct> <chr>                  <chr>   <chr>        <effctsz_> <chr>
1 B1   "F(2, 384)= 10.199***" <0.001  0.050        small      [0.019, 1.000]
2 B2   "F(2, 384)= 0.615 "     0.541  0.003        very small [0.000, 1.000]
3 B3   "F(2, 384)= 0.567 "     0.568  0.003        very small [0.000, 1.000]
```

이제 다음으로 계획비교를 살펴보겠습니다. 3×3 2요인설계의 경우, 총 9개 집단이 실험설계에 포함됩니다. 만약 연구자가 이론적 검토를 통해 다음과 같은 3가지 귀무가설을 사전에 계획하였다고 가정해봅시다.

$$H_0(1): M_{A1B1} = \frac{M_{A2B1} + M_{A3B1}}{2}$$
$$H_0(2): M_{A2B2} = \frac{M_{A1B2} + M_{A3B2}}{2}$$
$$H_0(3): M_{A2B3} = \frac{M_{A1B3} + M_{A3B3}}{2}$$

위의 3가지 귀무가설을 테스트하려면 두 개체간 요인들의 수준을 교차하여 총 9개 집단으로 구분한 후, 아래 [표 5-1]과 같은 방식으로 차례대로 합산코딩 벡터를 형성하여 계획비교를 진행하면 됩니다.

[표 5-1] 합산코딩 계획

	A1			A2			A3		
	B1	B2	B3	B1	B2	B3	B1	B2	B3
$H_0(1)$	2	−1	−1	0	0	0	0	0	0
$H_0(2)$	0	0	0	1	−2	1	0	0	0
$H_0(3)$	0	0	0	0	0	0	1	−2	1

emmeans() 함수에 두 요인이 평행하여 교차하는 공식(~a:b)을 부여한 후, [표 5-1]에 맞도록 합산코딩을 지정하여 계획비교를 실시한 결과는 아래와 같습니다. 앞서 제가 정의한 이용자 함수인 CohenD_based_on_t() 함수를 활용하여 각각의 합산코딩 결과의 효과크기 통계치 분석결과와 판별결과도 계산해보았습니다.

```
> # 계획비교
> # (1) B1수준에서의 A1평균과 다른 두 평균(A2,A3)의 평균은 동일한가?
> # (2) B2수준에서의 A2평균과 다른 두 평균(A1,A3)의 평균은 동일한가?
> # (2) B3수준에서의 A2평균과 다른 두 평균(A1,A3)의 평균은 동일한가?
> myacov |>
+  emmeans(~a:b) |>
+  contrast(method=list(
+   H0_1=c(2,-1,-1, 0,0,0, 0,0,0),
+   H0_2=c(0,0,0, 1,-2,1, 0,0,0),
+   H0_3=c(0,0,0, 0,0,0, 1,-2,1)
+  )) |>
+  CohenD_based_on_t(FALSE)
# A tibble: 3 × 8
  contrast    df DifSe               t.ratio  p.value d        Cohen88     ESCI95
  <chr>    <dbl> <chr>               <chr>    <chr>   <chr>    <effctsz_>  <chr>
1 H0_1       384 "-1.392*** (0.311)" "-4.472" <0.001  "-0.456" small       [-0.659, -0.253]
2 H0_2       384 " 0.330  (0.308)"   " 1.072"  0.284  " 0.109" very small  [-0.091,  0.310]
3 H0_3       384 "-0.326  (0.309)"   "-1.055"  0.292  "-0.108" very small  [-0.308,  0.093]
```

출력결과에서 확인할 수 있듯, 첫 번째 귀무가설은 기각되었지만 두 번째와 세 번째 귀무가설은 수용되었습니다(다시 말해 연구자의 연구가설 중 첫 번째 연구가설만 지지되고 있습니다).

다음으로 다항비교(polynomial contrast)를 진행해보죠. 각 요인의 수준개수가 3개라는 점에서 각 요인의 효과가 1차선형(linear) 패턴을 보이는지, 2차곡선형(quadratic) 패턴을 보이는지 다항비교를 통해 살펴볼 수 있습니다. 다항비교는 contrast() 함수에 "poly"를 지정하면 됩니다. 이때 emmeans() 함수 내부의 공식을 ~a|b와 같이 지정하면 요인 b의 수준별 요인 a의 다항비교를 실시하며, ~b|a로 지

정하면 요인 a의 수준별 요인 b의 다항비교를 실시합니다.[10]

```
> #다항비교
> myacov |>
+ emmeans(~a|b) |> #요인 b의 수준별 요인 a의 다항비교
+ contrast("poly")
b=B1:
 contrast estimate    SE  df t.ratio p.value
 linear      0.7560 0.181 384   4.185  <.0001
 quadratic  -0.5167 0.313 384  -1.652  0.0994

b=B2:
 contrast estimate    SE  df t.ratio p.value
 linear      0.0504 0.178 384   0.283  0.7770
 quadratic   0.3301 0.308 384   1.072  0.2842

b=B3:
 contrast estimate    SE  df t.ratio p.value
 linear     -0.0246 0.179 384  -0.137  0.8911
 quadratic  -0.3259 0.309 384  -1.055  0.2919

> myacov |>
+ emmeans(~b|a) |> #요인 a의 수준별 요인 b의 다항비교
+ contrast("poly")
```

[이후 출력결과는 분량 조절을 위해 제시하지 않음]

---

10 emmeans() 함수 내부에 ~a:b와 같은 방식의 공식을 지정하면, 보다 더 다양한 다항비교를 실시할 수 있습니다(아래의 출력결과 참조). 그러나 현실적으로 이러한 방식의 다항비교는 의미가 없는 경우가 대부분입니다. 굳이 상황을 찾자면, 요인 a와 요인 b가 배속관계를 갖는다면 의미가 있을 수도 있습니다. 예를 들어 a는 계급(위관급, 영관급, 장성급)을 의미하며, b는 각 계급 내부의 등급(소, 중, 대)을 나타낸다면 가능할 수도 있습니다. 그러나 적어도 현재의 예시데이터의 경우, 이렇게 다항비교를 실시해야 할 어떠한 이유도 찾기 어렵습니다.

```
> myacov |>
+ emmeans(~a:b) |> #두 요인을 교차한 후 다항비교
+ contrast("poly")
contrast    estimate    SE  df t.ratio p.value
linear      -0.00178 0.983 384  -0.002  0.9986
quadratic  -19.13627 6.644 384  -2.880  0.0042
cubic       10.42046 3.993 384   2.610  0.0094
quartic    -14.01790 5.656 384  -2.478  0.0136
degree 5     1.66856 2.739 384   0.609  0.5427
degree 6    -0.61432 5.661 384  -0.109  0.9136
```

emmeans() 함수의 공식을 ~a|b 적용한 다항비교 출력결과를 살펴보면, 요인 b가 B1인 조건에서 요인 a의 효과패턴은 1차선형효과임을 알 수 있습니다. 그렇다면 요인 a의 1차선형효과 패턴은 요인 b의 수준에 따라 통계적으로 다르다고 볼 수 있을까요? 또한 요인 a의 2차곡선형효과 패턴은 개별적으로는 통계적으로 유의미하지 않지만, 요인 b의 수준에 따라 차이가 있다고 볼 수도 있지 않을까요? joint_tests() 함수의 by 옵션에 "contrast"를 지정하면, 이러한 질문에 대한 통계적 유의도 테스트 결과를 쉽게 얻을 수 있습니다. 출력결과에서 확인할 수 있듯, 요인 a의 1차선형효과 패턴은 요인 b의 수준에 따라 통계적으로 유의미하게 다르지만[$F(2,384) = 5.71$, $p = .004$], 요인 a의 2차곡선형효과 패턴은 요인 b의 수준에 따라 통계적으로 유의미하게 다르지 않습니다[$F(2,384) = 2.07$, $p = .13$].

```
> # a에 대한 다항비교 각각을 b의 수준별로 비교
> myacov |> emmeans(~a|b) |>
+ contrast("poly") |>
+ joint_tests(by="contrast")
contrast = linear:
 model term df1 df2 F.ratio p.value
 b            2 384   5.705  0.0036

contrast = quadratic:
 model term df1 df2 F.ratio p.value
 b            2 384   2.069  0.1278
```

끝으로 사후 다중비교를 실시해보죠. 요인 b 수준별 요인 a의 수준들 사이의 모든 가능한 평균쌍의 평균비교를 실시해보겠습니다. 통계적 유의도는 디폴트인 뚜끼 기법으로 조정하였습니다.

```
> # 사후비교
> # b 수준별 a의 세 집단 사이의 평균쌍 비교
> myacov |>
+ emmeans(~a|b) |>
+ contrast("pairwise")
b = B1:
 contrast estimate    SE  df t.ratio p.value
 A1 - A2   -0.6364 0.180 384  -3.541  0.0013
```

```
 A1 - A3       -0.7560 0.181 384   -4.185   0.0001
 A2 - A3       -0.1197 0.181 384   -0.659   0.7872

b = B2:
 contrast estimate     SE  df t.ratio p.value
 A1 - A2        0.1399 0.178 384    0.787   0.7112
 A1 - A3       -0.0504 0.178 384   -0.283   0.9567
 A2 - A3       -0.1902 0.178 384   -1.070   0.5330

b = B3:
 contrast estimate     SE  df t.ratio p.value
 A1 - A2       -0.1507 0.179 384   -0.842   0.6772
 A1 - A3        0.0246 0.179 384    0.137   0.9897
 A2 - A3        0.1752 0.178 384    0.983   0.5878

P value adjustment: tukey method for comparing a family of 3 estimates
```

위의 출력결과를 이해하는 것은 어렵지 않습니다. 요인 b가 B1인 경우, A1 집단의 평균은 A2 집단이나[$M_{A1}-M_{A2} = -0.64$, $t(384) = -3.54$, $p_{Tukey\ adjustment} = .001$] 혹은 A3 집단보다 통계적으로 유의미하게 작지만[$M_{A1}-M_{A2} = -0.76$, $t(384) = -4.19$, $p_{Tukey\ adjustment} < .001$], A2 집단과 A3 집단의 평균은 서로 엇비슷합니다. 반면 요인 b가 B2 혹은 B3인 경우 통계적으로 유의미하게 구분되는 요인 a의 수준간 평균쌍을 찾을 수는 없는 것으로 나타납니다.

만약 각각 세 수준을 갖는 두 요인을 교차하여 얻은 9개 집단을 교차하여 얻을 수 있는 모든 평균쌍을 대상으로 사후 다중비교를 진행하고자 한다면, ~a:b와 같은 형식의 공식을 emmeans() 함수에 투입하면 됩니다. 그러나 이러한 방식의 다중비교는 무의미하며, 또한 통계적 유의도를 너무 과도하게 보수적으로 추정할 위험성이 높다는 점에서(9개 집단의 경우 총 36개의 평균쌍이 도출됨) 특별한 경우가 아니라면 그다지 활용되지 않을 듯합니다.

```
> # 9개 집단을 교차하여 얻은 모든 평균쌍 비교
> myacov |>
+   emmeans(~a:b) |>
+   contrast("pairwise") |>
+   CohenD_based_on_t(FALSE)
# A tibble: 36 × 8
```

```
  contrast        df DifSe               t.ratio p.value d       Cohen88     ESCI95
  <chr>        <dbl> <chr>               <chr>   <chr>   <chr>   <effctsz_> <chr>
1 A1 B1 - A2 B1  384 "-0.636* (0.180)"  "-3.541" 0.013  "-0.361" small      [-0.563, -0.15…
2 A1 B1 - A3 B1  384 "-0.756** (0.181)" "-4.185" 0.001  "-0.427" small      [-0.629, -0.22…
3 A1 B1 - A1 B2  384 "-0.535+ (0.178)"  "-3.001" 0.070  "-0.306" small      [-0.507, -0.10…
4 A1 B1 - A2 B2  384 "-0.395  (0.178)"  "-2.216" 0.397  "-0.226" small      [-0.427, -0.02…
5 A1 B1 - A3 B2  384 "-0.585* (0.178)"  "-3.284" 0.030  "-0.335" small      [-0.536, -0.13…
6 A1 B1 - A1 B3  384 "-0.335  (0.178)"  "-1.885" 0.625  "-0.192" very small [-0.393,  0.00…
7 A1 B1 - A2 B3  384 "-0.486  (0.178)"  "-2.724" 0.143  "-0.278" small      [-0.479, -0.07…
8 A1 B1 - A3 B3  384 "-0.310  (0.179)"  "-1.737" 0.723  "-0.177" very small [-0.378,  0.02…
9 A2 B1 - A3 B1  384 "-0.120  (0.181)"  "-0.659" 0.999  "-0.067" very small [-0.267,  0.13…
10 A2 B1 - A1 B2 384 " 0.101  (0.179)"  " 0.565" 1.000  " 0.058" very small [-0.142,  0.25…
# i 26 more rows
# i Use `print(n = ...)` to see more rows
```

보다 복잡하게 설계된 실험데이터의 경우, contrast() 함수의 interaction 옵션과 joint_tests() 함수를 같이 활용하면 보다 세밀하고 다양한 분석이 가능합니다. 예를 들어보죠. 요인 a가 A1에서 A2로 변할 때의 효과에만 관심이 있으며, 이 효과가 요인 b의 수준별로 통계적으로 유의미한 차이가 있는지 테스트하려는 연구자가 있다고 가정한다면, 아래와 같은 코드를 짜면 됩니다.

```
> # interaction 옵션
> myacov |>
+  emmeans(~a:b) |>
+  contrast(interaction=list(
+   a=list(c(1,-1,0)),
+   b="pairwise"
+ ))
 a_custom  b_pairwise estimate    SE  df t.ratio p.value
 c(1, -1, 0)     B1 - B2   -0.776 0.252 384  -3.075  0.0023
 c(1, -1, 0)     B1 - B3   -0.486 0.253 384  -1.923  0.0553
 c(1, -1, 0)     B2 - B3    0.291 0.252 384   1.152  0.2502
```

출력결과에서 확인할 수 있듯, A1에서 A2로 변할 때의 평균 증가는 요인 B2에서 B1으로 바뀌는 경우에는 통계적으로 유의미하게 더 크다고 할 수 있지만 [$t(384) = 3.08$, $p = .002$], B3가 B1으로 바뀌는 경우 혹은 B3가 B2로 바뀌는 경우에는 통계적으로 유의미한 차이가 나타나지 않는다고 보는 것이 타당합니다. 만약 위에서 얻은 3가지 통계치(estimate 컬럼의 –0.776, –0.486, 0.291)가 통계적으로 서로 유의미하게 다른지 테스트하고 싶다면, 아래와 같이 joint_tests() 함수를 추가로 사용하면 됩니다. 아래 출력결과에서 확인할 수 있듯, 3가지 통계치는 통계적으로 유의미하게 다르다고 볼 수 있습니다[$F(2,384) = 4.83$, $p = .009$].

```
> myacov |>
+ emmeans(~a:b) |>
+ contrast(interaction=list(
+   a=list(c(-1,1,0)),
+   b="pairwise"
+ )) |> joint_tests()
model term df1 df2 F.ratio p.value
b_pairwise  2 384   4.825   0.0085
```

만약 연구자가 "요인 b의 수준이 B2인 경우에 요인 a가 A1에서 A2로 변할 때의 효과는, 요인 b의 수준이 B3인 경우에 요인 a가 A1에서 A2로 변할 때의 효과와 다르다"와 같은 상호작용효과 연구가설을 세웠다면 어떨까요? 다시 말해 아래 [표 5-2]와 같이 전체 실험의 총 9개 조건 중 음영 처리된 4개 조건에만 국소적으로(locally) 적용되는 2×2 2원상호작용효과를 테스트한다면 말이죠.

[표 5-2] 3×3 2요인설계 상황에서 국소 2원상호작용효과 예시

	B1	B2	B3
A1	3.00	3.54	3.34
A2	3.64	3.40	3.49
A3	3.76	3.59	3.31

알림. 괄호 속 숫자는 공변량을 평균으로 가정하였을 때 추정된 한계평균(estimated marginal mean)임

우선 두 요인을 교차하여 9개 집단을 형성한 후, 순서대로 계획비교를 실시할 수도 있습니다. 그 결과는 다음과 같습니다.

```
> # 계획비교를 통해 국소 2x2 2원상호작용효과
> myacov |>
+ emmeans(~a:b) |>
+ contrast(method=list(A12_B2B3=c(0,0,0, 1,-1,0, -1,1,0)))
contrast estimate    SE  df t.ratio p.value
A12_B2B3      0.291 0.252 384   1.152  0.2502
```

위의 결과는 아래와 같은 방식으로도 확인할 수 있습니다. 즉 연구자가 지정된 국소 2×2 2원상호작용효과는 물론, 요인 a의 두 수준과 요인 b의 두 수준 사이의 가능한 모든 국소 2×2 2원상호작용효과들을 추정하고 통계적 유의도 테스트를 실시하는 것입니다.

```
> # 가능한 모든 국소 2x2 2원상호작용효과
> myacov |>
+ emmeans(~a:b) |>
+ contrast(interaction=list(
+   a="pairwise",
+   b="pairwise"
+ ))
 a_pairwise b_pairwise estimate    SE  df t.ratio p.value
 A1 - A2    B1 - B2     -0.7762 0.252 384  -3.075  0.0023
 A1 - A3    B1 - B2     -0.7056 0.254 384  -2.782  0.0057
 A2 - A3    B1 - B2      0.0706 0.254 384   0.278  0.7812
 A1 - A2    B1 - B3     -0.4857 0.253 384  -1.923  0.0553
 A1 - A3    B1 - B3     -0.7806 0.255 384  -3.062  0.0024
 A2 - A3    B1 - B3     -0.2949 0.256 384  -1.151  0.2503
 A1 - A2    B2 - B3      0.2905 0.252 384   1.152  0.2502
 A1 - A3    B2 - B3     -0.0749 0.252 384  -0.297  0.7667
 A2 - A3    B2 - B3     -0.3655 0.252 384  -1.453  0.1471
```

3×3 2요인설계는 사실 그리 복잡한 실험설계는 아니지만, 앞에서 소개한 것처럼 정말 다양한 분석을 진행할 수 있습니다. `emmeans()` 함수, `contrast()` 함수, `joint_tests()` 함수 등을 연구자의 관점과 연구상황에 적절하게 활용한다면 얼마든지 다양한 방식의 통계적 유의도 테스트가 가능합니다. 여기서는 몇 가지 사례를 보여드렸지만, 반드시 유념할 것이 있습니다. 즉 이론적으로 성찰되지 않은 방식의 통계적 유의도 테스트는 아무런 유용성이 없다는 사실입니다. 데이터가 복잡하면 복잡할

수록 어떤 분석을 어떻게 할지, 그리고 어떤 방식으로 테스트를 해야 활동분과의 지식을 실질적으로 늘릴 수 있을지 곰곰이 생각한 후, 적절한 방식의 테스트를 진행하시기 바랍니다. 많은 분석결과보다는 중요한 분석결과를 얻는 데 주력하시기 바랍니다.

기울기 분석

다음으로 공변량과 개체간 요인 사이의 2원상호작용효과[a:cov_mc, $F(2,384) = 3.29$, $p = .04$, $\eta^2_{partial} = .02$]에 대한 (단순)기울기 분석(slope analysis)을 살펴보겠습니다. emmeans 패키지에서는 기울기 분석을 위해 emtrends() 함수를 제공하고 있습니다. emtrends() 함수에서 specs 옵션에 개체간 요인에 해당되는 변수를, var 옵션에는 연속형 변수 형태의 공변량을 지정하면 됩니다. 이원공분산분석 결과, 오브젝트에 대해 emtrends() 함수를 이용하여 공변량의 기울기가 두 요인 a, b의 수준에 따라 어떻게 다르게 나타나는지 살펴보면 아래와 같습니다.

```
> # 공변량과 개체간 요인의 상호작용효과
> # 연속형 변수형태 공변량의 경우
> myslopes <- myacov |> emtrends(specs=~a|b, var="cov_mc")
> myslopes |> summary(infer=TRUE)
b = B1:
 a cov_mc.trend     SE  df lower.CL upper.CL t.ratio p.value
 A1        0.254 0.0392 384    0.176    0.331   6.464  <.0001
 A2        0.401 0.0420 384    0.318    0.483   9.535  <.0001
 A3        0.313 0.0407 384    0.233    0.393   7.676  <.0001

b = B2:
 a cov_mc.trend     SE  df lower.CL upper.CL t.ratio p.value
 A1        0.254 0.0392 384    0.176    0.331   6.464  <.0001
 A2        0.401 0.0420 384    0.318    0.483   9.535  <.0001
 A3        0.313 0.0407 384    0.233    0.393   7.676  <.0001

b = B3:
 a cov_mc.trend     SE  df lower.CL upper.CL t.ratio p.value
 A1        0.254 0.0392 384    0.176    0.331   6.464  <.0001
 A2        0.401 0.0420 384    0.318    0.483   9.535  <.0001
 A3        0.313 0.0407 384    0.233    0.393   7.676  <.0001

Confidence level used: 0.95
```

앞서 공분산분석 결과에서 요인 a와 평균중심화 변환을 적용한 공변량 cov_mc 사이에 통계적으로 유의미한 상호작용효과가 나타났던 것을 기억하실 것입니다[$F(2,384) = 3.29$, $p = .04$, $\eta^2_{partial} = .02$]. 실제로 출력결과에서 잘 확인할 수 있듯, 요인 b의 수준이 어떻게 달라지든 상관없이 공변량의 기울기(cov_mc.trend의 결과)는 요인 a의 수준에 따라 변하고 있습니다. 즉 [그림 5-5]에서 살펴보았듯, 공변량의 기울기는 A1 수준에서 가장 완만했다가(0.254), A2 수준에서 가장 급격한 모습을 보이며(0.401), A3 수준에서는 다소 떨어지는(0.313) 패턴, 즉 2차곡선형변화를 보이고 있습니다. 그렇다면 정말 공변량의 기울기가 2차곡선형관계를 보인다고 볼 수 있을까요? 이를 테스트하기 위해 아래와 같이 다항비교를 실시해봅시다.

```
> # 공변량의 기울기에 대한 다항비교
> myacov |>
+ emtrends(specs=~a, var="cov_mc") |> # b의 수준은 무관하기에
+ contrast("poly")
 contrast  estimate     SE  df t.ratio p.value
 linear      0.0591 0.0565 384   1.045  0.2969
 quadratic  -0.2349 0.1013 384  -2.320  0.0209

Results are averaged over the levels of: b
```

출력결과에서 확인할 수 있듯, 기울기의 변화패턴은 2차곡선형관계라고 말할 수 있습니다[$t(384) = -2.32$, $p = .02$]. 그렇다면 개체간 요인 a의 수준별 사후 다중비교를 실시해보면 어떨까요? 뚜끼 조정기법으로 통계적 유의도를 조정한 후, 사후 다중비교를 실시한 결과는 아래와 같습니다.

```
> myacov |>
+ emtrends(specs=~a, var="cov_mc") |> # b의 수준은 무관하기에
+ contrast("pairwise")
 contrast estimate     SE  df t.ratio p.value
 A1 - A2   -0.1470 0.0575 384  -2.557  0.0294
 A1 - A3   -0.0591 0.0565 384  -1.045  0.5492
 A2 - A3    0.0879 0.0585 384   1.503  0.2908

Results are averaged over the levels of: b
P value adjustment: tukey method for comparing a family of 3 estimate
```

출력결과에서 알 수 있듯, 요인 a가 A1 수준인 경우 공변량의 기울기는 요인 a가 A2 수준인 경우 공변량의 기울기보다 뚜렷하게 작습니다[$t(384) = -2.56$, $p = .03$].

2-4 분석결과 보고시 고려사항

3×3 2요인설계를 토대로 수집된 실험데이터 분석결과를 보고할 때 고려해야 할 사항을 정리하면 다음과 같습니다.

- 표본크기 추정을 위한 조건들(제1종 오류, 제2종 오류, 효과크기 등)을 명확하게 보고하며, 표본크기 추정시 기준으로 삼은 효과 추정항이 어떤 것인지(상호작용효과인지, 혹은 특정 요인의 주효과인지) 명확하게 보고함
- 추정된 한계평균(estimated marginal means)의 변화를 그래프로 시각화하여 제시하는 방식으로 효과패턴을 명확하게 전달함
- (필요시) 개체간 요인을 교차하여 얻은 수준별 평균과 표준편차 등의 기술통계치를 보고함. 만약 공분산분석을 실시하였다면, 가정된 공변량 수준을 명시한 후 각 집단별 조정된 평균(adjusted mean)을 보고함
- 집단간 분산동질성을 가정하였는지 여부를 보고함. 만약 분산이질성을 가정하였다면, 어떤 방식(이를테면, GLS 사용)으로 분산이질성에 대처하였는지를 보고함
- 상호작용효과 테스트 통계치(*F-value*)와 효과크기 통계치(이를테면 $\eta^2_{partial}$)를 반드시 보고함. 또한 통계적으로 유의미한 상호작용효과가 발생하였을 경우, 주효과 추정결과를 해석할지 그 필요여부를 주의 깊게 결정함
- (연구목적에 따라) 개체간 요인의 수준이 처치자극의 강도를 정량화하였을 경우, 다항비교(polynomial contrast)를 실시할지 고려함
- 연구목적에 따라 계획비교 혹은 사후 다중비교 테스트 결과를 보고함. 계획비교를 실시하였을 경우, 이론적 근거를 갖는 연구가설을 사전에 설정해야 함. 사후 다중비교 결과를 보고할 경우, 어떤 방식의 다중비교를 실시하였으며 통계적 유의도는 어떤 조정기법(이를테면 본페로니 조정기법, 뚜끼 조정기법 등)을 적용하였는지 보고함
- (활동분과에 따라) 계획비교와 사후 다중비교의 효과크기 통계치를 보고함

6장 3요인설계

이번 장에서는 개체간 요인이 3개 포함된 3요인설계(three-way between-subject factorial design)를 살펴보겠습니다. 단일요인설계를 따르는 실험데이터의 경우 하나의 주효과만 추정되며, 2요인설계의 경우 2개의 주효과와 1개의 2원상호작용효과가 추정됩니다. 그러나 3요인설계의 경우 주효과가 3개, 2원상호작용효과가 3개 추정되는 것과 함께, 3원상호작용효과 역시 추정됩니다. 3원상호작용효과 테스트는 2개의 개체간 요인 사이의 2원상호작용효과가 나머지 한 개체간 요인의 수준에 따라 달라지는지 테스트합니다.

6장에서 소개할 3요인설계는 3×3×2 3요인설계입니다. 즉 3수준을 갖는 개체간 요인이 2개인 3요인설계(three-by-three-by-two factorial design)와, 2수준을 갖는 개체간 요인이 1개인 3요인설계를 따르는 실험데이터 분석방법을 살펴보겠습니다.

1 3×3×2 3요인설계

1-1 표본크기 추정, 실험설계, 데이터 수집

먼저 어느 정도 규모의 실험데이터를 수집해야 할지 추정해봅시다. 3요인설계에 필요한 표본크기를 설정하는 과정 역시 5장에서 소개한 2요인설계와 개념적으로는 비슷합니다. 연구자가 3요인설계를 고려하는 이유는 3원상호작용효과가 나타날 것으로 기대하기 때문입니다. 따라서 3요인설계의 가장 고차 상호작용효과인 '3원상호작용효과'

의 효과크기가 어떠할 것으로 기대하는지 선행연구를 검토하거나, 혹은 연구분과의 관례에 따라 사전에 결정해야 합니다.

여기서는 앞에서와 마찬가지로 제1종 오류와 제2종 오류의 기준은 관례적으로 채택되는 기준인 $\alpha = .05$, $\beta = .20$(즉 통계적 검증력 .80)을 그대로 준수하겠습니다. 또한 관련 선행연구들을 조사해보니 각각 3수준의 개체간 요인 a와 b, 그리고 2수준의 개체간 요인 c 사이의 3원상호작용효과의 효과크기는 $\eta^2_{partial} = .03$으로 기대할 수 있었습니다. 선행연구들에서 별도의 공변량에 대한 언급이 없었기에 연구자는 별도의 공변량을 측정하지 않았습니다. 연구자는 3개의 개체간 요인을 교차하여 얻을 수 있는 18(3×3×2)개 집단이 모두 동일한 규모를 갖도록 실험데이터를 수집하고자 합니다. pwrss 패키지의 pwrss.f.ancova() 함수를 이용하여 언급된 조건을 충족하는 표본크기를 계산하면 아래와 같습니다.

```
> # 3x3x2 factorial design
> library(pwrss) # Sample size & power analysis
> pwrss.f.ancova(eta2=0.03,
+                n.way=3,  # 개체간 요인 3개
+                n.levels=c(3,3,2),  # 각 요인별 수준의 수
+                n.covariates=0,
+                power=0.80, alpha=0.05)
Three-way Analysis of Variance (ANOVA)
 H0: 'eta2' or 'f2' = 0
 HA: 'eta2' or 'f2' > 0
----------------------------------------
Factor A: 3 levels
Factor B: 3 levels
Factor C: 2 levels
----------------------------------------
  effect power n.total    ncp df1     df2
       A   0.8     315  9.733   2 296.689
       B   0.8     315  9.733   2 296.689
       C   0.8     256  7.913   1 237.845
   A x B   0.8     391 12.088   4 372.846
   A x C   0.8     315  9.733   2 296.689
   B x C   0.8     315  9.733   2 296.689
 A x B x C 0.8     391 12.088   4 372.846
----------------------------------------
Type I error rate: 0.05
> 391/(3*3*2)
```

```
[1] 21.72222
> 22*3*3*2
[1] 396
```

출력결과에서 확인할 수 있듯, 약 391명으로 구성된 표본을 수집해야 하지만, 연구자가 계획하는 실험설계의 집단별 사례수가 동일하다는 조건을 만족하기 위해서는 각 집단별 22명씩 총 396명 규모의 실험표본이 필요합니다. 이를 토대로 연구자가 수집한 데이터는 dt_BSfactor3_3by3by2.csv입니다.

1-2 처치효과·효과크기 추정 및 효과패턴의 시각화

이제 실험데이터를 삼원분산분석으로 분석해보겠습니다. 먼저 분석에 필요한 패키지들을 실행한 후 예시데이터를 불러오겠습니다. 다음으로 개체간 요인에 해당되는 세 변수 a, b, c를 요인형 변수로 전환합니다.

```
> # 개체간 요인 3개, 3요인설계 데이터
> library(car)
> library(afex)
> library(emmeans)
> library(nlme)
> library(effectsize)
> library(tidyverse)
> # 데이터 불러오기
> mydata <- read_csv("dt_BSfactor3_3by3by2.csv",show_col_types=FALSE) |>
+  mutate(a=factor(a),b=factor(b),c=factor(c)) # 요인형으로 변환
```

먼저 각 집단별 분산이 동질적인지 살펴보겠습니다. 4장에서 소개하였던 내용과 마찬가지로 분산동질성을 충분히 가정할 수 있는 상황에서 일반적으로 많이 활용되는 제III유형으로 제곱합을 계산하고자 할 경우, afex 패키지의 aov_4() 함수를 비롯해 앞에서 소개한 다른 기법들을 활용할 수 있습니다. 예시데이터를 대상으로 집단간 분산동질성 테스트(여기서는 르빈의 *F*테스트)를 실시한 결과는 다음과 같습니다.

```
> #Variance homogeneity test
> leveneTest(y~a*b*c,data=mydata)
Levene's Test for Homogeneity of Variance (center = median)
       Df F value Pr(>F)
group 17  0.6729 0.8299
      378
```

위의 출력결과에 따르면 집단간 분산동질성을 가정할 수 있습니다[F(17,378) = 0.67, p = .83]. 이를 바탕으로 3개의 개체간 요인에서 얻을 수 있는 모든 효과항, 즉 주효과 3개와 2원상호작용효과 3개, 3원상호작용효과 1개를 모두 추정한 삼원분산분석을 실시한 결과는 아래와 같습니다.

```
> # 3way ANOVA
> myaov <- aov_4(y~a*b*c+(1|ID),data=mydata,
+               anova_table=list(es="pes",intercept=TRUE))
Contrasts set to contr.sum for the following variables: a, b, c
> myaov
Anova Table (Type 3 tests)

Response: y
       Effect     df  MSE          F  pes p.value
1 (Intercept) 1, 378 0.96 5114.81 *** .931   <.001
2           a 2, 378 0.96    5.51 **  .028    .004
3           b 2, 378 0.96    2.08     .011    .126
4           c 1, 378 0.96    1.10     .003    .294
5         a:b 4, 378 0.96    1.76     .018    .136
6         a:c 2, 378 0.96    5.37 **  .028    .005
7         b:c 2, 378 0.96    2.23     .012    .108
8       a:b:c 4, 378 0.96    2.82 *   .029    .025
---
Signif. codes:  0 '***' 0.001 '**' 0.01 '*' 0.05 '+' 0.1 ' ' 1
```

3원상호작용효과항(a:b:c)의 추정결과를 보면, 세 요인 a, b, c 사이에 통계적으로 유의미한 상호작용효과가 확인되며[F(4,378) = 8.69, p = .03], 이 상호작용효과는 전체 분산 중 약 3%가량($\eta^2_{partial}$ = .03)을 설명할 수 있는 것으로 나타납니다. 위의 예시데이터에서 3원상호작용효과란 다음의 3가지 중 하나로 해석될 수 있습니다.

- 두 개체간 요인 a와 b의 2원상호작용효과는
  나머지 개체간 요인 c의 수준에 따라 통계적으로 유의미하게 다르다.
- 두 개체간 요인 a와 c의 2원상호작용효과는
  나머지 개체간 요인 b의 수준에 따라 통계적으로 유의미하게 다르다.
- 두 개체간 요인 b와 c의 2원상호작용효과는
  나머지 개체간 요인 a의 수준에 따라 통계적으로 유의미하게 다르다.

그렇다면 이 경우 2원상호작용효과항들에 대한 추정결과는 어떻게 해석할 수 있을까요? 여기서 잠시 2요인설계로 얻은 실험데이터 분석에 대해 소개한 5장에서 이야기했던 내용을 잠시 떠올려봅시다. 2원상호작용효과가 유의미할 경우, 주효과에 대한 해석을 실시해야 하는지에 대해서는 활동분과에 따라 의견이 갈린다고 이야기하였습니다. 먼저 통계적으로 유의미한 상호작용효과가 나타난다면 주효과를 해석하지 않아야 한다고 주장하는 쪽에서는, 2원상호작용효과가 통계적으로 유의미하다는 말은 특정 요인의 효과가 다른 요인의 수준에 따라 확연히 달라진다는 것을 의미하기 때문에 다른 요인의 수준을 고려하지 않은 상황에서 특정 요인의 효과가 어떠하다고 말하는 것은 실질적인 의미를 갖는다고 보기 어렵다고 이야기합니다. 반면 상호작용효과가 통계적으로 유의미하더라도 주효과를 해석하는 것이 좋다고 주장하는 쪽에서는, 상호작용효과가 통계적으로 유의미하더라도 주효과 테스트 결과는 전체 표본에서 기대할 수 있는 특정 요인의 효과가 어떠한지를 보여주기 때문에 주효과 해석이 필요하다고 말합니다.

삼원분산분석에서 3원상호작용효과가 통계적으로 유의미할 경우에도 동일한 논리가 적용될 수 있습니다. 5장과 마찬가지로 여기서는 어떤 입장이 타당한지 결정짓지는 않겠습니다. 다만, emmeans 패키지 개발팀에서는 전자의 입장을 따르되, 후자의 입장을 따르는 이용자들에게는 낮은 차수 상호작용효과(예시데이터 맥락에서는 2원상호작용효과) 혹은 주효과에 해당되는 한계평균을 추정할 때 해석의 알림(Note) 메시지를 제공해주고 있습니다. 즉 "통계적으로 유의미한 3원상호작용효과가 나타났을 때, 2원상호작용효과와 주효과 추정항들을 어떻게 해석할 것인가"에 대한 부분은 활동분과의 관례를 따르면 큰 문제 없을 듯합니다.

삼원분산분석 추정결과를 확인하였으니, 효과패턴이 어떤지 한번 살펴봅시다. 3원상호작용효과가 통계적으로 유의미할 경우, 삼원분산분석 결과에 대한 시각화 작업은 필수적이라고 생각합니다. 2원상호작용효과 정도만 하더라도, 연구결과를 간결하고 명확하게 서술할 수 있는 연구자라면 시각화 결과물에 의지하지 않고도 오류 없이 연구결과를 전달할 수 있을지 모릅니다. 그러나 3원상호작용효과부터는 시각화 결과물 없이 글이나 말로만 효과패턴을 전달하는 것은 거의 불가능에 가깝지 않을까 생각합니다(연구자는 몰라도 독자를 위해 3원상호작용효과의 경우 가급적 시각화를 권장하고 싶습니다).

emmeans 패키지의 emmip() 함수를 활용하면 다음과 같이 어렵지 않게 3원상호작용효과 패턴을 시각화할 수 있습니다. 공식 부분의 b~a|c는 X축에 a를, 배치하고, 색깔범례로 b를 배치하며, 패시팅을 활용하여 요인 c 수준에 따라 두 요인 a, b의 상호작용효과 패턴을 별도의 패널로 병치하여 표시한다는 의미입니다. 일반적으로 원인으로 취급되는 독립변수의 경우 X축에, 조건(condition)으로 취급되는 조절변수의 경우 범례와 패시팅을 활용하여 제시합니다. 이때 현실적 혹은 개념적으로 범례에 해당되는 조절변수는 패시팅에 활용되는 조절변수에 배속되는 것이 보통입니다.[1] 즉 여기서 저는 a를 원인변수로, b, c 를 조절변수로 상정하였습니다. 이 과정을 통해 얻은 3원상호작용효과에 대한 시각화 결과는 [그림 6-1]과 같습니다.

```
> # 시각화
> myaov |>
+ emmip(b~a|c, CIs=TRUE,
+        CIarg=list(lwd=1.5,alpha=0.5))+
+ labs(x="Factor a",y="Point estimates and 95% CI",color="Factor b",
+       caption="Type III")+
+ theme_bw()+
+ theme(legend.position="top")
```

1 이를테면 요인 a는 처치요인, 요인 b는 실험참가자의 연령, 요인 c는 실험참가자가 살고 있는 지역의 문화적 특성('개인주의' 대 '집단주의').

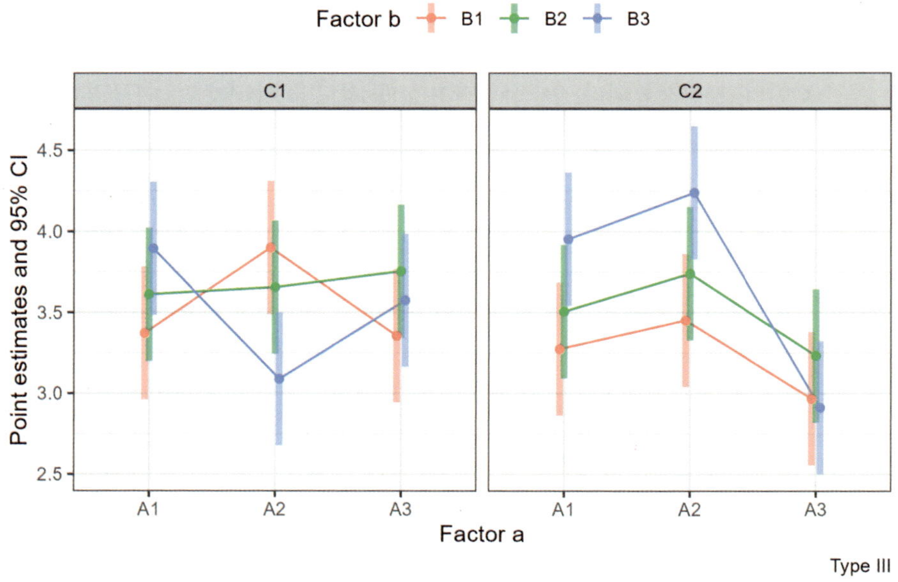

[그림 6-1] 3원상호작용효과 시각화 (범례와 패시팅 동시 사용)

[그림 6-1]의 왼쪽 패널(요인 c가 C1 수준인 경우)을 먼저 봅시다. 요인 a의 효과는 B1 수준에서는 '뒤집힌 U자 패턴'을 보이고, B2 수준에서는 별다른 패턴이 없으며, B3 수준에서는 'U자 패턴'을 보입니다. 반면 [그림 6-2]의 오른쪽 패널(요인 c가 C2 수준)의 경우, 요인 a의 효과는 요인 b의 수준에 따라 강도(强度, intensity)의 차이는 존재하지만, 전반적으로는 'U자 패턴'이 유지되는 것을 알 수 있습니다. 3원상호작용효과가 통계적으로 유의미하다는 의미는 [그림 6-1]의 왼쪽 패널에 나타난 2원상호작용효과와 오른쪽 패널에 나타난 2원상호작용효과가 통계적으로 유의미하게 다르다는 것을 의미합니다.

그러나 a와 b의 2원상호작용효과가 C1일 때 그리고 C2일 때, 각각 통계적으로 유의미한지 아니면 유의미하지 않은지는 알 수 없습니다. 또한 삼원분산분석 결과표와 [그림 6-1]만으로는, 개체간 요인 b가 B1이며 개체간 요인 c가 C1인 상황에서 요인 a의 효과가 통계적으로 유의미하게 '뒤집힌 U자 패턴'인지 여부도 확인할 수 없습니다. 이러한 방식의 통계적 유의도 테스트는 조금 후에 제시할 추가 분석을 통해서만 가능합니다.

만약 조절변수에 해당되는 요인들을 모두 패시팅으로 제시하고자 할 경우에는 emmip() 함수의 공식 지정 부분을 다음과 같이 수정하면 됩니다. 만약 조절변수들 사이의 개념적 위계(hierarchy)를 설정하지 않는다면,[2] 아래와 같은 방식이 훨씬 더 적절할 수 있습니다.

```
> myaov |>
+ emmip(~a|b|c, CIs=TRUE,
+       CIarg=list(lwd=1.5,alpha=0.5))+
+ labs(x="Factor A",y="Point estimates and 95% CI",
+      caption="Type III")+
+ theme_bw()
```

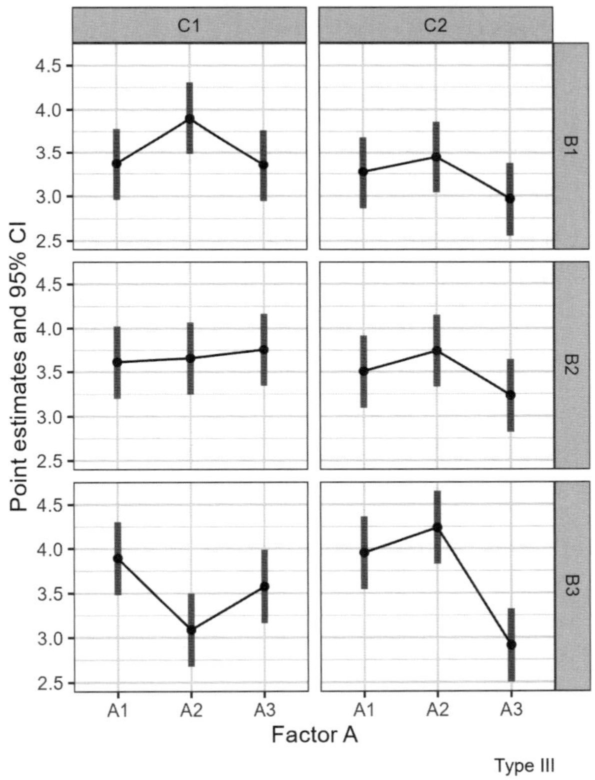

[그림 6-2] 3원상호작용효과 시각화 (패시팅만 사용)

2 이를테면, 요인 a는 처치요인, 요인 b는 실험참가자의 연령, 요인 c는 실험참가자의 성별일 경우.

1-3 추가 분석: 단순효과(단순주효과, 단순2원상호작용효과) 분석, 계획비교, 사후 다중비교

다음으로 삼원분산분석 결과와 [그림 6-1]에서 나타난 효과패턴을 보다 구체적으로 이해하기 위한 추가 분석을 진행해보겠습니다. 4장 및 5장과 마찬가지로 '단순효과 분석', '계획비교', '사후 다중비교' 3가지의 추가 분석을 진행할 수 있습니다.

먼저 단순효과 분석을 진행해보겠습니다. 이원분산분석의 경우 가장 고차 상호작용효과가 2원상호작용효과였기 때문에, 단순주효과 분석만을 실시하였습니다. 그러나 삼원분산분석의 경우 가장 고차 상호작용효과가 3원상호작용효과이기 때문에, 단순주효과 분석은 물론 단순2원상호작용효과 역시 가능합니다.

우선 단순주효과 분석부터 살펴봅시다. 삼원분산분석에 투입된 요인은 총 3개이며, 따라서 각 요인별로 3가지의 단순주효과 분석이 가능합니다. 여기서는 요인 b와 요인 c의 수준별 요인 a의 단순주효과 분석만 진행해보겠습니다. joint_tests() 함수의 by 옵션에 조절변수에 해당되는 요인 b와 요인 c를 벡터 형태로 지정하면, 요인 a의 단순주효과 분석결과를 얻을 수 있습니다.

```
> # 단순효과 분석
> # 단순주효과(simple main effect) 분석
> myaov |> emmeans(~a|b|c) |>
+  joint_tests(by=c("b","c")) |>
+  Peta2_based_on_F()
# A tibble: 6 × 7
  b     c     Fvalue                 p.value Eta2_partial Cohen92     ESCI95
  <fct> <fct> <chr>                  <chr>   <chr>        <effctsz_> <chr>
1 B1    C1    "F(2, 378)= 2.189 "    0.114   0.011        very small [0.000, 1.000]
2 B2    C1    "F(2, 378)= 0.122 "    0.885   0.001        very small [0.000, 1.000]
3 B3    C1    "F(2, 378)= 3.760*"    0.024   0.020        very small [0.001, 1.000]
4 B1    C2    "F(2, 378)= 1.369 "    0.256   0.007        very small [0.000, 1.000]
5 B2    C2    "F(2, 378)= 1.475 "    0.230   0.008        very small [0.000, 1.000]
6 B3    C2    "F(2, 378)= 11.126***" <0.001  0.056        small      [0.022, 1.000]
```

출력결과에서 확인할 수 있듯, 요인 a의 효과는 B3C1인 조건[$F(2,378) = 3.76$, $p = .02$]과 B3C2인 조건[$F(2,378) = 11.13$, $p < .001$]에서만 통계적으로 유의미하고, 다른 4가지 조건에서는 통계적으로 유의미한 효과를 보이지 않습니다.

이제 단순2원상호작용효과를 분석해봅시다. 분석에 투입된 요인의 개수가 3개라는 점에서, 총 3가지의 단순2원상호작용효과를 추정할 수 있습니다. 여기서는 요인 c의 수준에 따라 요인 a와 요인 b의 단순2원상호작용효과를 추정하였으며, 다른 단순2원상호작용효과의 경우 코드만 간략하게 제시하고 구체적인 출력결과는 제시하지 않았습니다.

```
> #단순2원상호작용효과(simple 2-way interaction effect) 분석
> myaov |> emmeans(~a:b|c) |>
+  joint_tests(by="c")
c = C1:
 model term df1 df2 F.ratio p.value
 a               2 378   0.119  0.8879
 b               2 378   0.482  0.6179
 a:b             4 378   2.976  0.0193

c = C2:
 model term df1 df2 F.ratio p.value
 a               2 378  10.766  <.0001
 b               2 378   3.832  0.0225
 a:b             4 378   1.602  0.1731

> ## b 수준별 a와 c의 단순2원상호작용효과
> # myaov |> emmeans(~a:b|c) |>
> #  joint_tests(by="b")
> ## a 수준별 b와 c의 단순2원상호작용효과
> # myaov |> emmeans(~a:b|c) |>
> #  joint_tests(by="a")
```

출력결과에서 확인할 수 있듯, 요인 c가 C1일 경우에만 요인 a와 요인 b의 2원상호작용효과가 통계적으로 유의미하며[$F(4,378) = 2.98$, $p = .02$], C2일 경우에는 요인 a와 요인 b의 2원상호작용효과가 통계적으로 유의미하지 않습니다($p = .17$). 통계적으로 유의미한 3원상호작용효과는 바로 이러한 차이를 반영한 것입니다.

다음으로 계획비교를 실시해봅시다. 먼저 contrast() 함수에 "poly"를 지정하는 방식으로 다항비교(polynomial contrast)를 실시해봅시다. 요인 c와 요인 b의 수준별, 처치요인인 a의 효과가 1차선형관계를 보이는지 살펴본 결과는 아래와 같습니다.

```
> #다항비교
> myaov |>
+ emmeans(~a|b|c) |>
+ contrast("poly")
b = B1, c = C1:
 contrast estimate    SE  df t.ratio p.value
 linear     -0.0166 0.296 378  -0.056  0.9553
 quadratic  -1.0717 0.512 378  -2.091  0.0372

b = B2, c = C1:
 contrast estimate    SE  df t.ratio p.value
 linear      0.1429 0.296 378   0.483  0.6295
 quadratic   0.0543 0.512 378   0.106  0.9156

b = B3, c = C1:
 contrast estimate    SE  df t.ratio p.value
 linear     -0.3197 0.296 378  -1.081  0.2805
 quadratic   1.2915 0.512 378   2.520  0.0121

b = B1, c = C2:
 contrast estimate    SE  df t.ratio p.value
 linear     -0.3064 0.296 378  -1.036  0.3010
 quadratic  -0.6611 0.512 378  -1.290  0.1978

b = B2, c = C2:
 contrast estimate    SE  df t.ratio p.value
 linear     -0.2737 0.296 378  -0.925  0.3556
 quadratic  -0.7416 0.512 378  -1.447  0.1486

b = B3, c = C2:
 contrast estimate    SE  df t.ratio p.value
 linear     -1.0404 0.296 378  -3.517  0.0005
 quadratic  -1.6111 0.512 378  -3.144  0.0018
```

요인 b와 요인 c를 교차하여 얻은 6개 조건 중에서 요인 a의 효과가 1차선형관계로 나타난 조건은 B3와 C2인 경우뿐이며[$t(378) = -3.52$, $p < .001$], 다른 5개 조건에

서는 1차선형관계가 나타나지 않습니다. 반면 요인 a의 효과가 2차곡선형관계로 나타난 조건은 B1과 C1[$t(378) = -2.91$, $p = .04$], B3와 C1[$t(378) = 2.52$, $p = .01$], B3와 C2[$t(378) = -3.14$, $p = .002$] 세 경우였으며, 다른 3개 조건에서는 2차곡선형관계가 나타나지 않았습니다.

그렇다면 요인 a의 1차선형효과는 요인 b와 요인 c의 수준에 따라 통계적으로 유의미하게 달라질까요? 이를 위해서는 먼저 계획비교를 통해 1차선형효과를 나타내는 합산코딩을 수동으로 지정한 후, joint_tests() 함수를 이용해 합산테스트를 실시하면 됩니다. 출력결과에서 확인할 수 있듯, 요인 a의 1차선형효과는 주로 요인 c의 수준에 따라 달라집니다[$F(1,378) = 3.88$, $p = .0497$].

```
> myaov |>
+ emmeans(~a|b:c) |>
+ contrast(interaction=list(
+  a=list(c(-1,0,1))  #linear
+ )) |>
+ joint_tests()
model term df1 df2 F.ratio p.value
b            2 378   2.498  0.0836
c            1 378   3.877  0.0497
b:c          2 378   0.280  0.7559
```

다음으로는 요인 a의 2차곡선형효과를 다른 두 개체간 요인을 교차시킨 조건에 따라 살펴보도록 하죠. 아래의 출력결과에서 확인할 수 있듯, 요인 b의 수준에 따른 요인 a의 2차곡선형효과 변화는 요인 c의 수준에 따라 달라지는 2원상호작용효과[$F(2,378) = 5.35$, $p = .005$]를 발견할 수 있습니다.

```
> myaov |>
+ emmeans(~a|b:c) |>
+ contrast(interaction=list(
+  a=list(c(-1,2,-1)) #quadratic
+ )) |>
+ joint_tests()
model term df1 df2 F.ratio p.value
b            2 378   1.024  0.3603
c            1 378   6.862  0.0092
b:c          2 378   5.354  0.0051
```

추가적으로 joint_tests() 함수에 by 옵션을 이용하여 요인 c의 수준에 따라 요인 a의 2차곡선형효과 변화가 요인 b의 수준에 따라 통계적으로 유의미하게 달라지는지 확인해봅시다. 출력결과에서 확인할 수 있듯, C1 수준의 경우 요인 a의 2차곡선형효과는 요인 b의 수준에 따라 통계적으로 유의미하게 다르지만[$F(2,378) = 5.32$, $p = .005$], C2 수준의 경우 요인 a의 2차곡선형효과는 요인 b의 수준에 따라 통계적으로 유의미하게 다르다고 보기 어렵습니다[$F(2,378) = 1.06$, $p = .35$]. [그림 6-1]을 비교해보면 제시된 출력결과가 무엇을 의미하는지 바로 이해할 수 있습니다.

```
> myaov |>
+  emmeans(~a|b:c) |>
+  contrast(interaction=list(
+    a=list(c(-1,2,-1)) # quadratic
+  )) |>
+  joint_tests(by="c")
c = C1:
 model term df1 df2 F.ratio p.value
 b              2 378   5.321  0.0053

c = C2:
 model term df1 df2 F.ratio p.value
 b              2 378   1.057  0.3486
```

또한 3원상호작용효과에 대해 사후 다중비교를 수행하는 것도 가능합니다. 가장 흔히 사용되는 방법은 요인 b와 요인 c를 교차한 조건들에서 처치요인 a의 수준별 평균쌍을 비교하는 것입니다. 물론 처치요인의 수준이 3수준 이상인 경우, 사후 다중비교에 따른 통계적 유의도 수준을 조정해주어야 합니다. 여기서는 디폴트로 채택된 뚜끼 조정기법을 사용하였습니다. 4장이나 5장에서 진행했던 사후 다중비교와 개념적으로 동일하므로 출력결과에 대해 별도의 해석을 제시하지는 않았습니다.

```
> # 사후 다중비교
> myaov |>
+  emmeans(~a|b|c) |>
+  contrast("pairwise")
b = B1, c = C1:
 contrast estimate    SE  df t.ratio p.value
```

```
A1 - A2      -0.5275 0.296 378   -1.783   0.1766
A1 - A3       0.0166 0.296 378    0.056   0.9983
A2 - A3       0.5441 0.296 378    1.839   0.1583
```

[이후 출력결과는 분량 조절을 위해 제시하지 않음]

물론 5장과 마찬가지로 모든 요인의 수준을 교차하는 방식을 택하여 사후 다중비교를 실시하는 것도 가능합니다. 예시데이터의 경우 3개의 개체간 요인을 교차하여 총 18개 집단을 얻을 수 있으며, 이 경우 쌍별 사후 다중비교를 실시하면 총 153개의 평균쌍이 도출됩니다. 그러나 아래와 같은 방식의 다중비교는 해석이 매우 까다롭고 번거로우며(왜냐하면 비교되는 평균쌍이 너무 많이 나오기 때문), 다중비교되는 평균쌍의 개수가 폭증하면서 통계적 유의도가 과도하게 보수적으로 조정되는 문제(즉 통계적 검증력이 지나치게 감소하는 문제)가 발생하기 때문에 아주 특별한 이유가 없다면 실시하지 않습니다. 이에 따라 출력결과에 대한 별도의 해석은 제시하지 않겠습니다.

```
> myaov |>
+  emmeans(~a:b:c) |>
+  contrast("pairwise")
 contrast          estimate   SE  df t.ratio p.value
 A1 B1 C1 - A2 B1 C1 -0.52754 0.296 378  -1.783  0.9472
 A1 B1 C1 - A3 B1 C1  0.01660 0.296 378   0.056  1.0000
 A1 B1 C1 - A1 B2 C1 -0.24159 0.296 378  -0.817  1.0000
 A1 B1 C1 - A2 B2 C1 -0.28585 0.296 378  -0.966  1.0000
```

[이후 출력결과는 분량 조절을 위해 제시하지 않음]

지금까지 삼원분산분석 결과에 대한 추가 분석으로 단순효과 분석, 계획비교, 사후 다중비교를 살펴보았습니다. 그러나 연구상황에 따라 3가지 추가 분석을 교차하여 사용할 수도 있습니다. 예를 들어 요인 a의 효과패턴에 대해 2차곡선형 패턴을 설정하고, 이 패턴을 요인 b와 요인 c의 수준별로 사후 다중비교를 실시하는 경우는 아래와 같습니다.

```
> # 계획비교와 사후 다중비교
> myaov |>
+  emmeans(~a|b|c) |>
+  contrast(interaction=list(
+   a=list(c(-1,2,-1)),
```

```
+  b="pairwise",
+  c="pairwise"
+ ))
b = B1, c = C1:
 a_custom estimate    SE  df t.ratio p.value
 c(-1, 2, -1)    1.0717 0.512 378    2.091   0.0372

b = B2, c = C1:
 a_custom estimate    SE  df t.ratio p.value
 c(-1, 2, -1)   -0.0543 0.512 378   -0.106   0.9156

b = B3, c = C1:
 a_custom estimate    SE  df t.ratio p.value
 c(-1, 2, -1)   -1.2915 0.512 378   -2.520   0.0121

b = B1, c = C2:
 a_custom estimate    SE  df t.ratio p.value
 c(-1, 2, -1)    0.6611 0.512 378    1.290   0.1978

b = B2, c = C2:
 a_custom estimate    SE  df t.ratio p.value
 c(-1, 2, -1)    0.7416 0.512 378    1.447   0.1486

b = B3, c = C2:
 a_custom estimate    SE  df t.ratio p.value
 c(-1, 2, -1)    1.6111 0.512 378    3.144   0.0018
```

위에서 얻은 출력결과, 즉 요인 a의 2차곡선형효과가 다른 두 요인 b와 c의 수준에 따라 어떻게 달라지는지 joint_tests() 함수를 이용하여 테스트하는 것도 가능합니다. 아래 출력결과에서 확인할 수 있듯, 요인 a의 2차곡선형효과는 요인 c의 수준이 C1일 경우 요인 b의 수준별로 통계적으로 유의미하게 다르지만[$F(2,378) = 5.32$, $p = .005$], C2인 경우에는 요인 b의 수준이 달라져도 큰 차이가 나타나지 않습니다[$F(2,378) = 1.06$, $p = .35$]. 이러한 요인 a의 2차곡선형효과와 요인 b 사이의 상호작용효과는 요인 c의 수준에 따라 통계적으로 유의미하게 다릅니다[$F(2,378) = 5.35$, $p = .005$].

```
> myaov |>
+  emmeans(~a|b|c) |>
```

```
+ contrast(interaction=list(
+  a=list(c(-1,2,-1)),
+  b="pairwise",
+  c="pairwise"
+ )) |>
+ joint_tests(by="c")
c = C1:
 model term df1 df2 F.ratio p.value
 b            2 378   5.321  0.0053

c = C2:
 model term df1 df2 F.ratio p.value
 b            2 378   1.057  0.3486

> myaov |>
+ emmeans(~a|b|c) |>
+ contrast(interaction=list(
+  a=list(c(-1,2,-1)),
+  b="pairwise",
+  c="pairwise"
+ )) |>
+ joint_tests()
 model term df1 df2 F.ratio p.value
 b            2 378   1.024  0.3603
 c            1 378   6.862  0.0092
 b:c          2 378   5.354  0.0051
```

1-4 분석결과 보고시 고려사항

지금까지 3×3×2 3요인설계를 토대로 표본크기를 어떻게 추정하며, 수집된 실험데이터를 어떻게 분석하는지 살펴보았습니다. 이 과정에서 분석결과를 보고할 때 고려할 사항을 정리하면 다음과 같습니다.

- 표본크기 추정을 위한 조건들(제1종 오류, 제2종 오류, 효과크기 등)을 명확하게 보고하며, 표본크기 추정시 기준으로 삼은 효과 추정항이 어떤 것인지(상호작용효과인지, 만약 상호작용효과라면 3원상호작용효과인지 아니면 어떤 요인들 사이의 2원상호작용효과인지, 아니면 특정 요인의 주효과인지) 명확하게 보고함

- 추정된 한계평균(estimated marginal means)의 변화를 그래프로 시각화하여 제시하는 방식으로 효과패턴을 명확하게 전달함
- (필요시) 개체간 요인을 교차하여 얻은 수준별 평균과 표준편차 등의 기술통계치를 보고함. 만약 공분산분석을 실시하였다면, 가정된 공변량 수준을 명시한 후 각 집단별 조정된 평균(adjusted mean)을 보고함
- 집단간 분산동질성을 가정하였는지 여부를 보고함. 만약 분산이질성을 가정하였다면, 어떤 방식(이를테면, GLS 사용)으로 분산이질성에 대처하였는지를 보고함
- 상호작용효과 테스트 통계치(*F-value*)와 효과크기 통계치(이를테면 $\eta^2_{partial}$)를 반드시 보고함. 또한 통계적으로 유의미한 3원상호작용효과가 발생하였을 경우, 하위 차수 상호작용효과 및 주효과 추정결과에 대한 해석 필요성 여부를 주의 깊게 결정함
- (연구목적에 따라) 통계적으로 유의미한 3원상호작용효과가 나타났을 때, 어느 수준까지 단순효과 분석(즉 단순주효과 분석만 할 것인지, 아니면 단순2원상호작용효과 분석까지 할 것인지)을 해야 할지 결정한 후, 각 단순효과 분석결과의 이론적 함의가 무엇인지 명확히 서술함
- (연구목적에 따라) 개체간 요인의 수준이 처치자극의 강도를 정량화하였을 경우, 다항비교(polynomial contrast)를 실시하는 것을 고려함
- (연구목적에 따라) 계획비교 혹은 사후 다중비교 테스트 결과를 보고함. 계획비교를 실시하였을 경우 이론적 근거를 갖는 연구가설을 사전에 설정해야 하며, 사후 다중비교 결과를 보고할 경우에는 어떤 방식의 다중비교를 실시하였으며 통계적 유의도는 어떤 조정기법(이를테면 본페로니 조정기법, 뚜끼 조정기법 등)을 적용하였는지 보고함
- (활동분과에 따라) 단순효과 분석, 계획비교, 사후 다중비교의 효과크기 통계치를 보고함

지금까지 3요인설계를 따르는 실험을 실시할 때 어느 정도의 표본을 수집해야 하는지, 그리고 수집된 데이터에 대해 어떻게 삼원분산분석을 실시하고 효과패턴을 시각화할 수 있으며, 어떠한 추가 분석을 실시할 수 있는지 살펴보았습니다.

6장에서는 삼원공분산분석을 어떻게 실시할 수 있는지는 살펴보지 않았습니다. 만약 공변량을 모형에 추가한다면 앞에서 소개했던 방식과 동일하게 진행하면 됩니

다. 즉 먼저 개체간 요인들과 공변량의 상호작용효과가 존재하는지 살펴보고, 만약 통계적으로 유의미한 상호작용효과가 없다면 독립성을 가정하는 방식으로 공변량의 주효과항만 추가하면 됩니다. 반대로 통계적으로 유의미한 상호작용효과가 발견된다면, 해당 공변량의 주효과항과 함께 공변량과 해당 개체간 요인과의 상호작용효과항을 추가하면 됩니다. 아울러 한계평균을 추정하거나 추가 분석을 실시할 때는 공변량의 수준을 어떻게 설정했는지를 반드시 밝히고, 필요시 공변량이 종속변수에 미치는 효과, 즉 기울기(slope)가 개체간 요인의 수준에 따라 어떻게 변하는지를 '(단순)기울기 분석(slope analysis)'을 통해 보여주면 됩니다. 공분산분석 후 추가 분석을 진행하는 것은 공변량을 특정 수준으로 통제한다는 점을 제외하면, 여기서 소개한 과정과 본질적으로 동일하다는 점에서 독자들이 응용하는 데 별 어려움은 없을 것입니다.

또한 6장에서는 집단간 분산동질성 가정이 유효하지 않은 경우 GLS모형을 통해 공분산분석을 진행하는 방법 역시 별도로 소개하지 않았습니다. 왜냐하면 5장에서 소개한 내용과 개념적으로 크게 다르지 않기 때문입니다. 즉 GLS모형 추정시 집단간 이질적인 분산을 반영하기 위해 `nlme` 패키지 `gls()` 함수의 `weights`를 지정할 때 개체간 요인 3개를 반드시 다 지정해야 한다는 점이 조금 다를 뿐입니다.[3] 이 점만 유념한 후, 앞의 5장에서 소개한 방식을 그대로 따른 후 6장에서 소개한 분석기법들을 응용해 사용하면 됩니다.

---

3 구체적으로 다음과 같습니다.

```
> mygls <- gls(y~a*b*c, mydata, weights=varIdent(form=~1|a*b*c)) # ~1|a*b*c에 주의
> mygls |> emmeans(~a|b|c) |> joint_tests()
model term df1 df2 F.ratio p.value
a          2 361   5.090  0.0066
b          2 361   2.001  0.1367
c          1 361   1.103  0.2942
a:b        4 361   1.952  0.1013
a:c        2 361   5.014  0.0071
b:c        2 361   2.392  0.0929
a:b:c      4 361   3.001  0.0186
```

7장 반복측정설계

4-6장에서는 개체간 요인(between-subject factor, 즉 실험참여 사례당 1번 관측된 요인)만이 실험설계에 소개되었습니다. 7장에서는 실험참여 사례당 최소 2회 이상 반복하여 측정된 개체내 요인(within-subject)이 포함된 실험을 진행할 경우, 표본크기를 어떻게 추정하며 개체내 요인의 효과와 개체내 요인 및 개체간 요인 사이의 상호작용효과를 어떻게 추정하는지 살펴보도록 하겠습니다. 개체간 요인과 구분되는 개체내 요인의 특성을 이해한다면 표본크기 설정방법은 물론 (공)분산분석 및 추가 분석을 어떻게 진행하는지 어렵지 않게 이해하실 수 있을 것입니다.

7장에서 소개할 반복측정설계(repeated measures design)는 개체간 요인이 포함되지 않은 반복측정설계의 경우 '단일집단 2수준 개체내 요인설계(two-level within-subject design)', '단일집단 3수준 개체내 요인설계(three-level within-subject design)', 개체내 요인과 개체간 요인 사이의 2원상호작용효과를 테스트할 수 있는 '3×2 혼합설계(mixed design)'를 소개하겠습니다.

1 단일집단 2수준 개체내 요인설계

1-1 표본크기 추정, 실험설계, 데이터 수집

단일집단 2수준 개체내 요인설계는 동일한 개체에게서 서로 다른 시점에 측정된 관측값, 혹은 서로 다른 특성에 대한 평가결과를 비교하기 위한 연구설계입니다. 예를 들어 특정한 처치자극을 제시하기 이전의 관측값과 제시한 이후의 관측값을 비교하는 사전측정-사후측정 비교(pretest-posttest comparison) 연구가 가장 대표적인 단일집단 2수준 개체내 요인설계입니다(이를테면 약물 투입이전의 상태와 약물 투입이후의 상태를 비교).[1] 단일집단 2수준 개체내 요인설계는 개체내 요인이 포함된 연구설계 중 가장 간단한 형태이며, 비교집단(이를테면 통제집단)이 포함되지 않는다는 점에서 인과성(causality), 즉 내적 타당도(internal validity) 확보를 위한 실험설계라고 보기는 어렵습니다. 또한 처치자극이 제시되기 전후로 측정된 두 측정치는 많은 경우 양의 상관관계를 갖는 것이 보통입니다. 다시 말해 처치자극(혈압약)이 제시되기 이전 측정치에서 높은 값을 보인 사례(혈압이 높게 나타난 사람)는 처치자극 제시 이후 측정치에서도 높은 값을 보이기 쉽습니다. 즉 처치자극 이후의 측정치 수준은 처치자극 이전의 측정치 수준에 따라 달라지고, 따라서 종속변수에 대한 독립성 가정(independence assumption)을 확보했다고 보기 어렵습니다.

개체내 요인이 포함된 연구설계의 경우 독립성 가정이 확보되지 않으며, 2수준 개체내 요인설계의 경우 사례별로 짝지어진 두 관측치가 상관관계를 갖는다는 사실은 개체내 요인이 포함된 연구설계에 필요한 표본크기가 어느 정도인지 결정할 때 반드시 고려해야 합니다. 즉 개념적으로는 개체내 요인설계에 필요한 표본크기를 설정하는 과정 역시 개체간 요인으로 구성된 실험설계과정에서의 표본크기 설정과정과 개념적으로는 비슷하지만, 관측치들 사이의 상관계수를 추가로 지정한다는 점이 다릅니다.

이제 본격적으로 2수준 개체내 요인설계시 표본크기를 추정해봅시다. 먼저 앞에서와 마찬가지로 제1종 오류와 제2종 오류의 기준은 관례적으로 채택되는 기준인 $\alpha = .05$, $\beta = .20$(즉 통계적 검증력 .80)을 그대로 준수하겠습니다. 또한 연구자가 관련 선행연구를 충분히 검토한 결과, 처치 이전 관측치와 처치 이후 관측치의 피어슨 상관계수는 약 $r = .50$이었으며, 처치에 따른 효과크기는 $\eta^2_{partial} = .03$ 정도를 예상할 수 있었습니다. 아울러 선행연구에서는 별다른 공변량을 고려하지는 않았지만, 연구자는 연구를 진행하면서 종속변수와 밀접하게 연관성을 가질 것으로 예상되는 공변량을 하나 측정하였습니다. 개체내 요인설계의 경우 `pwrss` 패키지의 `pwrss.f.rmanova()`

1 상황에 따라 동일 대상에 대한 서로 다른 평가결과를 비교하는 경우도 단일집단 2수준 개체내 요인설계에 해당됩니다(이를테면 동일한 학생들을 대상으로 교사A의 평가결과와 교사B의 평가결과를 비교함).

함수를 이용하여 언급된 조건을 충족하는 표본크기를 계산하면 아래와 같습니다. 여기서 n.levels는 개체간 요인의 수준 개수를 의미하며, 1로 지정할 경우 단일집단을 의미합니다. 또한 n.rm 옵션은 반복측정되는 개체내 요인의 수준개수(반복측정 횟수)를 의미하며, corr.rm 옵션은 복수의 측정치들 사이의 상관계수를 의미합니다.

```
> # 2-level within-subject factor
> library(pwrss) # Sample size & power analysis
> pwrss.f.rmanova(eta2=0.03,
+                n.levels=1, #단일집단
+                n.rm=2, #개체내 요인수준의 개수
+                corr.rm=0.50,  #측정치들 사이의 상관계수
+                power=0.80, alpha=0.05,
+                type="within")
One-way Repeated Measures
Analysis of Variance (F test)
H0: eta2 = 0 (or f2 = 0)
HA: eta2 > 0 (or f2 > 0)
------------------------------
Number of levels (groups) = 1
Number of repeated measurements = 2
------------------------------
 Statistical power = 0.8
 Total n = 66
------------------------------
Type of the effect = "within"
Numerator degrees of freedom = 1
Denominator degrees of freedom = 64.392
Non-centrality parameter = 8.09
Type I error rate = 0.05
Type II error rate = 0.2
```

출력결과에서 확인할 수 있듯, 66명 규모의 표본이 필요합니다. 이와 같은 계산결과를 토대로 연구자가 수집한 데이터는 dt_WSfactor1_Lvl2.csv입니다.

1-2 처치효과·효과크기 추정 및 효과패턴의 시각화

이제 수집된 데이터를 분석해보겠습니다. 먼저 분석에 필요한 패키지들을 실행한 후, 수집된 데이터를 불러오겠습니다.

```
> #분석 시작
> library(car)
> library(afex)
> library(emmeans)
> library(effectsize)
> library(lme4)
> library(lmerTest)
> library(tidyverse)
> mydata <- read_csv("dt_WSfactor1_Lvl2.csv",show_col_types=FALSE)
```

'사전측정-사후측정' 형식과 같이 사례를 중심으로 짝지워진 데이터에 대해 가장 널리 사용되는 테스트 기법은 '대응표본 티테스트(paired sample *t*-test)'입니다. 만약 분석 과정에서 공변량을 고려하지 않는다면, 대응표본 티테스트를 사용하는 것이 가장 적절할 것입니다. 예시데이터를 대상으로 대응표본 티테스트를 실시하면 다음과 같습니다.

```
> #가장 간단하게는 paired sample t-test
> mydata |>
+ summarise(M1=mean(y1),M2=mean(y2))
# A tibble: 1 × 2
     M1    M2
  <dbl> <dbl>
1  2.68  2.92
> t.test(Pair(y1,y2)~1,mydata)

        Paired t-test

data:  Pair(y1, y2)
t = -2.1938, df = 65, p-value = 0.03183
alternative hypothesis: true mean difference is not equal to 0
95 percent confidence interval:
 -0.45109490 -0.02117071
sample estimates:
mean difference
     -0.2361328
```

출력결과에서 확인할 수 있듯, 첫 번째 측정시점의 평균($M = 2.68$)은 두 번째 측정시점의 평균($M = 2.92$)보다 통계적으로 유의미하게 작은 것을 확인할 수 있습니다[$t(65) = -2.19$, $p = .05$]. 2수준 개체간 요인의 효과를 테스트하는 독립표본 티테스트의 경우 효과크기 통계치로 코헨의 *d*가 비교적 널리 사용되는 반면, 대응표본 티테스트의 경우 효과크기 통계치가 그리 널리 활용되고 있지 않습니다. 그 이유는 효과크기 통계치를 계산하는 과정에서 분산을 규정하는 것이 쉽지 않기 때문입니다. 만약 활동 중인 분과에서 대응표본 티테스트 추정결과와 효과크기 통계치를 같이 제시할 것을 요구한다면, 활동분과에서 어떤 효과크기 통계치가 활용되는지를 신중히 살펴보기 바랍니다. 여기서는 `effectsize` 패키지에서 제공하는 `repeated_measures_d()` 함수의 디폴트 옵션을 적용하여 코헨의 *d*를 계산하겠습니다(통상적인 코헨의 *d* 계산방식으로 *d*를 계산한 후, 두 측정치의 상관계수를 반영함).[2] 계산과정은 다음과 같습니다.[3]

---

2 `effectsize` 패키지 `repeated_measures_d()` 함수의 `method` 옵션을 조정하면 조금씩 상이한 코헨의 *d*가 계산됩니다. 각 옵션에서 어떻게 분산을 정의하여 *d*를 계산하는지에 대해서는 각 함수별 코멘트를 참조하시기 바랍니다.

```
> # 두 측정시점의 분산을 평균하여 계산
> repeated_measures_d(Pair(y1,y2)~1, data=mydata, method="av")
d (av) |      95% CI
-----------------------
-0.24 | [-0.45, -0.03]
- Adjusted for small sample bias.
> # 첫번째 측정시점의 분산을 적용해 계산
> repeated_measures_d(Pair(y1,y2)~1, data=mydata, method="b")
Becker's d |      95% CI
---------------------------
-0.23      | [-0.45, -0.02]

- Adjusted for small sample bias.
> # 권장하지 않음. independent sample t-test에 적용하는 코헨의 d 방식
> repeated_measures_d(Pair(y1,y2)~1, data=mydata, method="d")
Cohen's d |      95% CI
--------------------------
-0.24     | [-0.46, -0.02]
- Adjusted for small sample bias.
> #one sample t-test 관점에서 계산
> repeated_measures_d(Pair(y1,y2)~1, data=mydata, method="z")
d (z) |      95% CI
----------------------
-0.27 | [-0.51, -0.02]
- Adjusted for small sample bias.
```

```
> # Cohen's d for within-subject factor
> # independent sample t-test에 적용하는 코헨의 d에 두 측정치의 상관계수를 조정하여 계산
> repeated_measures_d(Pair(y1,y2)~1, data=mydata)
d (rm) |      95% CI
-----------------------
-0.24  | [-0.46, -0.02]
```

공변량을 고려하지 않고 두 측정시점의 평균비교를 수행하는 것만이 목적이라면, 위와 같이 대응표본 티테스트만 실시해도 괜찮을 것입니다. 그러나 공변량이 분석에 포함되는 경우, 2수준 개체내 요인의 추정효과를 살펴보기 위해서는 공분산분석을 실시해야 합니다. 이를 위해서는 먼저 아래와 같이 예시데이터를 '긴 데이터(long format data)'로 전환하여 개체당 두 차례 반복측정된 데이터로 전환해주어야 합니다. 여기서는 먼저 공변량을 평균중심화 변환한 후, 개체별 반복측정된 두 변수 y1, y2가 측정되도록 변환하였습니다.

```
> # Type III 분산분석(개체내 요인)
> mylong <- mydata |>
+  mutate(cov_mc=cov-mean(cov)) |> # mean-centering
+  pivot_longer(cols=y1:y2,
+               names_to="time",
+               values_to="y") |>
+  mutate(time=factor(time)) # 요인형 변환
```

먼저 공변량이 투입되지 않은 분산분석을 실시해보겠습니다. afex 패키지의 aov_4() 함수 내부에 개체내 요인효과를 추정하는 공식을 지정할 때 주의하시기 바랍니다. 즉 개체간 요인의 경우 종속변수 다음에 바로 지정하는 반면, 개체내 요인의 경우 개체의 아이디(ID)별로 개체내 요인을 지정해주어야 합니다. 코드의 밑줄 그은 (time|ID) 부분에 주목하세요.

3 아쉽게도 interpret() 함수를 사용할 수는 없습니다(왜냐하면 별도의 기준이 제안되지 않았기 때문입니다).

```
> #분산분석
> aov_4(y~1+(time|ID),data=mylong,
+       anova_table=list(es="pes",intercept=TRUE))
Anova Table (Type 3 tests)

Response: y
       Effect    df MSE           F pes p.value
1 (Intercept) 1, 65 1.52 679.90 *** .913   <.001
2        time 1, 65 0.38   4.81 *   .069    .032
---
Signif. codes: 0 '***' 0.001 '**' 0.01 '*' 0.05 '+' 0.1 ' ' 1
```

출력결과를 해석하는 것은 어렵지 않습니다. 즉 두 측정시점별 평균은 통계적으로 유의미하게 서로 다릅니다[$F(1,65) = 4.81$,[4] $p = .03$, $\eta^2_{partial} = .07$]. 다음으로 공변량을 추가 투입하면 아래와 같습니다.

```
> aov_4(y~cov_mc+(time|ID),data=mylong,factorize=F,
+       anova_table=list(es="pes",intercept=TRUE))
Anova Table (Type 3 tests)

Response: y
        Effect    df MSE            F pes p.value
1 (Intercept) 1, 64 1.01 1020.82 *** .941   <.001
2      cov_mc 1, 64 1.01   33.59 *** .344   <.001
3        time 1, 64 0.39    4.76 *   .069    .033
4 cov_mc:time 1, 64 0.39    0.29     .004    .594
---
Signif. codes: 0 '***' 0.001 '**' 0.01 '*' 0.05 '+' 0.1 ' ' 1
```

출력결과에서 확인할 수 있듯, 개체내 요인과 공변량 사이의 상호작용효과는 통계적으로 유의미하지 않습니다[$F(1,64) = 0.29$, $p = .59$]. 앞서 5장과 6장에서 살펴보았듯, 요인과 공변량 사이의 독립성을 가정할 수 있을 경우에는 상호작용효과항을 제거해야 합니다. 그러나 아쉽게도 afex 패키지의 (공)분산분석용 함수들의 경우, 개체

4 대응표본 티테스트로 얻은 테스트 통계치 $t(65) = -2.1938$을 제곱하면, 여기에 보고된 4.81을 얻을 수 있습니다.

간 특성을 나타내는 변수(개체간 요인과 공변량)와 개체내 요인 사이의 상호작용효과항을 제거하는 옵션이 제공되지 않습니다.[5] 만약 개체내 요인과 개체간 요인이나 개체간 특성을 나타내는 공변량의 상호작용효과를 추정하지 않는 경우라면, 혼합모형(mixed model) 방식을 활용하는 것이 좋습니다.

---

5 이와 같은 문제는 R에서 SPSS나 SAS와 같은 상업용 데이터 분석 프로그램과 유사한 방식의 함수들을 제공하면서 생기는 일종의 '부수적 피해(collateral damage)'로 볼 수 있습니다. 실제로 afex 패키지와 함께 널리 사용되는 rstatix 패키지에서도 동일한 상황이 발생하며, car 패키지의 부속함수들을 사용할 경우에도 다르지 않습니다(추정 예시는 아래와 같습니다). 그러나 '제I유형'을 가정해 분산합을 추정한다면, aov() 함수를 이용하여 다음과 같은 방식으로 상호작용효과항을 추정하지 않을 수 있습니다. 만약 '제III유형'을 가정해 분산합을 추정한다면, 본문에 소개한 lme4 패키지의 lmer() 함수를 활용하는 것이 가장 쉽고 간결합니다.

```
> # rstatix::anova_test 접근방식
> rstatix::anova_test(mylong,
+                     y~1+Error(ID/time),
+                     covariate=cov_mc,
+                     type=3,effect.size="pes")
                                [이후 출력결과는 분량 조절을 위해 제시하지 않음]

> # car 패키지 방식(자세한 소개는 3수준 개체내 요인설계에서 소개)
> mydata$cov_mc <- mydata$cov-mean(mydata$cov)
> mylm <- lm(cbind(y1,y2)~cov_mc,mydata)
> idata <- data.frame(time=factor(c("y1","y2")))
> rptm_aov <- Anova(mylm,idata=idata,idesign=~time,type="III")
> summary(rptm_aov, multivariate=FALSE)
                                [이후 출력결과는 분량 조절을 위해 제시하지 않음]

> # aov() 함수 이용: Type I
> # 상호작용을 고려할 경우 y~time*cov_mc+Error(factor(ID))
> aov(y~time+cov_mc+Error(factor(ID)),mylong) |>
+   summary()

Error: factor(ID)
          Df Sum Sq Mean Sq F value    Pr(>F)
cov_mc     1  33.99   33.99   33.59 2.26e-07 ***
Residuals 64  64.75    1.01
---
Signif. codes:  0 ‘***’ 0.001 ‘**’ 0.01 ‘*’ 0.05 ‘.’ 0.1 ‘ ’ 1

Error: Within
          Df Sum Sq Mean Sq F value Pr(>F)
time       1   1.84  1.8400   4.813 0.0318 *
Residuals 65  24.85  0.3823
---
Signif. codes:  0 ‘***’ 0.001 ‘**’ 0.01 ‘*’ 0.05 ‘.’ 0.1 ‘ ’ 1
```

혼합모형을 활용하여 개체내 요인의 효과를 추정할 때 가장 중요한 점은 개체내 요인이 포함된 데이터는 본질적으로 다층데이터(multi-level data)라는 점을 이해하는 것입니다. 예시데이터의 경우, 종속변수의 분산은 '시간수준에서 나타난 분산(variance at time-level)', 즉 시간 흐름에 따른 '개체내부의 분산(within-subject variance)'과 '개체수준에서 나타난 분산(variance at individual-level)', 즉 시간 흐름과 무관한 '개체간 분산(between-subject variance)'으로 구분할 수 있습니다. 긴 데이터(mylong)의 공변량인 cov_mc 변수는 각 개체의 특성을 나타내는 변수이기에 개체간 분산을 설명할 수 있고, 개체내 요인에 해당되는 time 변수는 시간 변화를 나타낸다는 점에서 개체내부의 분산을 설명할 수 있습니다. 아울러 공변량과 개체내 요인의 상호작용효과는 개체내부의 분산을 설명합니다. 즉 혼합모형은 서로 다른 두 수준별 분산을 각 수준별 설명변수로 설명하는 모형으로, 측정수준을 구분한다는 점에서 최근 다층모형(multi-level model)이라는 이름으로 더 잘 알려져 있습니다. R을 이용하여 다층모형을 추정하는 방법과 관련한 보다 자세하고 다양한 설명에 대해서는 졸저(백영민, 2018a)를 참조하실 수 있습니다.

혼합모형을 추정하는 방법은 R에서의 통상적인 선형모형(linear model) 추정방법과 유사하지만, 데이터의 다층적 구조를 반영한다는 점에서 공식은 아래와 같이 '고정효과(fixed effect)' 추정 부분과 '랜덤효과(random effect)' 추정 부분 2가지로 구분됩니다. 먼저 랜덤효과는 개체간 분산을 추정하며, (1|ID)는 종속변수의 전체분산 중 ID로 구분되는 개체간 차이로 인해 발생하는 분산을 추정한다는 것을 의미합니다. 다음으로 고정효과는 설명변수의 효과를 추정한다는 뜻입니다.

```
y ~ cov_mc + time + cov_mc:time + (1|ID)
```

종속변수	고정효과 추정 부분	랜덤효과 추정 부분

먼저 앞서 aov_4() 함수 추정결과처럼 개체내 요인과 공변량 사이의 상호작용효과를 살펴봅시다. 앞서 설명하였듯, R에서는 효과코딩이 아닌 더미코딩이 요인형 변수의 디폴트 코딩 방식입니다. 따라서 분산분석 맥락에 맞게 먼저 더미코딩으로 입력된 요인형 변수를 합산코딩 방식으로 변환한 후, lmer() 함수를 이용하여 혼합모형을 추

정하였습니다.

```
> # 혼합모형 (다층모형)
> contrasts(mylong$time) <- contr.sum(2) # 합산코딩
> mycomix <- lmer(y~cov_mc*time+(1|ID), mylong)
```

일단 추정된 혼합모형 추정결과를 summary() 함수를 이용해 살펴봅시다. 개체내 요인이 포함된 (공)분산분석이라는 맥락에서는 유용성이 떨어지기는 하지만, 혼합모형의 특성을 이해한다는 점에서는 유용합니다.

```
> summary(mycomix) # 다층모형일 경우는 유용하겠지만, ANOVA 맥락에서는 효용성이 낮음
Linear mixed model fit by REML. t-tests use Satterthwaite's method ['lmerModLmerTest']
Formula: y ~ cov_mc * time + (1 | ID)
   Data: mylong

REML criterion at convergence: 323.9

Scaled residuals:
     Min       1Q   Median       3Q      Max
-1.83270 -0.61192 -0.07824  0.44370  2.21990

Random effects:
 Groups   Name        Variance Std.Dev.
 ID       (Intercept) 0.3126   0.5591
 Residual             0.3866   0.6217
Number of obs: 132, groups:  ID, 66

Fixed effects:
             Estimate Std. Error       df t value Pr(>|t|)
(Intercept)   2.79721    0.08755 64.00000  31.950  < 2e-16 ***
cov_mc        0.37322    0.06439 64.00000   5.796 2.26e-07 ***
time1        -0.11807    0.05412 64.00000  -2.182   0.0328 *
cov_mc:time1  0.02133    0.03980 64.00000   0.536   0.5939
---
Signif. codes:  0 '***' 0.001 '**' 0.01 '*' 0.05 '.' 0.1 ' ' 1

Correlation of Fixed Effects:
            (Intr) cov_mc time1
cov_mc      0.000
time1       0.000  0.000
cov_mc:tim1 0.000  0.000  0.000
```

출력결과의 첫 줄 "Linear mixed model fit by REML. t-tests use Satterthwaite's method"의 의미는 혼합모형의 추정 알고리즘이 '제한적 최대우도(REML, restricted maximum likelihood)'를 사용했으며, 이를 통해 얻은 테스트 통계치의 경우 새더스웨이트(Satterthwaite)가 제안한 방식을 따랐다는 의미입니다. 다층데이터(즉 개체내 수준과 개체간 수준이 공존하는 데이터)의 특성을 반영한다는 점에서 REML이 사용되며,[6] 새더스웨이트 방식은 통계적 의사결정 과정에서 자유도를 조정했다는 것을 의미합니다(반복적으로 측정되었다는 점에서 종속변수의 관측치들 사이의 독립성 가정이 충족되지 않기 때문).

이후에 제시된 결과 중 혼합모형의 가장 큰 특징을 보여주는 부분이 바로 "Random effects:" 부분입니다. 이 결과는 모형에 투입된 3개의 예측변수(cov_mc, time, 그리고 상호작용효과)로 설명되고 남은 잔여분산을 '개체간 분산(between-subject variance)'(ID의 출력결과 0.3126)과 '개체내 분산(within-subject variance)'(Residual의 출력결과 0.3866)으로 분해(decompose)한 결과입니다.

다음에 제시된 "Fixed effects:" 부분의 결과는 회귀모형 관점에서 모형 추정 결과를 서술한 것입니다. 여기서 주의할 점은 time 변수의 경우 더미코딩이 아니라 합산코딩을 했다는 점입니다. 다시 말해 time1의 계수인 –0.11807의 값은 전체평균을 기준으로 첫 번째 측정시점은 약 –0.12이 낮지만, 두 번째 측정시점은 약 0.12점이 높다는 것을 의미합니다.[7] 이 결과를 (공)분산분석 맥락에 맞도록 표현하기 위해서는 다음과 같이 anova() 함수를 쓰는 것이 좋습니다. 출력결과에서 확인할 수 있듯, 제시

---

6 REML과 최대우도(maximum likelihood)의 차이와 관련하여 졸저(백영민, 2018a, 47-49쪽)를 참조하시기 바랍니다.

7 더미코딩을 실시하였을 때의 아래 결과와 비교해보면 본문에 제시된 합산코딩 결과가 무엇인지 더 명확하게 와닿을 듯합니다.

```
> #더미코딩과의비교
> mylong$time_dummy <- ifelse(mylong$time=="y2",1,0) #더미코딩
> result_dummy <- lmer(y~cov_mc*time_dummy+(1|ID), mylong)
> summary(result_dummy)$coefficients
                     Estimate Std.Error       df   t value     Pr(>|t|)
(Intercept)        2.67914108 0.10292346 106.6748 26.0304211 5.089142e-48
cov_mc             0.39454566 0.07570122 106.6748  5.2118800 9.203003e-07
time_dummy         0.23613281 0.10823020  64.0000  2.1817646 3.280595e-02
cov_mc:time_dummy -0.04265652 0.07960437  64.0000 -0.5358565 5.939152e-01
```

된 공분산분석의 제곱합 계산방식은 '제III유형'을 기반으로 하고 있습니다.

```
> anova(mycomix)   # lmer() 함수의 경우는 문제없음
Type III Analysis of Variance Table with Satterthwaite's method
             Sum Sq Mean Sq NumDF DenDF F value   Pr(>F)
cov_mc       12.986  12.986     1    64 33.5928 2.256e-07 ***
time          1.840   1.840     1    64  4.7601  0.03281 *
cov_mc:time  0.111   0.111     1    64  0.2871  0.59392
---
Signif. codes:  0 '***' 0.001 '**' 0.01 '*' 0.05 '.' 0.1 ' ' 1
```

anova() 함수로도 충분하지만, 본서에서는 joint_tests() 함수를 이용하고자 합니다(4장, 5장, 6장과의 연속성을 강조한다는 점에서). 아울러 당연한 일이지만 joint_tests() 함수를 적용해 출력한 결과는 anova() 함수 출력결과와 정확하게 동일합니다.

```
> # 아래와 같은 방식은 앞에서 살펴본 결과와 일관성 있음
> mycomix |> joint_tests()
 model term  df1 df2 F.ratio p.value
 cov_mc        1  64  33.593  <.0001
 time          1  64   4.760  0.0328
 cov_mc:time   1  64   0.287  0.5939
```

이제 통계적으로 유의미하지 않은 상호작용효과항을 제거한 후, 다시 공분산분석을 실시해봅시다. aov_4() 함수와 달리 상호작용효과항을 제거하는 것은 매우 쉽습니다. 아래와 같이 공변량과 개체내 요인을 * 기호에서 + 기호로 변화시키는 것으로 충분합니다.

```
> # 상호작용효과항 제거
> mycomix <- lmer(y~cov_mc+time+(1|ID), mylong)
> mycomix |> joint_tests()
 model term df1 df2 F.ratio p.value
 cov_mc       1  64  33.593  <.0001
 time         1  65   4.813  0.0318
```

위의 출력결과에서 확인할 수 있듯, 공변량을 통제하더라도 두 측정시점에서 얻

은 평균은 통계적으로 유의미하게 다르다는 결론을 낼 수 있습니다[$F(1,65) = 4.81$, $p = .03$]. 여기서 한 가지 주목할 점은 두 번째 자유도(df2)입니다. 앞서 상호작용효과항을 추정하여 얻은 개체내 요인의 효과 추정결과의 경우 자유도가 64였던 반면, 이제는 65이며, 이는 공변량을 대상으로 얻은 효과 추정결과의 자유도인 64와 다르다는 점을 확인할 수 있습니다. 추가로 효과크기 통계치는 다음과 같은 방식으로 구할 수 있습니다. 출력결과에서 확인할 수 있듯, $\eta^2_{partial} = .07$이며 이는 1992년 코헨의 기준을 따를 때 '소(small)효과'로 분류할 수 있습니다.

```
> # 부분에타제곱 해석
> eta_squared(mycomix) |> interpret(rules="cohen1992")
# Effect Size for ANOVA (Type III)

Parameter | Eta2 (partial) |       95% CI | Interpretation
------------------------------------------------------------
cov_mc    |           0.34 | [0.19, 1.00] |          large
time      |           0.07 | [0.00, 1.00] |          small

- One-sided CIs: upper bound fixed at [1.00].
- Interpretation rule: cohen1992
```

끝으로 이번 예시데이터 분석과정의 경우 현실적 유용성은 없지만, 개체내 요인의 효과를 시각화해봅시다. 시각화 방법은 개체간 요인이든 개체내 요인이든 큰 차이는 없습니다. emmeans 패키지의 emmip() 함수를 이용하면 손쉽게 분석결과를 시각화할 수 있습니다. 공분산분석 결과에서 공변량을 평균으로 설정하였을 때, 개체내 요인의 수준 변화에 따른 한계평균의 변화패턴을 시각화하면 [그림 7-1]과 같습니다.

```
> # 공변량, 평균수준 설정
> mycomix |>
+ emmip(~time,CIs=TRUE,
+        CIarg=list(lwd=2,alpha=0.5))+
+ labs(x="Time",y="Marginal means and their 95% CIs",
+        caption="Type III, Covariate assumed at its mean")+
+ theme_bw()
```

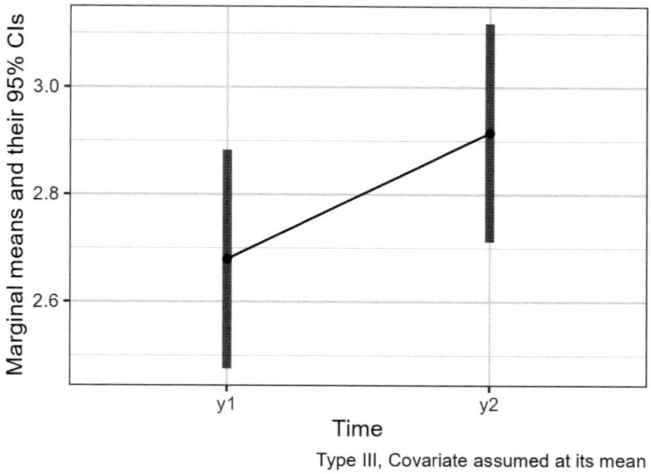

[그림 7-1] 개체내 요인수준에 따른 평균 및 95% 신뢰구간 변화

1-3 추가 분석: 혼합모형 활용시 자유도 조정기법

2수준 개체내 요인의 경우 특별하게 추가 분석을 실시할 이유는 없을 듯합니다. 즉 두 측정시점의 평균을 비교한다는 점에서 단순효과를 살펴보거나, 계획비교를 하거나, 사후 다중분석을 진행하는 것도 별 의미가 없습니다. 그러나 `lmer()` 함수 추정결과를 활용하여 emmeans 패키지의 부속함수들을 활용해 추가 분석을 진행할 경우, 자유도(*df*)를 수정하는 방법에 대해서는 확인할 필요가 있습니다. 우선 혼합모형 추정결과를 대상으로 ① 공변량을 평균으로 설정하고 ② 한계평균을 추정한 후, ③ 집단평균의 쌍별비교(pairwise comparison)를 실시해보죠. 먼저 혼합모형 추정결과에 대해 디폴트로 설정하고 있는 자유도 조정기법은 출력결과의 맨 마지막에 제시된 켄와드-로저(Kenward-Roger) 조정기법입니다.

```
> # 자유도 조정방법은 kenward-roger 방법이 디폴트
> mycomix |>
+  emmeans(~time) |>
+  contrast("pairwise")
 contrast estimate    SE df t.ratio p.value
 y1 - y2    -0.236 0.108 65  -2.194  0.0318
Degrees-of-freedom method: kenward-roger
```

그러나 lmer() 함수에서 혼합모형을 추정할 때 사용했던 기법은 새터스웨이트(Satterthwaite) 조정기법이었습니다. 만약 일관된 조정기법으로 자유도를 조정하고자 한다면, 다음과 같이 emmeans() 함수의 mode 옵션을 재설정하면 됩니다.

```
> # 자유도 조정방법을 변경하고자 할 경우
> mycomix |>
+  emmeans(~time,mode="satterthwaite") |>
+  contrast("pairwise")
 contrast estimate    SE df t.ratio p.value
 y1 - y2    -0.236 0.108 65  -2.194  0.0318
Degrees-of-freedom method: satterthwaite
```

일단 예시데이터의 경우, 어떤 기법으로 자유도를 조정하든 동일합니다. 그러나 개체내 요인의 수준이 증가하거나, 혹은 개체내 요인과 개체간 요인의 상호작용효과를 추정할 경우에는 어떤 기법을 사용하는가에 따라 추정결과가 조금씩 다르게 나타납니다. 본서에서는 일관성 유지를 위해 혼합모형 추정결과에 대한 추가 분석과정에서 자유도를 조정할 때 새터스웨이트 조정기법을 사용하겠습니다. 이를 위해 저는 다음과 같이 디폴트 옵션을 새터스웨이트 조정기법으로 바꾸도록 하겠습니다.

```
> # 큰 차이 없지만, anova() 출력결과와의 일관성 측면에서 Satterthwaite 조정기법 따름
> # 만약 자유도를 Kenward-Roger에서 Satterthwaite 조정기법으로 계속 전환하고자 할 때
> emm_options(lmer.df="Satterthwaite")
> # emm_options(lmer.df="Kenward-Roger") # 만약 다시 디폴트로 바꾸고자 한다면
```

2 단일집단 3수준 개체내 요인설계

2-1 표본크기 추정, 실험설계, 데이터 수집

단일집단 3수준 개체내 요인설계는 바로 앞에서 살펴본 2수준 개체내 요인을 확장한 것입니다. 따라서 3수준 개체내 요인설계에 필요한 표본규모를 설정하기 위해서는 2수준 개체내 요인설계에서 소개했던 조건들이 모두 필요합니다. 아울러 개체내 요인의

수준이 3수준 이상일 경우에는 '구형성(sphericity) 가정'에 대해 추가적으로 고려해야 합니다. '구형성 가정'이 충족되었다는 말은 개체내 요인을 구성하는 관측치들 사이 차이값의 분산이 동질적이라는 의미로, 개체간 요인으로 구성된 실험설계에서 집단간 분산동질성 테스트와 개념적으로 유사합니다. 구체적으로 3수준 개체내 요인설계(y_1, y_2, y_3)로 얻은 데이터에서 구형성 가정이 충족되었다는 것은 $\sigma^2_{y_1-y_2} = \sigma^2_{y_1-y_3} = \sigma^2_{y_2-y_3}$과 같이 표현할 수 있습니다. 여기서 엡실론(ϵ, epsilon)이라는 이름의 통계치가 등장하는데, 만약 구형성 가정이 충족되는 경우 ϵ의 값은 '1'이 되며, 최솟값(lower bound)은 $\frac{1}{k-1}$이 됩니다(여기서 k는 개체내 요인의 수준 개수). 다시 말해 3수준 개체내 요인설계의 경우 ϵ의 범위는 [.50, 1.00] 사이에 놓입니다. 표본규모를 추정할 때 사용되는 ϵ은 반복측정 분산분석 추정결과를 설명할 때 다시 등장합니다. 3수준 이상의 개체내 요인이 등장할 때 흔히 보고되는 통계치인 그린하우스-가이서 엡실론(Greenhouse-Geisser's ϵ)이나 후인-펠트 엡실론(Huynh-Feldt's ϵ) 등은 바로 구형성 가정이 어느 정도나 충족되었으며, 어느 정도로 자유도를 수정해야 하는지를 보여주는 ϵ 통계치입니다.

이제 3수준 개체내 요인설계시 표본크기를 추정해봅시다. 먼저 제1종 오류와 제2종 오류의 경우 관례적으로 채택되는 기준 $\alpha = .05$, $\beta = .20$(즉 통계적 검증력 .80)을 그대로 사용하였습니다. 또한 연구자가 관련 선행연구를 충분히 검토한 결과, 세 번의 측정시점에서 얻은 종속변수들 사이의 피어슨 상관계수는 약 $r = .50$이었으며, 처치에 따른 효과크기는 $\eta^2_{partial} = .03$ 정도로 예상할 수 있었고, 그린하우스-가이서 엡실론은 약 .70 정도로 보고되는 상황이었습니다. 아울러 선행연구에서는 주목하지 않았지만, 연구자는 개체간 차이를 나타내는 공변량을 데이터 수집과정에서 추가적으로 고려하였습니다.

pwrss 패키지의 pwrss.f.rmanova() 함수를 이용해 언급된 조건을 충족하는 표본크기를 계산하면 아래와 같습니다. 단일집단이기 때문에 n.levels은 1로 설정하였으며, 3수준 개체내 요인이기 때문에 n.rm 옵션은 3으로 설정하였습니다. 아울러 종속변수들 사이의 피어슨 상관계수인 .50은 corr.rm 옵션에 지정해주었고, ϵ 통계치는 epsilon 옵션에 지정하였습니다.

```
> # 3 levels within-subject factor
> library(pwrss) # Sample size & power analysis
```

```
> pwrss.f.rmanova(eta2=0.03,
+                 n.levels=1,
+                 n.rm=3,
+                 power=0.80, alpha=0.05,
+                 epsilon=0.70,
+                 corr.rm=0.50,
+                 type="within")
One-way Repeated Measures
Analysis of Variance (F test)
H0: eta2 = 0 (or f2 = 0)
HA: eta2 > 0 (or f2 > 0)
------------------------------
Number of levels (groups) = 1
Number of repeated measurements = 3
------------------------------
 Statistical power = 0.8
 Total n = 69
------------------------------
Type of the effect = "within"
Numerator degrees of freedom = 1.4
Denominator degrees of freedom = 94.397
Non-centrality parameter = 8.888
Type I error rate = 0.05
Type II error rate = 0.2
```

출력결과에서 확인할 수 있듯, 필요한 표본규모는 69명입니다. 이러한 추정결과를 토대로 연구를 진행한 후, 연구자가 얻은 데이터는 dt_WSfactor1_Lvl3.csv입니다.

2-2 처치효과·효과크기 추정 및 효과패턴의 시각화

이제 3수준 개체내 요인설계를 따르는 데이터를 분석해보겠습니다. 먼저 분석에 필요한 패키지들을 실행한 후, 수집된 데이터를 불러오겠습니다.

```
> #분석 시작
> library(car)
> library(afex)
> library(emmeans)
> library(effectsize)
> library(lme4)
```

```
> library(lmerTest)
> library(nlme)
> library(tidyverse)
> mydata <- read_csv("dt_WSfactor1_Lvl3.csv",show_col_types=FALSE)
```

다음으로 데이터의 공변량에 대해 평균중심화 변환을 실시하였습니다. 아울러 afex 패키지의 aov_4() 함수나 혼합모형 추정을 위한 lme4 패키지의 lmer() 함수에 활용하기 위해 개체별로 종속변수가 세 차례 반복측정된 형식으로 저장된 긴 데이터로 변환하였습니다.

```
> # 공변량은 평균중심변환
> mydata$cov_mc <- mydata$cov - mean(mydata$cov)
> # 긴 데이터(long format data)로
> mylong <- mydata |>
+   pivot_longer(cols=y1:y3,
+                names_to="time",
+                values_to="y") |>
+   mutate(time=factor(time))
```

3수준 이상의 개체내 요인의 효과를 추정하는 반복측정 분산분석을 수행할 경우, 4가지 방법을 떠올릴 수 있습니다. 여기서는 4가지 방법 중 가장 널리 사용되는 제III 유형 방식으로 제곱합을 추정하는 3가지 방법인 car 패키지의 부속함수를 사용하는 방법, afex 패키지의 aov_4() 함수 활용법, lme4 패키지의 lmer() 함수 활용법을 소개하겠습니다.[8]

첫 번째로 소개할 car 패키지 함수들을 활용하는 방법은 가장 전통적인 방식으로 반복측정 분산분석 결과를 제시합니다. 다른 방법들과 달리 car 패키지를 활용하

---

8 만약 제I유형 방식으로 제곱합을 추정하고자 할 경우, 아래와 같이 실시하면 됩니다. 구체적인 분석결과는 제시하지 않았습니다.

```
# Type I
# aov(y~time+Error(factor(ID)), mylong) |> summary() # 분산분석
# aov(y~time*cov_mc+Error(factor(ID)), mylong) |> summary() # 공분산분석
# aov(y~time+cov_mc+Error(factor(ID)), mylong) |> summary() # 공분산분석
```

는 방법에서는 긴 데이터가 아닌 '넓은 데이터(wide format data)'를 사용합니다. 우선 cbind() 함수를 활용하여 지정된 측정시점별 종속변수들을, 개체간 요인이나 개체간 특성을 설명하는 변수들을 투입한 선형모형을 추정한 오브젝트로 저장합니다(아래에서 mylm 오브젝트에 해당). 다음으로 개체내 요인을 정의하여 별도의 데이터 오브젝트로 저장한 후(idata 오브젝트에 해당), 선형모형 추정결과 오브젝트와 정의된 방식의 개체내 요인을 Anova() 함수에 투입하여 반복측정 분산분석 결과를 추정합니다(rptm_aov 오브젝트에 해당).

```
> # 전통적 접근: 반복측정 분산분석
> mylm <- lm(cbind(y1,y2,y3)~1,mydata)
> idata <- data.frame(time=factor(c("y1","y2","y3")))
> rptm_aov <- Anova(mylm,idata=idata,idesign=~time,type="III")
```

이후 최종 추정된 반복측정분산분석 결과를 확인하면 되며, 필요시 effectsize 패키지 부속함수들을 활용하여 효과크기 통계치를 계산할 수도 있습니다. 반복측정분산분석의 경우 summary() 함수에서 multivariate 옵션을 FALSE로 설정하기 바랍니다. 반면 다중분산분석(MANOVA, multivariate ANOVA)[9]일 경우에는 multivariate 옵션을 TRUE로 변경해 설정하거나 multivariate 옵션을 제거하는 방식으로 multivariate=FALSE 디폴트를 사용하면 됩니다.

```
> summary(rptm_aov, multivariate=FALSE)

Univariate Type III Repeated-Measures ANOVA Assuming Sphericity

             Sum Sq num Df Error SS den Df   F value  Pr(>F)
(Intercept) 2324.97      1  132.357     68 1194.4800 < 2e-16 ***
time           2.98      2   72.896    136    2.7796 0.06559 .
---
Signif. codes:  0 '***' 0.001 '**' 0.01 '*' 0.05 '.' 0.1 ' ' 1
```

9 MANOVA 혹은 MANCOVA의 경우 최근 거의 활용되지 않는 듯하여 본서에서는 별도로 소개하지 않았습니다.

```
Mauchly Tests for Sphericity

  Test statistic p-value
time       0.9663  0.31718


Greenhouse-Geisser and Huynh-Feldt Corrections
 for Departure from Sphericity

     GG eps Pr(>F[GG])
time 0.9674     0.0675 .
---
Signif. codes: 0 '***' 0.001 '**' 0.01 '*' 0.05 '.' 0.1 ' ' 1

        HF eps Pr(>F[HF])
time 0.9952407 0.06586816
> eta_squared(rptm_aov) |> interpret(rules="cohen1992")
# Effect Size for ANOVA (Type III)

Parameter | Eta2 (partial) |       95% CI | Interpretation
-----------------------------------------------------------
time      |           0.04 | [0.00, 1.00] |          small

- One-sided CIs: upper bound fixed at [1.00].
- Interpretation rule: cohen1992
```

먼저 출력결과에서 "Mauchly Tests for Sphericity"를 살펴봅시다. 앞서 표본크기를 추정하는 단계에서 구형성(sphericity) 가정에 대해 이야기하였습니다. 바로 그 구형성 가정이 유효한지를 모클리(Mauchly)가 제안한 방식을 토대로 카이제곱 테스트를 진행한 것입니다. 분석결과에서 확인할 수 있듯[$\chi^2(2) = 0.97, p = .032$], 예시데이터에서는 구형성 가정이 유효합니다(즉 $\epsilon = 1$). 그러나 구형성 가정 테스트에서 널리 사용되는 모클리 테스트의 경우 카이제곱 테스트에 내재된 문제점, 즉 표본의 크기가 클 때 귀무가설이 기각될 가능성이 높다는 문제점에서 자유롭지 않습니다. 이에 따라 모클리 테스트로는 구형성 가정에 대해 적절하게 테스트하기 어렵다고 보는 의견도 존재할 수 있으니, 활동분과의 관례를 세심하게 살핀 후 사용하기 바랍니다.

모클리 테스트 결과를 신뢰하여 구형성 가정이 충족되었다고 판단할 경우에는 출력결과의 맨 위에 제시된 개체내 요인 `time`의 효과 추정결과를 그대로 사용하면 됩니다. 출력결과에 따르면 $F(2,136) = 2.78$, $p = .066$으로 통상적 유의도 수준에서 개체내 요인 time의 수준별 평균차이는 통계적으로 유의미하게 다르다고 보기 어렵습니다.

반대로 모클리 테스트 결과와 무관하게 구형성 가정이 충족되지 않았다고 판단하였을 경우라면, "Greenhouse-Geisser and Huynh-Feldt Corrections for Departure from Sphericity"에 해당되는 결과를 보면 됩니다. 일반적으로 그린하우스-가이서의 ϵ이 후인-펠트의 ϵ보다 보수적인 추정결과를 제시하는 것으로 알려져 있으며, 여기서는 그린하우스-가이서의 ϵ을 사용하도록 하겠습니다. 추정결과에서 확인할 수 있듯 $\epsilon_{Greenhouse-Geisser} = .97$로 구형성 가정이 충족되었을 때의 $\epsilon = 1$과 크게 다르지 않은 것을 알 수 있으며, 수정된 통계적 유의도의 경우도 구형성 가정이 충족되었다고 판단하였을 경우의 값인 .06559보다 아주 조금 큰 .0675인 것으로 나타나고 있습니다. 여기서 얻은 조정된 통계적 유의도는 F 테스트 통계치의 첫 번째 자유도인 2와 두 번째 자유도인 136을 조정하면서 나타난 것입니다. 따라서 보고서나 연구논문에 반복측정 분산분석 결과를 보고할 때, 그린하우스-가이서 조정을 택할 경우 $F(1.93,131.57) = 2.78$,[10] $p = .68$과 같은 방식으로 보고하면 됩니다(그린하우스-가이서의 ϵ의 값도 별도로 같이 보고함).

끝으로 $\eta^2_{partial} = .04$에서 확인할 수 있듯, 개체간 요인의 효과는 전체분산 중 약 4%가량을 설명하며, 이는 1992년 코헨의 기준을 따를 때 '소(small)효과'로 분류할 수 있습니다. 다만 통상적인 통계적 유의도 수준을 고수할 경우, 개체내 요인은 통계적으로 유의미한 효과를 보이지 못하고 있다는 점에서 효과크기 통계치를 제시하지 않는 것이 나을 수도 있습니다.

두 번째로 소개할 방법은 afex 패키지의 aov_4() 함수를 사용하는 것입니다. 일단 앞에서 소개한 방법에 비해 훨씬 편하고 간단합니다. 공식 부분에서 개체내 요인을 별도 지정해야 한다는 점은 유념하기 바랍니다.

---

10 첫 번째 자유도인 1.93과 두 번째 자유도인 131.57은 두 번째 자유도에 ϵ값을 곱해주는 방식으로 얻을 수 있습니다.

```
> c(2,136)*0.9674
[1] 1.9348 131.5664
```

```
> # afex 패키지 aov_4() 함수 활용
> aov_4(y~1+(time|ID),mylong, # 공식에 유의
+       anova_table=list(es="pes",intercept=TRUE))
Anova Table (Type 3 tests)

Response: y
       Effect      df MSE            F pes p.value
1 (Intercept)    1, 68 1.95 1194.48 *** .946  <.001
2         time 1.93, 131.57 0.55   2.78 + .039  .068
---
Signif. codes:  0 '***' 0.001 '**' 0.01 '*' 0.05 '+' 0.1 ' ' 1

Sphericity correction method: GG
```

출력결과의 맨 아랫줄에서 확인할 수 있듯, aov_4() 함수를 이용하여 반복측정 분산분석을 실시할 경우, 구형성 가정이 충족되지 않은 것으로 가정한 결과를 곧바로 보여줍니다. 앞서 설명하였듯, 그린하우스-가이서의 ϵ을 활용하여 자유도를 조정한 결과, 즉 $F(1.93,131.57) = 2.78$, $p = .68$, $\eta^2_{partial} = .04$가 보고됩니다. 만약 모클리의 구형성 테스트 결과와 그린하우스-가이서의 ϵ이 아닌 후인-펠트의 ϵ을 확인하고자 한다면 아래와 같이 summary() 함수를 활용하면 됩니다. 아래 결과에서 확인할 수 있듯, 앞서 car 패키지 방식으로 얻었던 결과와 내용뿐만 아니라 형식도 동일한 결과가 출력됩니다. 왜냐하면 aov_4() 함수는 앞에서 소개한 car 패키지의 부속함수들을 그대로 활용하고 있기 때문입니다.

```
> # 모클리의 테스트 및 후인-펠트 엡실론
> aov_4(y~1+(time|ID),mylong,
+       anova_table=list(es="pes",intercept=TRUE)) |>
+ summary()

Univariate Type III Repeated-Measures ANOVA Assuming Sphericity

             Sum Sq num Df Error SS den Df  F value Pr(>F)
(Intercept) 2324.97      1  132.357     68 1194.4800 < 2e-16 ***
time           2.98      2   72.896    136    2.7796 0.06559 .
---
Signif. codes:  0 '***' 0.001 '**' 0.01 '*' 0.05 '.' 0.1 ' ' 1
```

```
Mauchly Tests for Sphericity

     Test statistic p-value
time           0.9663  0.31718


Greenhouse-Geisser and Huynh-Feldt Corrections
 for Departure from Sphericity

      GG eps Pr(>F[GG])
time 0.9674       0.0675 .
---
Signif. codes:  0 '***' 0.001 '**' 0.01 '*' 0.05 '.' 0.1 ' ' 1

         HF eps Pr(>F[HF])
time 0.9952407 0.06586816
```

세 번째 방법은 혼합모형을 활용하는 것입니다. 앞에서 소개했던 전통적 방식의 반복측정 분산분석과는 조금 다르지만, 혼합모형은 개체내 요인의 효과를 가장 손쉽게, 그리고 가장 효과적으로 살펴볼 수 있는 모형입니다. 특히 개체내 요인과 함께 개체간 요인 혹은 개체간 특성을 나타내는 공변량을 모형에 투입해야 하는 경우에 매우 유용합니다. 먼저 3수준 개체내 요인만 투입한 혼합모형을 투입하면 아래와 같습니다.

```
> # 혼합모형 접근
> contrasts(mylong$time) <- contr.sum(3)  # 합산코딩
> mymix <- lmer(y~time+(1|ID),mylong)
> mymix |> summary()
Linear mixed model fit by REML. t-tests use Satterthwaite's method ['lmerModLmerTest']
                              [이후 출력결과는 분량 조절을 위해 제시하지 않음]
> mymix |>
+  joint_tests()
 model term df1 df2 F.ratio p.value
 time           2 136    2.780   0.0656

> eta_squared(mymix) |> interpret(rules="cohen1992")
# Effect Size for ANOVA (Type III)

Parameter | Eta2 (partial) |        95% CI | Interpretation
-------------------------------------------------------------
time      |           0.04 | [0.00, 1.00] |          small
```

```
- One-sided CIs: upper bound fixed at [1.00].
- Interpretation rule: cohen1992
```

혼합모형 추정결과 개체내 요인 time은 $F(2,136) = 2.78$, $p = .66$, $\eta^2_{partial} = .04$로 나타납니다. 전반적인 테스트 결과는 큰 차이가 없지만, 자유도 정보에 주목하면 자유도가 조정되지 않는다는 차이가 나타난다는 점을 확인할 수 있습니다. 다시 말해 혼합모형을 활용할 경우, 전통적 방식의 반복측정 분산분석과는 다른 방식으로 모형을 추정합니다. 그렇다고 자유도를 전혀 조정하지 않는 것은 아닙니다. summary() 함수로 얻은 출력결과에서 확인할 수 있듯, 새터스웨이트 조정기법을 기반으로 통계적 유의도 테스트 결과를 조정합니다. 다만 여기서는 자유도를 전체 표본수(207)에서 표본의 개체수(랜덤효과, 68 = 69-1), 개체내 요인의 자유도(2 = 3-1), 전체평균('1')을 빼준 방식으로 계산하고 있을 뿐입니다(136 = 207-68-2-1). 나중에 나올 사례에서 확인하겠지만 상황에 따라 자유도는 그린하우스-가이서 조정을 사용한 것처럼 소수점 형태로 나타나는 일이 빈번합니다.

만약 개체내 요인만 투입하거나 혹은 개체내 요인과 공변량이나 개체간 요인 사이의 가능한 모든 상호작용효과를 추정하는 경우라면, 위에서 소개한 방식들 중 어떤 방식을 사용하든 큰 문제는 없습니다. 그러나 모형이 복잡하거나 불필요한 상호작용효과를 소거한 간소한 모형을 추정하고자 할 경우라면, 단연코 혼합모형이 훨씬 더 편하고 무엇보다 연구자의 이론적 요구에 더 쉽게 부합합니다(Singmann & Kellen, 2019). 예를 들어 예시데이터에서 개체간 특성을 나타낸 공변량 cov를 평균중심화한 cov_mc를 추가한다고 생각해보겠습니다. 2수준 개체내 요인을 분석했던 사례와 마찬가지로 우선 개체내 요인인 time과 공변량 cov_mc의 상호작용효과를 투입하는 경우라면, car 패키지를 사용하든(선형모형 추정시 공변량을 추가) afex 패키지의 aov_4() 함수를 사용하든(공식에 공변량을 추가하고 factorize 옵션을 FALSE로 설정함), 아니면 혼합모형을 사용하든 아래 출력결과와 같이 큰 차이는 없습니다.

```
> # 공변량 투입시
> mylm <- lm(cbind(y1,y2,y3)~cov_mc,mydata)
> idata <- data.frame(time=factor(c("y1","y2","y3")))
> rptm_aov <- Anova(mylm,idata=idata,idesign=~time,type="III")
> summary(rptm_aov, multivariate=FALSE)
```

```
Univariate Type III Repeated-Measures ANOVA Assuming Sphericity

             Sum Sq num Df Error SS den Df  F value    Pr(>F)    
(Intercept) 2324.97      1   88.163     67 1766.8817 < 2.2e-16 ***
cov_mc        44.19      1   88.163     67   33.5860 2.005e-07 ***
time           2.98      2   72.222    134    2.7643   0.06662 .  
cov_mc:time    0.67      2   72.222    134    0.6255   0.53654    
---
Signif. codes:  0 '***' 0.001 '**' 0.01 '*' 0.05 '.' 0.1 ' ' 1


Mauchly Tests for Sphericity

            Test statistic p-value
time               0.96564 0.31543
cov_mc:time        0.96564 0.31543


Greenhouse-Geisser and Huynh-Feldt Corrections
 for Departure from Sphericity

             GG eps Pr(>F[GG])  
time        0.96678    0.06857 .
cov_mc:time 0.96678    0.53137  
---
Signif. codes:  0 '***' 0.001 '**' 0.01 '*' 0.05 '.' 0.1 ' ' 1

            HF eps Pr(>F[HF])
time         0.995 0.06690781
cov_mc:time  0.995 0.53577589
> eta_squared(rptm_aov) |> interpret(rules="cohen1992")
# Effect Size for ANOVA (Type III)

Parameter   | Eta2 (partial) |       95% CI | Interpretation
-------------------------------------------------------------
cov_mc      |           0.33 | [0.19, 1.00] |          large
time        |           0.04 | [0.00, 1.00] |          small
cov_mc:time |       9.25e-03 | [0.00, 1.00] |     very small

- One-sided CIs: upper bound fixed at [1.00].
- Interpretation rule: cohen1992> # afex 패키지 aov_4() 함수 활용
> aov_4(y~cov_mc+(time|ID),mylong,factorize=F,  # 공식에 유의
+       anova_table=list(es="pes",intercept=TRUE))
Anova Table (Type 3 tests)
```

```
Response: y
      Effect           df   MSE          F pes p.value
1 (Intercept)     1, 67    1.32 1766.88 *** .963  <.001
2      cov_mc     1, 67    1.32   33.59 *** .334  <.001
3        time 1.93, 129.55  0.56    2.76 +   .040   .069
4 cov_mc:time 1.93, 129.55  0.56    0.63     .009   .531
---
Signif. codes:  0 '***' 0.001 '**' 0.01 '*' 0.05 '+' 0.1 ' ' 1

Sphericity correction method: GG
> #혼합모형
> lmer(y~cov_mc*time+(1|ID), mylong) |>
+   joint_tests()
 model term df1 df2 F.ratio p.value
 cov_mc        1  67  33.586  <.0001
 time          2 134   2.764  0.0666
 cov_mc:time   2 134   0.626  0.5365
```

그러나 통계적으로 유의미하지 않은 상호작용효과를 제거한 후 공변량만 단순하게 통제하고자 하는 경우라면, 혼합모형을 사용하지 않을 수 없습니다. 왜냐하면 car 패키지 접근방법이나 aov_4() 함수를 활용할 경우에는 상호작용효과를 제거할 수 없기 때문입니다. 혼합모형을 활용하여 개체내 요인과 독립적인 공변량을 투입하여 추정한 공분산분석은 아래와 같습니다.

```
> #상호작용효과항 제거시 활용도가 좋은 혼합모형 방식으로
> mycomix <- lmer(y~cov_mc+time+(1|ID), mylong)
> mycomix |>
+ joint_tests()
 model term df1 df2 F.ratio p.value
 cov_mc       1  67  33.586  <.0001
 time         2 136   2.780  0.0656

> eta_squared(mycomix) |> interpret(rules="cohen1992")
# Effect Size for ANOVA (Type III)

Parameter | Eta2 (partial) |       95% CI | Interpretation
-----------------------------------------------------------
cov_mc    |           0.33 | [0.19, 1.00] |      large
time      |           0.04 | [0.00, 1.00] |      small
```

```
- One-sided CIs: upper bound fixed at [1.00].
- Interpretation rule: cohen1992
```

출력결과에서 확인할 수 있듯, 공변량의 효과를 통제하였을 때 개체내 요인 time의 효과는 통상적인 수준에서 통계적으로 유의미하다고 보기 어렵습니다[$F(2, 136) = 2.78, p = .066, \eta^2_{partial} = .04$].

비록 time 요인이 통계적으로 유의미하지 않은 효과를 보였지만, 어떠한 변화패턴을 보이는지 한번 살펴봅시다. [그림 7-2]에서 확인할 수 있듯, emmip() 함수를 이용하면 시점별 종속변수의 평균이 어떻게 변화하는지 쉽게 알 수 있습니다.

```
> # 공변량을 평균수준으로 상정하고 효과패턴 시각화
> mycomix |>
+ emmip(~time,CIs=TRUE,
+        CIarg=list(lwd=2,alpha=0.5))+
+ labs(x="Time",y="Marginal means and their 95% CIs",
+      caption="Type III, covariate assumed at its mean")+
+ theme_bw()
```

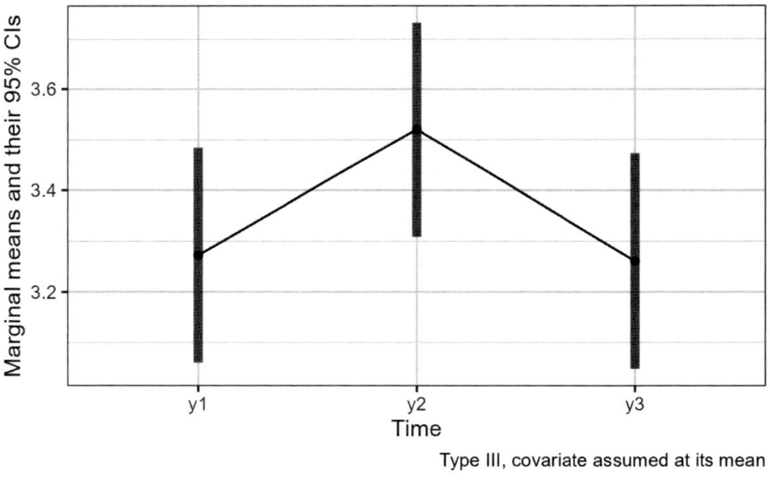

[그림 7-2] 개체내 요인수준에 따른 평균과 95% 신뢰구간 변화

2-3 추가 분석: 계획비교, 사후 다중비교

3수준 개체내 요인설계 데이터의 경우에도 단순효과 분석, 계획비교, 사후 다중비교를 실시할 수 있습니다. 단일요인설계 데이터를 대상으로 진행하는 단순효과 분석의 경우에는 특별한 상황이 아니라면 별다른 효용성이 없으므로 이번에는 다루지 않겠습니다.

다음으로 계획비교를 살펴보겠습니다. [그림 7-2]에서 잘 드러나듯, 개체내 요인 `time`의 효과는 '뒤집힌 U자 패턴'을 보입니다. 여기서 한 가지 의문을 제기할 수도 있습니다. 비록 `time` 요인의 효과가 통상적 수준에서 통계적으로 유의미한 효과는 아니었지만, 다항비교(polynomial contrast)를 실시하였을 때 2차곡선형(quadratic)효과 패턴에는 부합하지 않을까요? 즉 $M_{y2} = \frac{M_{y1} + M_{y3}}{2}$이라는 귀무가설을 기각할 수 있지는 않을까요?

먼저 [그림 7-2]의 패턴을 대상으로 공변량을 통제한 후 $M_{y2} = \frac{M_{y1} + M_{y3}}{2}$이라는 귀무가설을 테스트해봅시다. 가장 쉬운 방법은 `emmeans` 패키지의 `contrast()` 함수에서 `"poly"`를 지정하는 방식입니다. 다항비교를 실시한 결과는 아래와 같습니다.

```
> #다항비교
> mycomix |>
+ emmeans(~time) |>
+ contrast("poly")
contrast estimate   SE  df t.ratio p.value
linear     -0.0117 0.125 136  -0.094  0.9255
quadratic  -0.5086 0.216 136  -2.356  0.0199

Degrees-of-freedom method: satterthwaite
```

출력결과에서 확인할 수 있듯, [그림 7-2]의 `time`의 효과패턴은 2차관계에 부합합니다[$t(136) = -2.36, p = .02$]. 물론 다음과 같이 `method` 옵션에 수동으로 귀무가설에 부합하는 합산코딩을 벡터형식으로 지정하는 방법으로도 동일한 결과를 얻을 수 있습니다.

```
> mycomix |>
+ emmeans(~time) |>
```

```
+ contrast(method=list(InvertedU=c(-1,2,-1)))
 contrast  estimate    SE  df t.ratio p.value
 InvertedU     0.509 0.216 136    2.356   0.0199

Degrees-of-freedom method: satterthwaite
```

사후 다중비교도 실시할 수 있습니다. 그러나 time 요인의 효과가 통상적 수준에서 통계적으로 유의미하지 않다는 점에서 사후 다중비교 결과를 살펴볼 이유는 없을 듯합니다. 왜냐하면 사후 다중비교를 실시하면, 당연히 어떠한 평균쌍도 통계적으로 유의미한 평균차이를 보이지 않기 때문입니다. 그러나 실습이니만큼 뚜끼 조정기법으로 통계적 유의도를 조정한 사후 다중비교를 실시해보죠.

```
> # 쌍별 다중비교
> mycomix |>
+ emmeans(~time) |>
+ contrast("pairwise") # Tukey
 contrast estimate    SE  df t.ratio p.value
 y1 - y2   -0.2485 0.125 136  -1.993  0.1177
 y1 - y3    0.0117 0.125 136   0.094  0.9952
 y2 - y3    0.2601 0.125 136   2.087  0.0963

Degrees-of-freedom method: satterthwaite
P value adjustment: tukey method for comparing a family of 3 estimates
```

역시 예상대로 모든 평균쌍이 통계적으로 유의미하게 다르지 않습니다. 3수준 개체내 요인의 경우, 인접한 측정시점별 평균쌍을 비교하는 사후 다중비교 방법이 많이 사용되기도 합니다(즉 측정시점 변화에 따라 한계평균이 어떠한 변화를 보이는지 살펴보는 방법). emmeans 패키지의 contrast() 함수의 "consec" 옵션을 활용하여 측정시점이 변할 때마다 한계평균이 유의미하게 변하는지 살펴보죠. 통계적 유의도는 디폴트인 더넷(Dunnett) 조정기법으로 조정하겠습니다.

```
> mycomix |>
+ emmeans(~time) |>
+ contrast("consec") # Dunnett
```

```
contrast estimate    SE  df t.ratio p.value
y2 - y1       0.248 0.125 136   1.993  0.0874
y3 - y2      -0.260 0.125 136  -2.087  0.0708

Degrees-of-freedom method: satterthwaite
P value adjustment: mvt method for 2 tests
```

이번 예시데이터에서는 이 정도로 개체내 요인효과에 대한 계획비교와 사후비교를 살펴보겠습니다. 반복측정 분산분석이든 아니면 혼합모형이든 적절한 방식으로 개체내 요인효과를 추정했다면, 추가 분석을 진행하는 방법은 4–6장에서 소개한 방법과 본질적으로 동일합니다. 따라서 독자들이 응용하는 데 큰 어려움은 없을 것으로 생각합니다.

2-4 오차항 행렬 통제

개체내 요인이 3수준 이상일 경우, 측정시점별 오차들의 상관관계에 대해 어떤 가정을 취하는가에 따라 분석결과가 달라집니다. 3수준 이상의 개체내 요인이 투입되었을 경우 측정시점별 오차들의 상관관계 행렬이 왜 중요한 이슈가 되는지 이해하기 위하여, 먼저 2수준 개체내 요인이 투입될 경우의 측정시점별 오차들의 상관관계가 어떠할지 생각해봅시다. 2수준 개체내 요인의 경우, 두 시점의 오차(e_{y1}, e_{y2})의 공분산 행렬은 다음과 같이 제시할 수 있습니다.

$$\begin{bmatrix} \sigma_1^2 & \\ \sigma_{12} & \sigma_2^2 \end{bmatrix}$$

행렬에서 σ_1^2와 σ_2^2는 각각 첫 번째 오차의 분산과 두 번째 오차의 분산을 의미하며, σ_{12}는 첫 번째와 두 번째 오차의 공분산을 의미합니다. 2수준 개체내 요인의 효과를 고려할 경우, 행렬의 대각요소(diagonal elements, 여기서는 σ_1^2와 σ_2^2)가 아닌 탈대각요소(off-diagonal element)는 σ_{12}로 하나뿐입니다. 앞서 개체내 요인설계시 표본크기 예측과정에서 가정했던 측정치들 사이의 상관계수는, 바로 위의 오차항의 공분산 행렬을 상관행렬로 전환하는 방식으로 얻을 수 있습니다.

비슷한 맥락에서 이제 개체내 요인의 수준을 3수준으로 확장해봅시다. 이 경우, 아래와 같이 세 시점의 오차들 사이의 공분산 행렬을 도출할 수 있습니다.

$$\begin{bmatrix} \sigma_1^2 & & \\ \sigma_{12} & \sigma_2^2 & \\ \sigma_{13} & \sigma_{23} & \sigma_3^2 \end{bmatrix}$$

이 3×3행렬에서 탈대각요소들에 집중해봅시다. 이 행렬에는 σ_{12}, σ_{13}, σ_{23} 총 3개의 공분산이 존재합니다. 또한 해석의 편의를 위해 대각요소들, 즉 분산들을 활용하여 위의 행렬을 표준화하면 아래와 같은 상관행렬을 계산할 수 있습니다.

$$\begin{bmatrix} 1.00 & & \\ r_{12} & 1.00 & \\ r_{13} & r_{23} & 1.00 \end{bmatrix}$$

여기에서 다음과 같은 질문을 던질 수 있습니다. 과연 3개의 상관계수는 동일할까요, 아니면 다를까요? 만약 다르다면 어떻게 다를까요? 먼저 측정시점별 오차항들의 상관계수들이 동일하다고 가정해봅시다. 이 경우 위의 상관계수 행렬은 아래와 같이 표현될 것입니다.

$$\begin{bmatrix} 1.00 & & \\ r & 1.00 & \\ r & r & 1.00 \end{bmatrix}$$

위와 같이 가정한 오차항들 상관행렬을 복합대칭(CS, compound symmetry)행렬이라고 부릅니다. 앞서 추정했던 `lmer()` 함수에서는 오차항들 상관관계를 CS행렬로 가정합니다(통상적인 반복측정분산분석의 경우도 마찬가지입니다). CS행렬은 간단하다는 장점이 있지만, 현실과 부합하지 않는 경우가 적지 않습니다. 특히 예시데이터처럼 측정시점이 변하는 경우라면, CS행렬은 현실에 부합하지 않을 가능성이 매우 높습니다. 예를 들어 e_{y1}과 e_{y2}의 상관계수 r_{12}와 e_{y1}과 e_{y3}의 상관계수 r_{13}을 비교할 때, 어느 상관계수가 더 큰 값을 보일 것 같나요? r_{12}가 r_{13}보다 더 큰 값을 보일 것으로 기대할 수 있습니다. 왜냐하면 측정시점이 더 가깝기 때문입니다. 즉 개체내 요인효과가 시간에 따른 변화를 살펴본다는 점에서 오차항들의 상관관계 역시 자기회귀과정(auto-regressive progress)을 보일 것으로 기대할 수 있습니다. 이러한 경우 가장 흔히 사용되는 오차항 상관행렬은 '1차 자기회귀(first-order auto-regressive, AR1) 행렬'입니다. AR1행렬은 아래와 같이 표현될 수 있습니다.

$$\begin{bmatrix} 1.00 & & \\ r_1 & 1.00 & \\ r_1^2 & r_1 & 1.00 \end{bmatrix}$$

CS행렬과 AR1행렬에서 탈대각요소들에 사용된 상관관계가 어떤 패턴을 가질지 한번 생각해봅시다. CS행렬의 경우 측정시점과 무관하게 상관계수가 고정값(constant value)을 갖습니다. 반면 AR1행렬의 경우 가까운 측정시점과 먼 측정시점의 상관계수가 서로 다릅니다(예를 들어 $r_1 = .70$인 경우, $r_1^2 = .49$가 됩니다). 다시 말해 오차항 상관관계를 추정하는 데 사용되는 모수의 개수가 CS행렬과 AR1행렬에서 모두 동일하지만, 가정되는 상관관계의 형태는 다릅니다.

끝으로 상관관계에서 어떤 패턴을 찾는 것이 불가능하다고 가정해보죠. 이 경우 탈대각요소들에서 사용된 상관관계는 r_{12}, r_{13}, r_{23} 3개가 됩니다. 즉 CS행렬이나 AR1행렬보다 추정되는 모수가 2개 더 많습니다. 이와 같이 특정한 오차항 상관관계를 설정하지 않은 경우를 비구조상관(unstructured correlation)행렬이라고 부릅니다.

그렇다면 예시데이터의 경우 어떤 오차항 상관행렬을 설정하는 것이 가장 적절할까요? 이를 추정하는 가장 쉬운 방법은 개체내 요인의 수준별 종속변수의 상관계수를 살펴보는 것입니다.

```
> mydata |> select(y1,y2,y3) |> cor() |> round(3)
      y1    y2    y3
y1 1.000 0.463 0.399
y2 0.463 1.000 0.547
y3 0.399 0.547 1.000
```

상관관계를 살펴보면 전반적으로 대각요소에 더 가까울수록 상관계수가 높아지는 것을 확인할 수 있습니다. 즉 위에서 제시한 AR1행렬과 비슷해 보입니다. 반면 3개의 상관계수들이 서로 엇비슷하다고, 다시 말해 CS행렬에 가깝다고도 볼 수 있지 않을까요? 아무튼 어떻게 판단해야 할지 확실하게 알기는 어렵습니다.

이론적 판단도 쉽지 않고 상관계수 행렬로 판단하는 것도 쉽지 않을 경우, 여러 가지 오차항 상관행렬을 설정한 모형들을 추정한 후 모형적합도를 비교할 수도 있습니다. 그러나 이 경우에는 lme4 패키지의 lmer() 함수를 사용하기는 어렵습니다. 왜냐하면 lmer() 함수는 CS행렬이 아닌 다른 방식의 오차항 상관관계를 가정한 혼합모형 추정을 지원하지 않기 때문입니다. 따라서 lme4 패키지의 lmer() 함수가 아닌 nlme 패키지의 lme() 함수를 사용해야 합니다. 고정효과와 랜덤효과를 구분하여 공식으로 별도 지정해야 하는 불편함이 있지만, 아래와 같이 활용방법이 크게 어렵지는 않습니다. 즉 correlation 옵션을, CS행렬일 경우 corCompSymm() 함수를, AR1행렬일 경우 corAR1() 함수를, 비구조상관행렬일 경우 corSymm() 함수를 적용한 후, 각 함수 내부에 form=~1|ID와 같은 방식으로 개체내의 변화패턴을 추정한다는 것을 설정하면 됩니다.

```
> # 오차항 상관행렬 가정
> # Compound symmetry : lmer() 함수 디폴트
> err_CompSymm <- lme(fixed=y~cov_mc+time,
+                     random=~1|ID,
+                     data=mylong,
+                     correlation=corCompSymm(form=~1|ID))
> # Auto-Regressive 1 : 개체내 요인이 시간 변화를 다루는 경우
> err_AR1 <- lme(fixed=y~cov_mc+time,
+                random=~1|ID,
+                data=mylong,
+                correlation=corAR1(0.5, form=~1|ID)) # 표본크기추정에서 사용한 값
> # Unstructured : 오차항 상관계수 관측결과 그대로
> err_unstr <- lme(fixed=y~cov_mc+time,
+                  random=~1|ID,
+                  data=mylong,
+                  correlation=corSymm(form=~1|ID))
```

3가지 방식으로 추정한 혼합모형의 추정결과를 비교해봅시다. 흥미롭게도, AR1

행렬이나 비구조상관행렬을 가정하였을 경우에는 개체내 요인의 효과가 통계적으로 유의미한 것으로 나타납니다[AR1행렬 가정시 $F(2,136) = 3.07$, $p = .0497$; 비구조상관행렬 가정시 $F(2,136) = 3.16$, $p = .045$].

```
> # 결과비교
> anova(err_CompSymm)
            numDF denDF  F-value p-value
(Intercept)     1   136 1766.8817  <.0001
cov_mc          1    67   33.5860  <.0001
time            2   136    2.7796  0.0656
> anova(err_AR1)
            numDF denDF  F-value p-value
(Intercept)     1   136 1756.6560  <.0001
cov_mc          1    67   32.9967  <.0001
time            2   136    3.0684  0.0497
> anova(err_unstr)
            numDF denDF  F-value p-value
(Intercept)     1   136 1738.7243  <.0001
cov_mc          1    67   32.5054  <.0001
time            2   136    3.1619   0.045
```

즉 예시데이터에서 얻었던 결과, CS행렬을 가정하였을 때 통계적으로 유의미하지 않았던 결과[$F(2,136) = 2.78$, $p = .07$]는 오차항 상관관계를 부적절하게 가정하였기 때문에 나타난 결과일 수 있습니다.

그렇다면 3수준 이상의 개체내 요인이 포함된 데이터의 경우, 오차항 상관관계를 어떻게 설정하는 것이 적절할까요? 보통 가장 권장되는 방법은 연구맥락에서 상정할 수 있는 가능한 모든 오차항 상관관계들을 추정한 후, 그중 가장 적절한 오차항 상관관계를 적용하는 것입니다. 예를 들어 위에서 얻었던 3가지 방식으로 얻은 모형 추정 결과의 AIC와 BIC 지수들을 한번 비교해봅시다.

```
> # 결과비교
> bind_cols(AIC(err_CompSymm,err_AR1,err_unstr),BIC(err_CompSymm,err_AR1,err_unstr))
New names:
• `df` -> `df...1`
• `df` -> `df...3`
        df...1 AIC df...3      BIC
```

```
err_CompSymm 7544.2557 7567.4481
err_AR1      7543.5198 7566.7122
err_unstr    9546.8850 9576.7038
```

출력결과에서 알 수 있듯, AR1행렬을 적용한 혼합모형이 가장 최적의 AIC, BIC 지수값(다시 말해 가장 작은 AIC, BIC값)을 보여줍니다.[11] 즉 예시데이터의 경우 AR1행렬을 적용해서 얻은 모형 추정결과가 가장 적절하다고 판단하는 것입니다.

그러나 오차항 상관관계를 어떻게 설정해야 하는가에 대한 기준은 활동분과마다 다를 수 있습니다. 개인적으로는 CS행렬이나 비구조상관행렬 중 하나를 사용하는 것이 가장 적절하지 않을까 생각합니다. 우선 CS행렬은 가장 단순한 형태의 오차항 상관관계를 나타내며(바로 이러한 이유 때문에 거의 모든 혼합모형 추정 프로그램에서 디폴트로 채택하고 있기도 합니다), 따라서 가장 기준이 되는 오차항 상관관계 행렬입니다. 다음으로 비구조상관행렬은 관측된 데이터에 가장 충실하며, 따라서 오차항에 대한 특별한 가정을 요구하지 않습니다. 예를 들어 AR1행렬의 경우, 오차항이 시계열적으로 자기회귀과정을 밟는다고 가정합니다. 무리가 없는 가정이기는 하지만, 상황에 따라 e_{y1}과 e_{y2}의 상관계수가 e_{y2}와 e_{y3}의 상관계수보다 더 강하게 연결될 수도 있습니다(시간 변화에 따라 이질성이 증가한다면).

일단 여기서는 모형적합도 지수인 AIC, BIC를 기준으로 err_AR1이 오차항 상관계수를 가장 잘 반영한 가장 최적의 혼합모형이라고 판단하겠습니다. 이를 토대로 위에서 제시했던 계획비교와 사후비교를 실시해보면 다음과 같습니다. 우선 개체내 요인 time의 효과가 2차관계 패턴을 보이는지 살펴보면 아래와 같습니다.

```
> # ARMA : 가장 포괄적
> # 계획비교
> err_AR1 |>
+  emmeans(~time) |> # default : containment
+  contrast(method=list(InvertU=c(1,-2,1)))
```

11 물론 엄밀히 말해 CS행렬 적용 혼합모형과 AR1행렬 적용 혼합모형의 경우 배속관계(embedded relationship)가 아니기 때문에 AIC, BIC 지수를 직접비교하는 것이 적절치 않습니다. 그러나 비구조상관행렬 적용 혼합모형과 CS행렬 적용 혼합모형, 그리고 비구조상관행렬 적용 혼합모형과 AR1행렬 적용 혼합모형은 배속관계이기 때문에 직접비교가 가능합니다.

```
contrast estimate    SE  df t.ratio p.value
 InvertU     -0.509 0.205 136   -2.476   0.0145

Degrees-of-freedom method: containment
경고메시지(들):
contrasts dropped from factor time
```

출력된 경고메시지는 크게 신경 쓰지 않아도 됩니다. 경고메시지 내용에서 확인할 수 있듯, time 요인의 합산코딩 방식을 고려하지 않았다는 의미입니다. 합산코딩을 하든 다른 코딩을 하든 모형은 전혀 바뀌지 않는다는 점에 대해서는 앞에서 여러 차례 이야기하였습니다.

출력결과에 따르면 time 요인의 효과는 2차관계 패턴을 보이며[$t(136) = -2.48$, $p = .01$], 이 결과는 lmer() 함수의 디폴트인 CS행렬을 설정하였을 때의 결과 [$t(136) = -2.36$, $p = .02$]와 크게 다르지 않습니다. 여기서 주목할 부분은 자유도를 수정하는 방법입니다. 앞서 사용했던 새더스웨이트(Satterthwaite) 조정기법이 아닌, 컨테인먼트(봉쇄, containment) 조정기법을 사용하고 있는 점이 다릅니다. 만약 새더스웨이트 조정기법을 사용하고자 한다면 emmeans() 함수 내부에 mode 옵션을 "satterthwaite"로 지정하면 됩니다.[12]

마찬가지로 사후 다중비교도 실시할 수 있습니다. contrast() 함수의 "consec" 옵션을 활용하여 인접 측정시점별 평균쌍을 비교해보죠. 자유도는 디폴트인 컨테인먼트 조정기법을 사용하고, 통계적 유의도는 디폴트인 더넷(Dunnett) 기법으로 조정하였습니다. 출력결과에 대해서는 별도의 해석을 제시하지 않겠습니다.

---

12 출력결과에서 확인할 수 있듯, 근사-새더스웨이트(approximate Satterthwaite) 조정기법이 사용됩니다.

```
> err_AR1 |>
+  emmeans(~time,mode="satterthwaite") |>
+  contrast(method=list(InvertU=c(1,-2,1)))
 contrast estimate   SE  df t.ratio p.value
 InvertU  -0.509 0.205 76.1 -2.476 0.0155

Degrees-of-freedom method: appx-satterthwaite
```

```
> err_AR1 |>
+ emmeans(~time) |>
+ contrast("consec")
 contrast estimate    SE  df t.ratio p.value
 y2 - y1     0.248 0.122 136   2.043  0.0799
 y3 - y2    -0.260 0.122 136  -2.139  0.0641

Degrees-of-freedom method: containment
P value adjustment: mvt method for 2 tests
경고메시지(들):
contrasts dropped from factor tim
```

끝으로 여기서 살펴보지 않은 오차항 상관관계에 대해 몇 가지 이야기하겠습니다. 예시데이터의 경우 개체내 요인은 시간 변화입니다. 여기서는 3수준 개체내 요인이었기 때문에 AR1만을 살펴보았지만, 만약 측정시점이 여럿인 경우 1차 자기회귀과정을 넘어 그 이상의 고차(higher-order) 자기회귀과정을 살펴보고자 할 경우라면, 혹은 이동평균을 추가로 살펴보고자 할 경우라면 corARMA() 함수를 활용해 자기회귀(auto-regressive)과정의 차수(p)와 이동평균(moving-average)과정의 차수(q)를 조정하면 됩니다.[13] 만약 개체내 요인이 시간 변화가 아니라 공간 변화라면, 공간 자기회귀를 반영하는 다른 함수들[이를테면 corLin(), corSpher(), corExp() 함수 등]을 사용할 수도 있습니다. 오차항 상관행렬을 지정하는 다양한 방법들이 궁금하다면, R 콘솔에서 ?corClasses를 입력한 후 제시되는 여러 함수를 잘 살펴보기 바랍니다.

---

13 corARMA() 함수를 활용하여 앞서 추정한 err_AR1과 동일한 결과를 얻고자 할 경우, 아래와 같이 모형을 지정하면 됩니다.

```
> # ARMA : 가장 포괄적
> lme(fixed=y~cov_mc+time,
+     random=~1|ID,
+     data=mylong,
+     correlation=corARMA(p=1, q=0))
```

[이후 출력결과는 분량 조절을 위해 제시하지 않음]

3 3×2 혼합설계: 3수준 개체내 요인과 2수준 개체간 요인

3-1 표본크기 추정, 실험설계, 데이터 수집

세 번째로 살펴볼 내용은 3수준 개체내 요인 하나와 2수준 개체간 요인 하나로 구성된 2요인 혼합설계(mixed-level factorial design)입니다. 5장에서 살펴보았듯, 요인이 2개 이상일 경우 상호작용효과가 추정됩니다. 즉 상호작용효과가 예상되는 경우, 표본크기를 추정할 때 상호작용효과의 효과크기 통계치가 어떠할 것으로 기대하는지 예상치를 넣어야 합니다.

이제 3수준 개체내 요인과 2수준 개체간 요인의 2요인설계시 표본크기를 추정해 봅시다. 먼저 앞에서와 마찬가지로 제1종 오류와 제2종 오류의 기준은 관례적으로 채택되는 기준인 $\alpha = .05$, $\beta = .20$(즉 통계적 검증력 .80)을 그대로 준수하겠습니다. 또한 연구자가 관련 선행연구를 충분히 검토한 결과, 세 번의 측정시점에서 얻은 종속변수들 사이의 피어슨 상관계수는 약 $r = .50$이었으며, 구형성 가정 관련 통계치인 ϵ은 약 .70 정도라고 보고되는 상황이었습니다. 이러한 상황에서 개체간 요인과 개체내 요인의 상호작용효과의 효과크기는 $\eta^2_{partial} = .03$ 정도로 예상되는 상황입니다. 선행연구에서는 주목하지 않았지만, 연구자는 개체간 차이를 나타내는 공변량을 데이터 수집과정에서 추가적으로 고려하였습니다. 아울러 개체간 요인의 수준별 표본수는 동일하게 계획하고 있습니다.

pwrss 패키지의 pwrss.f.rmanova() 함수를 이용해 언급된 조건들을 충족하는 표본크기를 계산하면 아래와 같습니다. 개체간 요인이 2수준이기 때문에 n.levels은 2로 설정하였으며, 개체내 요인의 경우 3수준이기 때문에 n.rm 옵션은 3으로 설정하였습니다. 아울러 종속변수들 사이의 피어슨 상관계수인 .50은 corr.rm 옵션에 지정해주었고, ϵ 통계치는 epsilon 옵션에 지정하였습니다. 또한 효과크기 통계치는 상호작용효과에 해당되는 것이기 때문에 type 옵션을 "interaction"으로 지정하였습니다.

```
> # 3x2 factorial design: One within-subject factor & One between-subject factor
> library(pwrss) # Sample size & power analysis
```

```
> pwrss.f.rmanova(eta2=0.03,
+                 n.levels=2, # 개체간 요인의 수준
+                 n.rm=3, # 개체내 요인의 수준
+                 power=0.80, alpha=0.05,
+                 epsilon=0.7, # 구형성 가정 관련
+                 corr.rm=0.50, # 상관계수
+                 type="interaction") # 상호작용효과
One-way Repeated Measures
Analysis of Variance (F test)
H0: eta2 = 0 (or f2 = 0)
HA: eta2 > 0 (or f2 > 0)
------------------------------
Number of levels (groups) = 2
Number of repeated measurements = 3
------------------------------
 Statistical power = 0.8
 Total n = 69
------------------------------
Type of the effect = "interaction"
Numerator degrees of freedom = 1.4
Denominator degrees of freedom = 93.033
Non-centrality parameter = 8.892
Type I error rate = 0.05
Type II error rate = 0.2
```

출력결과에서 확인할 수 있듯, 69명 규모의 표본이 필요합니다. 그러나 개체간 요인의 수준별 표본규모가 동일하다는 점에서, 연구자는 각 집단별 35명씩 총 70명 규모의 실험데이터를 수집하였습니다(데이터 이름: dt_WSfactor1_Lvl2.csv).

3-2 처치효과·효과크기 추정 및 효과패턴의 시각화

이제 예시데이터를 분석해보겠습니다. 먼저 분석에 필요한 패키지들을 실행한 후, 데이터를 불러오겠습니다.

```
> # 분석 시작
> library(car)
> library(afex)
> library(emmeans)
> library(effectsize)
```

```
> library(lme4)
> library(lmerTest)
> library(nlme)
> library(tidyverse)
> mydata <- read_csv("dt_WSfactor1_BSfactor1.csv",show_col_types=FALSE)
> mydata |> print(n=3)
# A tibble: 70 × 6
     ID    y1    y2    y3 x           cov
  <dbl> <dbl> <dbl> <dbl> <chr>      <dbl>
1     1  3.29  4.58  4.61 treatment  4.32
2     2  1.44  3.45  3.90 treatment  2.03
3     3  1.30  2.68  2.81 treatment  2.43
# i 67 more rows
# i Use `print(n = ...)` to see more row
```

불러온 데이터에서 먼저 연속형 변수 형태의 공변량은 평균중심화 변환을 적용한 후, 긴 데이터 형태로 변환하였습니다. 이후 개체간 요인 x와 개체내 요인 time을 요인형 변수로 전환한 후, 이들에 대해 합산코딩을 적용하였습니다.

```
> # 연속형 변수 형태 공변량 평균중심화 변환 및 긴 데이터 변환
> mylong <- mydata |>
+   mutate(cov_mc=cov-mean(cov)) |> # 평균중심화 변환
+   pivot_longer(cols=y1:y3,names_to="time",values_to="y") |>
+   mutate(
+     x=factor(x),time=factor(time), # 요인형 변수 변환
+   )
> # 합산코딩
> contrasts(mylong$x) <- contr.sum(2)
> contrasts(mylong$time) <- contr.sum(3)
```

먼저 개체간 요인 x, 개체내 요인 time, 연속형 변수 형태의 공변량 cov_mc 사이의 상호작용효과를 모두 고려하는 반복측정 공분산분석을 실시해봅시다. car 패키지, afex 패키지의 aov_4() 함수, 혼합모형을 모두 적용할 수 있지만, 여기서는 개체내 요인과 개체간 요인 및 개체간 특성 공변량 사이의 모든 상호작용효과를 살펴본다

는 점에서 먼저 aov_4() 함수를 통해 반복측정 공분산분석을 실시하겠습니다.[14]

```
> # 공변량과 개체내 요인의 상호작용효과를 고려할 경우
> myaov <- aov_4(y~cov_mc*x+(time|ID),mylong,factorize=F,
+         anova_table=list(es="pes",intercept=T))
Contrasts set to contr.sum for the following variables: x
> summary(myaov)

Univariate Type III Repeated-Measures ANOVA Assuming Sphericity

              Sum Sq num Df Error SS den Df  F value   Pr(>F)
(Intercept) 2102.84      1  82.709     66 1678.0123 < 2.2e-16 ***
cov_mc        28.56      1  82.709     66   22.7897 1.042e-05 ***
x             10.71      1  82.709     66    8.5498 0.004731 **
cov_mc:x       0.01      1  82.709     66    0.0079 0.929342
time           2.45      2  80.428    132    2.0115 0.137873
cov_mc:time    1.08      2  80.428    132    0.8822 0.416293
x:time         4.04      2  80.428    132    3.3167 0.039319 *
cov_mc:x:time  1.46      2  80.428    132    1.1981 0.305039
---
Signif. codes:  0 '***' 0.001 '**' 0.01 '*' 0.05 '.' 0.1 ' ' 1


Mauchly Tests for Sphericity

              Test statistic    p-value
time                 0.71937 2.2433e-05
cov_mc:time          0.71937 2.2433e-05
x:time               0.71937 2.2433e-05
cov_mc:x:time        0.71937 2.2433e-05
```

14 car 패키지를 활용할 경우, 아래와 같은 방식으로 진행하면 됩니다. 출력결과는 본문에 제시된 출력결과와 동일하기 때문에 별도 제시하지 않았습니다.

```
> # caR 패키지 접근
> mydata$cov_mc <- mydata$cov-mean(mydata$cov)
> mylm <- lm(cbind(y1,y2,y3)~cov_mc*x,mydata)
> idata <- data.frame(time=factor(c("y1","y2","y3")))
> rptm_acov <- Anova(mylm,idata=idata,idesign=~time,type="III")
> summary(rptm_acov, multivariate=FALSE)
                    [이후 출력결과는 분량 조절을 위해 제시하지 않음]
```

```
Greenhouse-Geisser and Huynh-Feldt Corrections
 for Departure from Sphericity

                GG eps Pr(>F[GG])
time            0.78086    0.14902
cov_mc:time     0.78086    0.39385
x:time          0.78086    0.05183 .
cov_mc:x:time 0.78086    0.29752
---
Signif. codes: 0 '***' 0.001 '**' 0.01 '*' 0.05 '.' 0.1 ' ' 1

                 HF eps Pr(>F[HF])
time            0.7963881 0.14824826
cov_mc:time     0.7963881 0.39566686
x:time          0.7963881 0.05082598
cov_mc:x:time 0.7963881 0.29820829
```

출력결과의 모클리 테스트 결과에서 확인할 수 있듯, 구형성 가정은 부적절합니다($p < .001$). 따라서 ϵ을 이용해 모형의 자유도를 조정하는 방식으로 통계적 유의도 테스트 결과를 조정할 필요가 있습니다. 상대적으로 더 보수적인 그린하우스-가이서 조정 방식을 택할 경우, 3원상호작용효과는 통계적으로 유의미하지 않은 것으로 나타납니다[$F(1.56, 103.07) = 1.20$,[15] $p = .30$].

이 경우 앞에서도 이야기하였듯, 3원상호작용효과항을 제거하고 주효과와 2원상호작용효과를 추정한 반복측정 분산분석을 다시 추정해보는 것이 좋습니다. 그러나 aov_4() 함수로는 3원상호작용효과항만 뺀 모형을 추정할 수가 없습니다. 그리고 이는 car 패키지 부속함수들을 활용하는 경우에도 마찬가지입니다.

모형 설정과정의 문제를 해결하기 위해 혼합모형(mixed model)을 사용하겠습니다. 모형을 추정하기 전에 저는 어떻게 오차항 상관행렬을 가정하는 것이 좋을지 추정하기 위하여 개체내 요인의 수준별 종속변수들 사이의 상관계수를 살펴보았습니다.

---

15 제시된 자유도는 그린하우스-가이서 ϵ을 반영한 것입니다. 아래와 같이 계산할 수 있습니다.

```
> 0.78086*c(2,132)
[1] 1.56172 103.07352
```

```
> # 혼합모형
> # 오차항 상관관계를 설정하기 위한 상관계수 확인
> mydata |> select(y1,y2,y3) |> cor() |> round(3)
      y1    y2    y3
y1 1.000 0.506 0.138
y2 0.506 1.000 0.523
y3 0.138 0.523 1.000
```

출력결과에서 볼 수 있듯, 상관관계 행렬로는 AR1행렬이 가장 적절하지 않을까 생각됩니다. 이를 확인하기 위해 먼저 세 변수(x, time, cov_mc) 사이의 모든 상호작용 효과항을 투입한 후, 디폴트인 CS행렬과 AR1행렬, 그리고 비구조행렬을 가정하였을 때 혼합모형의 모형적합도가 어떻게 다른지 비교해보았습니다.

```
> # 최적의 오차항 상관행렬 추정
> mycomix_CS <- lme(fixed=y~cov_mc*x*time,random=~1|ID,data=mylong,
+                   correlation=corCompSymm(form=~1|ID))
> mycomix_AR <- lme(fixed=y~cov_mc*x*time,random=~1|ID,data=mylong,
+                   correlation=corAR1(0.5,form=~1|ID))
> mycomix_UN <- lme(fixed=y~cov_mc*x*time,random=~1|ID,data=mylong,
+                   correlation=corSymm(form=~1|ID))
> bind_cols(AIC(mycomix_CS,mycomix_AR,mycomix_UN),
+           BIC(mycomix_CS,mycomix_AR,mycomix_UN))
New names:
• `df` -> `df...1`
• `df` -> `df...3`
           df...1       AIC df...3       BIC
mycomix_CS     15 600.8738     15 650.1978
mycomix_AR     15 589.1930     15 638.5170
mycomix_UN     17 591.0008     17 646.9014
```

예상대로 AR1행렬을 가정하는 것이 가장 적절해 보입니다. 이제 AR1행렬을 오차항 상관행렬로 가정하였을 때의 모형 추정결과를 확인해봅시다.

```
> # 공변량과 요인의 상호작용 고려 없을 경우 혼합모형
> anova(mycomix_AR)
```

```
             numDF denDF   F-value p-value
(Intercept)      1   132 1465.7949  <.0001
cov_mc           1    66   20.2859  <.0001
x                1    66    5.5885  0.0210
time             2   132    2.9247  0.0572
cov_mc:x         1    66    0.0114  0.9155
cov_mc:time      2   132    1.9083  0.1524
x:time           2   132    4.7322  0.0104
cov_mc:x:time    2   132    1.0799  0.3426
```

3원상호작용효과항(cov_mc:x:time)이 통계적으로 유의미하지 않다는 것을 확인하였으니[$F(2,132) = 1.08$, $p = .34$], 이제 3원상호작용효과항을 삭제하고 주효과와 2원상호작용효과항만 투입한 모형을 추정해봅시다. update() 함수에서 3원상호작용효과항을 제거하는 방법이 가장 간단할 듯합니다.

```
> # 3원상호작용효과항 제거
> mycomix_AR <- update(mycomix_AR, ~.-cov_mc:x:time)
> anova(mycomix_AR)
            numDF denDF   F-value p-value
(Intercept)     1   134 1456.2914  <.0001
cov_mc          1    66   20.1387  <.0001
x               1    66    5.5383  0.0216
time            2   134    2.9336  0.0566
cov_mc:x        1    66    0.0113  0.9156
cov_mc:time     2   134    1.9149  0.1514
x:time          2   134    4.7482  0.0102
```

3개의 2원상호작용효과항 중 두 요인(x, time)의 상호작용효과[$F(2,134) = 4.75$, $p = .01$]는 통계적으로 유의미하게 나타난 반면, 공변량과 개체내 요인 time, 그리고 개체간 요인 x의 2원상호작용효과항[각각 $F(2,134) = 1.91$, $p = .15$; $F(1,66) = .01$, $p = .92$]은 유의미하지 않은 것으로 나타납니다. 이제 통계적으로 유의미하지 않은 2원상호작용효과항들을 추가로 제거한 후 최종 모형을 추정하면 아래와 같습니다.

```
> # 공변량이 포함된 2원상호작용효과 제거
> mycomix_AR <- update(mycomix_AR, ~.-cov_mc:x-cov_mc:time)
> anova(mycomix_AR)
```

```
            numDF denDF  F-value p-value
(Intercept)     1   136 1491.0807  <.0001
cov_mc          1    67   20.6849  <.0001
x               1    67    5.7289  0.0195
time            2   136    2.8895  0.0590
x:time          2   136    5.1142  0.0072
> eta_squared(mycomix_AR) |> interpret(rules="cohen1992")
# Effect Size for ANOVA

Parameter | Eta2 (partial) |       95% CI | Interpretation
-----------------------------------------------------------
cov_mc    |           0.24 | [0.10, 1.00] |         medium
x         |           0.08 | [0.01, 1.00] |          small
time      |           0.04 | [0.00, 1.00] |          small
x:time    |           0.07 | [0.01, 1.00] |          small

- One-sided CIs: upper bound fixed at [1.00].
- Interpretation rule: cohen1992
```

출력결과에서 확인할 수 있듯, 처치집단에서의 시간 변화에 따른 종속변수 변화는 통제집단에서의 시간 변화에 따른 종속변수 변화와 통계적으로 유의미하게 다릅니다[$F(2,136) = 5.11, p = .007, \eta^2_{partial} = .07$].

최종모형에서 공변량을 통제하였을 때, 개체내 요인과 개체간 요인 사이에서 나타난 2원상호작용효과가 어떠한지 살펴보는 가장 좋은 방법은 시각화입니다. emmip() 함수를 이용하여 통제집단과 처치집단에서 측정시점에 따른 한계평균의 변화패턴을 살펴보면 [그림 7-3]과 같습니다. [그림 7-3]에 잘 나타나듯, 통제집단의 경우 세 측정시점에서 별다른 한계평균의 변화가 관찰되지 않지만, 처치집단에서는 '뒤집힌 U자' 형태의 2차곡선형(quadratic) 패턴이 나타납니다.

```
> # 시각화
> mycomix_AR |>
+  emmip(x~time,CIs=TRUE,
+        CIarg=list(lwd=2,alpha=0.5))+
+  labs(x="Time",y="Marginal means and their 95% CIs",
+       color="Between-subject factor",
+       caption="Type III, covariate assumed at its mean")+
+  theme_bw()
```

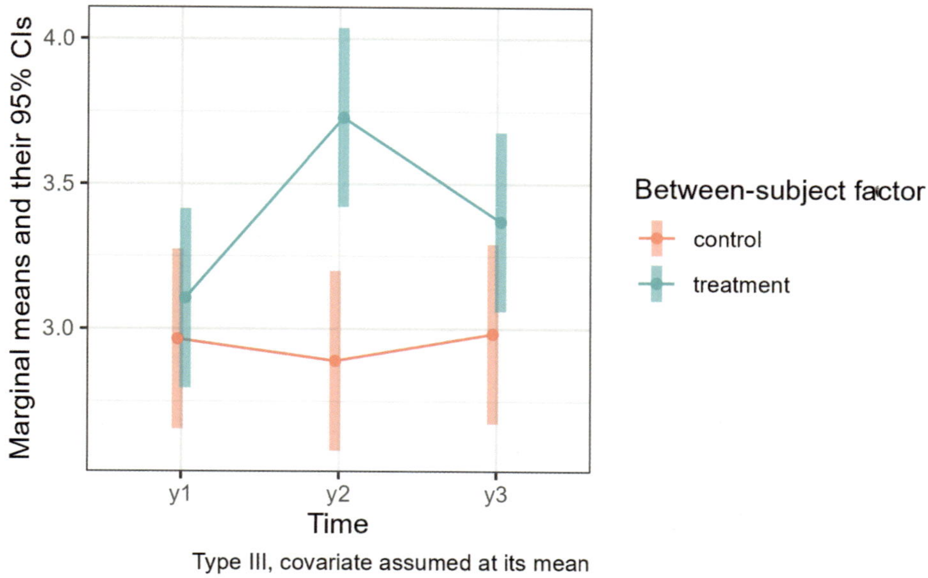

[그림 7-3] 3×2 개체내-개체간 2요인설계에서 나타난 상호작용효과 시각화

3-3 추가 분석: 단순효과 분석, 계획비교, 사후 다중비교

개체내 요인과 개체간 요인이 포함된 2요인 실험데이터의 경우, 5장에서 소개한 모든 형태의 추가 분석기법을 사용할 수 있습니다. 물론 개체내 요인의 경우 모형 추정과정에서의 반복측정에 따라 자유도를 조정해야 한다는 이슈가 추가되지만, 이에 대해서는 앞에서 단일집단 개체내 요인설계 상황의 데이터를 분석할 때 소개했던 내용을 참고하면 됩니다.

먼저 단순효과 분석, 보다 정확하게 단순주효과 분석을 실시해봅시다. 여기서 저는 개체간 요인인 `x` 수준별 개체내 요인인 `time` 요인의 단순주효과를 분석하였습니다(당연하지만, `time` 요인수준별 개체간 요인 `x`의 단순주효과를 살펴보는 것도 가능합니다). 다음과 같이 `joint_tests()` 함수에 by 옵션을 `"x"`로 지정하면 개체간 요인인 `x` 수준별 개체내 요인인 time 요인의 단순주효과를 분석할 수 있습니다. 출력결과에서 확인할 수 있듯, 개체내 요인 `time`의 효과는 `x`가 `treatment` 수준인 경우에만 통계적으로 유의미합니다[$F(2,136) = 7.80$, $p = .001$].

```
> #단순주효과 분석
> mycomix_AR |> emmeans(~time|x) |>
+ joint_tests(by="x")
x = control:
 model term df1 df2 F.ratio p.value
 time          2 136   0.204   0.8161

x = treatment:
 model term df1 df2 F.ratio p.value
 time          2 136   7.800   0.0006
```

다음으로 계획비교를 실시해봅시다. [그림 7-3]에 나타난 패턴에서 확인할 수 있듯, 통제집단의 경우 측정시점 변화에도 별다른 차이가 나타나지 않은 반면, 처치집단의 경우 2차곡선형효과 패턴을 보여주고 있습니다. 그렇다면 공변량을 통제하였을 때, 개체내 요인 time의 효과에서 나타난 2차곡선형효과 패턴이 어떤 개체간 요인 x의 수준에 따라 다르다고 볼 수 있을지 테스트해봅시다.[16] 다음의 출력결과에서 확인할 수 있듯, time 요인의 2차곡선형관계는 통제집단에서는 확인되지 않은 반면[$t(136) = -0.63$, $p = .53$], 처치집단에서는 매우 뚜렷하게 확인됩니다[$t(136) = 0.98$, $p < .001$]. 여기서는 제시하지 않았지만, 필요하다면 처치집단에서 나타난 계획비교 결과의 효과크기 통계치를 계산하기 위해 effectsize 패키지의 t_to_d() 함수를 이용해 코헨의 d를 계산할 수도 있습니다.

---

16 물론 contrast() 함수의 "poly"를 이용하여 다항비교를 실시하는 방법도 고려할 수 있습니다. 그러나 이 방법을 사용할 경우, 2가지 2차곡선형효과에 대한 합산테스트를 실시하기 어렵습니다. 왜냐하면 1차선형효과와 2차곡선형효과라는 2가지 효과를 모두 계산하기 때문입니다. 구체적으로 다음과 같은 차이가 나타납니다. 본문의 합산테스트 결과와 비교해보기 바랍니다.

```
> #다항비교
> mycomix_AR |>
+ emmeans(~time|x) |>
+ contrast("poly")|>
+ joint_tests()
 model term df1 df2 F.ratio p.value
 contrast     1 136   5.534  0.0201
 x            1 136   3.754  0.0548
 contrast:x   1 136   8.946  0.0033
```

```
> # 계획비교: 2차곡선형관계 테스트
> mycomix_AR |>
+ emmeans(~time|x) |>
+ contrast(method=list(linear=c(-1,2,-1)),by="x")
x = control:
 contrast estimate    SE  df t.ratio p.value
 linear     -0.167 0.265 136  -0.631  0.5288

x = treatment:
 contrast estimate    SE  df t.ratio p.value
 linear      0.984 0.265 136   3.716  0.0003
> mycomix_AR |>
+ emmeans(~time|x) |>
+ contrast(method=list(linear=c(-1,2,-1)),by="x") |>
+ CohenD_based_on_t(FALSE)
# A tibble: 2   8
  contrast    df DifSe                 t.ratio p.value d        Cohen88    ESCI95
  <fct>    <dbl> <chr>                 <chr>   <chr>   <chr>    <effctsz_> <chr>
1 linear     136 "-0.167 (0.265)"      "-0.631" 0.529  "-0.108" very small [-0.444, 0.228]
2 linear     136 " 0.984*** (0.265)"   " 3.716" <0.001 " 0.637" medium     [ 0.292, 0.981]
```

위에서 얻은 2가지의 계획비교 결과가 통계적으로 유의미하게 다른지 합산테스트를 실시한 결과는 아래와 같습니다. 출력결과에서 명확하게 나타나듯, 2가지의 2차곡선형관계는 통계적으로 뚜렷하게 구분됩니다[$F(1,136) = 9.45$, $p = .003$]. 마찬가지로 여기서는 별도 제시하지 않았지만, 만약 필요하다면 보고된 F테스트 결과의 효과크기 통계치를 계산하기 위해 `effectsize` 패키지의 `f_to_eta2()` 함수를 이용해 $\eta^2_{partial}$을 계산할 수도 있습니다.

```
> mycomix_AR |>
+ emmeans(~time|x) |>
+ contrast(method=list(linear=c(-1,2,-1)),by="x") |>
+ joint_tests()
 model term df1 df2 F.ratio p.value
 x            1 136   9.452  0.0025
```

연구목적에 따라 다른 방식의 계획비교도 얼마든지 가능합니다. 예를 들어 [그림 7-3]에서 나타난 6개의 한계평균 중, 통제집단에서 나온 3개의 한계평균($M_{1,control,adjusted}$, $M_{2,control,adjusted}$, $M_{3,control,adjusted}$)의 평균과 처치집단의 첫 번째와 세 번째 한계평균($M_{1,treatment,adjusted}$, $M_{3,treatment,adjusted}$)의 평균이 동일한지 여부를 계획비교를 통해 살펴봅시다. emmeans() 함수 내부의 공식표현을 ~time:x로 변경하는 방식으로 6개 한계평균을 얻은 후, 이에 대해 연구자의 연구가설에 맞는 방식의 합산코딩을 설정하여 계획비교를 실시한 결과는 아래와 같습니다. 출력결과에서 확인할 수 있듯, 연구자의 연구가설은 통상적 통계적 유의도 수준에서 지지되지 않습니다[$t(67) = 1.75$, $p = .08$].

```
> # 계획비교: (M1c,M2c,M3c)/3 = (M1t,M3t)/2
> mycomix_AR |>
+  emmeans(~time:x) |>
+  contrast(method=list(
+   T13_C123=c(-1/3,-1/3,-1/3,
+              1/2,0,1/2)
+  ))
 contrast estimate    SE df t.ratio p.value
 T13_C123    0.292 0.167 67   1.749  0.0848

Degrees-of-freedom method: containment
```

이제 사후 다중비교를 실시해보겠습니다. 5장에서 소개했듯, 2요인설계의 경우 emmeans() 함수의 공식을 어떻게 설정하는가에 따라 상이한 방식으로 사후 다중비교를 실시할 수 있습니다. 먼저 공변량을 통제하였을 때, 측정시점별 개체간 요인 x의 효과가 어떠한지 살펴보겠습니다. 예시 데이터에서 개체간 요인은 2수준(통제집단과 처치집단)이기 때문에 다중비교에 따른 통계적 유의도 조정은 필요하지 않습니다. 그러나 혼합모형을 사용하였기 때문에 반복측정에 따른 자유도 조정이 필요하며, 여기서는 디폴트인 컨테인먼트 조정기법을 사용하였습니다.

```
> # 사후 다중비교: 측정시점별 처치집단과 통제집단 비교
> mycomix_AR |>
+  emmeans(~x|time) |>
+  contrast("pairwise")  # Containment
```

```
time = y1:
 contrast            estimate    SE df t.ratio p.value
 control - treatment   -0.141 0.219 67  -0.644  0.5215

time = y2:
 contrast            estimate    SE df t.ratio p.value
 control - treatment   -0.840 0.219 67  -3.832  0.0003

time = y3:
 contrast            estimate    SE df t.ratio p.value
 control - treatment   -0.387 0.219 67  -1.767  0.0817

Degrees-of-freedom method: containment
```

출력결과에서 확인할 수 있듯, 통제집단과 처치집단 사이에 통계적으로 유의미하게 다른 한계평균이 나타난 경우는 두 번째 측정시점뿐입니다[$t(67) = -3.83$, $p < .001$]. 다음으로 반대로 개체간 요인의 수준별 연속된 측정시점들의 평균에 대해 사후 다중비교를 실시한 결과는 다음과 같습니다. emmeans() 함수의 공식을 ~time|x와 같이 바꾸어주면 됩니다. 연속된 측정시점들의 평균쌍을 비교한다는 점에서 통계적 유의도 수준은 더넷 조정기법(디폴트)으로 조정하였으며, 혼합모형 사용에 따른 자유도 조정기법은 컨테인먼트 조정기법을 채택하였습니다.

```
> mycomix_AR |>
+   emmeans(~time|x) |>
+   contrast("consec") # Containment & Dunnett
x = control:
 contrast estimate    SE  df t.ratio p.value
 y2 - y1   -0.0746 0.165 136  -0.452  0.8742
 y3 - y2    0.0926 0.165 136   0.561  0.8134

x = treatment:
 contrast estimate    SE  df t.ratio p.value
 y2 - y1    0.6239 0.165 136   3.778  0.0005
 y3 - y2   -0.3599 0.165 136  -2.179  0.0598

Degrees-of-freedom method: containment
P value adjustment: mvt method for 2 tests
```

활용도가 높을 것 같지는 않지만, 개체내 요인과 개체간 요인의 수준을 교차하는 방식으로 얻을 수 있는 모든 한계평균 사이의 평균쌍을 테스트할 수도 있습니다. emmeans() 함수의 공식을 ~time:x와 같은 방식으로, 즉 두 요인을 교차하는 방식으로 지정하면 됩니다. 예를 들어 다음과 같습니다. 사후 다중비교로 인한 통계적 유의도 조정기법으로는 본페로니 조정기법을 사용하였습니다.[17]

```
> mycomix_AR |>
+ emmeans(~time:x) |>
+ contrast("pairwise",adjust="bonferroni") #Containment & Bonferroni
 contrast                    estimate    SE  df t.ratio p.value
 y1 control - y2 control       0.0746 0.165 136   0.452  1.0000
 y1 control - y3 control      -0.0180 0.197 136  -0.091  1.0000
 y1 control - y1 treatment    -0.1412 0.219  67  -0.644  1.0000
 y1 control - y2 treatment    -0.7651 0.219  67  -3.492  0.0128
 y1 control - y3 treatment    -0.4053 0.219  67  -1.849  1.0000
 y2 control - y3 control      -0.0926 0.165 136  -0.561  1.0000
 y2 control - y1 treatment    -0.2158 0.219  67  -0.985  1.0000
 y2 control - y2 treatment    -0.8397 0.219  67  -3.832  0.0042
 y2 control - y3 treatment    -0.4798 0.219  67  -2.190  0.4805
 y3 control - y1 treatment    -0.1232 0.219  67  -0.562  1.0000
 y3 control - y2 treatment    -0.7471 0.219  67  -3.409  0.0166
 y3 control - y3 treatment    -0.3873 0.219  67  -1.767  1.0000
 y1 treatment - y2 treatment -0.6239 0.165 136  -3.778  0.0035
 y1 treatment - y3 treatment -0.2641 0.197 136  -1.337  1.0000
 y2 treatment - y3 treatment  0.3599 0.165 136   2.179  0.4655

Degrees-of-freedom method: containment
P value adjustment: bonferroni method for 15 tests
```

17 사실 여기에 대해서는 몇 가지 논란이 있을 수 있습니다. 여기서 본페로니 조정기법을 채택한 이유는 반복측정 설계에서 흔히 언급되는 구형성 가정 충족 여부 때문입니다. 본페로니 조정기법의 경우 상당히 보수적인 방식으로 통계적 유의도를 조정하지만, 반복측정 설계 데이터 맥락의 경우 emmeans 패키지의 디폴트인 뚜끼 조정기법으로 통계적 유의도를 테스트하는 것이 적절하지 않을 수도 있습니다(Keselman & Keselman, 1988; Maxwell, 1980). 즉 개체간 요인으로만 구성된 설계 데이터의 경우 뚜끼 조정기법은 매우 적절하지만, 개체내 요인이 포함되는 경우라면 본페로니 조정기법이 더 적절할 수 있습니다. 반복측정(공)분산분석 맥락에서 사후 다중비교를 실시할 때, 어떤 조정기법을 사용하는 것이 가장 적절한가의 문제는 사실 쉽지 않은 문제입니다. 관련하여 관심 있는 독자께서는 데이비드 호웰(David Howell)의 온라인 게시글을 읽어보시면 매우 유익할 것으로 생각합니다(https://www.uvm.edu/~statdhtx/StatPages/More_Stuff/RepMeasMultComp/RepMeasMultComp.html).

아울러 연구자의 목적에 따라 contrast() 함수의 interaction 옵션을 활용할 수도 있습니다. 예를 들어 첫 번째와 두 번째 측정시점에서의 변화가 개체간 요인 x의 수준에 따라 달라지는 국소 2원상호작용효과, 그리고 두 번째와 세 번째 측정시점에서의 변화가 개체간 요인 x의 수준에 따라 달라지는 국소 2원상호작용효과를 테스트해 본다면 다음과 같은 방식으로 진행하면 됩니다. 출력결과에서 확인할 수 있듯, 첫 번째의 국소 2원상호작용효과는 통계적으로 유의미한 반면[$t(136) = 2.99$, $p = .003$], 두 번째의 국소 2원상호작용효과는 통상적인 통계적 유의도 수준에 미치지 못하는 것으로 나타납니다[$t(136) = -1.94$, $p = .054$].

```
> # T1, T2의 변화는 개체간 요인수준에 따라 달라지는가?
> mycomix_AR |>
+ emmeans(~time:x) |>
+ contrast(interaction=list(
+   time=list(c(1,-1,0)),
+   x=list(c(1,-1))
+ ))
 time_custom x_custom estimate    SE  df t.ratio p.value
 c(1, -1, 0) c(1, -1)    0.699 0.234 136   2.991  0.0033

Degrees-of-freedom method: containment
> # T2, T3의 변화는 개체간 요인수준에 따라 달라지는가?
> mycomix_AR |>
+ emmeans(~time:x) |>
+ contrast(interaction=list(
+   time=list(c(0,1,-1)),
+   x=list(c(1,-1))
+ ))
 time_custom x_custom estimate    SE  df t.ratio p.value
 c(0, 1, -1) c(1, -1)   -0.452 0.234 136  -1.937  0.0548

Degrees-of-freedom method: containment
```

4 개체내 특성 공변량 포함 3×2 혼합설계 (3수준 개체내 요인, 2수준 개체간 요인)

4-1 표본크기 추정, 실험설계, 데이터 수집

앞서 살펴본 예시데이터들의 공변량은 개체간 차이를 나타낸 연속형 변수, 즉 개체별 1개의 관측값을 갖는 변수였습니다. 그러나 반복측정 맥락에서는 종속변수뿐만 아니라 공변량 역시 개체간 차이가 아닌 개체내부의 차이를 나타내는 변수로 측정될 수 있습니다. 예를 들어 약물처치 여부로 구분된 처치집단과 통제집단을 대상으로 아침·점심·저녁의 세 시점별 감정상태(종속변수)를 측정하는 방식으로 3×2 혼합설계 연구를 진행한다고 가정해보죠. 이때 각 시점별 주관적 스트레스 인식수준이라는 공변량을 같이 측정했다면, 이 공변량은 측정시점에 따라 변화될 것이라고 예상할 수 있습니다. 즉 시계열 데이터 맥락에서 앞에서 소개한 공변량이 '시간불변(time-invariant) 변수'였던 반면, 지금 소개할 공변량은 '시간가변(time-varying) 변수'입니다.

이제 표본크기 추정과정을 살펴보죠. 공변량의 성격이 바뀌었을 뿐, 본질적으로 개체내 요인과 개체간 요인의 상호작용효과를 가정한 2요인 혼합설계라는 점은 동일합니다. 다시 말해 앞서 살펴본 3×2 혼합설계와 비슷한 방식으로 표본크기를 추정할 수 있습니다. 여기서는 앞에서 표본크기를 추정할 때 사용했던 조건들[18]과 동일한 방식을 적용하면 총 70명(개체간 요인수준별 35명)의 표본이 필요합니다. 이를 토대로 수집한 데이터는 dt_WSfactor1_BSfactor1_timevaryingcov.csv입니다.

---

18 구체적으로는 아래와 같습니다. 출력결과는 반복되기 때문에 별도 제시하지 않았습니다.

```
> pwrss.f.rmanova(eta2=0.03,
+                 n.levels=2, # 개체간 요인의 수준
+                 n.rm=3, # 개체내 요인의 수준
+                 power=0.80, alpha=0.05,
+                 epsilon=0.7, # 구형성 가정 관련
+                 corr.rm=0.50, # 상관계수
+                 type="interaction") # 상호작용효과
                      [이후 출력결과는 분량 조절을 위해 제시하지 않음]
```

4-2 처치효과·효과크기 추정 및 효과패턴의 시각화

분석에 필요한 패키지들을 로딩한 후, 어떤 형태로 수집된 데이터인지를 살펴보면 아래와 같습니다.

```
> #분석 시작
> library(car)
> library(afex)
> library(emmeans)
> library(effectsize)
> library(lme4)
> library(lmerTest)
> library(nlme)
> library(tidyverse)
> library(patchwork)
> mydata <- read_csv("dt_WSfactor1_BSfactor1_timevaryingcov.csv",
+                    show_col_types=FALSE)
> mydata |> print(n=3)
# A tibble: 70 × 8
     ID   y_1   y_2   y_3 x         cov_1 cov_2 cov_3
  <dbl> <dbl> <dbl> <dbl> <chr>     <dbl> <dbl> <dbl>
1     1  2.48  2.66  2.90 treatment  2.44 4.76   1.80
2     2  1.98  3.01  3.91 treatment  1.19 2.22   3.95
3     3  4.76  4.85  3.92 treatment  3.09 0.137  4.23
# i 67 more rows
# i Use `print(n = ...)` to see more rows
```

위와 같은 형태의 넓은 데이터를 긴 데이터로 전환하는 경우, 종속변수는 물론 공변량 역시도 같이 전환해야 합니다. 이를 위해 pivot_longer() 함수의 col 옵션의 경우 반복측정된 종속변수와 함께 반복측정된 공변량 변수도 포함시켰습니다. 다음으로 측정시점별 공변량과 종속변수를 매칭시키는 방식으로 데이터를 변환하고, 개체내 요인 time과 개체간 요인 x는 모두 요인형 변수로 변환하였습니다. 이후 time과 x 두 요인에 대해 비교합산코딩을 적용하였습니다.

```
> mylong <- mydata |>
+   pivot_longer(cols=c(starts_with("y"),starts_with("cov"))) |>
+   separate(name,c("var","time"),sep="_") |>
```

```
+ pivot_wider(names_from="var") |>
+ mutate(
+   time=factor(time),
+   x=factor(x)
+ )
> contrasts(mylong$time) <- contr.sum(3)
> contrasts(mylong$x) <- contr.sum(2)
```

먼저 시점 변화에 따라 종속변수는 물론 공변량이 어떻게 변하는지 살펴보면 다음과 같습니다. 아래에서 확인할 수 있듯, 측정시점에 따라 종속변수의 평균과 비슷하게 공변량의 평균도 변화합니다.

```
> # 종속변수 & 공변량 확인
> mylong |> group_by(time) |>
+ summarise(
+   mean(y),sd(y),
+   mean(cov),sd(cov)
+ )
# A tibble: 3 × 5
  time `mean(y)` `sd(y)` `mean(cov)` `sd(cov)`
  <fct>     <dbl>   <dbl>       <dbl>     <dbl>
1 1          3.04   0.874        3.04      1.74
2 2          3.20   0.983        3.22      2.56
3 3          3.06   0.933        2.85      1.74
```

이후 공변량에 대해 평균중심화 변환을 실시해야 할까요? 이에 대해 답하는 것은 쉽지 않습니다. 왜냐하면 시점별로 공변량의 수준이 변화한다는 점에서 측정시점을 무시하고 평균중심화 변환을 실시하는 것은 적절하지 않을 수 있기 때문입니다. 이러한 상황에서 적절한 평균중심화 변환방법은 다음과 같이 측정시점별로 공변량을 평균중심화 변환하는 것입니다.[19]

```
> # 공변량의 경우 측정시점별로 평균중심화 변환
```

---

19 흔히 집단평균중심화 변환(group-mean centering)이라고도 불리는 변환방법이기도 합니다. 다만 예시데이터 맥락에서는 집단이 아닌 측정시점 평균중심화 변환이라고 부르는 것이 더 적절할 듯합니다.

```
> mylong <- mylong |>
+ group_by(time) |>
+ mutate(cov_mc=cov-mean(cov))
```

혼합모형의 공변량이 개체내 변화를 나타내는 경우, 최적의 모형을 추정하는 과정에서 다음과 같은 요인들을 고려해야 하므로 조금 복잡할 수 있습니다.

첫째, 가장 먼저 고려할 항목은 개체내 요인의 수준별(예시데이터의 경우 측정시점별) 종속변수에 대한 공변량의 '기울기 변화'입니다. 왜냐하면 공변량이 개체간 차이를 나타내는 경우에는, 개체내 요인의 수준별 공변량의 값이 변화하지 않지만, 공변량이 개체내 차이를 나타낼 경우에는 개체내 요인의 수준별 공변량의 값이 계속 변하기 때문입니다. 따라서 앞에서 살펴보았던 사례들의 경우에는 공변량 수준에 따른 각 측정시점별 종속변수의 전체분산 중 개체간 차이로 인한 분산수준을 살펴보면 충분했지만, 여기서는 추가적으로 종속변수에 대한 공변량의 기울기 변화(variance of slopes) 중 어느 정도가 개체간 차이로 인해 발생하는지 역시 추가로 살펴보아야 합니다. 흔히 전자를 랜덤절편(random intercept)이라고 부르고, 후자를 랜덤기울기(random slope)라고 부릅니다.

둘째, 개체간 차이로 인한 2가지 변화들, 즉 랜덤절편과 랜덤기울기 사이에 상관관계가 존재할 수 있습니다. 연구방법론에서 이야기하는 바닥효과(floor effect) 혹은 천장효과(ceiling effect)를 떠올리면 어렵지 않게 이해할 수 있습니다. 평균이 낮을 경우 기울기는 더 가파를 가능성이 높은 반면(바닥효과), 평균이 높을 경우 기울기는 더 완만할 가능성이 높습니다(천장효과). 반대로 상황에 따라 평균이 높을수록 기울기의 경사가 더 큰 반면, 평균이 낮을수록 기울기 경사가 더 작을 수도 있습니다[소위, '마태효과(Mathew effect)' 혹은 '부익부빈익빈 효과'].

셋째, 앞에서 소개했던 오차항 상관관계를 어떻게 가정하는 것이 적절할지 판단할 필요가 있습니다. 우선 적절한 오차항 상관행렬을 추정하기 위해 개체내 요인별 상관계수를 살펴보았습니다.

```
> mydata |> select(y_1,y_2,y_3) |> cor() |> round(3)
      y_1   y_2   y_3
y_1 1.000 0.621 0.582
y_2 0.621 1.000 0.540
y_3 0.582 0.540 1.000
```

3가지 상관계수들을 살펴볼 때, 복합대칭(CS, compound symmetry)행렬이 가장 적절해 보입니다. 실제로 그런지 CS행렬을 가정하였을 때의 혼합모형 모형적합도와 AR1행렬을 가정하였을 때의 혼합모형 모형적합도를 살펴보면 다음과 같습니다. 여기서 랜덤효과를 추정하는 random 옵션의 공식 지정과 correlation 옵션 부분의 공식 지정 방식이 조금 낯설 수 있습니다. 조금 후에 더 자세히 설명하겠지만, 바로 ~cov_mc|ID라는 공식이 랜덤절편과 함께 랜덤기울기를 추정한다는 의미입니다.

```
> # 오차항 상관관계
> err_CS <- lme(fixed=y~cov_mc*x*time,random=~cov_mc|ID,mylong,
+   correlation=corCompSymm(form=~cov_mc|ID))
> err_AR1 <- lme(fixed=y~cov_mc*x*time,random=~cov_mc|ID,mylong,
+   correlation=corAR1(0.5,form=~cov_mc|ID))
> bind_cols(AIC(err_CS,err_AR1),BIC(err_CS,err_AR1))
New names:
• `df` -> `df...1`
• `df` -> `df...3`
        df...1      AIC df...3      BIC
err_CS      17 513.7409     17 569.6414
err_AR1     17 527.1711     17 583.0717
```

출력결과에서 확인할 수 있듯, 예상대로 CS행렬을 가정하는 것이 더 나아 보입니다. 이제 개체내 요인의 수준 변화에 따라 랜덤절편만 고려해야 하는지, 아니면 랜덤절편과 랜덤기울기를 같이 고려해야 하는지 살펴보겠습니다. 지금까지 살펴본 혼합모형들의 경우 랜덤절편 효과를 지정하는 공식을 1|ID와 같이 설정하였습니다. 그러나 cov_mc|ID로 공식을 지정할 경우, 랜덤절편 효과와 함께 랜덤기울기 효과가 존재하는지를 추정할 수 있습니다. 즉 개체들 사이에 공변량의 기울기 변화가 두드러지게 나타날까요? random 옵션을 1|ID로 지정한 후 추정한 혼합모형의 모형적합도와 앞서 cov_mc|ID를 설정하여 추정한 혼합모형의 모형적합도를 비교하면 다음과 같습니다.

```
> # 평균 변화와 함께 공변량의 기울기 변화도 살펴봄
> RI <- lme(fixed=y~cov_mc*x*time,random=~1|ID,mylong,
+          correlation=corCompSymm(form=~1|ID))
> RIRC <- lme(fixed=y~cov_mc*x*time,random=~cov_mc|ID,mylong,
+            correlation=corCompSymm(form=~cov_mc|ID))
> bind_cols(AIC(RI,RIRC),BIC(RI,RIRC))
```

```
New names:
• `df` -> `df...1`
• `df` -> `df...3`
     df...1      AIC df...3      BIC
RI       15 524.2338     15 573.5578
RIRC     17 513.7409     17 569.6414
```

모형적합도를 비교한 위의 결과에서 명확하게 나타나듯, 랜덤절편과 랜덤기울기를 같이 고려한 혼합모형이 랜덤절편만 고려한 혼합모형보다 낫습니다. 다음으로 오차항 상관행렬로 CS행렬을 설정한 후, 종속변수에 대한 공변량의 기울기 변화의 개체간 차이까지 반영한 랜덤기울기 혼합모형에 대한 모형 추정결과를 살펴보면 아래와 같습니다. 여기서 회귀모형 추정결과는 별도 제시하지 않았습니다.

```
> # CS오차항을 선택한 후, 모형 추정
> # 3원상호작용 포함
> mycomix_CS <- lme(fixed=y~cov_mc*x*time,random=~cov_mc|ID,mylong,
+                   correlation=corCompSymm(form=~cov_mc|ID))
> mycomix_CS |> summary()
Linear mixed-effects model fit by REML
 Data: mylong
      AIC      BIC    logLik
 513.7409 569.6414 -239.8704

Random effects:
 Formula: ~cov_mc | ID
 Structure: General positive-definite, Log-Cholesky parametrization
              StdDev    Corr
(Intercept) 0.5825359 (Intr)
cov_mc      0.1937777  0.162
Residual    0.4457132

Correlation Structure: Compound symmetry
 Formula: ~cov_mc | ID
 Parameter estimate(s):
         Rho
-0.001808374
Fixed effects:  y ~ cov_mc * x * time
                Value Std.Error  DF t-value p-value
(Intercept) 3.1025479 0.07883552 130 39.35469  0.0000
cov_mc      0.2002537 0.03564081 130  5.61866  0.0000
                        [이후 출력결과는 분량 조절을 위해 제시하지 않음]
```

제시된 출력결과 중 Random effects: 부분의 Corr 결과를 살펴보기 바랍니다. 0.162라는 결과가 바로 랜덤절편과 랜덤기울기의 상관계수입니다. 이는 랜덤절편이 클수록 랜덤기울기 역시 높을 가능성이 크다는 의미입니다. 이제 본격적으로 두 요인 x와 time, 그리고 개체내 변화를 보여주는 공변량 cov_mc의 효과가 어떤지 살펴본 결과는 다음과 같습니다.

```
> mycomix_CS |> anova()
               numDF denDF  F-value p-value
(Intercept)        1   130 1523.7910  <.0001
cov_mc             1   130   20.7588  <.0001
x                  1    68    1.2514  0.2672
time               2   130    3.1078  0.0480
cov_mc:x           1   130    0.8596  0.3556
cov_mc:time        2   130    2.4392  0.0912
x:time             2   130    4.7926  0.0098
cov_mc:x:time      2   130    4.9410  0.0085
> eta_squared(mycomix_CS)
# Effect Size for ANOVA

Parameter     | Eta2 (partial) |       95% CI
---------------------------------------------
cov_mc        |           0.14 | [0.06, 1.00]
x             |           0.02 | [0.00, 1.00]
time          |           0.05 | [0.00, 1.00]
cov_mc:x      |       6.57e-03 | [0.00, 1.00]
cov_mc:time   |           0.04 | [0.00, 1.00]
x:time        |           0.07 | [0.01, 1.00]
cov_mc:x:time |           0.07 | [0.01, 1.00]

- One-sided CIs: upper bound fixed at [1.00]
```

출력결과에서 확인할 수 있듯, 3원상호작용효과(cov_mc:x:time)가 통계적으로 유의미합니다[$F(2,130) = 4.94$, $p = .009$, $\eta^2_{partial} = .07$]. 그렇다면 여기서 통계적으로 유의미하게 나타난 3원상호작용효과는 구체적으로 어떻게 이해해야 할까요? 일단 시각화를 하는 것이 가장 효율적이고 효과적입니다. 그렇다면 연속형 변수 형태의 공변량과 범주형 변수 형태의 요인들 사이의 상호작용효과는 어떻게 시각화해야 할까요?

2가지 시각화 방법을 떠올릴 수 있습니다. 첫째, 연속형 변수 형태의 공변량 값들 중 3개(혹은 5개)를 설정한 후, 해당 공변량 조건에서 요인들 사이의 상호작용효과가 어떻게 다르게 나타나는지 시각화하는 방법입니다. 둘째, 연속형 변수 형태의 공변량과 종속변수의 관계가 다른 요인들의 수준에 따라 어떻게 다르게 나타나는지 시각화하는 방법입니다. 연구상황과 연구목적에 따라 적절한 방식의 시각화를 택하면 됩니다.

첫 번째 방법으로 시각화를 진행해보죠. 가장 먼저 공변량 수준을 어떻게 설정해야 할지 생각해봅시다. 뚜렷한 정답이 있는 것은 아니지만, 개체내 요인수준별 공변량이 어떤 분포를 갖는지 살펴봅시다. 각 측정시점별 공변량이 10%, 50%, 90% 수준별로 어떠한지 살펴보면 다음과 같습니다.

```
> # 패턴 확인
> mylong |>
+ group_by(time) |>
+ summarise(
+   quant10=quantile(cov_mc,prob=0.1),
+   quant50=quantile(cov_mc,prob=0.5),
+   quant90=quantile(cov_mc,prob=0.9)
+ )
# A tibble: 3 × 4
  time quant10 quant50 quant90
  <fct>   <dbl>   <dbl>   <dbl>
1 1       -2.34  0.0924    1.94
2 2       -3.07 -0.0114    3.08
3 3       -1.92  0.0385    1.89
```

측정시점에 따라 다르지만 대략 [-2.00, +2.00]의 범위를 설정하고, 중간값으로 0을 설정하면 적절하지 않을까 싶습니다. 이렇게 공변량을 3수준으로 설정한 후, emmeans 패키지의 ref_grid() 함수를 이용해서 특정 공변량 수준을 지정하고, emmip() 함수를 이용해 시각화를 진행하면 다음 [그림 7-4]와 같습니다.

```
> # 공변량을 3점으로 지정: 두 요인의 상호작용효과를 살펴보는 데 유용함
> cov_mc_label <- c("Covariate, low","Covariate, medium","Covariate, high")
> names(cov_mc_label) <- as.character(c(-2,0,2))
> mycomix_CS |>
+ ref_grid(at=list(cov_mc=c(-2,0,2))) |>
+ emmip(x~time|cov_mc, CIs=TRUE,
```

```
+        CIarg=list(lwd=2,alpha=0.5))+
+ labs(x="Time",y="Marginal means and their 95% CIs",
+      color="between-subject factor x",
+      caption="Type III")+
+ theme_bw()+
+ theme(legend.position="top")+
+ facet_grid(~cov_mc,labeller=labeller(cov_mc=cov_mc_label))
```

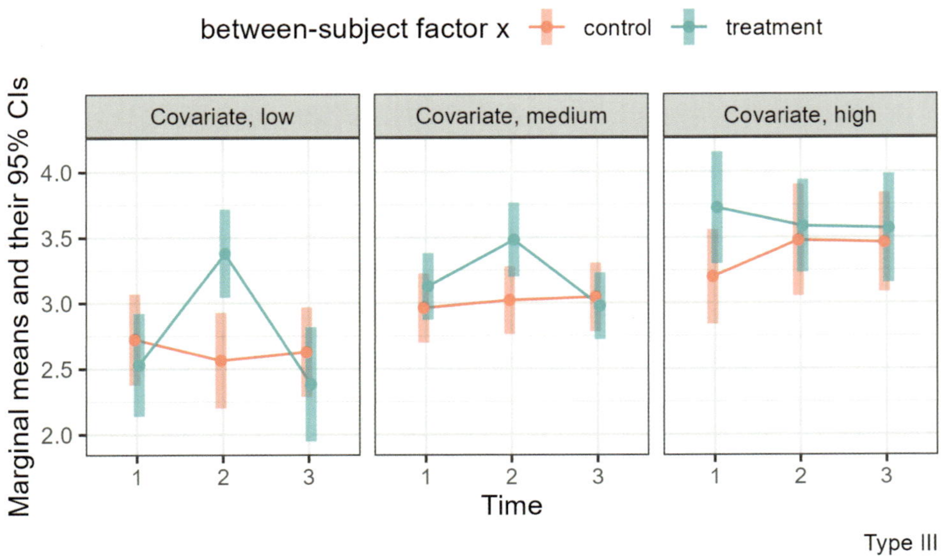

[그림 7-4] 공변량 수준별 개체내-개체간 요인의 2원상호작용효과 패턴 변화 시각화

[그림 7-4]에서 볼 수 있듯, 공변량 수준에 따라 두 요인 time과 x의 상호작용효과 패턴이 매우 다르게 나타납니다. 공변량 수준별 상호작용효과 패턴과 각 요인의 효과가 어떻게 변하는가에 대해서는 조금 후에 진행할 추가 분석에서 다시 살펴보겠습니다.

다음으로 공변량의 기울기를 중심으로 시각화를 진행해보겠습니다. 즉 공변량과 종속변수의 관계가 두 요인 time과 x의 수준에 따라 어떻게 달라지는지 살펴보겠습니다. 먼저 ref_grid() 함수를 이용해서 공변량의 범위를 설정한 후, emmip() 함수의 plotit 옵션을 FALSE로 설정해 시각화를 위한 데이터를 생성하였습니다. 이후 ggplot2 패키지 부속함수들을 활용해 시각화한 결과는 [그림 7-5]와 같습니다.

```
> # 공변량의 기울기를 중심으로 시각화: 공변량과 다른 요인들의 상호작용을 살펴보는 데 유용
> myfig <- mycomix_CS |>
+  ref_grid(at=list(cov_mc=seq(-2,2,by=0.1))) |> # 범위설정
+  emmip(x~cov_mc|time,plotit=FALSE,CIs=TRUE) |> as_tibble()
> myfig |>
+  ggplot(aes(x=xvar,y=yvar,color=time,fill=time))+
+  geom_ribbon(aes(ymin=LCL,ymax=UCL),alpha=0.3)+
+  geom_line(lwd=2)+
+  labs(x="Covariate level",y="Marginal means and their 95% CIs",
+       color="Time",fill="Time",
+       caption="Type III")+
+  theme_bw()+
+  facet_grid(~x)
```

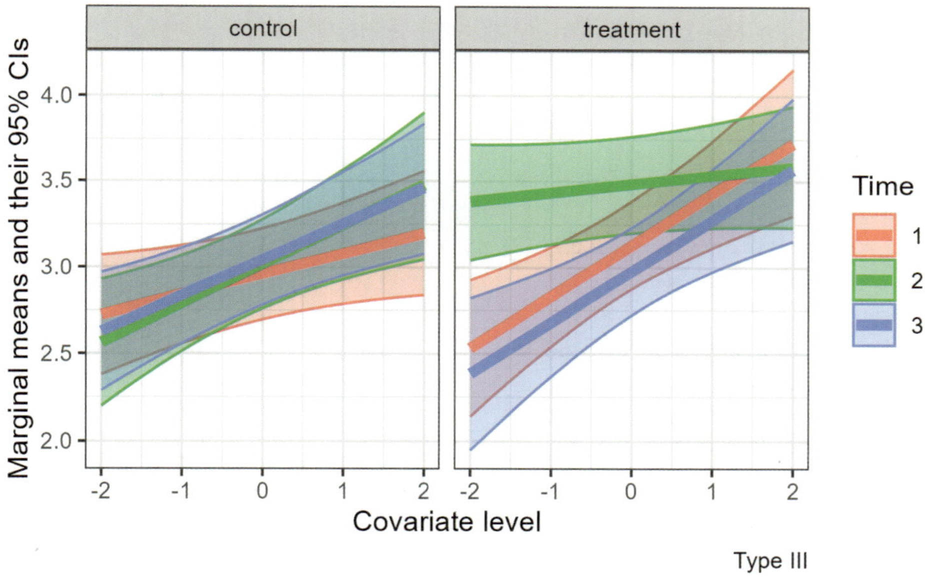

[그림 7-5] 개체내-개체간 요인의 수준별 공변량의 기울기 변화 시각화

[그림 7-5]에서 확인할 수 있듯, 통제집단의 경우 공변량의 기울기는 개체내 요인인 time의 측정시점에 따라 큰 차이를 발견하기 어렵습니다. 그러나 처치집단의 공변량 기울기는 개체내 요인 time이 1이나 3인 수준에서는 급격한 경사를 보이는 반면, 2인 수준에서는 평행에 가까운 모습을 보입니다. 다시 말해 개체내 변화를 측정한 공변량과 개체내 요인 사이의 2원상호작용효과는 개체간 요인인 x의 수준에 따라 다릅니다.

4-3 추가 분석: 단순효과 분석, 계획비교, 사후 다중비교

앞에서 혼합모형으로 추정한 3원상호작용효과를 보다 구체적으로 이해하기 위해 추가 분석을 진행하겠습니다. 먼저 단순효과는 '단순2원상호작용효과(simple two-way interaction effect)'와 '단순주효과(simple main effect)' 2가지를 살펴볼 수 있습니다. 이후 '계획비교'와 '사후 다중비교' 역시 살펴보겠습니다.

먼저 [그림 7-4]를 대상으로 단순2원상호작용효과와 단순주효과를 분석해보겠습니다. 즉 특정한 공변량 수준(공변량이 -2,00, 0, +2.00일 경우)을 가정하였을 때, 개체간 요인 x와 개체내 요인 time의 단순2원상호작용효과는 다음과 같습니다. 즉 ref_grid() 함수를 이용하여 공변량 수준을 먼저 지정한 후, joint_tests() 함수 내부 by 옵션에 공변량 변수를 지정하면 됩니다.

```
> # 추가 분석
> # [그림 7-4] 기반 단순2원상호작용효과
> mycomix_CS |>
+ ref_grid(at=list(cov_mc=c(-2,0,2))) |>
+ joint_tests(by="cov_mc")
cov_mc = -2:
 model term df1 df2 F.ratio p.value
 x            1  68   0.395  0.5317
 time         2 130   5.431  0.0054
 x:time       2 130   8.394  0.0004

cov_mc = 0:
 model term df1 df2 F.ratio p.value
 x            1  68   1.429  0.2360
 time         2 130   4.201  0.0171
 x:time       2 130   4.516  0.0127

cov_mc = 2:
 model term df1 df2 F.ratio p.value
 x            1  68   1.265  0.2646
 time         2 130   0.125  0.8825
 x:time       2 130   1.420  0.2453
```

위의 분석결과에서 쉽게 확인할 수 있듯, 공변량이 '+2.00'인 경우 두 요인의 2원상호작용효과는 통계적으로 유의미하지 않습니다[$F(2,130) = 1.42, p = .25$]. 그러나 공변량이 '–2.00'일 경우, 두 요인의 2원상호작용효과는 매우 뚜렷하며[$F(2,130) = 8.39, p < .001, \eta^2_{partial} = .11$], '0'인 경우에도 여전히 두 요인의 2원상호작용효과는 통계적으로 유의미합니다[$F(2,130) = 4.52, p = .01, \eta^2_{partial} = .06$].[20]

사실 위와 같은 결과는 조금 모호합니다. 왜냐하면 `x:time`의 2원상호작용효과가 통계적으로 유의미한 공변량 수준이 어디인지를 명확하게 보여주지 못하기 때문입니다. 즉 [그림 7-4]에서 설정한 3가지의 공변량 수준이 이론적으로 뚜렷한 의미를 갖는다면 위와 같은 방식으로 테스트를 실시해도 별 문제가 없겠지만, 임의로 설정된 혹은 관례적으로 수용되는 공변량 수준이라면 위와 같은 결과로는 2원상호작용효과가 더 이상 유효하지 않은 공변량 조건이 무엇인지를 보여주지 못합니다. 이런 경우 아래와 같은 방식으로 프로그래밍을 고려해보기 바랍니다. 즉 공변량 수준을 0.1씩 증가시키면서 2원상호작용효과 테스트 결과를 저장한 후, 통상적 통계적 유의도 수준에서 벗어나는 공변량 수준을 탐색하는 것입니다.

```
> # 공변량 수준 변화에 따라 time:x의 단순2원상호작용효과의 통계적 유의도 테스트 결과
> mycomix_CS |>
+  ref_grid(at=list(cov_mc=seq(-2,2,0.1))) |> # 0.1씩 조금씩 증가시킴
+  joint_tests(by="cov_mc") |>
+  as_tibble() |> # 결과를 데이터프레임으로
+  filter(`model term`=="x:time") |> # 2원상호작용효과만
+  filter(p.value>0.05) |>
+  filter(p.value==min(p.value)) # p=0.05를 넘는 첫 번째 사례
# A tibble: 1 × 6
 `model term` cov_mc   df1   df2 F.ratio p.value
```

20 효과크기는 출력결과를 토대로 아래와 같이 계산할 수 있습니다. 물론 본서에서 생성한 이용자정의 함수인 `Peta2_based_on_F()` 함수를 사용해도 됩니다.

```
> F_to_eta2(c(8.394,4.516),2,130) |> interpret(rules="cohen1992")
Eta2 (partial) |       95% CI | Interpretation
---------------------------------------------
0.11           | [0.04, 1.00] |          small
0.06           | [0.01, 1.00] |          small

- One-sided CIs: upper bound fixed at [1.00].
- Interpretation rule: cohen1992
```

```
 <chr>          <dbl> <dbl> <dbl>  <dbl>   <dbl>
1 x:time        0.400     2   130   2.81  0.0637
```

출력결과에서 확인할 수 있듯, 공변량 수준이 0.30에서 0.40으로 넘어갈 경우 두 요인의 2원상호작용효과는 더 이상 통계적으로 유의미하지 않습니다.

이제 각 요인의 단순주효과를 살펴봅시다. 개체간 요인 **x**의 단순주효과는 다른 두 변수 time과 cov_mc의 수준별 개체간 요인 **x**의 효과를 추정한 것입니다. 바로 앞에서 제시한 방식처럼 cov_mc를 [-2.00, +2.00]의 범위에서 0.10으로 구분하고 개체내 요인 time의 세 수준을 교차하였을 경우(즉 41×3 = 123개 조건), 개체간 요인 **x**의 단순주효과는 다음과 같이 계산할 수 있습니다.

```
> # x의 단순주효과
> simple_main_x <- mycomix_CS |>
+  ref_grid(at=list(cov_mc=seq(-2,2,0.1))) |>
+  joint_tests(by=c("cov_mc","time")) |>
+  as_tibble() |>
+  mutate(signote=ifelse(p.value<0.05,"Significant","Insignificant"))
```

이렇게 얻은 단순주효과의 통계적 유의도 테스트 결과(즉, signote)가 개체내 요인의 수준에 따라 어떻게 다르게 나타나는지 먼저 살펴보면 아래와 같습니다.

```
> # time=1, time=3 통계적으로 유의미하지 않음
> # time=2 특정 공변량 수준에서 통계적으로 유의미
> simple_main_x |>
+  count(time,signote)
# A tibble: 4 × 3
  time  signote            n
  <fct> <chr>          <int>
1 1     Insignificant     41
2 2     Insignificant     17
3 2     Significant       24
4 3     Insignificant     41
```

출력결과에서 확인할 수 있듯, 개체내 요인 time이 '1'이거나 '3'인 경우 탐색된 모

든 공변량 조건에서 x의 주효과는 통계적으로 유의미하지 않습니다. 반면 time이 '2'인 경우, 공변량 조건에 따라 x의 주효과에 대한 통계적 유의도 테스트 결과가 달라지는 것을 발견할 수 있습니다. time이 '2'인 조건에서 공변량이 어떤 수준일 때 x의 주효과의 통계적 유의도 테스트 결과가 달라지는지 살펴본 결과는 아래와 같습니다. 출력결과에서 확인할 수 있듯, time이 '2'인 조건에서 cov_mc가 0.30을 넘어 0.40이 되면서 x의 단순주효과는 통계적으로 더 이상 유의미하지 않은 것으로 나타납니다.

```
> # 탐색
> simple_main_x |>
+  filter(time==2) |> # time=2 조건만
+  filter(p.value>0.05) |> # p=0.05를 넘는 첫 번째 사례
+  filter(p.value==min(p.value)) # p=0.05를 넘는 첫 번째 사례
# A tibble: 1 × 8
 `model term` cov_mc time   df1   df2 F.ratio p.value signote
 <chr>         <dbl> <fct> <dbl> <dbl>   <dbl>   <dbl> <chr>
1 x            0.400 2         1    68    3.89  0.0525 Insignificant
```

다음으로 개체내 요인 time의 단순주효과를 살펴봅시다. 아까와 마찬가지로 cov_mc를 [-2.00, +2.00]의 범위에서 0.10으로 구분하고 개체간 요인 x의 두 수준을 교차하였을 경우(즉 41×2 = 82개 조건), 개체내 요인 time의 단순주효과는 다음과 같이 계산할 수 있습니다.

```
> # time의 단순주효과
> simple_main_time <- mycomix_CS |>
+  ref_grid(at=list(cov_mc=seq(-2,2,0.1))) |>
+  joint_tests(by=c("cov_mc","x")) |>
+  as_tibble() |>
+  mutate(signote=ifelse(p.value<0.05,"Significant","Insignificant"))
```

이렇게 추정한 결과들을 대상으로 개체간 요인의 수준별 개체내 요인 time의 단순주효과에 대한 통계적 유의도 테스트 결과가 공변량 수준에 따라 어떻게 달라지는지 살펴보면 다음과 같습니다. 즉 개체간 요인 x의 수준이 통제집단(control)인 경우, [-2.00, +2.00]의 범위를 갖는 모든 공변량 조건에서 time의 단순주효과는 통계적으로 유의미하지 않은 것을 확인할 수 있습니다. 반면 개체간 요인 x의 수준이 처치집단

(treatment)인 경우, 공변량 조건에 따라 time의 단순주효과에 대한 통계적 유의도 테스트 결과는 달라지는 것으로 나타납니다.

```
> # x=control 통계적으로 유의미하지 않음
> # x=treatment 특정 공변량 수준에서 통계적으로 유의미
> simple_main_time |>
+  count(x,signote)
# A tibble: 3 × 3
  x         signote           n
  <fct>     <chr>         <int>
1 control   Insignificant    41
2 treatment Insignificant    14
3 treatment Significant      27
```

처치집단 조건일 경우 time의 단순주효과가 통계적으로 유의미하지 않은 공변량 조건이 어떠한지 탐색한 결과는 아래와 같습니다. 즉 처치집단에서 cov_mc가 0.60을 넘어 0.70으로 변하는 경우 time의 단순주효과는 더 이상 통계적으로 유의미하지 않은 것을 확인할 수 있습니다.

```
> # 탐색
> simple_main_time |>
+  filter(x=="treatment") |> # x=treatment 조건만
+  filter(p.value>0.05) |>
+  filter(p.value==min(p.value)) # p=0.05를 넘는 첫 번째 사례
# A tibble: 1 × 8
  `model term` cov_mc x           df1   df2 F.ratio p.value signote
  <chr>         <dbl> <fct>     <dbl> <dbl>   <dbl>   <dbl> <chr>
1 time            0.7 treatment     2   130    3.03  0.0516 Insignificant
```

다음으로 [그림 7-5]에 대한 단순2원상호작용효과와 단순주효과 분석을 실시해 보겠습니다. 개체간 요인 x의 수준별 개체내 요인 time과 공변량 cov_mc의 단순2원상호작용효과는 아래와 같이 joint_tests() 함수 내부에 by 옵션을 활용해 추정할 수 있습니다.

```
> # [그림 7-5] 기반 단순2원상호작용효과
> mycomix_CS |>
```

```
+ joint_tests(by="x")
x = control:
 model term  df1 df2 F.ratio p.value
 cov_mc        1 130  15.236  0.0002
 time          2 130   0.255  0.7750
 cov_mc:time   2 130   1.366  0.2589

x = treatment:
 model term  df1 df2 F.ratio p.value
 cov_mc        1 130  16.383  0.0001
 time          2 130   8.074  0.0005
 cov_mc:time   2 130   6.725  0.0017
```

출력결과에서 명확하게 확인할 수 있듯, time과 cov_mc의 단순2원상호작용효과는 통제집단에서는 통계적으로 유의미하지 않지만[$F(2,130) = 1.37, p = .26$], 처치집단에서는 통계적으로 유의미하게 나타납니다[$F(2,130) = 6.73, p = .002, \eta^2_{partial} = .09$].[21]

공변량 기울기에 대한 단순주효과 분석 역시 아래와 같이 어렵지 않게 진행할 수 있습니다. 3수준의 개체내 요인과 2수준의 개체간 요인을 교차하여 얻은 6개 조건에서 나타난 공변량의 단순주효과(즉 기울기)에 대한 분석결과에서 확인할 수 있듯, 처치집단이면서 측정시점이 '2'인 경우 공변량과 종속변수의 관계는 통계적으로 유의미하지 않게 나타나지만[$F(2,130) = 1.05, p = .31$], 다른 6개 조건의 경우 공변량이 통계적으로 유의미한 기울기를 갖는 것으로 나타납니다.

```
> #단순주효과
> #공변량의 기울기
> mycomix_CS |>
+ joint_tests(by=c("x","time")) |>
+ as_tibble() |>
```

---

21 효과크기는 아래와 같은 방식으로 추정하였습니다.

```
> F_to_eta2(6.725,2,130) |> interpret(rules="cohen1992")
Eta2 (partial) |       95% CI | Interpretation
----------------------------------------------
0.09           | [0.02, 1.00] |          small

- One-sided CIs: upper bound fixed at [1.00].
- Interpretation rule: cohen1992
```

```
+ arrange(x)
# A tibble: 6 × 7
 `model term` x         time   df1  df2 F.ratio p.value
 <chr>        <fct>     <fct> <dbl> <dbl> <dbl>   <dbl>
1 cov_mc      control   1         1   130    4.05 0.0462
2 cov_mc      control   2         1   130    9.15 0.00299
3 cov_mc      control   3         1   130   11.3  0.00103
4 cov_mc      treatment 1         1   130   13.8  0.000298
5 cov_mc      treatment 2         1   130    1.05 0.307
6 cov_mc      treatment 3         1   130   12.1  0.000691
```

다음으로 계획비교를 실시해봅시다. 먼저 [그림 7-4]에서 개체내 요인 `time` 효과에 대해 다항비교를 실시해보겠습니다. 연속형 변수인 공변량이 '0'일 경우, 개체간 요인 x의 수준별 `time` 효과가 1차선형관계인지 혹은 2차곡선형관계인지 살펴봅시다.

```
> # 계획비교
> # [그림 7-4]의 요인 time의 효과
> mycomix_CS |>
+  ref_grid(at=list(cov_mc=0)) |> # covariate=0
+  emmeans(~time|x|cov_mc) |> # x 수준별 time 효과
+  contrast("poly")
x = control, cov_mc = 0:
 contrast  estimate    SE  df t.ratio p.value
 linear      0.0831 0.120 130   0.693  0.4895
 quadratic  -0.0350 0.213 130  -0.164  0.8697

x = treatment, cov_mc = 0:
 contrast  estimate    SE  df t.ratio p.value
 linear     -0.1509 0.113 130  -1.334  0.1844
 quadratic  -0.8617 0.229 130  -3.762  0.0003

Degrees-of-freedom method: containment
```

출력결과에서 확인할 수 있듯, 공변량을 '0'으로 가정할 때, 처치집단일 경우 개체내 요인 `time`의 효과는 2차곡선형관계를 보여줍니다[$t(130) = -3.76, p < .001$]. 그렇다면 통제집단과 처치집단에서 개체내 요인 `time`의 효과에 대한 다항비교 통계적 유의도 테스트 결과는 공변량 수준이 [-2.00, +2.00] 범위에서 변화할 때 어떻게 변할지

살펴봅시다. 앞서와 마찬가지로 ref_grid() 함수를 이용하여 공변량의 범위를 설정한 후, 이에 따라 통계적 유의도 결과가 어떻게 변하는지 살펴봅시다.

```
> poly_time <- mycomix_CS |>
+ ref_grid(at=list(cov_mc=seq(-2,2,0.1))) |>
+ emmeans(~time|x|cov_mc) |> # x 수준별 time 효과
+ contrast("poly") |>
+ as_tibble() |>
+ mutate(signote=ifelse(p.value<0.05,"Significant","Insignificant"))
> poly_time |> count(contrast,x,signote)
# A tibble: 5 × 4
  contrast  x         signote           n
  <fct>     <fct>     <chr>         <int>
1 linear    control   Insignificant    41
2 linear    treatment Insignificant    41
3 quadratic control   Insignificant    41
4 quadratic treatment Insignificant    13
5 quadratic treatment Significant      28
```

출력결과에서 확인할 수 있듯, 1차선형 패턴은 개체간 요인 x의 수준이 통제집단이든 처치집단이든 모든 공변량 조건에서 통계적으로 유의하지 않은 것으로 나타납니다. 2차곡선형 패턴의 통제집단의 경우 모든 공변량 조건에서 통계적으로 유의하지 않습니다. 그러나 처치집단의 경우는 특정 공변량 조건에서만 통계적으로 유의미한 time 요인의 2차곡선형효과 패턴이 나타나고 있습니다. 탐색결과 공변량 수준이 0.70에서 0.80으로 변할 때, 처치집단내 time 요인의 2차곡선형효과 패턴은 통계적으로 더 이상 유의미하지 않은 것을 확인할 수 있습니다.

```
> # 탐색
> poly_time |>
+ filter(contrast=="quadratic"&x=="treatment") |> # x=treatment 조건만
+ filter(p.value>0.05) |>
+ filter(p.value==min(p.value)) # p=0.05를 넘는 첫 번째 사례
# A tibble: 1 × 9
  contrast  x         cov_mc estimate    SE    df t.ratio p.value signote
  <fct>     <fct>      <dbl>    <dbl> <dbl> <dbl>   <dbl>   <dbl> <chr>
1 quadratic treatment    0.8   -0.468 0.249   130   -1.88  0.0630 Insignificant
```

연구자의 이론적 관심에 따라 연구자가 원하는 방식의 계획비교를 실시할 수도 있습니다. 이를테면 [그림 7-4]에서 time 요인이 '1'에서 '2'로 변할 때 효과가 개체간 요인인 x의 수준에 따라 통계적으로 유의미하게 변하는지 살펴보는 국소(local) 단순2원상호작용효과가 공변량의 수준에 따라 어떻게 달라지는지 살펴본다고 가정해보겠습니다. 이를 위해서는 다음과 같은 귀무가설을 테스트할 수 있는 합산코딩을 수동입력하면 됩니다.

$$H_0\text{: } (M_{time=2,\, treatment} - M_{time=1,\, treatment}) = (M_{time=2,\, control} - M_{time=1,\, control})$$

위와 같은 방식의 귀무가설을 테스트하는 계획비교는 아래와 같습니다. 출력결과에서 확인할 수 있듯, 국소적 단순2원상호작용효과에 대한 통계적 유의도 테스트 결과는 공변량의 수준이 어떠한지에 따라 달라집니다.

```
> poly_time_int12 <- mycomix_CS |>
+  ref_grid(at=list(cov_mc=seq(-2,2,0.1))) |>
+  emmeans(~time:x|cov_mc) |> # x 수준별 time 효과
+  contrast(method=list(int_t12=c(1,-1,0,-1,1,0))) |> # 합산코딩
+  as_tibble() |>
+  mutate(signote=ifelse(p.value<0.05,"Significant","Insignificant"))
> poly_time_int12 |> count(contrast,signote)
# A tibble: 2 × 3
 contrast signote         n
 <fct>    <chr>         <int>
1 int_t12 Insignificant 22
2 int_t12 Significant   19
```

[그림 7-4]를 자세히 보면 공변량 수준이 낮은 경우에는 '양(+)'의 2원상호작용효과가 나타나지만, 공변량 수준이 높은 경우에는 '음(−)'의 2원상호작용효과가 나타나는 모습을 보입니다. 다시 말해 공변량 수준이 양극단에 놓일 경우 합산코딩으로 살펴보려고 하는 2원상호작용효과는 더 강하게 나타날 것으로 예상할 수 있으며, 여기서는 시각화를 통해 통계적 유의도의 변화를 탐색해보았습니다.

[그림 7-6]에서 확인할 수 있듯, 공변량이 −0.20에서 −0.10으로 변하면 계획비교로 살펴보고자 했던 2원상호작용효과는 더 이상 통계적으로 유의미하지 않게 변하며,

공변량이 약 0.80을 넘어가면 통계적 유의도가 점차 감소하는 패턴을 보입니다. 그러나 연구자가 살펴보고자 했던 공변량 범위의 최댓값인 +2.00까지 증가해도 여전히 통계적으로 유의미한 2원상호작용효과를 발견하기는 어려운 것을 알 수 있습니다.

```
> # 탐색
> poly_time_int12 |>
+ ggplot(aes(x=cov_mc, y=p.value, color=signote))+
+ geom_point(size=2,alpha=0.4)+
+ geom_line()+
+ scale_x_continuous(breaks=poly_time_int12$cov_mc)+
+ labs(x="level of time-varying covariate",y="p value",color="decision")+
+ theme_bw()+
+ theme(axis.text.x=element_text(angle=90, vjust=0.5, hjust=1))
```

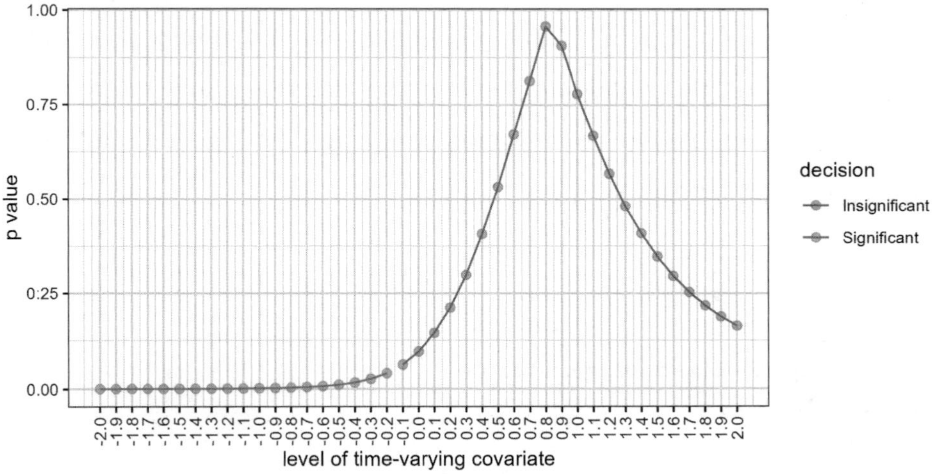

[그림 7-6] 공변량 수준별 2원상호작용효과의 통계적 유의도 테스트 결과 변화 탐색

다음으로 [그림 7-5]와 같이 공변량의 기울기 통계치를 대상으로 한 흥미로운 계획비교 사례를 살펴봅시다. 먼저 emmeans 패키지의 emtrends() 함수를 이용하여 공변량의 기울기를 추출해보면 다음과 같습니다.

```
> # 연속형 변수의 경우 기울기 분석이 더 적절함
> # 개체내 요인, 개체간 요인간 기울기 비교
> mycomix_CS |>
+ emtrends(specs=~time|x, var="cov_mc")
x = control:
```

```
time cov_mc.trend     SE  df lower.CL upper.CL
1          0.1188 0.0590 130  0.00201    0.236
2          0.2282 0.0754 130  0.07897    0.377
3          0.2082 0.0620 130  0.08551    0.331

x = treatment:
time cov_mc.trend     SE  df lower.CL upper.CL
1          0.2987 0.0803 130  0.13975    0.458
2          0.0513 0.0500 130 -0.04768    0.150
3          0.2964 0.0853 130  0.12773    0.465

Degrees-of-freedom method: containment
Confidence level used: 0.95
```

출력결과를 자세히 보면 흥미로운 결과를 발견할 수 있습니다. 통제집단의 경우 공변량의 기울기는 time 요인이 '1'에서 '2'로 바뀔 때 기울기가 약 0.12에서 0.23으로 증가하다가 '2'에서 '3'으로 바뀌면 0.23에서 0.21로 유지됩니다. 반면 처치집단의 경우 공변량의 기울기는 U자 형태의 2차곡선형 패턴을 보입니다. 그렇다면 공변량의 기울기 통계치에 대해 다항비교를 실시해봅시다.

```
> # 기울기 변화에 대한 다항비교
> mycomix_CS |>
+ emtrends(specs=~time|x, var="cov_mc") |>
+ contrast("poly")
x = control:
contrast  estimate     SE  df t.ratio p.value
linear      0.0894 0.0654 130   1.367  0.1739
quadratic  -0.1294 0.1575 130  -0.821  0.4129

x = treatment:
contrast  estimate     SE  df t.ratio p.value
linear     -0.0023 0.0971 130  -0.024  0.9812
quadratic   0.4925 0.1344 130   3.665  0.0004

Degrees-of-freedom method: containment
```

출력결과에서 알 수 있듯, 통제집단의 경우 공변량의 기울기 변화는 1차선형관계로도, 2차곡선형관계로도 볼 수 없습니다. 그러나 처치집단의 경우 공변량의 기울기 변화는 명확한 2차곡선형관계로 나타납니다[$t(130) = -3.67, p < .001$].

추가로 만약 어떤 연구자가 `time` 요인이 '2'일 경우 통제집단에서 나타난 공변량 기울기 0.2282와 `time` 요인이 '3'일 경우 처치집단에서 나타난 공변량 기울기 0.2964가 통계적으로 유의미한지 계획비교를 한다고 가정해봅시다. 이러한 경우라면 아래와 같은 방식으로 어렵지 않게 비교할 수 있습니다.

```
> mycomix_CS |>
+ emtrends(specs=~time:x, var="cov_mc") |>
+ contrast(method=list(
+   t2_C_t3_T=c(0,1,0, 0,0,-1)
+ ))
 contrast estimate    SE  df t.ratio p.value
 t2_C_t3_T  -0.0682 0.114 130  -0.599  0.5499

Degrees-of-freedom method: containment
```

계획비교를 살펴보았으니 이제는 사후 다중비교를 살펴보겠습니다. 우선 방금 실시했던 계획비교 대신 개체간 요인 `x`와 개체내 요인 `time`의 모든 수준을 교차하여 얻은 6개 집단의 공변량 기울기를 대상으로 다중비교를 실시하면 다음과 같습니다(통계적 유의도 조정방법은 디폴트인 투키 방법을 사용하였음). 여기서는 어떤 조건에서 공변량 기울기가 통계적으로 유의미하게 다른지에 집중하였습니다. 출력결과에서 확인할 수 있듯, 처치집단인 경우 두 번째 시점과 다른 두 시점 사이의 공변량 기울기가 통계적으로 유의미하게 다르게 나타납니다.

```
> # 사후 다중비교
> mycomix_CS |>
+ emtrends(specs=~time:x, var="cov_mc") |>
+ contrast("pairwise") |>
+ as_tibble() |>
+ filter(p.value<0.05)
# A tibble: 2 × 6
  contrast                          estimate     SE    df t.ratio p.value
  <chr>                                <dbl>  <dbl> <dbl>   <dbl>   <dbl>
1 time1 treatment - time2 treatment    0.247 0.0817   130    3.03  0.0346
2 time2 treatment - time3 treatment   -0.245 0.0840   130   -2.92  0.0469
```

만약 [그림 7-4]와 같은 상황에서 특정 공변량 수준을 가정한다면, 개체간 요인 x의 수준별로 측정시점 변화에 따른 연속된 한계평균의 변화를 살펴보는 방법은 다음과 같습니다(통계적 유의도는 디폴트 옵션인 더넷 조정기법을 이용하여 조정하였음).

```
> mycomix_CS |>
+  ref_grid(at=list(cov_mc=0)) |> # covariate = 0
+  emmeans(~time|x|cov_mc) |>
+  contrast("consec")
x = control, cov_mc = 0:
 contrast      estimate    SE  df t.ratio p.value
 time2 - time1    0.059 0.121 130   0.486  0.8416
 time3 - time2    0.024 0.123 130   0.196  0.9720

x = treatment, cov_mc = 0:
 contrast      estimate    SE  df t.ratio p.value
 time2 - time1    0.355 0.129 130   2.760  0.0122
 time3 - time2   -0.506 0.127 130  -3.997  0.0002

Degrees-of-freedom method: containment
P value adjustment: mvt method for 2 tests
```

다음으로 공변량 수준에 따라 개체내 요인의 수준별 평균차이의 통계적 유의미성이 어떻게 달라지는지 통제집단과 처치집단 수준에서 탐색해보면 아래와 같습니다.

```
> myconsec <- mycomix_CS |>
+  ref_grid(at=list(cov_mc=seq(-2,2,0.1))) |>
+  emmeans(~time|x|cov_mc) |>
+  contrast("consec") |>
+  as_tibble() |>
+  mutate(signote=ifelse(p.value<0.05, "Significant","Insignificant"))
> myconsec |>
+  count(x,contrast,signote)
# A tibble: 6 × 4
  x         contrast      signote           n
  <fct>     <fct>         <chr>         <int>
1 control   time2 - time1 Insignificant    41
2 control   time3 - time2 Insignificant    41
3 treatment time2 - time1 Insignificant    18
4 treatment time2 - time1 Significant      23
```

```
5 treatment time3 - time2 Insignificant   13
6 treatment time3 - time2 Significant     28
```

결과에서 확인할 수 있듯, 처치집단의 경우에는 개체내 요인수준이 연속되는 한계평균의 평균차이가 공변량의 수준에 따라 다르게 나타납니다. 구체적인 탐색결과는 [그림 7-7]과 같이 시각화할 수 있습니다. 즉 처치집단에서 측정시점이 '1'에서 '2'로 달라질 때 통계적으로 유의미한 평균차이가 나타나는 공변량 수준은 약 0.30보다 작은 경우이며, '2'에서 '3'으로 달라지는 경우에는 약 0.80보다 작은 경우입니다.

```
> # 탐색
> myconsec |>
+  filter(x=="treatment") |>
+  ggplot(aes(x=cov_mc, y=p.value, color=signote))+
+  geom_point(size=2,alpha=0.4)+
+  geom_line()+
+  scale_x_continuous(breaks=poly_time_int12$cov_mc)+
+  labs(x="level of time-varying covariate",y="p value",color="decision")+
+  theme_bw()+
+  theme(axis.text.x=element_text(angle=90, vjust=0.5, hjust=1))+
+  facet_grid(contrast~.)
```

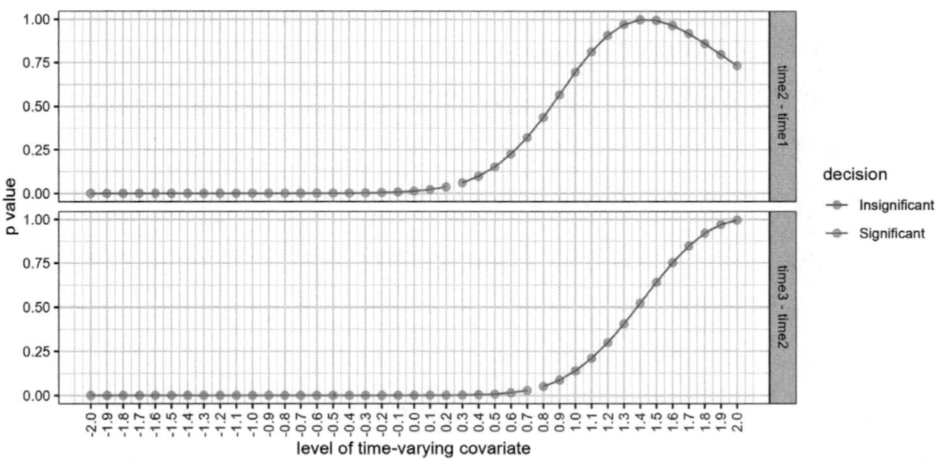

[그림 7-7] 공변량 수준별 측정시점간 평균차이 통계적 유의도 테스트 결과 변화 탐색

5 반복측정설계를 따르는 실험데이터 분석결과 보고시 고려사항

지금까지 개체내 요인이 포함된 여러 실험설계 상황에서 어떻게 표본크기를 추정하며, 수집된 실험데이터를 분석할 수 있는지 살펴보았습니다. 이 과정에서 분석결과를 보고할 때 고려할 사항들을 정리하면 다음과 같습니다.

- 개체내 요인이 포함된 실험의 경우, 개체간 요인만 포함된 실험에 비해 표본크기 추정을 위한 조건들이 더 많다는 점을 인지하고, 표본크기 추정을 위한 조건들(제1종 오류, 제2종 오류, 효과크기 등은 물론 측정시점간 상관계수와 구형성 가정 관련 조건 등)을 명확하게 보고함. 또한 상호작용효과가 포함된 실험설계인 경우, 표본크기 추정의 기준이 무엇인지(최고차 상호작용효과인지 아니면 하위 차수 상호작용효과인지, 아니면 주효과인지) 명확하게 보고함
- 효과 패턴을 명확하게 전달할 수 있는 그래프를 제시함
- (필요시) 개체간 요인을 교차하여 얻은 수준별 평균과 표준편차 등의 기술통계치를 보고함. 만약 공분산분석을 실시하였다면, 분석에 투입된 공변량의 개체간 특성을 반영하는지 아니면 개체내 상황 변화를 반영하는지 명확하게 밝히고, 각 집단별 조정된 평균(adjusted mean)을 보고함
- 전통적인 반복측정(공)분산분석을 활용하였는지, 혹은 혼합모형을 활용하였는지 명확하게 밝힘
- [전통적인 반복측정(공)분산분석을 사용한 경우] 구형성 가정의 충족여부, 그리고 어떤 엡실론(ϵ_{GG}, ϵ_{HF})을 활용하여 테스트 통계치를 조정했는지 여부를 명확하게 밝히고 보고함
- (혼합모형을 사용한 경우) 오차항의 상관계수 행렬구조를 어떻게 가정하였는지 밝힘. 복합대칭(CS, compound symmetry)행렬이 디폴트로 설정된 경우가 많지만, 분석에서 어떻게 측정시점간 오차항 관계를 가정했는지 명확히 보고함. 또한 자유도 조정기법으로는 어떤 기법을 활용하였는지 명확히 보고함
- 실험설계에 포함된 모든 요인의 테스트 통계치(*F*−*value*)와 효과크기 통계치(이를테

면, $\eta^2_{partial}$)를 반드시 보고함. 또한 통계적으로 유의미한 상호작용효과가 발생하였을 경우, 하위 차수 상호작용효과 및 주효과 추정결과에 대한 해석 필요성 여부를 주의 깊게 결정함

- (연구목적에 따라) 통계적으로 유의미한 상호작용효과가 나타났을 때 단순효과 분석을 실시할지 결정한 후, 만약 단순효과 분석을 실시했다면 어느 정도까지 실시하였는지(단순주효과 분석 혹은 단순상호작용효과 분석까지), 그리고 그 결과의 이론적 함의가 무엇인지 명확히 서술함
- (연구목적에 따라) 개체내 요인이 시간인 경우는 다항비교(polynomial contrast)를 실시하고 그 결과를 보고함. 아울러 개체내 요인과 개체간 요인이 모두 포함된 혼합 설계에서 개체간 요인의 수준이 처치자극의 강도를 정량화하였을 경우에도 다항비교 실시를 고려하고 이를 보고하는 것을 고려함
- (연구목적에 따라) 계획비교 혹은 사후 다중비교 테스트 결과를 보고함. 계획비교를 실시하였을 경우 이론적 근거를 갖는 연구가설을 사전에 설정해야 하며, 사후 다중비교 결과를 보고할 경우 어떤 방식의 다중비교를 실시하였으며 통계적 유의도는 어떤 조정기법(이를테면 본페로니 조정기법, 뚜끼 조정기법 등)을 적용하였는지 보고함
- (활동분과에 따라) 단순효과 분석, 계획비교, 사후 다중비교의 효과크기 통계치를 보고함

8장 블록설계와 배속설계

지금까지 요인설계 방식으로 수집된 실험데이터 분석방법을 살펴보았습니다. 요인설계에 따라 수집된 데이터의 경우 종속변수의 분산을 설명하기 위해 요인과 공변량을 활용합니다. 여러 차례 이야기했듯이, 요인은 연구자의 이론적 관심을 반영하는 변수를, 공변량은 연구자의 이론적 관심은 아니지만 연구설계과정에서 고려하여 모형에 투입할 필요가 있는 변수를 의미합니다. 8장에서 소개할 블록설계(block design)에서 말하는 '블록요인(block factor)'이란 개념적으로 공변량과 매우 유사하지만, 실험설계과정에서 고려되는 요인이라는 점에서는 매우 다릅니다. 또한 블록요인으로 묶이는 사례들이 서로서로 유사하고, 개체에서 나타나는 처치효과가 블록요인의 수준에 따라 달라지는 경우라면 배속설계(nested design)로 분류할 수 있습니다.

공변량의 경우 연구자가 실험을 설계하기 전에 이미 계획한 후 측정하는 것이 보통이며, 실험데이터의 분석단위(unit-of-analysis)에 따라 다른 값을 갖습니다. 예를 들어 실험참여자의 연령이나 성별 등은 실험데이터의 분석단위인 사례별 속성값입니다. 반면 블록요인은 실험설계과정에서의 처치요인과 섞이는 경우에 주로 발생합니다. 예를 들어 어떤 연구자가 환자들을 대상으로 약물 실험을 실시하는데, 환자별로 투약시점이 다르다고 가정해보죠. 이 경우 투약시점이 블록요인에 해당될 수 있습니다(예를 들어 아침, 점심, 저녁 등). 시간뿐만 아니라 공간적 특성도 블록요인으로 활용될 수 있습니다. 이를테면 연구자가 2개의 학교에서 50명씩을 표집한 후(총 표본수 100) 이들을 무작위로 통제집단과 처치집단으로 나눈다고 가정했을 때, 같은 학교에 속해 있는 학생들은 비슷한 속성을 가질 것으로 예상할 수 있으며, 이 경우 학생이 소속된 학교는 블록요인으로 분류될 수 있습니다. 이 경우 블록요인을 통제함으로써 처치효과를 보다 명확하게 추정할 수 있습니다.

그러나 방금 이야기한 블록요인이 포함된 블록설계는 상황에 따라 배속설계로 분류될 수도 있습니다. 예를 들어 특정 환자에게서 나타난 투약효과는 특정한 투약시점에 따라 유사한 패턴을 보일 수도 있습니다. 즉 투약시점별로 환자들의 상태가 비슷한 패턴을 보이는 것은 물론(이를테면, 아침에 투약받은 환자들보다 저녁에 투약받은 환자들의 상태가 더 좋게 나타남), 투약시점에 따라 투약효과들 역시도 비슷한 패턴을 보일 수 있습니다(이를테면, 아침에 투약받은 환자에게서 나타난 투약효과보다 저녁에 투약받은 환자들에게서 투약효과가 더 크게 나타남). 마찬가지로 학생에게서 나타난 처치효과는 그 학생이 다니는 학교의 상황적 속성에 따라 달라질 수도 있습니다. 이를테면 새로운 교육방법 도입이 학생들의 이해력에 미치는 효과를 살펴보는 경우, 학교유형에 따라 학생의 이해력이 달라질 수도 있지만, 새로운 교육방법 도입효과가 학교유형에 따라 달라질 수도 있습니다. 이렇듯 시간적 맥락 혹은 공간적 맥락에 따라 연구자의 종속변수 수준이 달라지거나 더 나아가 처치요인의 효과도 달라지는 경우라면 배속설계에 맞는 분석방법을 사용하는 것이 적절합니다.

그러나 데이터 분석상황에서 공변량과 블록요인을 명확하게 구분하는 것은 생각만큼 그리 명확하지 않습니다. 동일한 데이터라고 하더라도 연구자의 판단에 따라 어떤 경우에는 공변량으로 분류할 수도 있고, 어떤 경우에는 블록요인으로 분류할 수도 있습니다. 또한 애초에 블록설계를 계획하고 데이터를 수집했지만, 데이터를 분석하다 보면 배속설계에 맞는 분석방법을 적용해야 하는 경우도 발생할 수 있습니다. 다시 말해 연구자가 연구를 기획하는 단계에서 구상했던 연구설계와 데이터 수집을 완료한 후 나타난 결과가 상황에 따라 다를 가능성을 완전히 배제하기 어려울 수도 있습니다.

8장에서는 블록설계와 배속설계를 소개하였습니다. 먼저 연구자가 실험을 설계할 때, 실험처치요인과 함께 블록요인을 사전에 고려한 블록설계 데이터를 소개한 후 분석방법을 소개하였습니다. 다음으로 개별 응답들이 상위수준의 집단에 배속된 배속설계 데이터의 특성과 그 분석방법을 소개하였습니다.

1 블록설계

1-1 표본크기 추정, 실험설계, 데이터 수집

블록설계의 표본크기를 설명하기 전에 블록설계 예시상황을 먼저 소개하겠습니다. 어떤 연구자가 "설문조사가 진행되는 응답요일에 따라 응답자가 느끼는 주관적 스트레스 수준이 달라진다"는 연구를 진행한다고 가정해봅시다. 여기서 원인이 되는 변수는 응답요일이며, 연구자는 인과성 확보를 위해 설문조사 진행요일 7개를 응답자들에게 무작위로 배치하는 방식으로 실험처치를 진행하고자 합니다. 이 과정에서 연구자는 10개의 학교에서 요일수에 해당되는 '7'의 배수에 해당되는 학생들을 응답자로 표집하고자 합니다. 짐작하시겠지만, 어떤 학생이 느끼는 주관적 스트레스 수준은 어떤 요일인가에 따라 달라질 수도 있지만, 해당 학생이 어떤 학교에 다니는가에 따라 달라질 수도 있습니다(예를 들어, 과제가 많고 퀴즈·시험을 자주 치르는 학교에 다니는 학생은 주관적 스트레스의 수준이 더 높을 가능성이 높습니다). 연구자 관점에서, 응답요일은 '처치요인'에 해당되고 '학교'는 블록요인에 해당됩니다.

여기서 처치요인(여기서는 응답요일)의 수준을 v라고, 블록요인의 수준을 b라고, 처치요인과 블록요인의 각 수준별 응답수를 s라고, 블록의 수준별 응답수를 k라고 설정해봅시다. 위에서 소개한 상황에 따르면, $v = 7$, $b = 10$, $k = v \times s = 7 \times s$로 정의할 수 있고, 블록설계의 최종표본크기는 $N = b \times k = b \times v \times s$와 같습니다. 즉 b, v, s의 3가지 정보를 알아야 최종표본크기를 계산할 수 있습니다. 여기서는 $b = 10$, $v = 7$이 알려져 있기 때문에 연구자가 최종 결정해야 하는 정보는 바로 s, 즉 각 학교별 그리고 요일별 응답자수를 추정하는 것입니다. 연구자의 연구상황을 표로 제시하면 다음 [표 8-1]과 같습니다.

[표 8-1] 10개 학교별 7개 요일요인수준에 따른 연구표본 수집계획

	월	화	수	목	금	토	일	총계
학교1	s	s	s	s	s	s	s	$k=7\times s$
학교2	s	s	s	s	s	s	s	$k=7\times s$
학교3	s	s	s	s	s	s	s	$k=7\times s$
학교4	s	s	s	s	s	s	s	$k=7\times s$
학교5	s	s	s	s	s	s	s	$k=7\times s$
학교6	s	s	s	s	s	s	s	$k=7\times s$
학교7	s	s	s	s	s	s	s	$k=7\times s$
학교8	s	s	s	s	s	s	s	$k=7\times s$
학교9	s	s	s	s	s	s	s	$k=7\times s$
학교10	s	s	s	s	s	s	s	$k=7\times s$
총계	$10\times s$	$10\times s$	$10\times s$	$10\times s$	$10\times s$	$10\times s$	$10\times s$	$N=k\times v\times s$ $=10\times 7\times s$

알림. $b=10$ (블록요인의 수준), $v=7$ (처치요인의 수준)

위의 표에서 알 수 있듯, 블록설계의 경우 2원요인설계와 비슷한 형태를 갖습니다. 그러나 2원요인설계와 다른 점이 있다면, '학교'라는 요인이 연구자의 이론적 관점에서 그리 중요하지 않은 변수이며, 처치효과 추정과정에서 통제의 목적으로 사용되는 변수라는 사실입니다. 즉 연구자의 관점에서 주목할 부분은 바로 응답자에게 무작위로 요청된 '요일' 요인입니다. 분석과정에서 중요한 것은 바로 '요일의 주효과'이며, '학교의 주효과'나 '요일과 학교의 상호작용효과'가 아닙니다.[1]

1 만약 연구자가 학교의 특성에 따라 무작위 배치된 설문조사 실시 요일의 요인효과가 달라진다는 연구계획을 갖고 있다면, 이 연구자는 블록설계를 진행하는 것이 아니라 상호작용효과 테스트를 위한 '2요인설계'를 실시하고자 하는 것입니다.

이제 본격적으로 블록설계시 표본크기를 추정해봅시다. 선행연구를 면밀하게 검토해본 결과, 연구자는 응답요일이 응답자의 주관적 스트레스 수준에 미치는 효과크기가 $\eta^2_{partial} = .03$일 것으로 기대하고 있습니다. 또한 제1종 오류와 제2종 오류 가능성의 경우, 통상적인 기준을 따라 $\alpha = .05$, $\beta = .20$(즉 통계적 검증력 .80)으로 설정하였습니다. 이와 같은 조건에서 블록설계를 통해 표본을 수집할 경우 얼마나 많은 응답자를 수집해야 할까요?

조금 혼란스러울 수 있지만, 블록설계로 실험표본을 수집할 경우에는 처치요인과 블록요인의 개체간 2요인설계에서 소개했던 pwrss.f.ancova() 함수를 활용하면 됩니다. 여기서 주의할 것은 '처치요인의 주효과'와 관련된 효과크기를 추정하는 것입니다. 연구자가 활동분과의 관례와 선행연구 검토를 통해 처치요인의 수준 $v = 7$, 블록요인의 수준 $b = 10$, 효과크기 $\eta^2_{partial} = .03$, 제1종 오류 $\alpha = .05$, 제2종 오류 $\beta = .20$을 가정하는 블록설계를 진행한다고 가정할 때, 표본규모는 다음과 같이 추정할 수 있습니다.

```
> #블록설계
> library(pwrss)
> pwrss.f.ancova(eta2=0.03,
+                n.way=2,
+                n.levels=c(7,10),
+                n.covariates=0,
+                power=0.80, alpha=0.05)
Two-way Analysis of Variance (ANOVA)
 H0: 'eta2' or 'f2' = 0
 HA: 'eta2' or 'f2' > 0
------------------------------------
Factor A: 7 levels
Factor B: 10 levels
------------------------------------
effect power n.total    ncp df1     df2
     A   0.8     448 13.853   6 377.898
     B   0.8     516 15.948   9 445.656
   AxB   0.8    1046 32.334  54 975.451
------------------------------------
Type I error rate: 0.05
```

출력결과에서는 밑줄 그어진 첫 번째 요인, 즉 A의 주효과와 관련된 사례수만 주목하면 됩니다(왜냐하면 학교요인의 주효과나 2원상호작용효과는 연구자의 연구관심과 무관하기 때문입니다). 즉 연구자가 설정한 조건을 충족하기 위해서는 총 448명의 응답을 수집해야 합니다. 이렇게 추정된 표본규모를 블록요인과 처치요인의 수준을 교차하여 얻은 집단수(즉 칸수)로 나누어주면 개별집단별로 6.4명이 필요한 것으로 나타납니다. 이 수치를 올림처리하면 $s = 7$과 같으며, 이 정보를 $b = 10$, $v = 7$과 함께 고려하면 총 490명의 응답자가 필요한 것을 알 수 있습니다.

```
> 448/(7*10)
[1] 6.4
> 7*7*10
[1] 490
```

이와 같은 과정을 거쳐 연구자는 총 10개 학교에서 490명의 학생들을 표집하였으며, 각 학교에서 표집된 49명의 학생들을 대상으로 각 요일별 7명씩 무작위로 배치하여 얻은 데이터가 dt_BSfactor1_BlockDesign.csv입니다.

1-2 처치효과·효과크기 추정 및 효과패턴의 시각화

이제 수집된 블록설계 데이터를 분석해보겠습니다. 먼저 분석에 필요한 패키지들을 실행한 후, 수집된 데이터를 호출하였습니다.

```
> # 패키지
> library(car) # Anova(.., type="III")
> library(afex)
> library(emmeans)
> library(lme4)
> library(lmerTest)
> library(tidyverse)
> mydata <- read_csv("dt_BSfactor1_BlockDesign.csv",show_col_types = FALSE)
> mydata |> print(n=2)
```

```
# A tibble: 490 × 4
   pID univID stress  fday
 <dbl>   <dbl>   <dbl> <chr>
1     1         1      3.43    Mon
2     2         1      3.64    Mon
# i 488 more rows
# i Use `print(n = ...)` to see more rows
```

우선 개별 응답자인 학생아이디(pID)와 학교아이디(univID), 그리고 처치요인인 fday 변수를 요인형 변수로 변환하였습니다. 이때 처치요인의 경우 요일 순서를 달력에 맞도록(즉 월요일부터 일요일까지) 순서를 지정하였고 효과코딩을 적용하였습니다.

```
> mydata <- mydata |>
+  mutate(
+    fday=factor(fday,levels=c("Mon","Tue","Wed","Thr","Fri","Sat","Sun")),
+    pID=factor(pID),univID=factor(univID)
+  )
> contrasts(mydata$fday) <- contr.sum(7)
```

이제 본격적으로 분석을 실시해보겠습니다. 먼저 데이터의 특징을 살펴보죠. 출력결과에서 확인할 수 있듯, 10개 대학별 49명의 학생들이 각 요일별로 7명씩 무작위로 배치되어 있습니다. 일반적으로 이러한 방식의 블록설계를 '균형 완전 블록설계(balanced complete block design)'라고 부릅니다. 각 칸별로 응답수가 들쭉날쭉한 경우는 '불균형(unbalanced) 완전 블록설계'라고 부르며, 블록규모(k)가 처치요인의 수준(v)의 배수가 아닌 경우는 '불완전(incomplete) 블록설계'라고 부릅니다. 본서에서는 먼저 '균형 완전 블록설계' 데이터 분석과정을 예시한 후, '불균형 완전 블록설계' 데이터와 어떤 차이가 있는지 살펴보겠습니다. 그러나 '불완전 블록설계' 데이터의 경우 실험설계와 표본크기 설정, 데이터 분석과정이 본서의 범위를 뛰어넘기 때문에 설명을 제시하지 않았습니다.[2]

```
> # 블록설계 데이터의 특징
> xtabs(~univID+fday,mydata) |> addmargins(c(1,2))
       fday
```

```
univID Mon Tue Wed Thr Fri Sat Sun Sum
     1   7   7   7   7   7   7   7  49
     2   7   7   7   7   7   7   7  49
     3   7   7   7   7   7   7   7  49
     4   7   7   7   7   7   7   7  49
     5   7   7   7   7   7   7   7  49
     6   7   7   7   7   7   7   7  49
     7   7   7   7   7   7   7   7  49
     8   7   7   7   7   7   7   7  49
     9   7   7   7   7   7   7   7  49
    10   7   7   7   7   7   7   7  49
   Sum  70  70  70  70  70  70  70 490
```

현재 살펴보는 예시데이터와 같이 연구자가 블록요인을 명확하게 인지하는 경우도 있습니다. 그러나 연구자가 의식하지 못한 채 블록요인을 무시하고 연구를 진행하는 경우도 적지 않습니다. 예를 들어 490명의 연구표본을 수집할 때, 10개 학교에서 49명씩을 표집하면서 학생들이 어떤 학교를 다니든 별 차이가 없을 것으로 가정하는 것입니다. 만약 연구자가 실질적으로 블록설계를 진행했음에도 블록요인의 존재를 인지하지 못하고 있다면, 다음과 같이 일원분산분석을 진행한 후 추정결과를 토대로 학생들의 주관적 스트레스 수준은 응답요인에 따라 유의미하게 달라진다는 결론을 내릴 수도 있습니다[$F(6,483) = 4.48$, $p < .001$, $\eta^2_{partial} = .05$].

```
> #block을 무시하고 분석할 경우(큰 문제가 없을 수도 있음)
> aov_4(stress~fday+(1|pID),data=mydata,
+       anova_table=list(es="pes",intercept=TRUE))
Contrasts set to contr.sum for the following variables: fday
Anova Table (Type 3 tests)
```

2 불완전 블록설계를 시도하는 이유는 연구의 현실적 필요성 혹은 현실적 한계 때문입니다. 불완전 블록설계의 경우 $k < v$라는 제한 조건이 존재하며, 완전 블록설계와 비교할 때 불완전 블록설계가 어느 정도의 효율성(efficiency)을 가지는지에 대한 예상도 필요합니다. 불완전 블록설계가 필요한 경우라면 R의 ibd 패키지의 부속함수들을 살펴보기 바랍니다. 또한 불완전 블록설계를 실시할 경우 표본크기 설정을 위한 R 패키지는 없는 것으로 저는 알고 있습니다(일반적으로 많이 사용되는 표본크기 설정 및 검증력 분석 프로그램인 G*Power의 경우 블록설계에서의 표본크기 추정과정 자체가 제시되어 있지 않습니다. 2023년 6월 1일 최종 업데이트 기준). 즉 별도로 수작업을 통해 표본크기를 추정해야 합니다. 아울러 불완전 블록설계 분석과정의 특징, 표본규모 추정, 모형 추정과정 등에 대해서는 다른 참고문헌(Dean et al., 2017, Chapter 11)을 살펴보기 바랍니다.

```
Response: stress
        Effect     df MSE              F pes p.value
1 (Intercept) 1, 483 0.02 274957.33 *** .998    <.001
2          fday 6, 483 0.02        4.48 *** .053    <.001
---
Signif. codes:  0 '***' 0.001 '**' 0.01 '*' 0.05 '+' 0.1 ' ' 1
```

그러나 위의 분석은 블록요인을 반영하고 있지 못합니다. 앞서 이야기한 것처럼 학생이 느끼는 주관적 스트레스는 해당 학생이 어떤 학교에 다니는가에 따라 그 결과가 달라질 수도 있기 때문입니다. 그렇다면 블록요인은 주관적 스트레스에 어떤 영향을 미칠까요? 이를 살펴보기 위하여 먼저 학교아이디(univID) 변수의 수준을 주관적 스트레스 수준에 따라 정렬한 후, 각 학교별 그리고 각 요일별 주관적 스트레스 수준을 박스플롯을 이용하여 비교한 후, 요일평균의 값을 수치로 제시하여 비교한 시각화 결과는 다음 [그림 8-1]과 같습니다.

```
> # 학교ID를 스트레스 수준에 따라 재정렬
> mydata <- mydata |>
+  mutate(univID2=fct_reorder(univID,stress))
> # 학교별 스트레스 평균
> aggdata <- mydata |>
+  group_by(univID2) |>
+  summarise(ave_stress=mean(stress),
+            label_stress=format(round(ave_stress,2),nsmall=2))
> # 시각화
> ggplot()+
+  geom_boxplot(data=mydata,aes(x=univID2, y=stress,fill=fday),alpha=0.3)+
+  geom_text(data=aggdata,aes(x=univID2, y=ave_stress, label=label_stress),
+            size=7,color="red")+
+  labs(x="Univeristy ID, sorted by the average of seven scores",
+       y="stress level",fill="Day of survey response")+
+  theme_bw()+
+  theme(legend.position="top")
```

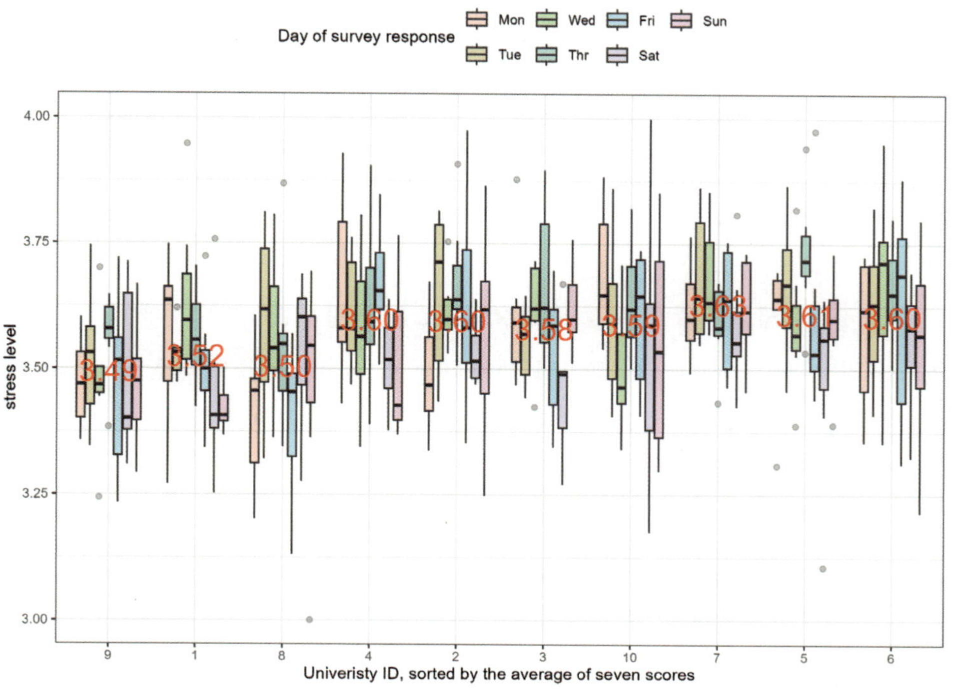

[그림 8-1] 학교별 요일요인수준에 따른 주관적 스트레스 변화패턴

분석결과에서 쉽게 확인할 수 있듯, {1, 8, 9}번 학교의 주관적 스트레스 평균은 약 3.50 정도인 데 반해, 다른 7개 학교의 주관적 스트레스 평균은 약 3.60으로 나타납니다. [그림 8-1]을 통해 학생이 어떤 학교에 다니는가에 따라, 다시 말해 블록요인의 수준에 따라 주관적 스트레스 평균이 다를 것으로 예상할 수 있습니다.

이런 점을 고려한다면 다음과 같이 이원분산분석을 실시해볼 수 있습니다. 먼저 처치요인과 블록요인의 상호작용효과를 가정한 분산분석을 실시한 결과는 다음과 같습니다.

```
> aov_4(stress~fday*univID+(1|pID),data=mydata,
+       anova_table=list(es="pes",intercept=TRUE))
Contrasts set to contr.sum for the following variables: fday, univID
Anova Table (Type 3 tests)

Response: stress
```

```
       Effect      df MSE              F pes p.value
1 (Intercept)  1, 420 0.02 294144.14 *** .999   <.001
2         fday  6, 420 0.02       4.79 *** .064   <.001
3       univID  9, 420 0.02       5.13 *** .099   <.001
4 fday:univID 54, 420 0.02       0.94     .107    .607
---
Signif. codes:  0 ‘***’ 0.001 ‘**’ 0.01 ‘*’ 0.05 ‘+’ 0.1 ‘ ’ 1
```

출력결과에서 확인할 수 있듯, 처치요인의 효과는 블록요인의 수준에 따라 통계적으로 유의미하게 달라지지 않습니다[$F(54,420) = 0.94$, $p = .61$]. 이에 상호작용효과항을 뺀 후 처치요인과 블록요인의 주효과만을 추정하고 그 결과를 살펴보면 아래와 같습니다.

```
> myaov <- aov_4(stress~fday+univID+(1|pID),data=mydata,
+               anova_table=list(es="pes",intercept=TRUE))
Contrasts set to contr.sum for the following variables: fday, univID
> myaov
Anova Table (Type 3 tests)

Response: stress
       Effect     df MSE              F pes p.value
1 (Intercept) 1, 474 0.02 296332.00 *** .998   <.001
2        fday 6, 474 0.02      4.83 *** .058   <.001
3      univID 9, 474 0.02      5.17 *** .089   <.001
---
Signif. codes:  0 ‘***’ 0.001 ‘**’ 0.01 ‘*’ 0.05 ‘+’ 0.1 ‘ ’ 1
```

출력결과에서 확인할 수 있듯, 블록요인의 효과를 통제해도 학생들의 주관적 스트레스 수준은 응답요인에 따라 유의미하게 달라집니다[$F(6,474) = 4.83$, $p < .001$, $\eta^2_{partial} = .06$]. 처치요인의 효과가 블록요인(즉, 학교) 수준에 따라 달라지지 않는다는 점에서 분석결과는 [그림 8-2]와 같이 시각화할 수 있습니다.

```
> myaov |>
+ emmip(~fday,CIs=TRUE, CIarg=list(lwd=2,alpha=0.5))+
+ labs(x="\nDay",y="Marginal means and their 95% CIs\n",
+       caption="Type III, averaged across 10 universities")+
+ theme_bw()
```

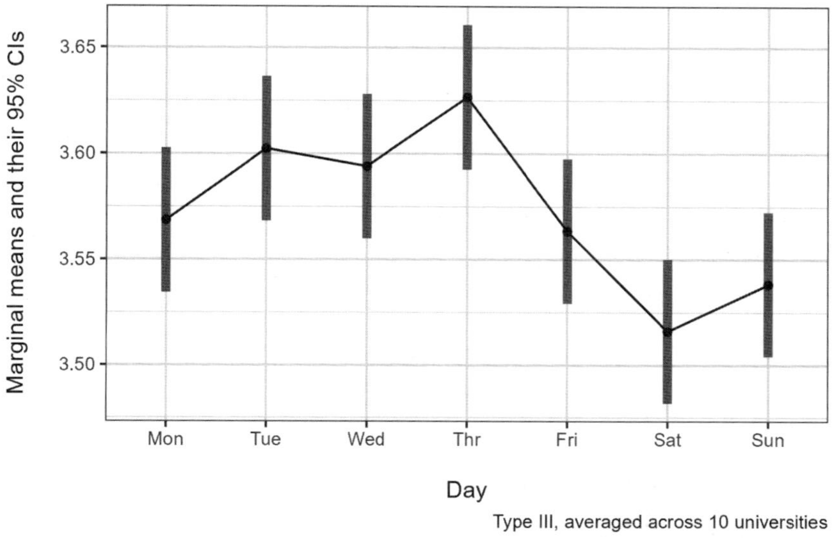

[그림 8-2] 요일요인수준에 따른 주관적 스트레스 평균과 95% 신뢰구간 변화

1-3 추가 분석: 계획비교, 사후 다중비교

연구자의 직접적 연구관심사가 아닌 블록요인의 효과를 통제하는 점이 다를 뿐, 블록설계로 수집한 데이터에서 처치요인효과에 대한 추가 분석을 진행하는 방법은 앞서 살펴본 다양한 분산분석들과 본질적으로 동일합니다. 즉 [그림 8-2]와 같은 처치요인의 효과에 대한 추가 분석방법은 일원분산분석에서 소개한 추가 분석방법과 동일합니다.

먼저 단순효과 분석을 실시해보죠. 한 주의 모든 요일을 표집했다는 점에서 전체 평균과 비교해 어떤 요일에서 특별하게 스트레스 수준이 높은지 혹은 낮은지 살펴보는 것은 나름의 의미가 있습니다. 벤야미니-호쉬버그 조정기법을 통해 통계적 유의도를 조정하였을 때, 목요일은 전반적으로 학생들의 주관적 스트레스 수준이 높지만 [$t(474) = 3.35$, $p = .003$], 토요일은 주관적 스트레스 수준이 낮은 것을 알 수 있습니다 [$t(474) = -3.57$, $p = .003$].

```
> #단순효과 분석
> myaov |>
+  emmeans(~fday) |>
```

```
+ contrast(simple="fday")
contrast estimate     SE  df t.ratio p.value
Mon effect -0.00427 0.0161 474  -0.265   0.7909
Tue effect  0.02958 0.0161 474   1.840   0.1162
Wed effect  0.02124 0.0161 474   1.321   0.2620
Thr effect  0.05392 0.0161 474   3.354   0.0030
Fri effect -0.00936 0.0161 474  -0.582   0.6540
Sat effect -0.05670 0.0161 474  -3.527   0.0030
Sun effect -0.03441 0.0161 474  -2.140   0.0766

Results are averaged over the levels of: univID
P value adjustment: fdr method for 7 tests
```

다음으로 계획비교를 살펴보겠습니다. 우선 요일 변화에 따른 다항비교(polynomial contrast)를 실시하면 다음과 같습니다.

```
> # 만약 univID의 차이를 평균해도 무방할 경우, 1개의 between-subject factor 분석과 동일
> # 계획비교: 다항비교
> myaov |>
+ emmeans(~fday) |>
+ contrast("poly")
contrast  estimate     SE  df t.ratio p.value
linear     -0.2936 0.0919 474  -3.195   0.0015
quadratic  -0.4447 0.1591 474  -2.794   0.0054
cubic       0.0867 0.0425 474   2.039   0.0420
quartic     0.4091 0.2155 474   1.899   0.0582
degree 5    0.1620 0.1591 474   1.018   0.3093
degree 6   -0.7762 0.5278 474  -1.471   0.1421

Results are averaged over the levels of: univID
```

분석결과에서 확인할 수 있듯, [그림 8-2]의 효과패턴은 1차선형[$t(474) = -3.20$, $p = .002$], 2차곡선형[$t(474) = -2.79$, $p = .005$], 3차곡선형[$t(474) = 2.04$, $p = .04$] 관계로 파악할 수 있습니다. 그렇다면 3가지 관계는 상호 구별이 가능할까요? 다음과 같이 `joint_tests()` 함수를 이용해 합산테스트와 다중비교를 실시한 결과, 3가지 관계 중 [그림 8-2]의 패턴을 다른 관계보다 뚜렷하게 잘 설명할 수 있는 효과패턴이 무엇이라고 단정할 수는 없는 것으로 보입니다.

```
> myaov |>
+ emmeans(~fday) |>
+ contrast(method=list(
+   linear=-1*contr.poly(7)[,1], #부호를 양수로
+   quadratic=-1*contr.poly(7)[,2], #부호를 양수로
+   cubic=contr.poly(7)[,3]
+ ))|> joint_tests()
 model term df1 df2 F.ratio p.value
 contrast      2 474   0.345  0.7087

> myaov |>
+ emmeans(~fday) |>
+ contrast(method=list(
+   linear=-1*contr.poly(7)[,1], #부호를 양수로
+   quadratic=-1*contr.poly(7)[,2], #부호를 양수로
+   cubic=contr.poly(7)[,3]
+ )) |>
+ contrast("pairwise")
 contrast            estimate     SE  df t.ratio p.value
 linear - quadratic   0.00697 0.0246 474   0.284  0.9566
 linear - cubic       0.02007 0.0246 474   0.817  0.6924
 quadratic - cubic    0.01311 0.0246 474   0.534  0.8548

Results are averaged over the levels of: univID
P value adjustment: tukey method for comparing a family of 3 estimates
```

다른 방식으로 계획비교도 실시해보죠. 주중(월·화·수·목·금)의 주관적 스트레스 평균과 주말(토·일)의 주관적 스트레스 평균이 서로 유사한지, 혹은 상이한지 살펴본 결과는 다음과 같습니다. 출력결과에서 확인할 수 있듯, 주말에 비해 주중의 주관적 스트레스 수준이 높게 나타납니다[$t(474) = 4.39$, $p < .001$, 코헨의 $d = .40$].

```
> #주말과 평일 비교
> myaov |>
+ emmeans(~fday) |>
+ contrast(method=list(
+   Wkd_Wke=c(1/5,1/5,1/5,1/5,1/5,
+              -1/2,-1/2)
+ )) |>
+ CohenD_based_on_t(FALSE)
# A tibble: 1 × 8
```

```
  contrast   df DifSe          t.ratio p.value d     Cohen88     ESCI95
  <chr>     <dbl> <chr>         <chr>   <chr>   <chr> <effctsz_> <chr>
1 Wkd_Wke   474 0.064*** (0.015) 4.390  <0.001  0.403 small      [0.221, 0.585]
```

사후 다중비교도 얼마든지 가능합니다. 예를 들어 통계적 유의도를 뚜끼 조정기법으로 조정한 후, 요일별 스트레스 평균쌍을 비교한 후 통계적으로 유의미한 차이를 보이는 요일쌍이 어떠한지 살펴보면 아래와 같습니다. 출력결과에서 확인할 수 있듯, 주로 주말과 평일 중 화요일, 수요일, 목요일 사이에 통계적으로 유의미하게 다른 주관적 스트레스 평균차이가 나타나는 것을 알 수 있습니다. 다시 말해 월요일과 금요일의 주관적 스트레스 평균은 주말과 비교해 크게 다르지 않은 것으로 나타납니다.

```
> # 사후 다중비교
> myaov |> emmeans(~fday) |>
+   contrast("pairwise") |>
+   as_tibble() |>
+   filter(p.value<0.05)
# A tibble: 4 × 6
  contrast  estimate     SE    df t.ratio  p.value
  <chr>        <dbl>  <dbl> <dbl>   <dbl>    <dbl>
1 Tue - Sat   0.0863 0.0246   474    3.51 0.00873
2 Wed - Sat   0.0779 0.0246   474    3.17 0.0266
3 Thr - Sat   0.111  0.0246   474    4.50 0.000170
4 Thr - Sun   0.0883 0.0246   474    3.60 0.00651
```

구체적으로 주말(토·일)과 비교해 어떤 평일에 통계적으로 유의미하게 높은 스트레스가 나타나는지 살펴보면 아래와 같습니다. 토요일과 일요일을 기준집단으로 설정한 후, 다른 개별 평일과의 스트레스 차이를 살펴보면 다음과 같습니다. 통계적 유의도는 더넷 조정기법을 적용하였습니다. 아래의 결과에서 확인할 수 있듯, 화·수·목요일에는 주말과 비교해 통계적으로 유의미하게 높은 스트레스가 나타나는 반면, 월·금요일에는 통계적으로 유의미하게 다른 스트레스 평균차이가 나타나지 않고 있습니다.

```
> # 주말과 다른 요일들 비교
> myaov |> emmeans(~fday) |>
+   contrast("trt.vs.ctrl",ref=c(6,7),adjust="mvt")
 contrast          estimate     SE  df t.ratio p.value
 Mon - avg(Sat,Sun)  0.0413 0.0213 474   1.941  0.2149
```

```
Tue - avg(Sat,Sun)    0.0751 0.0213 474     3.533    0.0022
Wed - avg(Sat,Sun)    0.0668 0.0213 474     3.140    0.0086
Thr - avg(Sat,Sun)    0.0995 0.0213 474     4.677    <.0001
Fri - avg(Sat,Sun)    0.0362 0.0213 474     1.702    0.3385

Results are averaged over the levels of: univID
P value adjustment: mvt method for 5 tests
```

1-4 혼합모형을 활용한 블록설계 실험데이터 분석

블록설계로 얻은 실험데이터를 분석할 때 혼합모형을 사용할 수도 있습니다. 즉 학생이 학교에 배속되었다고(nested) 가정하는 방식입니다. 즉 연구목적에 따라 예시데이터를 블록요인을 상위수준으로, 개체인 학생을 하위수준으로 구분하는 방식으로 다층데이터로 파악할 수도 있습니다. `lme4` 패키지의 `lmer()` 함수를 이용해 혼합모형을 적용하면, 앞에서 aov_4() 함수로 얻은 처치요인의 테스트 통계치와 정확하게 동일한 결과를 얻을 수 있습니다.

```
> # 혼합모형
> mymix <- lmer(stress~fday+(1|univID),mydata)
> anova(mymix)
Type III Analysis of Variance Table with Satterthwaite's method
     Sum Sq Mean Sq NumDF DenDF F value     Pr(>F)
fday 0.6116  0.10193     6   474  4.8294 8.456e-05 ***
---
Signif. codes: 0 '***' 0.001 '**' 0.01 '*' 0.05 '.' 0.1 ' ' 1
> eta_squared(mymix)
# Effect Size for ANOVA (Type III)

Parameter | Eta2 (partial) |       95% CI
-----------------------------------------
fday      |           0.06 | [0.02, 1.00]

- One-sided CIs: upper bound fixed at [1.00].
```

출력결과를 비교해보면 처치요인인 fday의 테스트 통계치가 aov_4() 함수로 얻은 추정결과와 정확하게 동일한 것[$F(6,474) = 4.83$]을 확인할 수 있습니다. 그렇다면 분산분석으로 얻은 추정결과와 혼합모형으로 얻은 추정결과가 정확하게 동일한 것일까요? 일단 동일하다고 볼 수 없습니다. 혼합모형으로 얻은 결과가 통상적 분산분석으로 얻은 결과에 비해 훨씬 더 보수적인 추정결과이기 때문입니다. 예를 들어 각 모형으로 추정한 요일별 추정된 한계평균과 95% 신뢰구간을 비교한 [그림 8-3]을 살펴보죠. [그림 8-3]에 명확하게 잘 나타나듯, 추정된 한계평균은 동일하지만, 혼합모형으로 추정한 95% 신뢰구간이 분산분석기법으로 추정한 95% 신뢰구간에 비해서 보다 넓습니다(다시 말해 보다 보수적 추정결과를 제시하고 있습니다).

```
> # 두 모형은 정확하게 동일하지 않음
> bind_rows(myaov |> emmeans(~fday) |> as_tibble() |> mutate(approach='AOV, III'),
+           mymix |> emmeans(~fday) |> as_tibble() |> mutate(approach='Mixed, III')) |>
+ ggplot(aes(x=fday,y=emmean,color=approach))+
+ geom_errorbar(aes(ymin=lower.CL,ymax=upper.CL),width=0.1,
+               position=position_dodge(width=0.3))+
+ geom_point(size=2,position=position_dodge(width=0.3))+
+ labs(x="Day",y="Marginal means and their 95% CI",color="Approach")+
+ theme_bw()
```

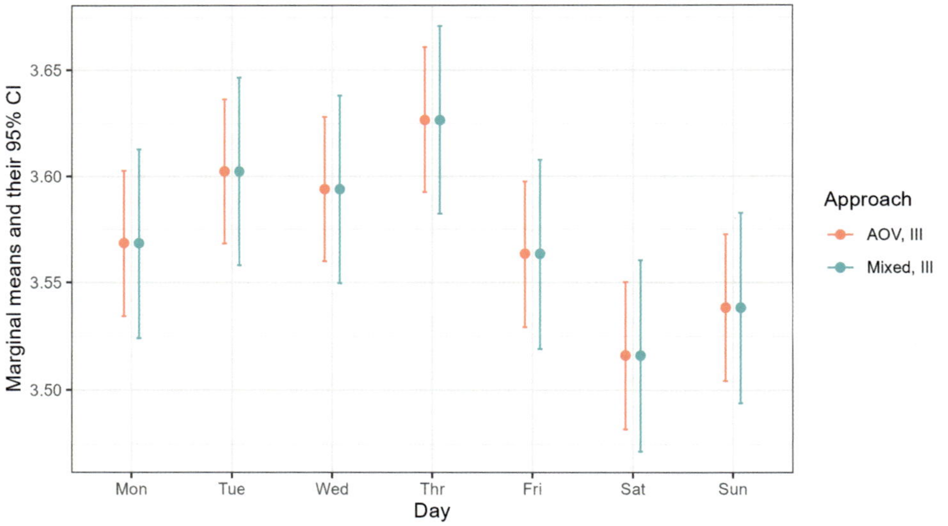

[그림 8-3] 블록설계 실험데이터 대상 분산분석과 혼합모형 추정결과 비교

[그림 8-3]과 같은 결과가 나타난 이유는 다음과 같이 두 모형에서 한계평균을 추정한 후 95% 신뢰구간을 계산할 때, 적용되는 자유도가 다르기 때문입니다. 예를 들

어 추정된 한계평균과 95% 신뢰구간을 계산할 때, myaov 오브젝트를 활용할 경우 적용되는 자유도는 '474'인 반면, mymix 오브젝트를 이용할 경우 적용되는 자유도는 '40.9'이기 때문입니다(새터스웨이트 조정기법을 적용하기 때문).[3]

```
> myaov |> emmeans(~fday)
 fday emmean     SE df lower.CL upper.CL
 Mon     3.57 0.0174 474     3.53     3.60
                    [이후 출력결과는 분량 조절을 위해 제시하지 않음]
> mymix |> emmeans(~fday)
 fday emmean     SE df lower.CL upper.CL
 Mon     3.57 0.0219 41     3.52     3.61
                    [이후 출력결과는 분량 조절을 위해 제시하지 않음]
Degrees-of-freedom method: satterthwaite
Confidence level used: 0.95
```

이를 제외한다면 블록설계 데이터의 경우 분산분석기법을 사용하든 혼합모형을 사용하든 큰 차이는 없습니다.

1-5 불균형 완전 블록설계

현실에서 예시데이터와 같이 처치요인과 블록요인을 교차하여 얻은 모든 칸의 사례수가 동일한 상황은 매우 드물게 나타납니다. 왜냐하면 조사에 협조하지 않는 응답자가 발생하면서 무응답이 발생하며, 또한 블록요인의 수준에 따라 응답자 규모가 다를 수도 있기 때문입니다(이를테면 학교당 49명을 표집할 수 없을 정도로 학교 규모가 작을 수도 있습니다). 이를테면 연구설계에서 계획했던 490명 중 약 20%가량의 무응답이 무작위로 발생했다고 가정한 후, 예시데이터를 살펴봅시다.

```
> # 위와 같은 완전블록설계가 나타나지 않을 경우도 발생
> # 불균형 완전블록설계(unbalanced complete block design)
> set.seed(1234)
```

3 만약 emmeans 패키지의 디폴트인 켄워드-로저("kenward-roger") 조정기법을 그대로 적용한다고 해도, 여기서의 자유도는 40.9로 동일합니다.

```
> mydata2 <- mydata |>
+ mutate(
+   randomNA = sample(1:10,size=490,replace=TRUE),
+   randomNA = ifelse(randomNA<=2,FALSE,TRUE), # 20%가량 제거
+ ) |>
+ filter(randomNA)
> # 데이터의 특징
> xtabs(~univID+fday,mydata2) |> addmargins(c(1,2))
      fday
univID Mon Tue Wed Thr Fri Sat Sun Sum
     1   7   6   7   6   7   5   4  42
     2   7   7   6   7   5   6   5  43
     3   7   5   7   7   6   7   6  45
     4   5   6   5   6   5   7   6  40
     5   5   5   6   5   5   5   7  38
     6   6   6   4   7   6   3   6  38
     7   7   6   6   5   6   6   6  42
     8   6   5   6   7   6   6   4  40
     9   5   5   4   6   7   6   4  37
    10   4   7   6   6   7   7   5  42
   Sum  59  58  57  62  60  58  53 407
```

불균형 완전 블록설계(unbalanced complete block design) 데이터의 경우, 블록요인의 수준별 블록규모(k)가 상이하다는 점에서 '불균형(unbalanced)' 블록설계로 볼 수 있지만, 블록규모(k)가 처치요인의 수준개수(v)보다 크다는 점에서($k > v$), 여전히 '완전(complete)' 블록설계로 볼 수 있습니다.

불균형 완전 블록설계 데이터의 경우도 앞서 살펴본 균형 완전 블록설계 데이터와 크게 다르지 않은 방식으로 분석할 수 있습니다. 그러나 균형 완전 블록설계 데이터의 경우 분산분석을 사용하든 혼합모형을 사용하든 동일한 테스트 통계치를 얻을 수 있는 반면, 불균형 완전 블록설계 데이터의 경우 사용방법에 따라 테스트 통계치가 다를 수 있습니다.

```
> # 불균형 완전 블록설계의 경우 요인의 효과 추정치도 달라짐
> aov_4(stress~fday+univID+(1|pID),data=mydata2,
+        anova_table=list(es="pes",intercept=TRUE))
Contrasts set to contr.sum for the following variables: fday, univID
Anova Table (Type 3 tests)
```

```
Response: stress
        Effect     df MSE                F pes p.value
1 (Intercept) 1, 391 0.02 246517.05 *** .998    <.001
2          fday 6, 391 0.02      3.62 **  .053    .002
3        univID 9, 391 0.02      4.97 *** .103    <.001
---
Signif. codes:  0 '***' 0.001 '**' 0.01 '*' 0.05 '+' 0.1 ' ' 1
> lmer(stress~fday+(1|univID),mydata2) |> anova()
Type III Analysis of Variance Table with Satterthwaite's method
      Sum Sq Mean Sq NumDF DenDF F value  Pr(>F)
fday 0.45239 0.075398     6 391.48  3.6016 0.00173 **
---
Signif. codes:  0 '***' 0.001 '**' 0.01 '*' 0.05 '.' 0.1 ' ' 1
```

분산분석을 사용하였을 경우 요일요인의 효과는 $F(6,391) = 3.62$인 반면, 혼합모형을 사용하였을 경우 요일요인의 효과는 $F(6,391.48) = 3.60$으로 약간 다릅니다. 따라서 논문이나 보고서를 작성할 때 어떤 분석방법을 사용했는지를 밝히는 것이 좋으며, 보수적으로 모형을 추정하는 혼합모형이 더 나을 수도 있습니다.

2 배속설계

배속설계(nested design)는 어떤 요인이 다른 요인(들)에 배속된 형태를 따르는 설계를 의미합니다. 여기서 어떤 요인이 다른 요인(들)에 배속된 형태를 따른다는 의미는 어떤 요인의 수준이 다른 어떤 요인(들)의 수준에 따라 다르게 나타난다는 것을 의미합니다. 요인들이 배속관계를 갖는 모습은 매우 자주 발생합니다. 이를테면 기업에서 일하는 노동자를 떠올려봅시다. 기업의 경우, 업무의 목적과 형태에 따라 상이한 지식·기술·경험을 갖는 노동자를 고용합니다. 이 경우 '개인노동자의 업무능력'이라는 요인은 '기업업무'라는 요인에 배속되는 형태로 나타날 가능성이 높습니다. 물론 기업의 규모가 크고 방대할 경우(이를테면 대기업) 다양한 업무능력을 갖는 노동자들을 고용하겠지만, 특정 업무에 초점을 맞추는 기업의 경우 특정 업무능력을 갖는 노동자들을 고용하는 반면, 다른 업무능력을 갖는 노동자들은 고용하지 않을 확률이 매우 높게 나타날 수 있습니다. 배속설계는 앞에서 살펴보았던 블록설계와 유사한 면이 있지만, 블록설계를 따르는 데이터와 배속설계를 따르는 데이터는 그 형태가 상이하며 분석방법 선택시 주의가 필요합니다.

2-1 배속설계 데이터의 특성 및 데이터 수집

통상적인 연구절차를 따르자면, 배속설계 연구 역시 표본규모를 설정한 후 수집된 데이터를 분석하는 과정을 따를 것입니다. 그러나 여기서는 설명의 편의상 먼저 데이터의 특성을 소개하고 표본규모를 추정하는 방법은 그 과정의 복잡성을 고려하여 별도 예시하지 않았습니다.[4] 먼저 dt_nested_design.csv라는 이름의 예시데이터를 불러봅시다. 여기서 종속변수 y는 업무성과를 의미하며(큰 수치일수록 높은 업무성과), treat는 직무재교육이라는 처치요인을 뜻하고(control은 재교육을 받지 않은 경우, treatment는 재교육을 받은 경우), dpt는 소속부서(명목형 변수)를, compID는 회사를 구분하는 아이디 변수를 뜻합니다.

```
> # 배속설계 데이터 예시
> mydata <- read_csv("dt_nested_design.csv",show_col_types=F)
> mydata |> print(n=2)
# A tibble: 160 × 5
      y compID  rank treat   pID
  <dbl>  <chr> <dbl> <dbl> <dbl>
1    30      a     1     0     1
2    24      a     1     0     2
# i 158 more rows
# i Use `print(n = ...)` to see more rows
```

4 배속설계의 표본규모를 추정할 때 쉽게 사용할 수 있는 패키지는 개발되어 있지 않은 상황입니다. 배속설계의 경우 혼합모형을 사용한다는 점에서 다층모형에 적용할 수 있는 검증력 분석 패키지인 simr 패키지 혹은 mlmpower 패키지를 활용할 수도 있고, 맥락에 따라서는 의학통계에서 주로 활용하는 '복수기관 무작위 2집단 설계(MRT, multisite randomized trials, with two-arms)' 상황을 가정하여 표본규모를 추정할 수도 있습니다. 만약 MRT 무작위 2집단 설계를 사용할 수 있는 경우라면 WebPower 패키지의 wp.mrt2arm() 함수를 시도해보기 바랍니다.
배속설계의 경우 연구맥락과 연구상황에 따라 표본규모를 추정하는 방법이 꽤 복잡할 수 있습니다. 활동분과의 관례를 잘 살펴보고 해당 분야 전문가들에게 조언을 구하는 것이 좋습니다.

이 예시데이터를 수집한 연구자는 노동자가 속한 기업과 노동자의 부서별로 4명을 표집한 후, 이 중 2명의 노동자에게는 직무재교육을 실시하고 다른 2명의 노동자에게는 직무재교육을 실시하지 않았습니다(직무재교육이라는 실험처치는 무작위로 진행하였다고 가정해보겠습니다). 구체적으로 각 기업별 소속부서와 처치여부 사이의 관계는 아래와 같습니다.

```
> #데이터의 형태
> xtabs(~treat+dpt+compID, mydata) |> addmargins(c(1,2))
, , compID = a

     dpt
treat       dpt1 dpt2 dpt3 dpt4 dpt5 dpt6 Sum
 control       2    2    2    2    2    2  12
 treatment     2    2    2    2    2    2  12
 Sum           4    4    4    4    4    4  24

, , compID = b

     dpt
treat       dpt1 dpt2 dpt3 dpt4 dpt5 dpt6 Sum
 control       2    2    2    2    2    2  12
 treatment     2    2    2    2    2    2  12
 Sum           4    4    4    4    4    4  24

, , compID = c

     dpt
treat       dpt1 dpt2 dpt3 dpt4 dpt5 dpt6 Sum
 control       2    2    2    2    2    2  12
 treatment     2    2    2    2    2    2  12
 Sum           4    4    4    4    4    4  24

, , compID = d

     dpt
treat       dpt1 dpt2 dpt3 dpt4 dpt5 dpt6 Sum
 control       2    2    2    2    2    2  12
 treatment     2    2    2    2    2    2  12
 Sum           4    4    4    4    4    4  24

, , compID = e
```

```
    dpt
treat      dpt1 dpt2 dpt3 dpt4 dpt5 dpt6 Sum
 control      2    2    0    2    2    2  10
 treatment    2    2    0    2    2    2  10
 Sum          4    4    0    4    4    4  20

, , compID = f

    dpt
treat      dpt1 dpt2 dpt3 dpt4 dpt5 dpt6 Sum
 control      2    2    0    2    2    2  10
 treatment    2    2    0    2    2    2  10
 Sum          4    4    0    4    4    4  20

, , compID = g

    dpt
treat      dpt1 dpt2 dpt3 dpt4 dpt5 dpt6 Sum
 control      2    2    0    2    0    2   8
 treatment    2    2    0    2    0    2   8
 Sum          4    4    0    4    0    4  16

, , compID = h

    dpt
treat      dpt1 dpt2 dpt3 dpt4 dpt5 dpt6 Sum
 control      2    0    0    0    0    2   4
 treatment    2    0    0    0    0    2   4
 Sum          4    0    0    0    0    4   8
```

출력결과에서 확인할 수 있듯, 기업과 소속부서를 교차한 각 상황별 처치집단과 통제집단은 '1:1'의 관계를 갖습니다. 그러나 데이터를 자세히 보면 a, b, c, d 기업은 6개 부서별 4명씩 표집이 진행된 반면, e기업과 f기업은 부서별 4인 집단이 존재하지 않으며, g기업은 2와 4의 값을 갖는 부서의 집단이 존재하지 않고, h기업은 1과 6수준의 부서들만 존재하는 것으로 나타납니다. 소속부서와 기업아이디의 교차표를 그려보면 다음과 같습니다.

```
> xtabs(~dpt+compID, mydata) |> addmargins(c(1,2))
       compID
dpt     a  b  c  d  e  f  g h Sum
  dpt1  4  4  4  4  4  4  4 4  32
  dpt2  4  4  4  4  4  4  4 0  28
  dpt3  4  4  4  4  0  0  0 0  16
  dpt4  4  4  4  4  4  4  4 0  28
  dpt5  4  4  4  4  4  4  0 0  24
  dpt6  4  4  4  4  4  4  4 4  32
  Sum  24 24 24 24 20 20 16 8 160
```

배속관계가 어떤 의미인지, 이제 어느 정도 감을 잡을 수 있으리라 생각합니다. 즉 dpt 요인의 수준은 compID 요인의 수준에 따라 관측값을 갖지 않는 경우도 있으며(출력결과에서 0의 빈도를 갖는 경우),[5] '부서'는 '회사'의 하부 구성조직입니다. 즉 두 요인은 배속관계를 형성하고 있습니다.

2-2 처치효과·효과크기 추정 및 효과패턴의 시각화

먼저 위에서 살펴본 예시데이터를 불러온 후, 사전처리를 진행하였습니다.

```
> #데이터 불러오기
> mydata <- read_csv("dt_nested_design.csv",show_col_types=F) |>
+ mutate(across(
+   .cols=c(pID,compID,treat,dpt),
+   .fns=function(x){factor(x)}
+ )) |> mutate(treat=factor(treat,labels=c("control","treatment")))
> contrasts(mydata$treat) <- contr.sum(2)
```

예시데이터와 같이 배속요인이 포함된 경우, 혼합모형을 사용하는 것이 좋습니다. 아쉽게도 afex 패키지의 aov_4() 함수를 이용해서는 배속요인이 포함된 데이터를 적절하게 분석할 수 없습니다. 만약 '제III유형'으로 제곱합 방식이 아닌 '제I유형' 제곱

5 8수준의 compID와 6수준의 dpt를 교차하면 총 48개 집단이 가능하지만, 데이터에서 확인할 수 있듯 실제 존재하는 집단은 40개입니다.

합 방식을 사용한다면, aov() 함수를 활용하여 배속설계 데이터를 분석할 수도 있습니다. 그러나 '제I유형' 제곱합 추정 방식의 경우 변수를 투입하는 순서에 따라 추정결과가 달라질 수도 있다는 점을 반드시 유념해야 합니다(이와 관련하여 보다 자세한 내용은 '별첨-2'를 참조하기 바랍니다).

예시데이터를 분석하기 전에 먼저 생각해야 할 사항은 처치요인(treat)을 뺀 다른 두 요인(dpt, compID)을 어떻게 개념화할지에 관한 것입니다. 배속관계에 놓인 요인(소속부서와 회사)을 어떻게 취급해야 할까요? 첫째, 배속요인의 고정효과를 모두 추정할 수 있습니다. 단, 이 경우에는 배속설계 상황에서 배속관계에 놓인 요인들 사이의 상호작용효과를 설정하는 것은 적절하지 않을 수 있습니다(왜냐하면 요인을 교차시켰을 때 사례수가 존재하지 않는, 예를 들어 h 회사에는 dpt3 부서가 존재하지 않는 경우가 있기 때문). 둘째, 배속요인의 고정효과를 모두 추정하지 않을 수 있습니다. 셋째, 연구맥락에 맞게 효과 추정이 필요한 배속요인은 고정효과를 추정하고, 굳이 살펴볼 필요가 없다면 고정효과를 추정하지 않을 수 있습니다.

예시데이터 상황을 생각해봅시다. 첫 번째 상황에서는 처치요인의 효과와 함께 회사별 노동자의 업무성과와 부서별 노동자의 업무성과가 각 요인의 수준에 따라 어떻게 달라지는지 살펴볼 수 있습니다. 두 번째 상황에서는 처치요인의 효과만 살펴보고, 회사와 소속부서의 차이로 인한 분산은 랜덤효과로만 간주합니다. 세 번째 상황에서는 회사별 차이 혹은 소속부서별 차이가 노동자 업무성과에 미치는 영향을 살펴봅니다. 만약 세 번째 상황이라면, 연구자의 이론적 판단을 토대로 연구목적에 맞는 요인을 별도 선정하기 바랍니다.

상황이 어떠하든, 만약 처치요인과 배속요인 사이의 상호작용효과를 반영하지 않는다면 처치요인효과의 추정결과는 동일하며, 각 상황별 랜덤효과 추정결과만 달라집니다. 실제 데이터를 통해서 그 결과가 어떻게 다르게 나타나는지 살펴보겠습니다. 여기서는 ①고정효과로 treat, dpt, compID 효과 모두 추정, ②고정효과로 treat 효과만 추정, ③고정효과로 treat, dpt 효과 추정, 3가지 상황에서 어떤 변화가 나타나는지 살펴보겠습니다. 다음과 같이 배속관계 요인들은 lme4 패키지의 lmer() 함수에서 dpt:compID와 같은 형태로 지정하면 됩니다.

```
> # 1) 고정효과로 treat, dpt, compID 효과 모두 추정
> # 2) 고정효과로 treat 효과만 추정
> # 3) 고정효과로 treat, dpt 효과 추정
> mix1 <- lmer(y~treat+dpt+compID+(1|dpt:compID), mydata)
> mix2 <- lmer(y~treat+(1|dpt:compID), mydata)
> mix3 <- lmer(y~treat+dpt+(1|dpt:compID), mydata)
> anova(mix1)
Type III Analysis of Variance Table with Satterthwaite's method
       Sum Sq Mean Sq NumDF DenDF F value    Pr(>F)
treat  558.76  558.76     1   119 14.2199 0.0002548 ***
dpt    508.25  101.65     5    27  2.5869 0.0489773 *
compID 208.81   29.83     7    27  0.7591 0.6256041
---
Signif. codes: 0 '***' 0.001 '**' 0.01 '*' 0.05 '.' 0.1 ' ' 1
> anova(mix2)
Type III Analysis of Variance Table with Satterthwaite's method
      Sum Sq Mean Sq NumDF DenDF F value    Pr(>F)
treat 558.76  558.76     1   119   14.22 0.0002548 ***
---
Signif. codes: 0 '***' 0.001 '**' 0.01 '*' 0.05 '.' 0.1 ' ' 1
> anova(mix3)
Type III Analysis of Variance Table with Satterthwaite's method
      Sum Sq Mean Sq NumDF DenDF F value    Pr(>F)
treat 558.76  558.76     1   119 14.2199 0.0002548 ***
dpt   511.70  102.34     5    34  2.6045 0.0424807 *
---
Signif. codes: 0 '***' 0.001 '**' 0.01 '*' 0.05 '.' 0.1 ' ' 1
> VarCorr(mix1) |> as_tibble()
# A tibble: 2 × 5
  grp        var1        var2   vcov sdcor
  <chr>      <chr>       <chr> <dbl> <dbl>
1 dpt:compID (Intercept) NA     49.6  7.04
2 Residual   NA          NA     39.3  6.27
> VarCorr(mix2) |> as_tibble()
# A tibble: 2 × 5
  grp        var1        var2   vcov sdcor
  <chr>      <chr>       <chr> <dbl> <dbl>
1 dpt:compID (Intercept) NA     58.3  7.63
2 Residual   NA          NA     39.3  6.27
> VarCorr(mix3) |> as_tibble()
```

```
# A tibble: 2 × 5
  grp        var1        var2  vcov  sdcor
  <chr>      <chr>       <chr> <dbl> <dbl>
1 dpt:compID (Intercept) NA    46.7  6.83
2 Residual   NA          NA    39.3  6.27
```

분석결과에서 확인할 수 있듯 treat 요인의 효과 추정결과는 3가지 상황 모두 $F(1,119) = 14.22, p = .0003$으로 동일합니다. 반면 상황에 따라 랜덤효과, 구체적으로 배속요인의 랜덤효과항은 추정결과가 상이합니다. mix2의 추정결과에서 얻은 58.3은 dpt, compID 요인의 수준차이에 따른 분산입니다. 반면 mix1의 추정결과에서 얻은 49.6은 dpt, compID 요인의 수준별 평균차이를 고려하고 남은 분산이며, mix3의 추정결과에서 나타난 46.7은 dpt 요인의 수준별 평균차이만을 고려하고 남은 분산입니다. 즉 소속부서나 회사 수준에 해당되는 배속요인을 어떻게 모형화하든 개인수준에서 추정한 treat 요인의 효과는 달라지지 않습니다.

이후부터는 mix3를 중심으로 예시분석을 진행하겠습니다.[6] 추가적으로 직무재교육(즉, treat 요인의 효과)은 소속부서에 따라 달라질까요? 상호작용효과를 테스트해보면 확인할 수 있듯, treat 요인의 효과는 소속부서가 달라져도 크게 다르게 나타나지

---

6 aov() 함수를 이용해 동일한 결과를 얻을 수도 있습니다. 단 '제I유형' 방식으로 제곱합을 추정하기 때문에 상황에 따라 모형 추정을 위한 공식을 어떻게 지정하는가에 따라 분석결과가 다르게 나타날 수 있다는 점은 반드시 유념하기 바랍니다.

```
> aov(y~treat+dpt+Error(dpt:compID), mydata) |> summary()

Error: dpt:compID
          Df Sum Sq Mean Sq F value Pr(>F)
dpt        5   2942   588.3   2.604 0.0425 *
Residuals 34   7680   225.9
---
Signif. codes: 0 '***' 0.001 '**' 0.01 '*' 0.05 '.' 0.1 ' ' 1

Error: Within
           Df Sum Sq Mean Sq F value   Pr(>F)
treat       1    559   558.8   14.22 0.000255 ***
Residuals 119   4676    39.3
---
Signif. codes: 0 '***' 0.001 '**' 0.01 '*' 0.05 '.' 0.1 ' ' 1
```

않습니다.

```
> lmer(y~treat*dpt+(1|dpt:compID), mydata) |> anova()
Type III Analysis of Variance Table with Satterthwaite's method
          Sum Sq Mean Sq NumDF DenDF F value    Pr(>F)
treat     555.88  555.88     1   114 13.8010 0.0003164 ***
dpt       524.52  104.90     5    34  2.6045 0.0424807 *
treat:dpt  84.27   16.85     5   114  0.4184 0.8351098
---
Signif. codes:  0 '***' 0.001 '**' 0.01 '*' 0.05 '.' 0.1 ' ' 1
```

이제 최종모형을 설정하였으니, treat 요인의 효과크기도 추정해봅시다. effectsize 패키지의 eta_squared() 함수를 활용하면 됩니다.

```
> eta_squared(mix3)
# Effect Size for ANOVA (Type III)

Parameter | Eta2 (partial) |       95% CI
-----------------------------------------
treat     |           0.11 | [0.03, 1.00]
dpt       |           0.28 | [0.01, 1.00]

- One-sided CIs: upper bound fixed at [1.00]
```

처치요인과 소속부서 요인 사이에 통계적으로 유의미한 상관관계가 나타나지 않았다는 점에서 위에서 얻은 혼합모형 추정결과를 굳이 살펴보지 않아도 무방합니다. 다만 시각화를 통해 6개 부서별 처치효과를 시각화한다면 [그림 8-4]와 같습니다.

```
> mix3 |>
+   emmip(~treat|dpt,CIs=TRUE,
+         CIarg=list(lwd=2,alpha=0.5))+
+   labs(x="Group",y="Marginal means and their 95% CIs",
+        color="Type",
+        caption="Type III, mixed model")+
+   theme_bw()
```

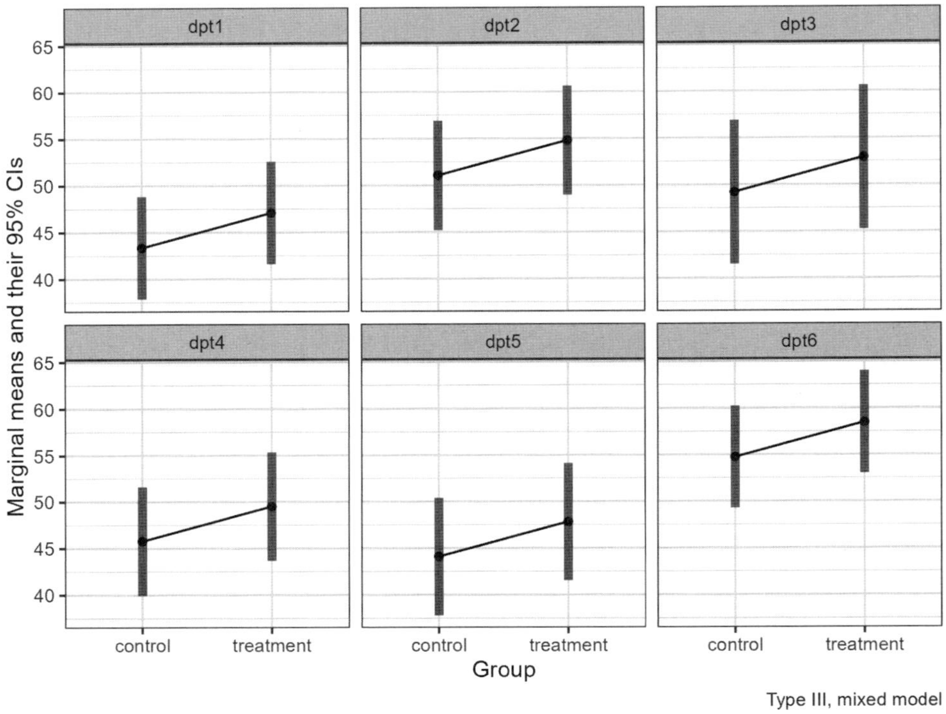

[그림 8-4] 부서별 처치효과 시각화

2-3 추가 분석: 계획비교, 사후 다중비교

추가 분석을 진행하는 것은 어렵지 않습니다. emmeans 패키지의 emmeans() 함수와 contrast() 함수를 이용하여 원하는 형식의 계획비교(필요시 다항비교)나 사후 다중비교를 실시할 수 있습니다. 또한 단순효과 분석을 실시하는 것도 고려해볼 수 있습니다. 혼합모형 추정결과에 대한 추가 분석 진행방법에 대해서는 앞에서 여러 차례 이야기했기 때문에, 계획비교와 사후 다중비교 사례는 간단히 살펴보고 마무리하겠습니다.

예를 들어 dpt3 부서의 통제집단과 dpt1 부서의 처치집단의 평균이 통계적으로 유의미하게 다른지 여부를 '계획비교'를 통해 테스트해보면 다음과 같습니다.

```
> #계획비교
> mix3 |>
+ emmeans(~dpt:treat) |>
```

```
+ contrast(
+  method=list(c1_t3=c(0,0,1,0,0,0,
+                      -1,0,0,0,0,0))
+ )
 contrast estimate   SE   df t.ratio p.value
 c1_t3        2.11 4.71 37.2   0.447  0.6572

Degrees-of-freedom method: satterthwaite
```

만약 연구목적상 'dpt1 부서의 통제집단' 대비 다른 집단의 평균이 통계적으로 어떻게 다른지 '사후 다중비교'를 실시한다면 아래와 같습니다. 통계적 유의도 조정기법으로는 더넷 기법을 활용하였습니다.

```
> #사후비교
> mix3 |>
+  emmeans(~dpt:treat) |>
+  contrast("trt.vs.ctrl",ref=1,adjust="mvt")
 contrast                      estimate    SE    df t.ratio p.value
 dpt2 control - dpt1 control       7.71 3.889  34.0   1.982  0.2732
 dpt3 control - dpt1 control       5.84 4.602  34.0   1.270  0.7156
 dpt4 control - dpt1 control       2.42 3.889  34.0   0.623  0.9843
 dpt5 control - dpt1 control       0.74 4.059  34.0   0.182  1.0000
 dpt6 control - dpt1 control      11.41 3.757  34.0   3.036  0.0292
 dpt1 treatment - dpt1 control     3.74 0.991 119.0   3.771  0.0019
 dpt2 treatment - dpt1 control    11.45 4.014  38.5   2.852  0.0437
 dpt3 treatment - dpt1 control     9.58 4.707  37.2   2.035  0.2470
 dpt4 treatment - dpt1 control     6.16 4.014  38.5   1.535  0.5341
 dpt5 treatment - dpt1 control     4.48 4.178  38.1   1.072  0.8366
 dpt6 treatment - dpt1 control    15.14 3.886  38.8   3.897  0.0027

Degrees-of-freedom method: satterthwaite
P value adjustment: mvt method for 11 tests
```

9장 제한적 종속변수 포함 실험설계

지금까지 살펴보았던 모든 예시데이터의 경우, 종속변수에 대해 '정규분포(normal distribution)'를 가정하였습니다. 그러나 연구 상황이나 목적에 따라 종속변수에 대해 정규분포를 가정할 수 없는 경우도 종종 발생합니다. 9장에서는 정규분포를 가정할 수 없는 종속변수 유형으로 '범주형 변수(categorical variable)'와 '횟수형 변수(count variable)' 형태의 종속변수가 포함된 실험데이터 분석을 살펴보겠습니다.

먼저 구체적으로 '범주형 변수'의 경우에는 예/아니오, 있음/없음 등과 같이 2개 범주로 구성된 '이분 종속변수(binary outcome)', '증상없음-미미한증상-경증-중증'과 같이 명백한 순서를 갖는 3개 이상의 범주로 구성된 '순위 범주형 변수(ordered categorical outcome)', 여러 선택지 중 하나를 선택하는 방식의 '무순위 범주형 변수(unordered categorical outcome)'인 경우의 요인설계 데이터를 살펴보겠습니다.

다음으로 '횟수형 변수'는 0과 양의 정수로 측정된 변수를 뜻합니다. 횟수형 변수를 종속변수로 설정한 모형의 경우에는 널리 사용되고 있는 포아송 모형(Poisson model), 준(準)-포아송 모형(quasi-Poisson model), 음이항 모형(negative binomial model) 등을 먼저 살펴본 후, '0'의 등장빈도가 매우 높은 경우에 활용되는 영포화 모형(zero-inflated model)과 허들 모형(hurdle model)을 살펴보겠습니다. 그리고 개체내 요인이 포함될 경우 사용할 수 있는 일반화선형혼합모형(GLMM, generalized linear mixed model) 역시 살펴보겠습니다.

1 이항 종속변수: 개체간 2×2 2요인설계

1-1 표본크기 추정, 실험설계, 데이터 수집

종속변수가 2개의 범주로 구성된 이항 종속변수(binary outcome)는 자주 활용되고 있습니다. 일단 가장 간단한 2요인설계인 '개체간 요인 2×2 2요인설계'를 살펴보겠습니다. 정규분포를 가정할 수 있는 종속변수와 마찬가지로 가장 먼저 해야 할 일은 표본규모를 설정하는 것입니다. 종속변수의 분포가 어떠하든 표본규모 추정과정은 개념적으로 동일하지만, 정규분포를 가정하지 못한다는 점에서 표본규모 추정과정 및 방식에서의 차이도 존재합니다.

앞서 정규분포를 가정할 경우, 효과크기 통계치 $\eta^2_{partial}$과 '제1종 오류(α)'와 '제2종 오류(β)' 가능성을 사전에 설정했던 것을 기억하실 것입니다. 먼저 '제1종 오류'와 '제2종 오류' 가능성 기준은 동일합니다. 그러나 효과크기 통계치의 경우 상황이 다릅니다. 왜냐하면 종속변수가 정규분포를 따르지 않는다는 점에서 '분산'을 계산하는 것이 불가능하기 때문입니다. 이항 종속변수가 포함된 요인설계의 경우, 이항 종속변수일 때 사용되는 이항로짓모형(binary logit model)의 효과크기 통계치인 '오즈비(OR, odds ratio)'를 사용하거나 혹은 예측변수의 값이 1만큼 증가할 때의 선형로짓 변화량(change in linear logit)인 회귀계수를 효과크기 통계치로 투입합니다. 이를테면 연구자가 관련 분야의 선행연구들을 검토한 결과, 예측변수가 1단위 변할 때 해당 변수의 계수(coefficient)가 0.40만큼 증가한다고 예상할 경우, 오즈비는 약 1.492($e^{0.40}$)의 값을 가집니다. 다시 말해 이항로짓모형을 적용하는 경우, 예측변수의 회귀계수 혹은 오즈비를 효과크기 통계치로 사용할 수 있습니다.

이제 `pwrss` 패키지의 `pwrss.z.logreg()` 함수를 이용하여 이항 종속변수인 상황에서 개체간 2×2 2요인설계의 표본크기를 추정해봅시다. 먼저 '제1종 오류'와 '제2종 오류' 가능성 기준은 통상적 기준을 따라 $\alpha = .05$, $\beta = .20$을 택하도록 하겠습니다. 또한 연구자의 선행연구 검토 결과, 이론적으로 예상되는 두 개체간 요인 사이의 상호작용효과 회귀계수는 0.40일 것으로 예상되고 있습니다. 이 경우의 표본규모 추정결과는 다음과 같습니다.

```
> # 표본크기 설정
> ## probability specification
> library(pwrss)
> pwrss.z.logreg(beta0=0, beta1=0.40,
+                    alpha = 0.05, power = 0.80)
Logistic Regression Coefficient
(Large Sample Approx. Wald's z Test)
H0: beta1 = 0
HA: beta1 != 0
Distribution of X = 'normal'
Method = DEMIDENKO(VC)
------------------------------
 Statistical power = 0.8
 n = 213
------------------------------
Alternative = "not equal"
Non-centrality parameter = 2.756
Type I error rate = 0.05
Type II error rate = 0.2
```

개체간 2×2 2요인설계의 경우 총 4개 집단이 존재한다는 점에서, 연구자는 각 집단별 54명씩 총 216명 규모의 표본을 수집하였으며, 추가로 연속형 변수 형태의 공변량도 측정하였습니다. 이렇게 하여 얻은 데이터의 이름은 dt_binary_BS2by2.csv입니다.

1-2 처치효과 추정 및 효과패턴의 시각화

이제 데이터를 불러온 후, 본격적인 분석을 실시해보겠습니다. 먼저 분석에 필요한 패키지들을 구동한 후, 예시데이터를 살펴보면 다음과 같습니다.

```
> # 2x2 Between-subject
> library(emmeans)
> library(effectsize)
> library(lmtest)  # model comparison
> library(patchwork)
> library(tidyverse)
> mydata <- read_csv("dt_binary_BS2by2.csv",show_col_types = F)
> mydata |> print(n=2)
```

```
# A tibble: 216 × 5
      y a     b     ID    cov
  <dbl> <chr> <chr> <dbl> <dbl>
1     0 A1    B1    1     4.79
2     1 A1    B1    2     5.37
# i 214 more rows
# i Use `print(n = ...)` to see more rows
```

여기서 요인형 변수에 해당되는 변수들을 지정한 후, 개체간 요인 a와 b의 경우 효과코딩 형식으로 전환하였습니다.

```
> mydata <- mydata |>
+  mutate(across(
+    .col=c(y,a,b,ID),
+    .fns=function(x){factor(x)}
+  ))
> contrasts(mydata$a) <- contr.sum(2)
> contrasts(mydata$b) <- contr.sum(2)
```

종속변수가 이분형 변수이기 때문에 `glm()` 함수를 활용하였고, `family` 옵션을 이용하여 종속변수의 분포와 링크함수의 형태를 지정하였습니다. 만약 로짓모형이 아닌 프로빗모형(probit model)을 원한다면 `binomial()` 함수 내부의 `link`를 `"probit"`으로 지정하면 됩니다. 먼저 두 요인간 상호작용효과를 설정한 후 추정한 이항로짓모형 오브젝트의 분석결과는 아래와 같습니다.

```
> myglm2 <- glm(y~a*b,mydata,family=binomial(link="logit"))
> summary(myglm2)

Call:
glm(formula = y ~ a * b, family = binomial(link = "logit"), data = mydata)

Coefficients:
            Estimate Std. Error z value Pr(>|z|)
(Intercept) -0.04177    0.15082  -0.277 0.78180
a1          -0.73608    0.15082  -4.880 1.06e-06 ***
b1          -0.31018    0.15082  -2.057 0.03973 *
a1:b1       -0.39357    0.15082  -2.610 0.00907 **
```

```
---
Signif. codes: 0 '***' 0.001 '**' 0.01 '*' 0.05 '.' 0.1 ' ' 1

(Dispersion parameter for binomial family taken to be 1)

    Null deviance: 299.44  on 215  degrees of freedom
Residual deviance: 263.86  on 212  degrees of freedom
AIC: 271.86

Number of Fisher Scoring iterations: 4
```

개체간 2×2 2요인설계의 경우 위에서 얻은 상호작용효과 추정결과를 그대로 활용해도 무방합니다. 그러나 만약 요인의 수준개수가 3 이상인 경우라면, 앞에서 살펴본 분산분석과 유사한 결과표(ANOVA-like table)를 얻는 것이 더 낫습니다. 앞서 혼합모형과 마찬가지로 anova() 함수를 사용할 수도 있지만, 이때 얻은 결과는 '제III유형'이 아닌 '제I유형' 방식의 모형 추정결과와 비슷합니다(두 유형이 어떻게 다른지에 대한 보다 구체적 설명은 '별첨-2'를 참조하기 바랍니다). 구체적으로 anova() 함수를 그냥 사용하여 얻은 결과는 아래와 같습니다.

```
> anova(myglm2)
Analysis of Deviance Table
Model: binomial, link: logit
Response: y
Terms added sequentially (first to last)
     Df Deviance Resid. Df Resid. Dev  Pr(>Chi)
NULL                   215     299.44
a     1  24.4655       214     274.97 7.565e-07 ***
b     1   4.1029       213     270.87 0.042810 *
a:b   1   7.0152       212     263.86 0.008082 **
---
Signif. codes: 0 '***' 0.001 '**' 0.01 '*' 0.05 '.' 0.1 ' ' 1
```

출력결과의 네 번째 줄 "Terms added sequentially (first to last)"를 주목하기 바랍니다. 다시 말해 이 결과는 분석에 사용된 3가지 효과 추정항이 순차적으로 투입된 결과입니다. 이는 Resid. Df라는 부분의 결과에서, 즉 자유도가 1씩 순차적으로 감소한다는 점을 통해서도 확인할 수 있습니다.[1] 따라서 anova() 함수를 그냥 사용하는 것은 적절하지 않으며, 4장에서 잠시 소개한 drop1() 함수를 활용해야 두 번째 자유도의 값이 통일된 형태로 모형테스트가 진행됩니다. 단, 정규분포를 가정한 종속변수의 경우 test 옵션에 "F"를 지정했던 반면, 로그우도비 카이제곱 테스트(log-likelihood ratio χ^2 test)를 사용한다는 점에서 test 옵션에 "Chisq"를 지정한다는 차이가 존재합니다.

```
> drop1(myglm2,.~.,test="Chisq")
Single term deletions
Model:
y ~ a * b
       Df Deviance    AIC     LRT  Pr(>Chi)
<none>      263.86 271.86
a       1   289.67 295.67 25.8101 3.767e-07 ***
b       1   268.17 274.17  4.3141  0.037797 *
a:b     1   270.87 276.87  7.0152  0.008082 **
---
Signif. codes: 0 '***' 0.001 '**' 0.01 '*' 0.05 '.' 0.1 ' ' 1
```

아니면 emmeans 패키지의 joint_tests() 함수를 활용하여 합산테스트를 실시하는 것입니다. 그러나 이 결과는 앞서 drop1() 함수로 얻은 결과와 조금 다릅니다. 왜냐하면 drop1() 함수에서 사용된 방법은 로그우도비 카이제곱 테스트인 반면,

---

1 따라서 공식을 어떻게 지정했는가에 따라 이 결과는 달라집니다(그러나 모형만 동일하다면 상호작용효과 추정결과는 바뀌지 않습니다). 예를 들어 본문의 출력결과와 아래의 출력결과를 비교해보기 바랍니다.

```
> anova(glm(y~b*a,mydata,family=binomial(link="logit")))
Analysis of Deviance Table
Model: binomial, link: logit
Response: y
Terms added sequentially (first to last)
     Df Deviance Resid. Df Resid. Dev Pr(>Chi)
NULL                   215     299.44
b     1   3.6399       214     295.80 0.056412 .
a     1  24.9285       213     270.87 5.95e-07 ***
b:a   1   7.0152       212     263.86 0.008082 **
---
Signif. codes: 0 '***' 0.001 '**' 0.01 '*' 0.05 '.' 0.1 ' ' 1
```

joint_tests() 함수에서 사용된 방법은 월드 카이제곱 테스트(Wald's χ^2 test)이기 때문입니다. 사실 joint_tests() 함수로 얻은 결과는 summary() 함수로 얻은 통계적 유의도 테스트 결과와 동일합니다.

```
> myglm2 |> emmeans(~a|b) |> joint_tests()
model term df1 df2 F.ratio Chisq p.value
a             1 Inf  23.819 23.819  <.0001
b             1 Inf   4.229  4.229  0.0397
a:b           1 Inf   6.810  6.810  0.0091
```

그렇다면 위의 결과를 대상으로 효과크기 통계치는 어떻게 계산할 수 있을까요? 정규분포를 가정할 수 있는 종속변수인 경우 사용하였던 $\eta^2_{partial}$의 의미를 떠올려봅시다. 개념적으로 $\eta^2_{partial}$는 종속변수의 분산 중 요인에 의해서 설명되는 분산의 비율을 0-1의 범위로 표준화한 통계치이며, 이는 회귀모형 분석결과의 R^2와 유사합니다. 이런 점에 착안한다면 임의R^2(pseudo-R^2)값을 효과크기 통계치로 활용할 수도 있습니다(Allen & Le, 2008). 즉 앞에서 얻은 drop1() 함수 추정결과의 LRT 부분의 통계치를 활용하는 방법입니다.

```
> TwoLL_null <- myglm2$null.deviance |> print()  # 요인 없이 절편값만 투입했을 경우
[1] 299.4396
> drop1(myglm2,.~.,test="Chisq") |> data.frame() |>
+  mutate(pseudoR2=LRT/TwoLL_null) |>
+  select(pseudoR2)
         pseudoR2
<none>         NA
a      0.08619452
b      0.01440730
a:b    0.02342775
```

그러나 대부분의 실험설계에서는 정규분포를 가정할 수 있는 종속변수를 택하는 것이 일반적이라는 점에서 $\eta^2_{partial}$과 같이 널리 인정되고 활용되는 효과크기 통계치로 확정된 것은 없는 듯합니다. 효과크기 통계치가 필요하다면 활동하는 분과의 관례를 잘 참고하기 바랍니다.

다음으로 두 개체간 요인의 수준별 종속변수의 한계추정치(marginal estimates)는 어떤 패턴을 보일까요? emmeans 패키지의 emmeans() 함수를 활용하면 어렵지 않게 한계추정치를 추정할 수 있습니다. 먼저 디폴트로 제공되는 한계추정치는 아래와 같습니다.

```
> myglm2 |> emmeans(~a|b) # logit
b = B1:
 a  emmean    SE  df asymp.LCL asymp.UCL
 A1 -1.4816 0.350 Inf   -2.1682    -0.795
 A2  0.7777 0.293 Inf    0.2034     1.352

b = B2:
 a  emmean    SE  df asymp.LCL asymp.UCL
 A1 -0.0741 0.272 Inf   -0.6079     0.460
 A2  0.6109 0.285 Inf    0.0524     1.169

Results are given on the logit (not the response) scale.
Confidence level used: 0.95
```

출력결과의 하단을 봅시다. "Results are given on the logit (not the response) scale" 즉 제시된 결과는 선형로짓값으로, 이 값은 링크함수가 적용된 값입니다. 다시 말해 이 결과는 해석하기 매우 어렵습니다. 현실적으로 의미가 있는 한계추정값을 얻기 위해서는 아래와 같이 emmeans() 함수의 type 옵션에 "response"를 지정해두어야 합니다.

```
> myglm2 |> emmeans(~a|b, type="response") # probability
b = B1:
 a   prob     SE  df asymp.LCL asymp.UCL
 A1 0.185 0.0529 Inf     0.103     0.311
 A2 0.685 0.0632 Inf     0.551     0.794

b = B2:
 a   prob     SE  df asymp.LCL asymp.UCL
 A1 0.481 0.0680 Inf     0.353     0.613
 A2 0.648 0.0650 Inf     0.513     0.763

Confidence level used: 0.95
Intervals are back-transformed from the logit scale
```

앞의 출력결과는 쉽게 해석할 수 있습니다. 예를 들어 요인 b가 B1인 경우, 요인 a가 A1일 때 종속변수의 값이 '1'일 확률은 0.185이지만 A2일 때 종속변수의 값이 '1'일 확률은 0.685입니다. 두 요인 a와 b의 수준에 따라 한계추정값이 선형로짓인 경우와 종속변수의 범주가 '1'일 확률인 경우를 시각화를 통하여 비교한 결과는 아래와 같습니다.

```
> # 시각화
> fig1 <- myglm2 |>
+ emmip(b~a,
+       CIs=TRUE,CIarg=list(lwd=2,alpha=0.5))+
+ labs(x="\nFactor a",y="Linear logit and 95% CIs\n",
+      color="Factor b",
+      caption="Binary logit model")+
+ theme_bw()
> fig2 <- myglm2 |>
+ emmip(b~a,type="response",
+       CIs=TRUE,CIarg=list(lwd=2,alpha=0.5))+
+ labs(x="\nFactor a",y="Probability and 95% CIs\n",
+      color="Factor b",
+      caption="Binary logit model")+
+ theme_bw()
> fig1+fig2
```

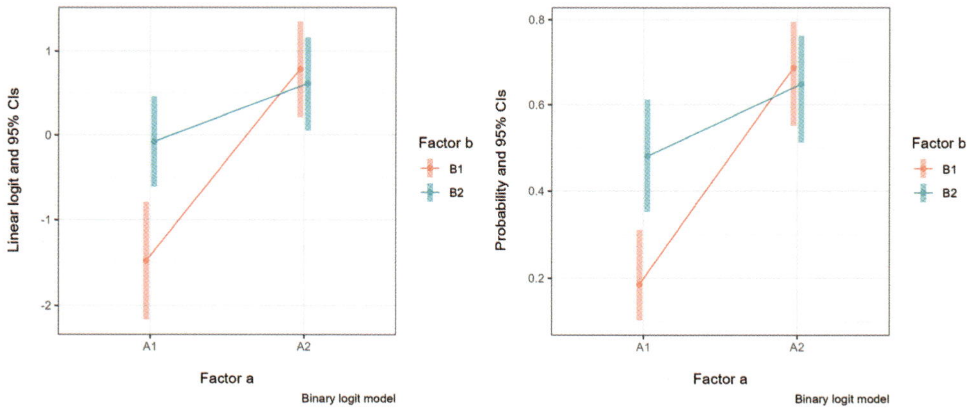

[그림 9-1] 이항 종속변수 대상 2×2 2요인 실험데이터의 2원상호작용효과 패턴

[그림 9-1]을 이해하는 것은 어렵지 않습니다. 여기서 중요한 것은 [그림 9-1]의 두 그래프가 어떤 차이가 있는지를 이해하는 것입니다. 먼저 왼쪽 그래프(Y축이 선형로짓인 경우)의 경우 점추정치를 중심으로 95% 신뢰구간(CI)의 한계가 대칭적 모습을 보입니다. 반면 오른쪽 그래프(Y축이 확률값인 경우)의 경우 점추정치를 중심으로 95% CI가 비대칭적 모습을 보입니다(예를 들어 A1B1인 집단의 경우 95% CI의 하한이 좁은 반면, 95% CI의 상한은 넓게 나타납니다). 이러한 특성은 정규분포를 가정한 종속변수에서는 찾아볼 수 없는 것인데, 왜냐하면 이분형 종속변수의 경우 범위가 [0, 1]로 제한되어 있기 때문입니다. 다시 말해 0보다 작은 값이 나올 수가 없고 1보다 큰 값이 나오지 못하기 때문에, 오른쪽 그래프와 같이 95% CI가 비대칭의 모습으로 나타납니다.

1-3 추가 분석: 단순효과 분석, 계획비교, 사후 다중비교

정규분포를 가정할 수 없는 종속변수이기 때문에 확률 형태의 한계추정값을 갖는다는 사실을 제외한다면, 추가 분석의 과정은 4-8장에서 제시한 내용과 크게 다르지 않습니다. 개체간 2×2 요인설계를 따르는 데이터는 간단하기 때문에 특별하게 복잡한 추가 분석은 없습니다. 먼저 단순주효과(simple main effect)를 분석해보면 다음과 같습니다. 요인 b의 수준별 요인 a의 효과가 어떠한지 살펴본 결과는 아래와 같습니다.

```
> # Simple main effect
> myglm2 |> emmeans(~a|b, type="response") |>
+ contrast("pairwise")
b = B1:
 contrast odds.ratio     SE  df null z.ratio p.value
 A1 / A2       0.104 0.0477 Inf    1  -4.947  <.0001

b = B2:
 contrast odds.ratio     SE  df null z.ratio p.value
 A1 / A2       0.504 0.1987 Inf    1  -1.738  0.0822

Tests are performed on the log odds ratio scale
```

출력결과에서 확인할 수 있듯, 요인 a의 효과는 요인 b가 B1 수준인 경우에만 나타나고(OR = 0.10, $z = -4.95$, $p < .001$), B2 수준인 경우에는 나타나지 않습니다

(OR = 0.50, z = -1.74, p = .08). 앞서 정규분포를 가정할 수 있는 종속변수의 경우 '코헨의 d'가 두 집단간 평균차이에 대한 효과크기 통계치로 자주 활용되고 있으며, 논란의 여지가 있지만 d의 크기에 따른 '소(small)효과', '중(medium)효과', '대(large)효과' 분류방법 역시 잘 알려져 있습니다. 그렇다면 이항로짓모형으로 얻은 오즈비의 효과크기는 어떻게 분류할 수 있을까요? 만약 필요하다면 다음과 같이 z_to_d() 함수를 활용하여 위에서 얻은 테스트 통계치를 코헨의 d로 전환한 후, 이를 토대로 효과크기가 어떠한지 분류할 수도 있습니다.

```
> z_to_d(c(4.947, 1.738),n=nrow(mydata)/2) |>
+  interpret(rules="cohen1988")
d    |        95% CI | Interpretation
-------------------------------------
0.95 | [ 0.57, 1.33] |          large
0.33 | [-0.04, 0.71] |          small

- Interpretation rule: cohen1988
```

다음으로 요인 a의 수준별 요인 b의 효과가 어떠한지 살펴보면 다음과 같습니다. emmeans() 함수 내부의 공식 지정 부분을 바꾸면 됩니다.

```
> myglm2 |> emmeans(~b|a, type="response") |>
+  contrast("pairwise")
a = A1:
 contrast odds.ratio    SE  df null z.ratio p.value
 B1 / B2       0.245 0.109 Inf    1  -3.172  0.0015

a = A2:
 contrast odds.ratio    SE  df null z.ratio p.value
 B1 / B2       1.182 0.483 Inf    1   0.408  0.6832

Tests are performed on the log odds ratio scale
> z_to_d(c(3.172,0.408),n=216/2) |>
+  interpret(rules="cohen1988")
d    |        95% CI | Interpretation
-------------------------------------
```

```
0.61 | [ 0.23, 0.99] |          medium
0.08 | [-0.30, 0.46] |      very small

- Interpretation rule: cohen1988
```

위의 결과에서 확인할 수 있듯, A1인 조건에서 요인 b의 효과는 통계적으로 유의미하게 나타나지만(OR = 0.25, $z = -3.17$, $p = .002$), A2 조건의 경우 요인 b의 효과는 통계적으로 유의미하지 않습니다(OR = 1.18, $z = 0.41$, $p = .68$).

```
> myglm2 |> emmeans(~b|a, type="response") |>
+ contrast("pairwise")
a = A1:
 contrast odds.ratio    SE  df null z.ratio p.value
 B1 / B2       0.245 0.109 Inf    1  -3.172  0.0015

a = A2:
 contrast odds.ratio    SE  df null z.ratio p.value
 B1 / B2       1.182 0.483 Inf    1   0.408  0.6832

Tests are performed on the log odds ratio scale
> z_to_d(c(3.172,0.408), n=nrow(mydata)/2) |>
+ interpret(rules="cohen1988")
d    |       95% CI | Interpretation
-------------------------------------
0.61 | [ 0.23, 0.99] |          medium
0.08 | [-0.30, 0.46] |      very small

- Interpretation rule: cohen1988
```

계획비교의 경우도 비슷합니다. 예를 들어 A1B2 조건인 집단에서 종속변수의 범주가 1인 확률값이 A1B1 조건과 A2B1 조건에서 종속변수의 범주가 1인 확률값과 동일한지 여부를 계획비교를 통해 살펴본 결과는 아래와 같습니다.

```
> # Planned contrast
> myglm2 |> emmeans(~a:b, type="response") |>
+ contrast(method=list(
+   A1B2_AB1=c(1,1,-2,0)
+ ))
```

```
contrast odds.ratio    SE  df null z.ratio p.value
A1B2_AB1        0.574 0.408 Inf     1  -0.782  0.4344

Tests are performed on the log odds ratio scale
```

사후 다중비교를 실시하는 방법도 크게 다르지 않습니다. 예를 들어 A1B1 집단을 통제집단으로 설정한 후, 이 통제집단과 다른 세 집단의 종속변수 범주가 1인 확률값이 동일한지 테스트한 결과는 아래와 같습니다.

```
> # Posthoc multiple comparison
> myglm2 |> emmeans(~a:b, type="response") |>
+  contrast("trt.vs.ctrl",ref=1,adjust="mvt")
 contrast   odds.ratio   SE  df  null  z.ratio  p.value
 A2 B1 / A1 B1     9.58 4.37 Inf     1    4.947   <.0001
 A1 B2 / A1 B1     4.09 1.81 Inf     1    3.172   0.0042
 A2 B2 / A1 B1     8.11 3.66 Inf     1    4.634   <.0001

P value adjustment: mvt method for 3 tests
Tests are performed on the log odds ratio scale
```

1-4 공변량이 포함된 경우

연속형 변수 형태의 공변량을 추가하는 경우를 살펴봅시다. 4-7장에서 공변량을 투입할 때 평균중심화 변환을 실시했었습니다. 마찬가지로 이항로짓모형에서도 연속형 변수 형태의 공변량은 평균중심화 변환을 실시하는 것이 결과 해석의 용이성을 높이는 데 도움이 됩니다. 먼저 공변량인 cov 변수를 평균중심화 변환한 후, 두 요인 a와 b, 그리고 평균중심화 변환을 적용한 공변량 cov_mc 사이의 3원상호작용효과를 고려할 필요가 있는지 살펴보도록 하겠습니다. 여기서는 emmeans 패키지의 joint_tests() 함수를 활용하여 3원상호작용효과항의 통계적 유의도를 살펴보았습니다.

```
> # 공변량 투입 : 평균중심화 변환
> mydata$cov_mc <- mydata$cov-mean(mydata$cov)
> # 3원상호작용효과가 통계적으로 유의미?
> glm(y~a*b*cov_mc,mydata,family=binomial(link="logit")) |>
+    joint_tests()
```

```
model term df1 df2 F.ratio  Chisq  p.value
a            1 Inf  23.129 23.129   <.0001
b            1 Inf   3.871  3.871   0.0491
cov_mc       1 Inf  29.124 29.124   <.0001
a:b          1 Inf   3.229  3.229   0.0723
a:cov_mc     1 Inf   0.732  0.732   0.3924
b:cov_mc     1 Inf   0.701  0.701   0.4023
a:b:cov_mc   1 Inf   0.042  0.042   0.8369
```

출력결과에서 확인할 수 있듯, 3원상호작용효과항은 통계적으로 유의미하지 않습니다.[2] 이제는 공변량과 두 요인 a, b 사이의 2원상호작용효과항들에 대해 통계적 유의도 테스트를 실시해보겠습니다. 마찬가지로 joint_tests() 함수를 활용하였습니다.

```
> glm(y~(a+b+cov_mc)^2,mydata,family=binomial(link="logit")) |>
+ joint_tests()
model term df1 df2 F.ratio  Chisq  p.value
a            1 Inf  23.237 23.237   <.0001
b            1 Inf   3.854  3.854   0.0496
cov_mc       1 Inf  29.182 29.182   <.0001
a:b          1 Inf   3.232  3.232   0.0722
a:cov_mc     1 Inf   0.714  0.714   0.3981
b:cov_mc     1 Inf   0.801  0.801   0.3708
```

---

2 drop1() 함수를 활용하여 로그우도비 테스트를 실시한 결과도 크게 다르지 않습니다.

```
> glm(y~a*b*cov_mc,mydata,family=binomial(link="logit")) |>
+ drop1(.~.,test="Chisq")
Single term deletions

Model:
y ~ a * b * cov_mc
           Df Deviance    AIC    LRT  Pr(>Chi)
<none>         221.51 237.51
a           1  247.03 261.04 25.523 4.371e-07 ***
b           1  225.49 239.49  3.974    0.0462 *
cov_mc      1  258.64 272.64 37.124 1.108e-09 ***
a:b         1  224.77 238.77  3.262    0.0709 .
a:cov_mc    1  222.25 236.25  0.740    0.3896
b:cov_mc    1  222.21 236.21  0.698    0.4034
a:b:cov_mc  1  221.55 235.55  0.042    0.8367
---
Signif. codes: 0 '***' 0.001 '**' 0.01 '*' 0.05 '.' 0.1 ' ' 1
```

출력결과에서 확인할 수 있듯, 공변량은 요인 a, b와 독립적인 관계를 갖습니다. 이에 두 요인의 주효과와 상호작용효과에 공변량의 주효과만을 추가한 최종모형을 설정한 후, 모형을 추정한 결과는 아래와 같습니다.

```
> # 모형 추정
> myglmcov <- glm(y~cov_mc+a*b,mydata,family=binomial(link="logit"))
> myglmcov |> joint_tests()
model term df1 df2 F.ratio Chisq p.value
cov_mc       1 Inf  30.746 30.746  <.0001
a            1 Inf  23.239 23.239  <.0001
b            1 Inf   3.920  3.920  0.0477
a:b          1 Inf   3.664  3.664  0.0556
```

공변량을 추가 투입할 경우, 요인 a와 b 사이의 2원상호작용효과는 통상적 수준에서 통계적으로 유의미하지 않은 것으로 나타납니다[Wald $\chi^2(1) = 3.66, p = .056$].

공변량이 투입된 경우, 앞에서 제시한 내용과 마찬가지로 공변량의 수준을 어떻게 설정하는가에 따라 추정결과의 시각화가 조금씩 달라집니다. 연속형 변수 형태의 공변량인 경우, 평균값을 가정하는 것이 보통입니다. 앞에서 공변량을 평균중심화 변환하였다는 점에서 공변량의 값을 '0'으로 가정한 후, 두 요인의 수준별 종속변수 범주가 '1'일 확률값을 시각화하면 [그림 9-2]와 같습니다.

```
> myglmcov |> ref_grid(at=list(cov_mc=0)) |>
+ emmip(b~a,type="response",
+        CIs=TRUE,CIarg=list(lwd=2,alpha=0.5))+
+ labs(x="\nFactor a",y="Probability and 95% CIs\n",
+      color="Factor b",
+      caption="Binary logit model, covariate assumed its mean")+
+ theme_bw()
```

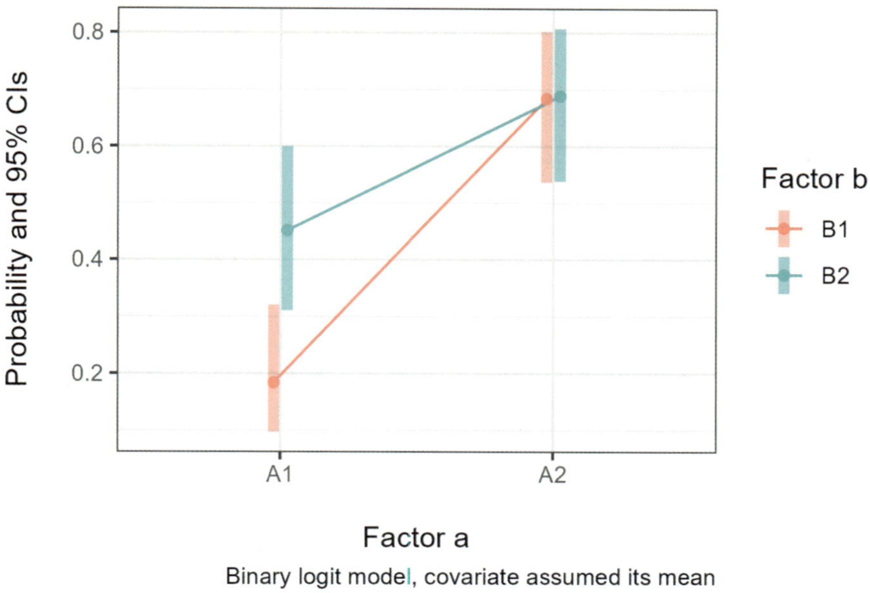

[그림 9-2] 이항 종속변수 대상 2×2 2요인 실험데이터의 2원상호작용효과 패턴 (공변량 통제)

추가 분석 역시 크게 다르지 않습니다. 공변량을 어떤 수준으로 가정할 것인가에 대한 부분만 주의하면,[3] 크게 어렵지 않게 단순주효과 분석, 계획비교, 사후 다중비교를 진행할 수 있습니다.

2 이항 종속변수: 개체내-개체간 3×2 2요인설계

2-1 표본크기 추정, 실험설계, 데이터 수집

앞에서는 이항 종속변수(binary outcome)인 경우 개체간 요인설계를 살펴보았습니다. 다음으로 개체내 요인과 개체간 요인이 동시에 반영된 2요인설계를 살펴보겠습니다.

3 여기서는 공변량과 요인 사이의 상호작용효과가 존재하지 않기 때문에 공변량 수준을 어떻게 설정하든 단순주효과나 계획비교, 사후 다중비교 결과가 크게 달라지지 않습니다.

즉 7장에서 살펴본 반복측정 분산분석과 개념적으로 동일한 상황이며, 종속변수의 형태가 바뀌었다는 점이 다른 점입니다.

아쉽게도 제가 알고 있는 범위에서 이항 종속변수 대상 개체내 요인이 포함된 경우 표본크기를 손쉽게 추정할 수 있는 패키지는 없습니다. 즉 7장에서와 같은 pwrss.f.rmanova() 함수에 비견될 수 있는 기능은 pwrss 패키지에서는 물론 다른 R 패키지(이를테면 pwr, WebPower 등)나 G*Power와 같은 프로그램에서도 제공되지 않고 있습니다. 따라서 만약 표본크기를 반드시 추정해야만 하는 상황이라면, 연구자가 별도의 프로그래밍 과정을 통해 직접 표본크기 추정을 진행해야 합니다(개념적 기초에 대해서는 Chow et al., 2008 참조).

이번에 살펴볼 개체내-개체간 3×2 2요인설계 데이터는 dt_binary_BS1WS1.csv입니다. 아래 출력결과에서 확인할 수 있듯 '넓은 데이터(wide format data)' 형태인 것을 알 수 있습니다.

```
> # 1 BS and 1 WS binary outcome
> mydata <- read_csv("dt_binary_BS1WS1.csv",show_col_types=F)
> mydata |> print(n=2)
# A tibble: 180 × 5
     ID trt     time1 time2 time3
  <dbl> <chr>   <dbl> <dbl> <dbl>
1     1 control     1     0     1
2     2 control     1     0     0
# i 178 more rows
# i Use `print(n = ...)` to see more rows
```

측정시점별 종속변수(time1, time2, time3)를 설정한 후 '긴 데이터(long format data)' 형식으로 변환하여 개체내 요인(측정시점)과 종속변수를 생성하면 아래와 같습니다.

```
> mydata <- mydata |>
+  pivot_longer(cols=time1:time3,names_to="wsf",values_to="y")
> mydata |> print(n=2)
# A tibble: 540 × 4
     ID trt     wsf       y
  <dbl> <chr>   <chr> <dbl>
```

```
1     1 control time1     1
2     1 control time2     0
# i 538 more rows
# i Use `print(n = ...)` to see more rows
```

이제 분석에 필요한 변수(종속변수, 개체내 요인, 개체간 요인, 개인아이디)를 모두 요인형 변수로 변환하고, 2개의 요인에 대해 효과코딩을 적용하면 아래와 같습니다.

```
> mydata <- mydata |>
+ mutate(across(
+   .col=everything(),
+   .fns=function(x){factor(x)}
+ ))
> contrasts(mydata$trt) <- contr.sum(2)
> contrasts(mydata$wsf) <- contr.sum(3)
```

2-2 처치효과 추정 및 효과패턴의 시각화

일반화혼합모형(GMM, generalized mixed model)으로 위의 데이터를 분석할 수 있으며 2가지 방법을 고려할 수 있습니다. 첫 번째 방법은 `lme4` 패키지의 `glmer()` 함수를 활용하는 방법입니다. `glmer()` 함수를 활용하는 방법은 `lmer()` 함수와 유사하며, `family` 옵션을 통해 종속변수의 분포와 링크함수의 형태를 지정하면 됩니다. 두 번째 방법은 `afex` 패키지의 `mixed()` 함수를 활용하는 방법입니다. `mixed()` 함수는 첫 번째로 소개한 `lme4` 패키지의 `glmer()` 함수를 토대로 개발된 것이며, 따라서 첫 번째 방법과 본질적으로 다른 것은 아닙니다. 다만 로그우도비 테스트를 기반으로 분석결과의 주효과와 상호작용효과 테스트를 실시하려 한다면, 프로그램 측면에서 두 번째 방법이 조금 더 편하다는 장점이 있습니다.

본서의 본문에는 `lme4` 패키지의 `glmer()` 함수를 활용하도록 하겠습니다[`afex` 패키지의 `mixed()` 함수를 활용하는 방법은 각주로 제시]. 개체내-개체간 3×2 2요인설계를 따르는 데이터의 경우, 다음과 같은 방식으로 `glmer()` 함수를 지정하면 됩니다. 혼합모형을 추정한 후, 두 요인의 주효과와 상호작용효과를 추정한 결과는 다음과 같습

니다.[4]

```
> library(lme4)
> myglmer2 <- glmer(y~trt*wsf+(1|ID),mydata,
+                  family=binomial(link="logit"))
> myglmer2 |>
+ joint_tests() # Wald X2
 model term df1 df2 F.ratio  Chisq p.value
 trt          1 Inf   0.179  0.179  0.6722
 wsf          2 Inf  28.334 56.668  <.0001
 trt:wsf      2 Inf   4.578  9.156  0.0103
```

개체내 요인과 개체간 요인의 2원상호작용효과는 통계적으로 유의미한 것을 확인할 수 있습니다[$\chi^2(2) = 9.16$, $p = .01$]. 효과크기 통계치(임의 R^2)도 계산할 수 있지만, 해석이 불투명하고 널리 활용되지는 않는다는 점을 개체간 이항 종속변수 대상 2×2 2요인설계를 설명하면서 이야기한 바 있습니다.

---

4 afex 패키지의 mixed() 함수를 이용하여 동일하게 추정한 모형은 아래와 같습니다[glmer() 함수를 사용할 때와 비교하여 시간이 아주 조금 더 소요됩니다].

```
> library(afex)
> mymix <- mixed(y~trt*wsf+(1|ID),mydata,
+               method="LRT",family=binomial(link="logit"))
Contrasts set to contr.sum for the following variables: y, trt, wsf, ID
Fitting 4 (g)lmer() models:
[....]
> # LR test
> mymix
Mixed Model Anova Table (Type 3 tests, LRT-method)

Model: y ~ trt * wsf + (1 | ID)
Data: mydata
Df full model: 7
   Effect df     Chisq p.value
1     trt  1      0.18    .673
2     wsf  2 80.20 ***   <.001
3 trt:wsf  2   9.59 **    .008
---
Signif. codes: 0 '***' 0.001 '**' 0.01 '*' 0.05 '+' 0.1 ' ' 1
> # 아래의 추정결과는 본문 출력결과와 동일함
> mymix |> joint_tests()
                        [이후 출력결과는 분량 조절을 위해 제시하지 않음]
```

이제 개체내 요인과 개체간 요인의 상호작용효과 패턴이 어떠한지 시각화를 통해 살펴보겠습니다. emmip() 함수를 활용하여 개체간 요인의 수준으로 구분한 후, 시간 변화에 따라 종속변수 범주가 '1'이 나올 확률이 어떻게 변하는지 시각화하는 방법은 아래와 같습니다.

```
> myglmer2 |>
+ emmip(trt~wsf,type="response", #확률값 제시
+       CIs=TRUE,CIarg=list(lwd=2,alpha=0.5))+
+ labs(x="\nWithin-subject factor a",y="Probability and 95% CIs\n",
+      color="Between-subject factor b",
+      caption="Generalized Mixed Model")+
+ theme_bw()+
+ theme(legend.position="top")
```

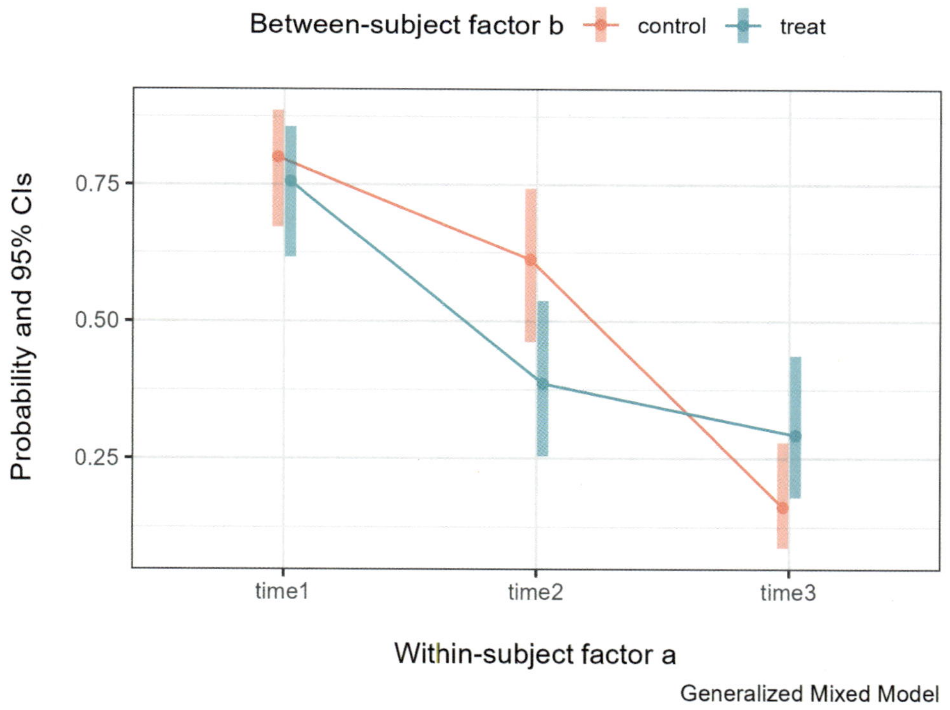

[그림 9-3] 이항 종속변수 대상 3×2 개체내-개체간 2요인설계 2원상호작용효과 패턴

2-3 추가 분석: 단순효과 분석, 계획비교, 사후 다중비교

[그림 9-3]에 나타난 효과를 보다 자세하게 살펴봅시다. 먼저 한 요인의 수준에 따라 다른 요인의 효과가 어떠한지 살펴보기 위해 단순주효과 분석을 실시해보겠습니다. 개체간 요인 trt 수준별 개체내 요인 wsf의 효과를 살펴보면 아래와 같습니다.

```
> # simple main effect
> myglmer2 |>
+  joint_tests(by="trt")
trt = control:
 model term df1 df2 F.ratio Chisq p.value
 wsf            2 Inf  22.176 44.352  <.0001

trt = treat:
 model term df1 df2 F.ratio Chisq p.value
 wsf            2 Inf  12.713 25.426  <.0001
```

개체간 요인 trt의 수준이 어떠하든 개체내 요인의 효과는 통계적으로 유의미하다는 것을 확인할 수 있습니다. 물론 trt의 수준이 control인 경우에 개체내 요인의 효과가 더 크다는 것은 앞서 trt와 wsf 두 요인의 2원상호작용효과 테스트를 통해 확인한 바 있습니다.

다음으로 개체내 요인 wsf 수준별 개체간 요인 trt의 효과를 살펴보면 다음과 같습니다. 출력결과에서 확인할 수 있듯, 두 번째 측정시점에서만 control 집단과 treat 집단에서 종속변수의 범주가 1인 확률이 통계적으로 유의미하게 다른 것을 확인할 수 있으며, 첫 번째 혹은 두 번째 측정시점에서는 두 집단 사이의 차이가 전혀 나타나지 않는 것을 볼 수 있습니다.

```
> myglmer2 |>
+  joint_tests(by="wsf")
wsf = time1:
 model term df1 df2 F.ratio Chisq p.value
 trt            1 Inf   0.300  0.300  0.5838

wsf = time2:
 model term df1 df2 F.ratio Chisq p.value
```

```
 trt          1 Inf   4.311 4.311  0.0379

wsf = time3:
 model term df1 df2 F.ratio Chisq p.value
 trt          1 Inf   2.666 2.666  0.1025
```

다음으로 다항비교를 실시해봅시다. 개체간 요인의 수준별 개체내 요인의 효과패턴을 1차선형관계 혹은 2차곡선형관계로 간주할 수 있는지 살펴본 결과는 아래와 같습니다.

```
> #다항비교
> myglmer2 |>
+  emmeans(~wsf|trt,type="response") |>
+  contrast("poly")
trt = control:
 contrast  odds.ratio     SE  df null z.ratio p.value
 linear        0.0484 0.0224 Inf    1  -6.547  <.0001
 quadratic     0.3092 0.2046 Inf    1  -1.773  0.0761

trt = treat:
 contrast  odds.ratio     SE  df null z.ratio p.value
 linear        0.1333 0.0557 Inf    1  -4.827  <.0001
 quadratic     3.2302 2.1214 Inf    1   1.785  0.0742

Tests are performed on the log odds ratio scale
```

각 집단에서 개체내 요인의 효과패턴은 1차선형관계인 것을 알 수 있습니다. 반면 통상적 통계적 유의도 수준을 가정할 때, 개체내 요인의 효과패턴은 2차곡선형관계라고 보기 어렵습니다. 그러나 `control` 집단과 `treat` 집단을 비교해보면, 1차선형관계 테스트 결과는 OR이 모두 1보다 매우 낮은 0에 근접하는 값을 갖는다는 점에서 큰 차이가 나타나지 않지만, 2차곡선형관계 테스트 결과에서의 OR은 매우 큰 차이가 나타나는 것을 확인할 수 있습니다. 구체적으로 `control` 집단의 경우 [그림 9-3]에서 확인할 수 있듯 '뒤집힌 U(inverted U)'에 가까운 형태를 보이지만, `treat` 집단의 경우 'U자'에 보다 가까운 모습을 보입니다.

그렇다면 개체내 요인의 1차선형관계 테스트 결과와 2차곡선형관계 테스트 결과가 control 집단과 treat 집단에서 통계적으로 유의미하게 다른지 여부를 테스트 해봅시다. 다음과 같이 계획비교를 활용하면 됩니다.

```
> myglmer2 |>
+ emmeans(~wsf|trt,type="response") |>
+ contrast(method=list(
+   linear=c(-1,0,1)
+ ),by="trt") |>
+ joint_tests()
model term df1 df2 F.ratio Chisq p.value
trt          1 Inf   3.132 3.132  0.0767

> myglmer2 |>
+ emmeans(~wsf|trt,type="response") |>
+ contrast(method=list(
+   quad=c(-1,2,-1)
+ ),by="trt") |>
+ joint_tests()
model term df1 df2 F.ratio Chisq p.value
trt          1 Inf   6.230  6.23  0.0126
```

출력결과에서 확인할 수 있듯, 통상적인 유의도 수준을 기반으로 할 때 1차선형 관계의 경우 두 집단 사이에 별 차이가 없다고 볼 수 있지만($p = .08$, 다시 말해 개체내 요인의 수준 증가에 따라 지속적으로 감소), 2차곡선형관계의 경우 두 집단 사이에 뚜렷한 차이가 있다고 판단할 수 있습니다($p = .01$).

사후 다중비교를 실시하는 것도 크게 다르지 않습니다. 첫 번째 측정시점을 기준으로 종속변수의 범주가 1일 확률이 측정시점이 연속적으로 변함에 따라 어떻게 변하는지 사후 다중비교한 결과는 아래와 같습니다.

```
> # 사후 다중비교
> myglmer2 |>
+ emmeans(~wsf|trt,type="response") |>
+ contrast("consec")
trt = control:
 contrast      odds.ratio     SE  df null z.ratio p.value
 time2 / time1      0.396 0.1532 Inf    1  -2.395  0.0322
 time3 / time2      0.122 0.0513 Inf    1  -5.007  <.0001
```

```
trt = treat:
 contrast     odds.ratio     SE  df null z.ratio p.value
 time2 / time1       0.203 0.0815 Inf     1  -3.975   0.0001
 time3 / time2       0.656 0.2473 Inf     1  -1.118   0.4361

P value adjustment: mvt method for 2 tests
Tests are performed on the log odds ratio scale
```

출력결과에서 확인할 수 있듯, control 집단의 경우 개체내 요인이 단계적으로 바뀔 때마다 종속변수 범주가 1인 확률이 통계적으로 유의미하게 감소하였습니다. 반면 treat 집단의 경우 첫 번째 측정시점에서 두 번째 측정시점으로 옮겨갈 때 종속변수 범주가 1인 확률이 통계적으로 유의미하게 감소하였지만, 두 번째 측정시점에서 세 번째 측정시점으로 바뀔 때는 큰 변화가 없었습니다.

4장부터 지금까지의 내용을 따라온 독자분이라면, 여기에는 소개되지 않았으나 자신의 필요에 맞는 다양한 추가 분석을 진행하실 수 있을 것입니다.

3 순위형 종속변수: 개체내-개체간 3×2 2요인설계

3-1 표본크기 추정, 실험설계, 데이터 수집

지금까지 종속변수의 범주가 2개인 이항 종속변수인 상황에서의 요인설계 데이터를 어떻게 분석할 수 있는지 살펴보았습니다. 이번에는 '순위 범주형 변수(ordered categorical variable)'가 종속변수인 경우의 요인설계 데이터를 어떻게 분석할 수 있는지 살펴보겠습니다. 여기서는 개체내-개체간 2요인설계이면서 순위 범주형 변수가 종속변수인 경우를 살펴보겠습니다. 개체내-개체간 요인설계를 이해한다면, 개체간 요인으로만 구성된 요인설계 데이터 역시 쉽게 분석할 수 있을 것입니다.

앞에서 살펴본 이항 종속변수의 경우 확률로 예측되는 범주가 단 2개이며, 종속변수의 범주가 '1'일 확률과 종속변수의 범주가 '0'일 확률의 합은 1.00이라는 점에서 분석결과가 상대적으로 간단합니다. 예를 들어 종속변수 범주가 '1'일 확률이 .40이라면, '0'일 확률은 .60으로 쉽게 예측할 수 있기 때문입니다(즉 자유도는 '1'). 그러나 순위형 종속변수의 경우 상황이 다릅니다. 예를 들어 순위형 종속변수의 범주가 순서대로 '소', '중', '대' 3개인 경우, 범주별 확률값이 3개이기 때문입니다(즉 자유도는 '2'). 바로 이러한 문제로 인해 이분형 종속변수에 대한 이항로짓모형보다 순위형 종속변수에 대한 순위로짓모형의 분석과정과 해석결과가 좀 더 복잡합니다. 또한 안타깝지만 순위형 종속변수인 상황의 요인설계시 표본크기를 손쉽게 추정할 수 있는 R 패키지 혹은 표본크기 추정 프로그램은 없는 상황입니다. 만약 표본크기를 반드시 추정해야만 하는 상황이라면, 연구자가 별도의 프로그래밍 과정을 통해 직접 표본크기 추정을 진행해야 합니다.

이번에 살펴볼 순위형 종속변수 대상 개체내-개체간 3×2 2요인설계 데이터는 `dt_ordinal_BS1WS1.csv`입니다.

3-2 처치효과 추정 및 효과패턴의 시각화

예시데이터를 불러온 후 살펴봅시다. 출력결과에서 확인할 수 있듯이 '넓은 데이터(wide format data)' 형태입니다.

```
> mydata <- read_csv("dt_ordinal_BS1WS1.csv",show_col_types=F)
> mydata |> print(n=2)
# A tibble: 180 × 5
     ID trt     time1 time2 time3
  <dbl> <chr>   <dbl> <dbl> <dbl>
1     1 control     2     2     3
2     2 control     3     2     1
# i 178 more rows
# i Use `print(n = ...)` to see more rows
```

앞에서와 마찬가지로 측정시점별 종속변수(`time1`, `time2`, `time3`)를 '긴 데이터(long format data)' 형식으로 변환하여 개체내 요인(측정시점)과 종속변수를 생성하고, 종속변수, 개체내 요인 그리고 개체간 요인을 요인형 변수로 바꾼 후, 효과코딩을 적용하면 아래와 같습니다.

```
> # 긴 데이터로, 요인형 변수로
> mydata <- mydata |>
```

```
+ pivot_longer(cols=time1:time3,names_to="wsf",values_to="y") |>
+ mutate(across(
+   .col=everything(),
+   .fns=function(x){factor(x)}
+ ))
> #효과코딩
> contrasts(mydata$trt) <- contr.sum(2)
> contrasts(mydata$wsf) <- contr.sum(3)
```

순위형 종속변수를 대상으로 개체내 요인의 효과가 포함된 경우, ordinal 패키지의 clmm() 함수를 통해 일반화혼합모형(GMM, generalized mixed model)을 추정할 수 있습니다. 만약 개체간 요인으로만 구성된 데이터라면 MASS 패키지의 polr() 함수를 사용해 일반화선형모형(GLM, general linear model)을 추정하면 됩니다. 랜덤효과항이 없다는 점만 다르기 때문에 큰 어려움은 없을 것입니다.

아무튼 clmm() 함수는 순위형 종속변수 대상 일반화혼합모형에 특화된 함수이므로 고정효과와 랜덤효과를 지정한 공식과 분석대상 데이터만 지정하면 됩니다. ordinal 패키지는 반드시 설치해야 하며, RVAideMemoire 패키지는 종속변수의 범주별 확률값을 추정할 경우 설치하는 것이 좋습니다. 왜냐하면 앞서 살펴본 이분형 종속변수의 경우 emmeans() 함수에 선형로짓을 확률값 형태의 한계추정치로 변형해주는 옵션이 존재하는 반면, clmm() 함수 추정결과의 경우 선형로짓 형태의 한계추정치만 가능하기 때문입니다. 즉 선형로짓 형태의 한계추정치를 확률값 형태의 한계추정치로 변환하기 위해서는 RVAideMemoire 패키지의 rating.emmeans() 함수를 사용하는 것이 매우 유용합니다. 아무튼 순위형 종속변수 대상 일반화혼합모형 추정방법 및 분석결과는 아래와 같이 얻을 수 있습니다.

```
> library(ordinal)
> library(RVAideMemoire)
> myclmm <- clmm(y~trt*wsf+(1|ID),mydata)
> myclmm |>
+ joint_tests()
 model term df1 df2 F.ratio  Chisq p.value
 trt          1 Inf   0.963  0.963  0.3265
 wsf          2 Inf  39.174 78.348  <.0001
 trt:wsf      2 Inf  16.363 32.726  <.0001
```

출력결과에서 확인할 수 있듯, 개체간 요인과 개체내 요인의 2원상호작용효과는 통계적으로 유의미한 것으로 나타납니다[Wald $\chi^2(2) = 32.73$, $p < .001$].

다음으로 각 조건별 종속변수의 범주별 한계추정치를 계산해봅시다. 범주별 한계추정치를 계산할 때, 유념할 것은 종속변수의 범주가 3수준 이상이라는 점입니다. 바로 이러한 점 때문에 종속변수의 범주를 하나의 요인으로 취급한다는 점이 매우 독특합니다. 따라서 emmeans() 함수를 이용하여 종속변수의 범주별 한계추정치를 계산한다는 것은 본질적으로 동일하지만, 추가적으로 종속변수의 범주를 또 다른 하나의 요인으로 간주하며 이것이 반영된 것이 바로 아래 제시된 cut 요인입니다. 또한 mode="linear.predictor"는 선형로짓 형태로 한계추정치를 제시하라는 의미입니다.

```
> myclmm |>
+ emmeans(~cut|trt|wsf,mode="linear.predictor")
trt = control, wsf = time1:
 cut emmean   SE df asymp.LCL asymp.UCL
 1|2 -0.841 0.293 Inf  -1.416  -0.266
 2|3  1.302 0.302 Inf   0.711   1.893
 3|4  3.331 0.369 Inf   2.608   4.054
                    [이후 출력결과는 분량 조절을 위해 제시하지 않음]
Results are given on the logit (not the response) scale.
Confidence level used: 0.95
```

출력결과의 가장 첫 번째 부분, 즉 개체간 요인 trt가 control이며 개체내 요인 wsf가 time1인 경우를 살펴봅시다. 여기서 "cut = 1|2"라는 부분은 종속변수의 첫 번째 범주('1')와 두 번째 범주('2')를 가름하는 선형로짓의 역치를 의미합니다. 마찬가지로 "cut = 2|3"이라는 부분은 두 번째와 세 번째 범주를 나누는, "cut = 3|4"라는 부분은 세 번째와 네 번째 범주를 나누는 역치를 뜻합니다. 그러나 위와 같은 방식의 통계치는 해석하기 쉽지 않으며, 범주별 확률값으로 바꾸는 것이 적절합니다. 범주별 확률값으로 전환하기 위해서는 RVAideMemoire 패키지의 rating.emmeans() 함수를 활용하면 됩니다. 여기에서는 범주별 확률값을 추정하기 위하여 type 옵션으로 "prob"를 설정하였습니다. 이때 한 가지 주의할 점은 rating.emmeans() 함수를 사용할 경우 반드시 cut 요인을 맨 마지막에 지정해주어야 한다는 점입니다(다른 개체내 요인이나 개체간 요인의 앞에 지정할 경우에는 계산되지 않는다는 오류 메시지가 나옵니다).

만약 누적확률을 계산하고자 한다면 type="cumprob"를, 가장 확률값이 높은 범주를 얻고자 한다면 type="class1"을 지정하면 됩니다.

```
> myclmm |>
+  emmeans(~trt|wsf|cut,mode="linear.predictor") |>
+  rating.emmeans(type="prob") |>
+  arrange(trt,wsf,Rating)
      trt   wsf Rating        Prob
1 control time1      1 0.301316538
2 control time1      2 0.484822340
3 control time1      3 0.179335103
4 control time1      4 0.034526019
```

[이후 출력결과는 분량 조절을 위해 제시하지 않음]

위의 출력결과에서 확인할 수 있듯, trt 요인이 control이며 wsf 요인이 time1인 경우 4가지 범주의 확률값의 총합은 1.00입니다.

지금까지 살펴본 결과를 시각화해봅시다. 시각화 방식도 마찬가지로 2가지입니다. 첫 번째 시각화 방식은 종속변수의 범주들을 구분하는 선형로짓 한계추정치를 시각화하는 방법이며, 두 번째 시각화 방식은 종속변수 범주들의 확률값 변화를 개체내 요인과 개체간 요인수준에 따라 시각화하는 방법입니다. 첫 번째 시각화 방식은 요인별 수준에 따른 서열형 종속변수의 연속된 두 범주간 변화에 초점을 맞추는 것이며, 두 번째 시각화 방식은 각 범주의 확률값이 어떻게 달라지는지에 초점을 맞추는 것입니다. 차례대로 시각화 결과를 제시하면 다음과 같습니다.

```
> # 라벨 작업
> cut_lbl <- c("None|Mild","Mild|Moderte","Moderate|Severe")
> names(cut_lbl) <- as.character(c("1|2","2|3","3|4"))
> # 시각화
> myclmm |>
+  emmip(trt~wsf|cut,mode="linear.predictor",
+        CIs=TRUE,CIarg=list(lwd=2,alpha=0.5))+
+  labs(x="\nWithin-subject factor a",y="Linear logit and 95% CIs\n",
+       color="Between-subject factor b",
+       caption="Generalized Mixed Model")+
+  theme_bw()+
+  theme(legend.position="top")+
```

```
+ facet_grid(~cut,labeller=labeller(cut=cut_lbl))
```

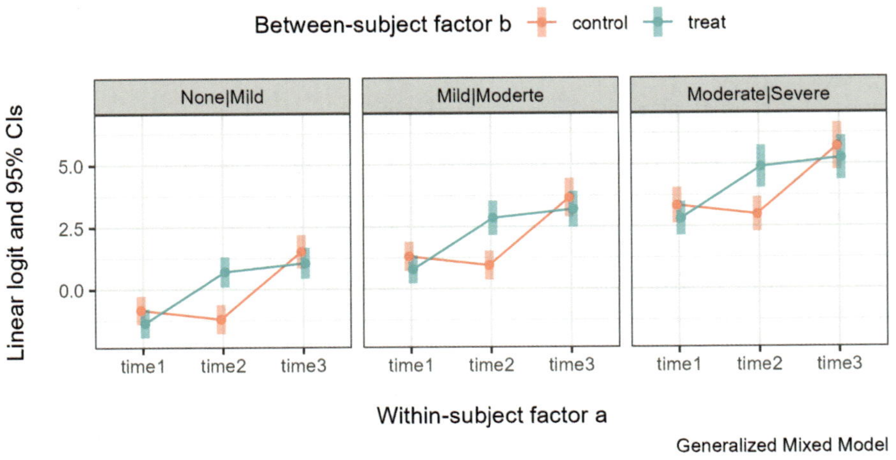

[그림 9-4] 순위 범주형 종속변수 대상 3×2 개체내-개체간 2요인설계 2원상호작용효과 패턴

출력결과에서 확인할 수 있듯, [그림 9-4]의 세 패널에 나타난 그림은 Y축의 전반적 수준이 달라질 뿐 동일합니다. 즉 이전 종속변수 범주와 이후 종속변수 범주의 변화라는 점에서 [그림 9-4]는 동일한 개체내 요인과 개체간 요인의 수준별 효과패턴을 보여줍니다.

종속변수의 네 범주별 확률값을 시각화한 두 번째 결과는 아래와 같습니다. [그림 9-5]에 잘 나타나듯, 통제집단의 경우 'None'의 비중이 개체내 요인이 time1부터 time2로 변할 때까지 비슷하게 유지되다가 time3 시점이 될 때 급속하게 증가하는 반면, 처치집단의 경우 'None'의 비중이 개체내 요인이 time1에서 time2로 변할 때 급속하게 감소한 후 time3까지 유지되는 모습을 보입니다. 'Mild'와 'Moderate' 범주의 확률 변화 역시 'None' 범주의 확률 변화와 비슷한 모습입니다.

```
> myclmm |>
+ emmeans(~trt:wsf|cut,mode="linear.predictor") |>
+ rating.emmeans(type="prob") |> as_tibble() |>
+ mutate(Rating=factor(Rating,labels=c("None","Mild","Moderate","Severe"))) |>
+ ggplot(aes(x=wsf, y=Prob, fill=Rating))+
+ geom_bar(stat="identity",width=0.5)+
+ labs(x="\nWithin-subject factor a",y="Probability\n",
+      fill="Categories in Y",
```

```
+     caption="Generalized Mixed Model")+
+ theme_bw()+
+ theme(legend.position="top")+
+ facet_grid(~trt)
```

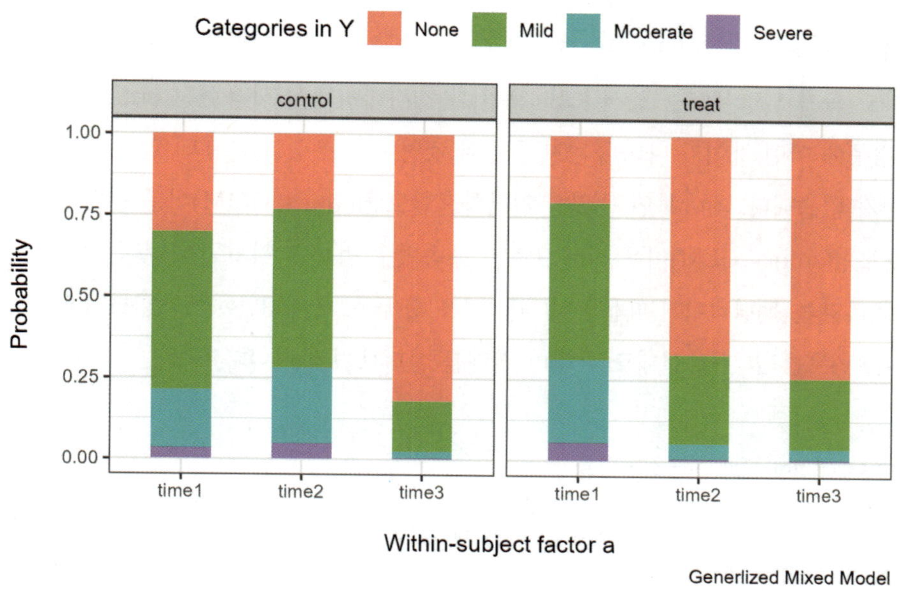

[그림 9-5] 순위 범주형 종속변수 대상 3×2 개체내-개체간 2요인설계 2원상호작용효과 패턴

3-3 추가 분석: 단순효과 분석, 계획비교, 사후 다중비교

[그림 9-4]나 [그림 9-5]에 나타난 개체내-개체간 요인의 효과패턴을 대상으로 한 추가 분석으로 '단순주효과 분석', '다항비교와 계획비교', '사후 다중비교'를 실시해보겠습니다. 먼저 단순주효과 분석을 실시해보죠. 먼저 개체간 요인 trt의 수준별 개체내 요인 wsf의 효과를 분석하면 다음과 같습니다.

```
> #단순주효과 분석
> myclmm |>
+ emmeans(~wsf:trt) |>
+ joint_tests(by="trt")
trt = control:
model term df1 df2 F.ratio Chisq p.value
wsf          2 Inf  27.743 55.486  <.0001
```

```
trt = treat:
 model term df1 df2 F.ratio  Chisq p.value
 wsf              2 Inf  29.012 58.024  <.0001
```

분석결과를 해석하는 것은 어렵지 않습니다. 개체간 요인의 수준이 control이든, 아니면 treat이든 개체내 요인의 주효과는 통계적으로 유의미한 것으로 확인됩니다. 아마도 독자 입장에서는 앞서 [그림 9-5]를 시각화하면서 사용했던 cut 요인을 반영할 경우에 어떤 차이가 나타나는지 궁금할 것입니다. 우선 결론부터 말씀드리면, 전혀 차이가 없습니다. 왜냐하면 순위형 일반화혼합모형(ordinal GMM)이든 순위형 일반화선형모형(ordinal GLM)이든 cut 요인은 종속변수 범주별 역치를 나타낼 뿐이며 요인의 효과와는 독립적이기 때문입니다([그림 9-4]에서 3개의 패널이 거의 다르지 않다는 것을 떠올려보면 됩니다). 실제로 아래의 결과를 살펴보기 바랍니다.

```
> # cut을 반영해도 달라지는 것은 없음
> myclmm |>
+   emmeans(~wsf|trt|cut,mode="linear.predictor") |>
+   joint_tests(by="trt")
trt = control:
 model term df1 df2 F.ratio   Chisq p.value
 wsf              2 Inf  27.743  55.486  <.0001
 cut              2 Inf 103.209 206.418  <.0001

trt = treat:
 model term df1 df2 F.ratio   Chisq p.value
 wsf              2 Inf  29.012  58.024  <.0001
 cut              2 Inf 103.209 206.418  <.0001
```

마찬가지로 개체내 요인 wsf의 수준별 개체간 요인 trt의 단순주효과도 추정할 수 있습니다. 아래의 출력결과에서 확인할 수 있듯, 첫 번째와 세 번째 측정시점의 경우 개체간 요인 trt의 효과가 나타나지 않지만, 두 번째 측정시점에서는 통계적으로 유의미한 trt 요인의 효과를 확인할 수 있습니다[$\chi^2(2) = 19.82, p < .001$].

```
> myclmm |>
+   emmeans(~wsf:trt) |>
+   joint_tests(by="wsf")
```

```
wsf = time1:
 model term df1 df2 F.ratio Chisq p.value
 trt            1 Inf   1.670  1.670  0.1963

wsf = time2:
 model term df1 df2 F.ratio Chisq p.value
 trt            1 Inf  19.817 19.817  <.0001

wsf = time3:
 model term df1 df2 F.ratio Chisq p.value
 trt            1 Inf   0.964  0.964  0.3262
```

다음으로 다항비교와 계획비교도 실시해보죠. 개체내 요인 wsf의 효과가 1차선형 관계인지, 아니면 2차곡선형관계인지 테스트한 결과는 아래와 같습니다.

```
> #다항비교
> myclmm |>
+  emmeans(~wsf|trt) |>
+  contrast("poly")
trt = control:
 contrast  estimate    SE  df z.ratio p.value
 linear       -2.36 0.370 Inf  -6.361  <.0001
 quadratic    -3.09 0.583 Inf  -5.292  <.0001

trt = treat:
 contrast  estimate    SE  df z.ratio p.value
 linear       -2.42 0.349 Inf  -6.914  <.0001
 quadratic     1.72 0.593 Inf   2.895  0.0038
```

trt 요인이 어떤 수준이든 1차선형관계와 2차곡선형관계 모두 데이터에 부합하는 것으로 나타납니다. 그렇다면 1차선형관계는 두 집단에서 통계적으로 유의미하게 다른 모습을 보일까요? 또한 2차곡선형관계는 두 집단에서 통계적으로 유의미하게 다르다고 볼 수 있을까요? 계획비교를 통해 살펴본 결과는 아래와 같습니다.

```
> myclmm |>
+  emmeans(~wsf|trt) |>
+  contrast(method=list(
```

```
+   linear=c(-1,0,1)
+  ),by="trt") |>
+  joint_tests()
model term df1 df2 F.ratio Chisq p.value
trt            1 Inf   0.016  0.016   0.9001
> myclmm |>
+  emmeans(~wsf|trt) |>
+  contrast(method=list(
+   quad=c(-1,2,-1)
+  ),by="trt") |>
+  joint_tests()
model term df1 df2 F.ratio Chisq p.value
trt            1 Inf  32.050  32.05  <.0001
```

출력결과에서 확인할 수 있듯, control 집단과 treat 집단 사이의 1차선형관계는 서로 통계적으로 유의미하게 다르지 않은 반면[$\chi^2(1) = 0.02, p = .90$], 2차선형관계는 통계적으로 유의미하게 다른 모습을 보입니다[$\chi^2(1) = 32.05, p < .001$].

사후 다중비교 역시 지금까지 해왔던 방식과 크게 다르지 않습니다. 개체간 요인의 수준별 개체내 요인의 수준 변화에 따라 종속변수의 범주 변화 가능성이 통계적으로 유의하게 변하는지 살펴본 결과는 아래와 같습니다. 통계적 유의도 조정기법은 디폴트 옵션으로 제공되는 더넷 조정기법을 사용하였습니다.

```
> # 사후 다중비교
> myclmm |>
+  emmeans(~wsf|trt) |>
+  contrast("consec")
trt = control:
 contrast      estimate    SE  df z.ratio p.value
 time2 - time1    0.365 0.306 Inf   1.196  0.3883
 time3 - time2   -2.721 0.381 Inf  -7.138  <.0001

trt = treat:
 contrast      estimate    SE  df z.ratio p.value
 time2 - time1   -2.066 0.338 Inf  -6.119  <.0001
 time3 - time2   -0.349 0.351 Inf  -0.994  0.5080

P value adjustment: mvt method for 2 tests
```

출력결과에서 확인할 수 있듯, control 집단의 경우 첫 번째에서 두 번째 시점으로 옮겨갈 때 종속변수 범주가 보다 상위수준으로 바뀔 가능성이 거의 없는 반면($p = .39$), 세 번째 시점으로 옮겨갈 때는 종속변수의 범주가 보다 낮은 수준으로 떨어지는 것이 통계적으로 유의미하게 나타납니다($z = -7.13$, $p < .001$). 반면 treat 집단의 경우 첫 번째에서 두 번째 시점으로 옮겨갈 때 종속변수의 범주가 보다 낮은 수준으로 떨어지는 모습이 통계적으로 유의미하게 나타나며($z = -6.12$, $p < .001$), 이후 세 번째 시점까지 별다른 변화 없이 유지됩니다($p = .51$).

4 무순위 범주형 종속변수: 개체간 3×2 2요인설계

4-1 표본크기 추정, 실험설계, 데이터 수집

이항 종속변수나 순위형 종속변수의 경우 변수의 '범주들'이 순위의 의미를 갖고 있지만, 이번에 살펴볼 종속변수의 경우 범주들에서 순위의 의미를 찾을 수 없는 무순위 범주형 종속변수(unordered categorical outcome)입니다. 흔히 '명목변수'라고 불리는 변수이고, 응답자나 소비자의 '선택(choice)'을 예측하는 모형에서 종속변수로 사용됩니다. 여기서는 개체간 3×2 2요인설계 상황에서, 종속변수가 무순위 범주형 변수인 상황에서 다항로짓모형(multinomial logit model)을 이용해 실험데이터를 분석할 수 있는지 살펴보겠습니다.

아쉽지만 무순위 범주형 종속변수인 상황에서 다항로짓모형을 추정할 때, 어느 정도 규모의 표본을 수집해야 하는지 계산하기 위해 사용할 수 있는 R 패키지나 단독 프로그램은 없는 것으로 저는 알고 있습니다. 만약 표본크기를 반드시 추정해야 한다면, 연구자가 직접 프로그래밍을 하는 방식으로 적절한 표본크기를 추정해야 합니다.

개체간 3×2 2요인설계를 따르며 종속변수가 무순위 범주형 변수인 예시데이터의 이름은 dt_multinom.csv입니다. 여기서 종속변수 y는 C1, C2, C3 3가지 범주로 구성되어 있습니다.

4-2 처치효과 추정 및 효과패턴의 시각화

예시데이터를 불러온 후, 다항로짓모형을 이용해 분석을 진행하겠습니다. 데이터의 종속변수 y와 개체간 요인 a와 b를 모두 요인형 변수로 변환한 후, 효과코딩을 적용하면 아래와 같습니다.

```
> # 3수준 이상 명목 종속변수
> mydata <- read_csv("dt_multinom.csv",show_col_types=FALSE)
> mydata <- mydata |>
+ mutate(across(
+   .col=c(y,a,b),
+   .fns=function(x){factor(x)}
+ ))
> contrasts(mydata$a) <- contr.sum(3)
> contrasts(mydata$b) <- contr.sum(2)
```

이제 nnet 패키지의 multinom() 함수를 이용하여 다항로짓모형을 추정해보죠. 다항로짓모형을 추정하는 방법 자체는 어렵지 않습니다.

```
> # 다항로짓모형
> library(nnet)
> mymultinom <- multinom(y~a*b, mydata)
# weights: 21 (12 variable)
initial value 329.583687
iter 10 value 263.825076
final value 263.044824
converged
```

두 개체간 요인의 2원상호작용효과에 대해 통계적 유의도 테스트를 실시해보겠습니다. 앞에서와 마찬가지로 joint_tests() 함수를 활용하기 전에 modelsummary 패키지의 modelsummary() 함수를 이용해 다항로짓모형이 어떻게 추정되었는지 살펴봅시다.[5] 다항로짓모형 추정결과는 R Studio의 Console 패널이 아닌 Viewer 패널

5 summary() 함수를 이용할 수도 있지만, 해석이 불편한 방식으로 제시됩니다.

에 제시되어 있습니다. 추정결과를 통해 무순위 범주형 종속변수의 기준범주는 C1이며, 'C1 대비 C2가 나타날 확률 추정모형'과 'C1 대비 C3가 나타날 확률 추정모형'이 나타난 것을 확인할 수 있습니다. 즉 요인 a와 b의 2원상호작용효과 추정항은 총 4개입니다. 다항로짓모형의 경우 종속변수의 범주개수에서 1을 빼준 개수만큼의 모형이 추정된다는 점에서 joint_tests() 함수를 사용할 때 주의가 필요합니다.

```
> library(modelsummary)
> modelsummary(mymultinom,
+              shape=model + term ~ response,
+              stars = TRUE)
```

		C2	C3
(1)	(Intercept)	0.046	0.110
		(0.178)	(0.172)
	a1	0.398+	-0.610*
		(0.235)	(0.253)
	a2	0.644*	0.518*
		(0.251)	(0.247)
	b1	-0.440*	0.308+
		(0.178)	(0.172)
	a1 × b1	-0.697**	-1.060***
		(0.235)	(0.253)
	a2 × b1	-0.451+	0.068
		(0.251)	(0.247)

+ p < 0.1, * p < 0.05, ** p < 0.01, *** p < 0.001

[그림 9-6] modelsummary() 함수 출력결과

위에서 얻은 다항로짓모형 추정결과를 통해 개체간 요인 a와 b의 수준별 종속변수의 범주별 추정확률(mode="prob" 옵션)을 다음과 같이 계산할 수 있을 것으로 생각하실지 모르겠습니다. 그러나 아래에서 확인할 수 있듯, 추정결과가 매우 이상합니다.

```
> # 종속변수의 수준 구분
> # 아래와 같이 사용하면 문제 발생
```

```
> mymultinom |>
+ emmeans(~a|b,mode="prob")
b = B1:
 a  prob        SE df lower.CL upper.CL
 A1 0.333 3.56e-10 12    0.333    0.333
 A2 0.333      NaN 12      NaN      NaN
 A3 0.333 3.29e-10 12    0.333    0.333

b = B2:
 a  prob        SE df lower.CL upper.CL
 A1 0.333 2.33e-10 12    0.333    0.333
 A2 0.333 3.01e-10 12    0.333    0.333
 A3 0.333      NaN 12      NaN      NaN

Results are averaged over the levels of: y
Confidence level used: 0.95
경고메시지(들):
1: .qf.non0(object@V, x)에서: Negative variance estimate obtained!
2: .qf.non0(object@V, x)에서: Negative variance estimate obtained!
```

위와 같은 결과가 나타난 이유는 emmeans() 함수에서는 다항로짓모형의 종속변수 역시 하나의 요인으로 간주하기 때문입니다. "Results are averaged over the levels of: y"라는 표현은 요인 b의 수준별 요인 a에서 점유하고 있는 종속변수 범주들의 확률 평균이 제시되었다는 뜻입니다. 즉 두 요인의 수준별 종속변수 범주의 확률을 추정하면, 아래와 같이 별다른 문제가 발생하지 않습니다.

```
> # 아래와 같이 사용해야 함
> mymultinom |>
+ emmeans(~y|a|b,mode="prob")
a = A1, b = B1:
 y prob     SE df lower.CL upper.CL
 C1 0.56 0.0702 12   0.4070    0.713
 C2 0.28 0.0635 12   0.1417    0.418
 C3 0.16 0.0518 12   0.0470    0.273

a = A2, b = B1:
 y prob     SE df lower.CL upper.CL
 C1 0.22 0.0586 12   0.0924    0.348
 C2 0.18 0.0543 12   0.0616    0.298
 C3 0.60 0.0693 12   0.4490    0.751
```

```
a = A3, b = B1:
 y prob     SE df lower.CL upper.CL
 C1 0.16 0.0518 12   0.0470    0.273
 C2 0.12 0.0460 12   0.0199    0.220
 C3 0.72 0.0635 12   0.5816    0.858

a = A1, b = B2:
 y prob     SE df lower.CL upper.CL
 C1 0.14 0.0491 12   0.0331    0.247
 C2 0.68 0.0660 12   0.5363    0.824
 C3 0.18 0.0543 12   0.0616    0.298

a = A2, b = B2:
 y prob     SE df lower.CL upper.CL
 C1 0.14 0.0491 12   0.0331    0.247
 C2 0.68 0.0660 12   0.5363    0.824
 C3 0.18 0.0543 12   0.0616    0.298

a = A3, b = B2:
 y prob     SE df lower.CL upper.CL
 C1 0.66 0.0670 12   0.5140    0.806
 C2 0.12 0.0460 12   0.0199    0.220
 C3 0.22 0.0586 12   0.0924    0.348

Confidence level used: 0.95
```

따라서 두 요인 a와 b의 2원상호작용효과를 추정할 경우에도 종속변수의 범주를 반드시 고려한 후 추정해야 합니다. 예를 들어 아래와 같이 아무런 조건을 지정하지 않은 채로 `joint_tests()` 함수를 사용하는 것은 적절하지 않습니다. 왜냐하면 출력결과의 맨 아래에서 확인할 수 있듯, 두 요인 a와 b의 2원상호작용효과가 종속변수의 범주별 수준에 따라 달라지는지 테스트한 3원상호작용효과(a:b:y)의 첫 번째 자유도(df1)가 '4'로 나오는데,[6] 실제로 다항로짓모형 추정결과에 따르면 첫 번째 자유도는

6 4라는 값은 요인 a의 수준개수 3, 요인 b의 수준개수 2, 종속변수의 범주개수 3을 기준으로 (3-1)×(2-1)×(3-1)을 통해 계산한 값입니다. 여기서 종속변수의 범주개수는 3이지만 모형을 추정하는 과정에서 하나의 범주를 기준집단(reference group, base group)으로 사용하였고, emmeans() 함수에서는 3개의 종속변수 범주를 개별적으로 취급하여 계산하고 있습니다. 본문의 출력결과에 제시된 오류 메시지는 바로 계산과정에서의 이 문제를 보여준 것입니다.

4가 아니라 2가 나와야 하기 때문입니다.

```
> # 아래와 같이 사용하면 문제 발생
> mymultinom |> joint_tests()
Error in solve.default(zcov, z) :
 system is computationally singular: reciprocal condition number = 2.89055e-18
Error in solve.default(zcov, z) :
 system is computationally singular: reciprocal condition number = 4.04012e-19
 model term df1 df2 F.ratio p.value
 a            2  12   0.000  1.0000
 b            1  12   0.000  1.0000
 y            2  12   0.354  0.7089
 a:b          2  12   0.000  1.0000
 a:y          4  12  19.693  <.0001
 b:y          2  12  26.496  <.0001
 a:b:y        4  12  18.488  <.0001
```

2가지 방법을 고려해볼 수 있을 듯합니다. 첫 번째는 종속변수의 각 범주별 확률 추정치를 대상으로 두 요인의 주효과와 상호작용효과를 추정하는 것입니다. 즉 C1, C2, C3 개별적으로 두 요인의 주효과와 상호작용효과를 추정하는 방법입니다.

```
> # 종속변수 범주별
> mymultinom |> joint_tests(by="y")
y = C1:
 model term df1 df2 F.ratio p.value
 a            2  12   8.974  0.0041
 b            1  12   0.000  1.0000
 a:b          2  12  29.989  <.0001

y = C2:
 model term df1 df2 F.ratio p.value
 a            2  12  27.652  <.0001
 b            1  12  40.678  <.0001
 a:b          2  12  12.968  0.0010

y = C3:
 model term df1 df2 F.ratio p.value
 a            2  12  15.243  0.0005
 b            1  12  38.837  <.0001
 a:b          2  12  12.449  0.0012
```

두 번째 방법은 앞에서 추정했던 다항로짓모형처럼 특정 종속변수 범주를 기준집단으로 설정하였을 때, 다른 종속변수 범주들에 대한 요인들의 주효과와 상호작용효과의 모형 추정결과의 차이를 비교하는 것입니다. 말이 좀 복잡하게 들리지만, 아래와 같이 contrast() 함수의 계획비교를 활용한 결과를 보면 어떤 의미인지 어렵지 않게 이해하시리라 생각합니다.

```
> mymultinom |>
+ emmeans(~y|a|b, mode="prob") |>
+ contrast(method=list(
+   C2_C1=c(-1,1,0), # 다항로짓모형 추정결과 표에서 C2 컬럼에 해당
+   C3_C1=c(-1,0,1), # 다항로짓모형 추정결과 표에서 C3 컬럼에 해당
+   C3_C2=c(0,-1,1)  # 다항로짓모형 추정결과 표에는 제시되지 않았음 C2컬럼 - C3 컬럼
+ ),by=c("a","b")) |>
+ joint_tests(by="contrast")
contrast = C2_C1:
 model term df1 df2 F.ratio p.value
 a            2  12  19.020  0.0002
 b            1  12  13.574  0.0031
 a:b          2  12  27.317  <.0001

contrast = C3_C1:
 model term df1 df2 F.ratio p.value
 a            2  12   8.313  0.0054
 b            1  12  12.959  0.0036
 a:b          2  12  24.900  0.0001

contrast = C3_C2:
 model term df1 df2 F.ratio p.value
 a            2  12  24.205  0.0001
 b            1  12  52.954  <.0001
 a:b          2  12   3.543  0.0618
```

출력결과에서 "contrast = C2_C1:"의 결과만 예시로 살펴봅시다. 요인 a와 요인 b의 상호작용효과인 $F(2,12) = 27.32$, $p < .001$은 다항로짓모형 추정결과에서 a1×b1의 회귀계수 −0.697과 a2×b1의 회귀계수 −0.451이 동시에 0인지 여부를 테스트한 결과입니다[H_0: $(a1 \times b1 = 0) \& (a2 \times b1 = 0)$]. 요인 a와 요인 b의 주효과 역시 동일하게 해석할 수 있습니다.

이와 같이 다항로짓모형을 활용하여 요인설계 데이터를 분석하는 것은 꽤나 까다롭습니다. 우선 첫 번째 방법, 즉 종속변수의 각 범주별 확률값을 대상으로 요인들의 주효과와 상호작용효과를 살펴보는 방법은 해석이 쉽다는 장점이 있습니다. 그러나 이 경우 특정 범주 대비(이를테면 예시데이터의 C1 범주) 다른 범주(이를테면 예시데이터의 C2 혹은 C3 범주)를 선택하도록 하는 요인의 주효과 혹은 요인들 사이의 상호작용효과가 통계적으로 유의미한지 여부를 알기 어렵습니다. 반대로 두 번째 방법은 특정 범주 대비(이를테면 예시데이터의 C1 범주) 다른 범주(이를테면 예시데이터의 C2 혹은 C3 범주)를 선택하도록 하는 요인의 주효과 및 요인들 사이의 상호작용효과의 통계적 유의도를 테스트할 수 있지만, 해석이 까다로울 수 있습니다.

다항로짓모형의 특성으로 인해 주효과와 상호작용효과에 대한 통계적 유의도를 테스트하는 것이 다소 복잡해 보입니다. 그러나 모형 추정결과를 시각화하면 분석결과를 보다 쉽게 이해할 수 있습니다. 만약 종속변수의 각 범주별로 두 요인 a와 b의 효과패턴을 보여주고자 한다면, 아래의 과정을 거쳐 [그림 9-7]을 그릴 수 있습니다.

```
> mymultinom |>
+ emmip(b~a|y,mode="prob",
+       CIs=TRUE, CIarg=list(lwd=5,alpha=0.4))+
+ labs(x="Factor a", y="Probabilities estimated and 95% CI",
+      color="Factor b",caption="Multinomial logit model")+
+ theme_bw()+
+ theme(legend.position="top")
```

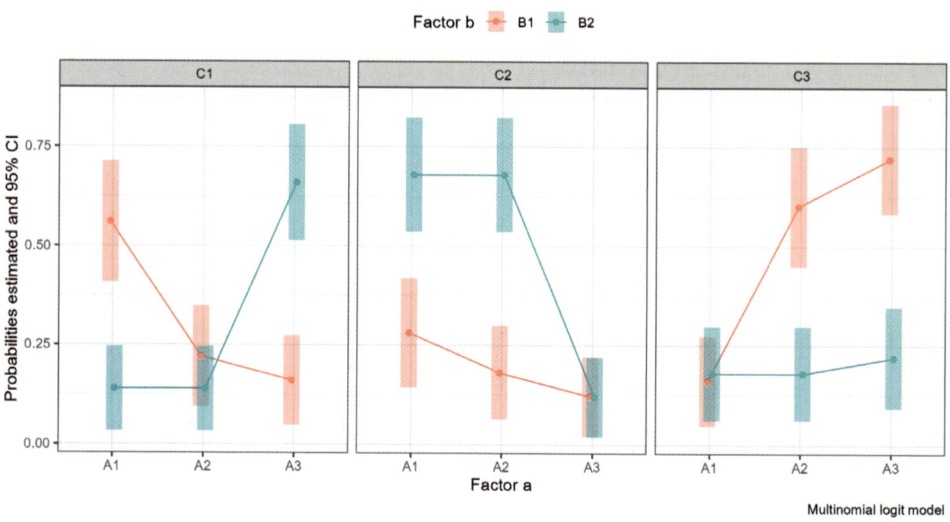

[그림 9-7] 무순위 범주형 종속변수(3개 범주) 대상 3×2 개체내-개체간 2요인설계 2원상호작용효과 패턴

[그림 9-7]에서 잘 알 수 있듯, 종속변수의 범주별로 두 요인 a와 b의 상호작용효과 패턴은 상당히 다르게 나타납니다.

4-3 추가 분석: 단순효과 분석, 계획비교, 사후 다중비교

다항로짓모형의 추정결과, 즉 [그림 9-7]에 나타난 효과패턴에 대해 추가 분석을 실시해보겠습니다. 다항로짓모형의 특수성으로 인해 분석이 복잡할 뿐, 추가 분석과정은 본질적으로 동일합니다. 먼저 단순주효과(simple main effect) 분석을 실시해보겠습니다. 요인 b의 수준별 요인 a의 단순주효과가 종속변수의 범주에 따라 어떠한지 살펴본 결과는 아래와 같습니다. 요인 a의 단순주효과를 살펴본다는 점에서 joint_tests() 함수의 by 옵션에 종속변수 y와 요인 b를 지정하였습니다. 이때 출력결과를 짧게 정리하기 위해 티블형식으로 전환해 제시하였습니다.

```
> #단순주효과 분석
> mymultinom |> emmeans(~y:a:b,mode="prob") |>
+  joint_tests(by=c("y","b")) |> as_tibble()
# A tibble: 6 × 7
 `model term` y     b     df1   df2   F.ratio p.value
 <chr>        <fct> <fct> <dbl> <dbl> <dbl>   <dbl>
1 a           C1    B1    2     12    11.1    0.00184
2 a           C2    B1    2     12     2.09   0.167
3 a           C3    B1    2     12    27.0    0.0000363
4 a           C1    B2    2     12    23.8    0.0000673
5 a           C2    B2    2     12    36.6    0.00000784
6 a           C3    B2    2     12     0.163  0.851
```

출력결과에서 확인할 수 있듯, 요인 a의 단순주효과는 종속변수가 C1이면서 요인 b가 B1 수준인 경우와 종속변수가 C3이면서 요인 b가 B2 수준인 경우를 제외하면, 통계적으로 모두 유의미한 결과를 보입니다. 만약 요인 b의 단순주효과를 살펴보고자 한다면 joint_tests() 함수의 by 옵션을 ("y","a")으로 바꾸어 정의하면 됩니다.

다음으로 다항비교와 계획비교를 실시해보겠습니다. 먼저 [그림 9-7]에서 요인 b의 수준별 요인 a의 수준 변화에 따른 종속변수의 범주별 확률 변화패턴을 대상으로 다항비교를 실시하면 다음과 같습니다. contrast() 함수에 "poly"를 지정한 후, by

옵션에 종속변수와 요인 b를 지정하면 됩니다. 여기서는 출력결과를 티블형식으로 전환한 후, 1차선형효과 패턴인지 아니면 2차곡선형효과 패턴인지에 따라 결과를 정렬하여 제시하였습니다.

```
> #다항비교
> mymultinom |> emmeans(~y|a|b,mode="prob") |>
+ contrast("poly",by=c("y","b"))|> as_tibble() |>
+ arrange(contrast)
# A tibble: 12 × 8
  contrast  y     b     estimate SE     df    t.ratio p.value
  <fct>     <fct> <fct> <dbl>    <dbl>  <dbl> <dbl>   <dbl>
 1 linear    C1    B1    -0.400   0.0873 12    -4.58   0.000629
 2 linear    C2    B1    -0.160   0.0784 12    -2.04   0.0639
 3 linear    C3    B1     0.560   0.0820 12     6.83   0.0000182
 4 linear    C1    B2     0.520   0.0830 12     6.26   0.0000418
 5 linear    C2    B2    -0.560   0.0804 12    -6.97   0.0000151
 6 linear    C3    B2     0.0400  0.0799 12     0.501  0.626
 7 quadratic C1    B1     0.280   0.146  12     1.92   0.0794
 8 quadratic C2    B1     0.0400  0.134  12     0.299  0.770
 9 quadratic C3    B1    -0.320   0.161  12    -1.99   0.0702
10 quadratic C1    B2     0.520   0.129  12     4.04   0.00163
11 quadratic C2    B2    -0.560   0.155  12    -3.62   0.00349
12 quadratic C3    B2     0.0400  0.135  12     0.297  0.772
```

[그림 9-7]과 함께 위의 다항비교 결과를 살펴보면, 요인 a의 효과패턴이 어떠한지 보다 쉽게 이해할 수 있을 것입니다.

만약 요인 a의 1차선형효과가 B1과 B2 조건에서 통계적으로 유의미하게 다른지 여부를 종속변수의 각 범주별로 테스트하고자 한다면, 다음과 같이 계획비교를 실시할 수 있습니다. 출력결과에서 알 수 있듯, 종속변수의 모든 범주에서 요인 b의 수준에 따라 요인 a의 1차선형효과가 통계적으로 유의미하게 다른 것을 확인할 수 있습니다. 예를 들어 종속변수의 범주가 C2인 경우 B1 조건에서의 요인 a의 1차선형효과는 –0.160이고[$t(12) = -2.04$, $p = .06$], B2 조건에서의 요인 a의 1차선형효과는 –0.560인데[$t(12) = -6.97$, $p < .001$], 이 둘은 통계적으로 유의미하게 다릅니다[$F(1,12) = 12.70$, $p = .004$].

```
> # 계획비교
> myplan <- mymultinom |>
+ emmeans(~y|a|b,mode="prob") |>
+ contrast(method=list(
+   linearA=c(-1,0,1) # 요인 a의 1차선형 패턴
+ ),by=c("y","b"))   # y, b별로 계산
> mytest <- myplan |> joint_tests(by="y") # b수준별 차이를 y별로 제시
> myplan |> as_tibble() |> arrange(y)
# A tibble: 6 × 8
  contrast y     b     estimate SE     df    t.ratio p.value
  <fct>    <fct> <fct> <dbl>    <dbl>  <dbl> <dbl>   <dbl>
1 linearA  C1    B1    -0.400   0.0873 12    -4.58   0.000629
2 linearA  C1    B2     0.520   0.0830 12     6.26   0.0000418
3 linearA  C2    B1    -0.160   0.0784 12    -2.04   0.0639
4 linearA  C2    B2    -0.560   0.0804 12    -6.97   0.0000151
5 linearA  C3    B1     0.560   0.0820 12     6.83   0.0000182
6 linearA  C3    B2     0.0400  0.0799 12     0.501  0.626
> mytest |> as_tibble()
# A tibble: 3 × 6
  `model term` y     df1   df2   F.ratio p.value
  <chr>        <fct> <dbl> <dbl> <dbl>   <dbl>
1 b            C1    1     12    58.3    0.00000603
2 b            C2    1     12    12.7    0.00391
3 b            C3    1     12    20.6    0.000675
```

마지막으로 사후 다중비교를 예시해보겠습니다. 두 요인을 교차하여 얻은 6개의 조건별로 종속변수 세 범주의 확률이 통계적으로 유의미하게 다른지 테스트해봅시다. 아래와 같이 contrast() 함수에 "pairwise"를 지정한 후, by 옵션으로 요인 a와 b를 지정하면 됩니다. 예를 들어 아래의 출력결과에서 요인 a가 A1이고 요인 b가 B1인 경우, 종속변수 범주 C1과 C2 혹은 C1과 C3는 통계적으로 유의미하게 다른 확률을 보이는 것을 확인할 수 있습니다.

```
> # 사후 다중비교
> mymultinom |>
+ emmeans(~y|a|b,mode="prob") |>
+ contrast("pairwise",by=c("a","b"))
```

```
a = A1, b = B1:
 contrast estimate     SE df t.ratio p.value
 C1 - C2       0.28 0.1234 12   2.269  0.0995
 C1 - C3       0.40 0.1058 12   3.780  0.0069
 C2 - C3       0.12 0.0923 12   1.301  0.4214
                    [이후 출력결과는 분량 조절을 위해 제시하지 않음]
P value adjustment: tukey method for comparing a family of 3 estimates
```

5 횟수형 종속변수 포아송 모형: 개체간 2×2 2요인설계

5-1 표본크기 추정, 실험설계, 데이터 수집

지금부터는 종속변수가 0과 양의 정수로 구성된 횟수형 변수(count outcome)인 상황에서의 실험설계 데이터 분석을 살펴보겠습니다. 이항 종속변수와 마찬가지로 개체간 요인들로만 구성된 요인설계를 계획하는 상황이면서, 포아송 모형을 적용할 수 있는 상황이라면 어렵지 않게 표본크기를 추정할 수 있습니다.

이제 pwrss 패키지의 pwrss.z.poisreg() 함수를 이용하여 횟수형 종속변수인 상황에서 개체간 2×2 2요인설계의 표본크기를 추정해봅시다. 통상적으로 인정되는 '제1종 오류'와 '제2종 오류' 가능성 기준인 $\alpha = .05$, $\beta = .20$을 택하였으며, 선행연구를 전반적으로 검토한 결과 연구자는 두 개체간 요인 사이의 상호작용효과 회귀계수를 0.40으로 예상하고 있습니다. 이 경우의 표본규모 추정결과는 아래와 같습니다.

```
> # 표본크기 설정
> library(pwrss)
> pwrss.z.poisreg(beta0 = 0.00, beta1 = 0.40,
+                 alpha = 0.05, power = 0.80)
 Poisson Regression Coefficient
 (Large Sample Approx. Wald's z Test)
 H0: beta1 = 0
 HA: beta1 != 0
 Distribution of X = 'normal'
 Method = DEMIDENKO(VC)
 ------------------------------
```

```
Statistical power = 0.8
n = 46
------------------------------
Alternative = "not equal"
Non-centrality parameter = 2.802
Type I error rate = 0.05
Type II error rate = 0.2
```

개체간 2×2 2요인설계의 경우 총 4개 집단이 존재한다는 점에서, 연구자는 각 집단별 12명씩 총 48명 규모의 표본을 수집하였습니다. 위와 같은 과정을 통해 얻은 예시데이터의 이름은 dt_count_BS2by2.csv입니다.

5-2 처치효과 추정 및 효과패턴의 시각화

이제 예시데이터를 대상으로 포아송 모형(Poisson model), 보다 구체적으로 종속변수의 분포에 대해 포아송 분포를 적용한 후, 링크함수로는 로그함수를 적용한 일반화선형모형(GLM)을 적용해보겠습니다. 먼저 데이터를 불러온 후, 분석에 포함되는 개체간 요인 변수(a, b)를 요인형으로 변경하고 효과코딩을 실시한 결과는 다음과 같습니다.

```
> mydata <- read_csv("dt_count_BS2by2.csv",show_col_types=F)
> mydata <- mydata |>
+ mutate(across(
+   .col=c(a,b,ID),
+   .fns=function(x){factor(x)}
+ ))
> contrasts(mydata$a) <- contr.sum(2)
> contrasts(mydata$b) <- contr.sum(2)
```

이제 포아송 모형을 추정해봅시다. glm() 함수의 family 옵션을 적절한 종속변수의 분포와 링크함수로 지정한 후, 모형을 추정하면 됩니다. 이후 joint_tests() 함수를 이용해 합산테스트 결과를 추정하면 2개의 개체간 요인의 주효과와 2원상호작

용효과를 얻을 수 있습니다.[7]

```
> mypois <- glm(y~a*b, mydata, family=poisson(link="log"))
> mypois |> joint_tests()
model term df1 df2 F.ratio Chisq p.value
a             1 Inf    0.007  0.007   0.9340
b             1 Inf    2.022  2.022   0.1550
a:b           1 Inf   11.196 11.196   0.0008
```

출력결과에서 통계적으로 유의미한 2원상호작용효과를 확인할 수 있습니다 [$\chi^2_{Wald}(1) = 11.20, p < .001$]. 이항로짓모형 혹은 순위로짓모형과 마찬가지로 널리 인정되는 효과크기 통계치는 없는 것으로 알고 있습니다. 만약 반드시 효과크기 통계치를 보고해야 하는 상황이라면, 임의로 R^2 사용을 고려할 수 있습니다.

이제 emmeans() 함수를 통해 한계추정치를 계산해보겠습니다. 이항로짓모형이나 순위로짓모형과 마찬가지로 링크함수를 적용하기 전의 선형추정치를 계산할 수 있고(디폴트), 결과 해석의 용이성에 초점을 맞추어 종속변수의 기대평균(expected mean)을 추정할 수도 있습니다(type 옵션을 "response"로 지정).

---

7 본문에 제시된 결과는 월드(Wald's) 카이제곱 테스트 통계치입니다. 만약 로그우도비(Log-likelihood ratio) 카이제곱 테스트 통계치를 얻고자 한다면, 다음과 같이 진행하면 됩니다. 테스트 방식이 달라지면서 결과가 조금 다를 수 있지만, 대부분의 경우 크게 다르지 않은 결과를 얻을 수 있습니다.

```
> drop1(mypois,~.-1,test="Chisq")
Single term deletions

Model:
y ~ a * b
       Df Deviance    AIC     LRT  Pr(>Chi)
<none>      43.398 186.84
a       1   43.405 184.84  0.0069 0.9340336
b       1   45.436 186.88  2.0382 0.1533946
a:b     1   55.057 196.50 11.6592 0.0006389 ***
---
Signif. codes: 0 '***' 0.001 '**' 0.01 '*' 0.05 '.' 0.1 ' ' 1
```

```
> mypois |> emmeans(~a|b)
b = B1:
 a emmean    SE  df asymp.LCL asymp.UCL
 A1  0.949 0.180 Inf     0.597      1.30
 A2  1.504 0.136 Inf     1.237      1.77

b = B2:
 a emmean    SE  df asymp.LCL asymp.UCL
 A1  1.276 0.152 Inf     0.977      1.58
 A2  0.693 0.204 Inf     0.293      1.09

Results are given on the log (not the response) scale.
Confidence level used: 0.95
> mypois |> emmeans(~a|b,type="response")
b = B1:
 a  rate    SE  df asymp.LCL asymp.UCL
 A1 2.58 0.464 Inf      1.82      3.67
 A2 4.50 0.612 Inf      3.45      5.88

b = B2:
 a  rate    SE  df asymp.LCL asymp.UCL
 A1 3.58 0.546 Inf      2.66      4.83
 A2 2.00 0.408 Inf      1.34      2.98

Confidence level used: 0.95
Intervals are back-transformed from the log scale
```

이번에는 상호작용효과의 패턴을 시각화를 통해 살펴봅시다. 앞에서와 마찬가지로 emmip() 함수를 활용하였으며 결과 해석의 용이성을 위해 type="response"를 지정하였습니다.

```
> mypois |>
+ emmip(b~a, type="response",
+         CIs=TRUE, CIarg=list(lwd=5,alpha=0.4))+
+ labs(x="Factor a", y="Point estimates and 95% CI",
+       color="Factor b",
+       caption="Poisson model")+
+ theme_bw()
```

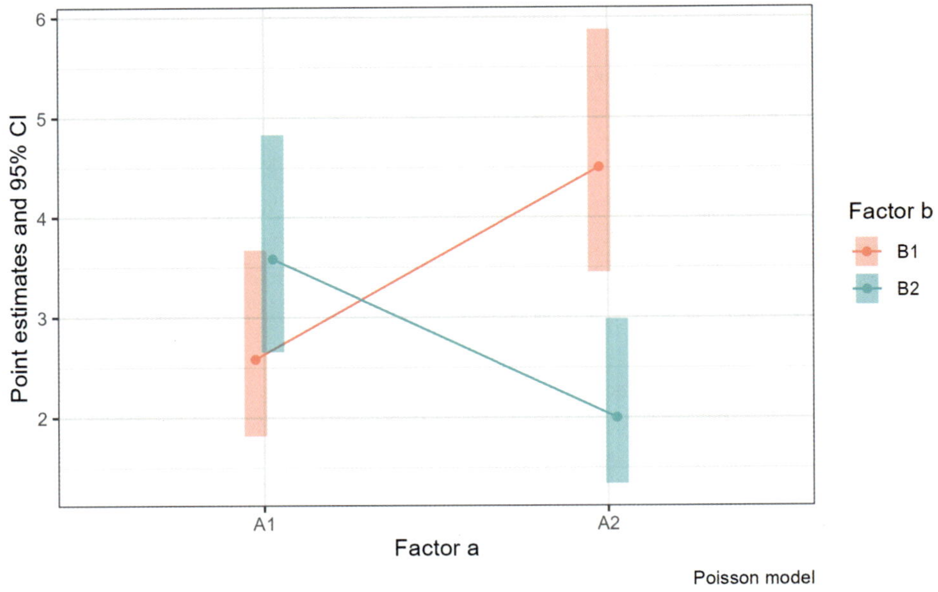

[그림 9-8] 횟수형 종속변수 대상 2×2 2요인설계 2원상호작용효과 패턴 (포아송 모형)

5-3 추가 분석: 단순효과 분석, 계획비교, 사후 다중비교

추가 분석 과정은 앞에서 다룬 내용과 본질적으로 동일합니다. 먼저 한 요인의 수준별 다른 요인의 단순주효과(simple main effect)를 추정하면 아래와 같습니다. 여기서는 요인 b의 수준별 요인 a의 단순주효과를 살펴보겠습니다.

```
> #단순주효과
> mypois |> emmeans(~a|b) |>
+ joint_tests(by="b")
b = B1:
 model term df1 df2 F.ratio Chisq p.value
 a            1 Inf   6.066 6.066  0.0138

b = B2:
 model term df1 df2 F.ratio Chisq p.value
 a            1 Inf   5.238 5.238  0.0221
```

출력결과에서 확인할 수 있듯, 요인 b가 B1인 수준에서의 요인 a의 단순주효과와 요인 b가 B2인 수준에서의 요인 a의 단순주효과는 모두 통계적으로 유의미한 것으로 나타납니다[각각 $\chi^2_{Wald}(1) = 6.07, p = .01; \chi^2_{Wald}(1) = 5.24, p = .02$].

계획비교 역시 지금까지 살펴본 방식과 동일합니다. 예를 들어 A1B2 집단과 A2B1 집단의 기댓값이 서로 동일한지 여부를 계획비교를 통해 살펴볼 경우 아래와 같습니다. 출력결과에서 확인할 수 있듯, 두 집단의 기대평균은 통계적으로 구분될 정도로 다르지 않습니다.

```
> #계획비교
> mypois |> emmeans(~a:b,type="response") |>
+ contrast(method=list(
+   A1B2_A2B1=c(0,-1,1,0)
+ ))
 contrast ratio    SE  df null z.ratio p.value
 A1B2_A2B1 0.796 0.163 Inf    1  -1.114  0.2651

Tests are performed on the log scale
```

사후 다중비교 역시 실행방법은 동일합니다. 전체 4개 집단의 가능한 모든 기대평균을 비교할 경우는 다음과 같습니다(통계적 유의도 조정은 디폴트인 뚜끼 기법을 사용하였음).

```
> #사후 다중비교
> mypois |> emmeans(~a:b,type="response") |>
+ contrast("pairwise")
 contrast    ratio    SE  df null z.ratio p.value
 A1 B1 / A2 B1  0.574 0.129 Inf    1  -2.463  0.0658
 A1 B1 / A1 B2  0.721 0.170 Inf    1  -1.389  0.5064
 A1 B1 / A2 B2  1.292 0.351 Inf    1   0.941  0.7826
 A2 B1 / A1 B2  1.256 0.257 Inf    1   1.114  0.6806
 A2 B1 / A2 B2  2.250 0.552 Inf    1   3.306  0.0052
 A1 B2 / A2 B2  1.792 0.457 Inf    1   2.289  0.1006

P value adjustment: tukey method for comparing a family of 4 estimates
Tests are performed on the log scale
```

6 횟수형 종속변수 음이항 모형: 개체간 3×2 2요인설계

6-1 표본크기 추정, 실험설계, 데이터 수집

횟수형 종속변수(count outcome)를 대상으로 분석할 때 포아송 모형이 적절하지 않은 경우가 매우 빈번하게 발생합니다. 횟수형 변수의 경우 과대분포(over-dispersion)를 보이는 경우가 매우 빈번하며, 만약 과대분포가 확실하다고 판단될 경우에는 포아송 모형보다는 준(準)-포아송 모형(Quasi-Poisson model)이나 음이항 모형(negative binomial model)을 사용하는 것이 더 적절합니다. 데이터의 횟수형 변수가 과대분포를 보이는지 판단할 때, 포아송 모형과 음이항 모형을 비교하는 방법을 사용한다는 점에서 일반적으로는 음이항 모형이 준-포아송 모형보다 빈번하게 사용됩니다.

그러나 아쉽게도 과대분포가 나타날 것으로 예상되는 횟수형 종속변수 상황에서 요인설계를 계획하여 음이항 모형을 추정한다고 가정할 때, 표본규모를 용이하게 추정할 수 있는 R 패키지나 독립적 표본크기 추정 프로그램은 없는 것으로 저는 알고 있습니다. 물론 포아송 모형을 토대로 표본규모를 추정한 후 수집된 데이터에 대해 음이항 모형을 적용할 수도 있겠지만, 적절한 방법이라고는 보기 어려울 듯합니다. 만약 음이항 모형을 적용할 계획이라면, 연구자가 별도의 프로그래밍을 통해 표본크기를 추정해야 합니다. 이에 따라 본서에서는 별도의 표본크기 추정절차를 제시하지는 않겠습니다.

음이항 모형이 적용되는 요인설계 예시데이터는 `dt_count_overdisperse.csv`이며, 개체간 3×2 2요인설계를 기반으로 총 120명이 실험에 참여하였습니다(집단별 20명).

6-2 처치효과 추정 및 효과패턴의 시각화

이제 예시데이터를 불러온 후 본격적으로 음이항 모형을 추정해보겠습니다. 데이터를 불러온 후 개체간 요인에 해당되는 `a`, `b` 변수를 요인형 변수로 변환한 다음, 각 요인의 수준에 맞게 효과코딩을 적용하였습니다.

```
> # 3x2 : Count outcome : Negative binomial model
> mydata <- read_csv("dt_count_overdisperse.csv",show_col_types=FALSE)
> mydata <- mydata |>
+  mutate(across(
+    .col=c(ID,a,b),
+    .fns=function(x){factor(x)}
+  ))
> contrasts(mydata$a) <- contr.sum(3)
> contrasts(mydata$b) <- contr.sum(2)
```

횟수형 종속변수에서 과대분포가 확인되는지를 먼저 살펴봅시다. 앞에서 이야기했듯, 가장 널리 사용되는 방법은 포아송 모형과 음이항 모형의 모형비교를 실시하는 것입니다. 동일한 공식을 적용한 후, 포아송 모형과 음이항 모형을 각각 추정한 다음, 두 모형에 대한 로그우도비 테스트를 실시한 결과는 아래와 같습니다. 음이항 모형 추정을 위해 MASS 패키지의 `glm.nb()` 함수를 사용했으며, 로그우도비 테스트는 `lmtest` 패키지의 `lrtest()` 함수를 활용하였습니다.

```
> mypois <- glm(y~a*b,mydata,family=poisson(link="log"))
> library(MASS)
> mynb <- glm.nb(y~a*b,mydata)
> lrtest(mypois, mynb)
Likelihood ratio test

Model 1: y ~ a * b
Model 2: y ~ a * b
  #Df  LogLik Df  Chisq Pr(>Chisq)
1   6 -220.06
2   7 -197.88  1 44.357  2.736e-11 ***
---
Signif. codes:  0 '***' 0.001 '**' 0.01 '*' 0.05 '.' 0.1 ' ' 1
```

출력결과에서 확인할 수 있듯, 음이항 모형은 포아송 모형보다 통계적으로 유의미하게 데이터를 더 잘 설명합니다[$\chi^2_{LR}(1) = 44.36, p < .001$]. 다시 말해 예시데이터의 경우 포아송 모형보다 음이항 모형을 사용하는 것이 더 낫습니다. 아울러 준(準)-포아송 모형을 추가로 추정한 후, 두 요인의 주효과와 2원상호작용효과 추정결과를 비교해보면 다음과 같습니다.

```
> myqpois <- glm(y~a*b,mydata,family=quasipoisson(link="log")) #준포아송 분포
> mypois |> joint_tests()
model term df1 df2 F.ratio Chisq p.value
a             2 Inf   7.602 15.204  0.0005
b             1 Inf   5.368  5.368  0.0205
a:b           2 Inf  26.592 53.184  <.0001

> myqpois |> joint_tests()
model term df1 df2 F.ratio Chisq p.value
a             2 Inf   3.430  6.860  0.0324
b             1 Inf   2.422  2.422  0.1197
a:b           2 Inf  11.996 23.992  <.0001

> mynb |> joint_tests()
model term df1 df2 F.ratio Chisq p.value
a             2 Inf   3.471  6.942  0.0311
b             1 Inf   2.024  2.024  0.1549
a:b           2 Inf  11.288 22.576  <.0001
```

분석결과를 비교해보기 바랍니다. 과대분포가 나타난 데이터의 경우, 포아송 모형을 사용해 얻은 추정결과가 준-포아송 모형이나 음이항 모형으로 얻은 추정결과에 비해 테스트 통계치가 월등하게 큰 것을 확인할 수 있습니다. 예를 들어 2원상호작용효과의 테스트 통계치의 경우, 포아송 모형을 적용할 때는 $\chi^2_{Wald}(1) = 53.18$이지만, 준-포아송 모형을 적용할 때는 $\chi^2_{Wald}(1) = 23.99$, 음이항 모형을 적용할 때는 $\chi^2_{Wald}(1) = 22.58$로 큰 차이가 나타납니다.

무엇보다 유념해야 할 점은 각 집단별 표준오차의 크기입니다. 위에서 비교한 테스트 통계치 추정결과를 통해서도 짐작할 수 있지만, 과대분포 현상이 나타난 횟수형 종속변수에 대해 포아송 모형을 적용할 경우, 표준오차가 작게 추정되면서 95% 신뢰구간(CI)이 매우 좁아지는 추정상의 문제가 발생할 수 있습니다. 구체적으로 위에서 추정했던 포아송 모형, 준-포아송 모형, 음이항 모형으로 얻은 6개 집단의 기대평균과 95% CI를 시각화를 통해 비교한 결과는 [그림 9-9]와 같습니다.

```
> #추정결과를 비교
> myfig <- bind_rows(mypois |> emmeans(~a|b, type="response") |>
+                      as_tibble() |> mutate(approach="Poisson") |>
+                      rename(y=rate),
+                    myqpois |> emmeans(~a|b, type="response") |>
```

```
+                     as_tibble() |> mutate(approach="Quasi-Poisson") |>
+                     rename(y=rate),
+                   mynb |> emmeans(~a|b, type="response") |>
+                     as_tibble() |> mutate(approach="Negative Bin") |>
+                     rename(y=response)) |>
+ mutate(approach=fct_relevel(approach,"Poisson","Quasi-Poisson"))
> myfig |>
+ ggplot(aes(x=a, y=y, color=approach))+
+ geom_errorbar(aes(ymin=asymp.LCL,ymax=asymp.UCL),width=0.1,
+               position=position_dodge(width=0.3))+
+ geom_point(position=position_dodge(width=0.3))+
+ labs(x="\nFactor a",y="Estimated mean of count and 95% CI\n",
+      color="Approach")+
+ theme_bw()+theme(legend.position="top")+
+ facet_grid(~b)
```

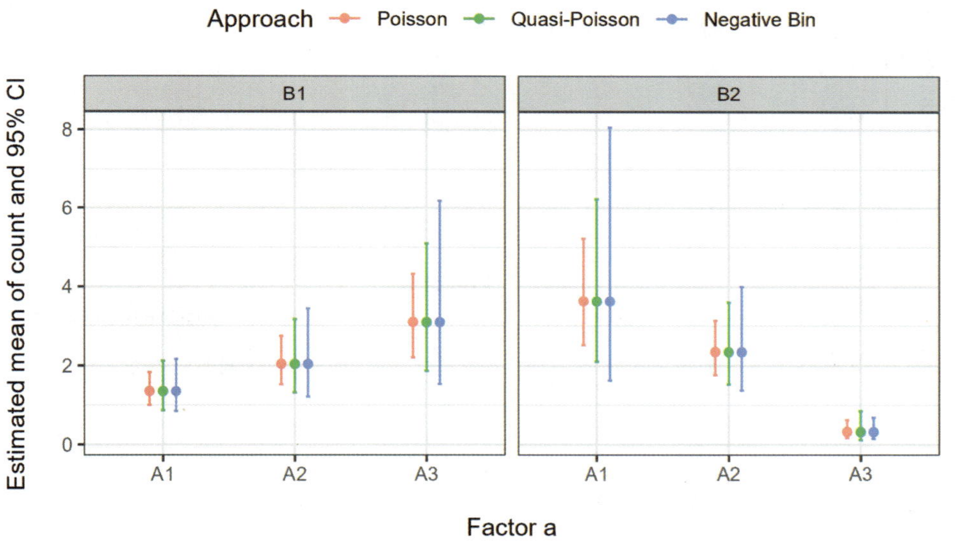

[그림 9-9] 포아송 모형, 준-포아송 모형, 음이항 모형 사이 횟수형 종속변수 상황에서의 3×2 2요인설계 모형 추정결과 비교

과대분포가 명확하게 나타난다는 점에서 여기서는 음이항 모형 추정결과를 사용하겠습니다. 음이항 모형을 적용해 나타난 두 요인 사이의 2원상호작용효과를 emmip() 함수를 통해 시각화한 과정은 다음과 같으며, 시각화 결과는 [그림 9-10]과 같습니다.

```
> mynb |>
+ emmip(b~a,type="response",
+         CIs=TRUE, CIarg=list(lwd=5,alpha=0.4))+
+ labs(x="Factor a", y="Point estimates and 95% CI",
+       color="Factor b",
+       caption="Negative binomial model")+
+ theme_bw()+
+ theme(legend.position="top")
```

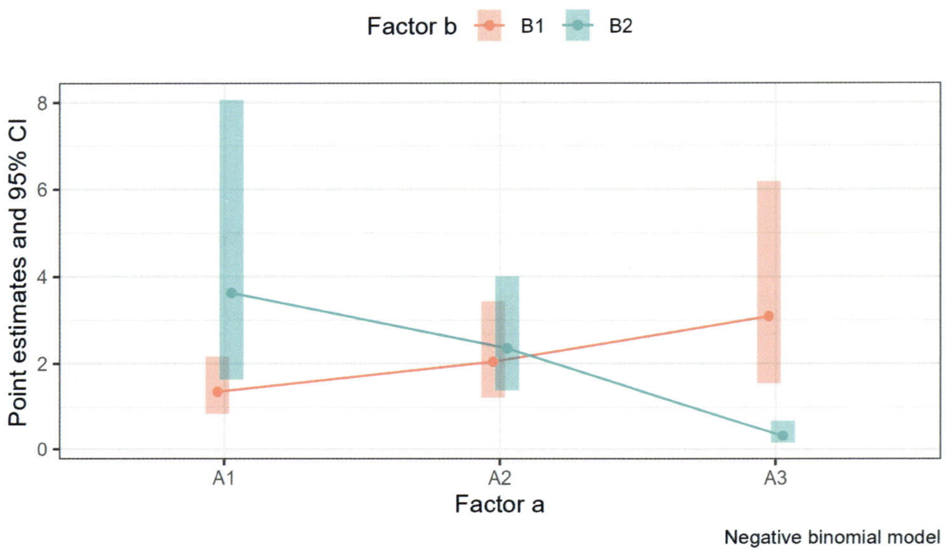

[그림 9-10] 음이항 모형 기반 횟수형 종속변수 대상 3×2 2요인설계 2원상호작용효과 패턴 추정결과

6-3 추가 분석: 단순효과 분석, 계획비교, 사후 다중비교

횟수형 종속변수에 과대분포가 나타나 음이항 모형을 적용했다는 점이 다를 뿐, 추가 분석 과정은 앞에서 소개한 내용과 본질적으로 동일합니다. 앞에서 살펴본 추가 분석과 마찬가지로, 단순주효과 분석, 다항비교 및 계획비교, 사후 다중비교 등을 살펴보겠습니다.

먼저 요인 b의 수준별 요인 a의 단순주효과를 분석하면 다음과 같습니다. 출력 결과에서 확인할 수 있듯, B2인 경우에 요인 a의 단순주효과는 통계적으로 유의미하게 나타난 반면[$\chi^2_{Wald}(2) = 23.31$, $p < .001$], B1인 경우에 요인 a의 단순주효과는 통계

적으로 더 이상 유의미하지 않은 것으로 나타납니다($p = .14$). 만약 요인 a의 수준별 요인 b의 단순주효과 분석을 실시하고자 한다면, joint_tests() 함수의 by 옵션을 "b"로 바꾸면 됩니다.

```
> #추가 분석
> #단순주효과 분석
> mynb |> emmeans(~a|b) |>
+  joint_tests(by="b")
b = B1:
 model term df1 df2 F.ratio Chisq p.value
 a            2 Inf   1.961  3.922  0.1407

b = B2:
 model term df1 df2 F.ratio Chisq p.value
 a            2 Inf  11.654 23.308  <.0001
```

다항비교 역시 어렵지 않습니다. contrast() 함수에 "poly"를 지정하면, 아래와 같이 요인 a의 효과가 1차선형관계 혹은 2차곡선형관계에 부합하는지 테스트할 수 있습니다. 출력결과에서 확인할 수 있듯, 요인 a의 효과는 요인 b의 수준이 B2인 경우 1차선형관계($z = -4.32$, $p < .001$) 혹은 2차곡선형관계($z = -1.99$, $p = .047$)로 파악할 수 있지만, 요인 b의 수준이 B1인 경우에는 1차선형관계에도 2차곡선형관계에도 부합하지 않는다고 판단할 수 있습니다.

```
> #다항비교
> mynb |> emmeans(~a|b,type="response") |>
+  contrast("poly")
b = B1:
 contrast   ratio     SE  df null z.ratio p.value
 linear     2.2814 0.9765 Inf    1   1.927  0.0540
 quadratic 1.0009 0.6818 Inf    1   0.001  0.9989

b = B2:
 contrast   ratio     SE  df null z.ratio p.value
 linear     0.0887 0.0498 Inf    1  -4.315  <.0001
 quadratic 0.2110 0.1650 Inf    1  -1.990  0.0466

Tests are performed on the log scale
```

또한 계획비교를 통해 국소 2원상호작용효과도 테스트할 수 있습니다. 예를 들어 요인 b와 첫 번째와 두 번째 수준 A1과 A2로만 국한한 요인 a 사이의 2원상호작용효과를 테스트하는 방법은 아래와 같습니다.

```
> # 계획비교
> mynb |> emmeans(~a:b,type="response") |>
+ contrast(interaction=list(
+   a=list(c(1,-1,0)),b=list(c(1,-1))
+ ))
 a_custom  b_custom ratio  SE df null z.ratio p.value
 c(1, -1, 0) c(1, -1) 0.429 0.261 Inf  1 -1.393 0.1638

Tests are performed on the log scale
```

출력결과에서 볼 수 있듯, 요인 a의 수준을 A1, A2로만 한정할 경우 국소 2원상호작용효과는 통계적으로 유의미하지 않습니다($z = -1.39$, $p = .16$). 반면 요인 a의 수준을 A2, A3로만 한정할 경우의 국소 2원상호작용효과는 아래와 같이 통계적으로 유의미한 것을 확인할 수 있습니다($z = -3.71$, $p < .001$).

```
> mynb |> emmeans(~a:b,type="response") |>
+ contrast(interaction=list(
+   a=list(c(0,1,-1)),b=list(c(1,-1))
+ ))
 a_custom b_custom ratio     SE  df null z.ratio p.value
 c(0, 1, -1)   c(1, -1) 0.0905 0.0586 Inf     1  -3.714   0.0002

Tests are performed on the log scale
```

사후 다중비교를 실시하는 방법 역시 앞에서 소개한 방법과 크게 다르지 않습니다. 요인 b의 수준별 요인 a의 수준이 순차적으로 변할 때, 어떤 순간에 기대평균이 달라지는지를 테스트하면 아래와 같습니다(통계적 유의도 수준 조정방법은 디폴트인 더넷 기법을 사용함).

```
> # 사후 다중비교
> mynb |> emmeans(~a|b,type="response") |>
```

```
+ contrast("consec")
b = B1:
 contrast ratio     SE  df null z.ratio p.value
 A2 / A1     1.510 0.5403 Inf     1    1.151   0.4139
 A3 / A2     1.511 0.6683 Inf     1    0.934   0.5535

b = B2:
 contrast ratio     SE  df null z.ratio p.value
 A2 / A1     0.648 0.3179 Inf     1   -0.884   0.5994
 A3 / A2     0.137 0.0646 Inf     1   -4.214   0.0001

P value adjustment: mvt method for 2 tests
Tests are performed on the log scale
```

출력결과에서 확인할 수 있듯, B2인 수준에서 A2에서 A3로 요인 a의 값이 변할 때 기대평균이 약 96%가량(0.137) 감소하며[8] 이는 통계적으로 유의미하게 감소한 것입니다($z = -4.21$, $p < .001$).

7 횟수형 종속변수 일반화혼합모형: 개체내-개체간 3×2 2요인설계

7-1 표본크기 추정, 실험설계, 데이터 수집

다음으로 횟수형 종속변수(count outcome)가 포함된 요인설계에서 개체내 요인이 포함된 경우를 살펴봅시다. 이 상황은 7장에서 살펴본 혼합모형과 유사하지만, 종속변수에 대해 정규분포를 가정할 수 없다는 점에서 일반화혼합모형(GMM, generalized mixed model)을 사용한다는 점이 조금 다릅니다.

안타깝지만, pwrss.f.rmanova() 함수와 같이 어렵지 않게 사용할 수 있는 표본크기 추정 함수나 표본크기 추정 프로그램은 없는 것으로 저는 알고 있습니다. 만약

8 A2B2 집단의 경우 기대평균이 2.35이며, A3B2 집단의 기대평균은 0.32입니다. 즉 본문의 출력결과에서 얻은 0.137이라는 ratio값은 0.32를 2.35로 나누어준 값입니다.

횟수형 종속변수 대상 일반화혼합모형(GMM) 적용이 필요한 요인설계를 계획한다면, 연구자가 별도의 프로그래밍을 통해 표본크기를 추정해야 합니다. 이에 따라 여기서는 별도의 표본크기 추정과정을 제시하지 않았습니다.

횟수형 종속변수 대상 일반화혼합모형(GMM)을 적용하게 될 예시데이터는 dt_count_WS_BS.csv입니다. 이 데이터는 개체내-개체간 3×2 2요인설계를 적용하였습니다.

7-2 처치효과 추정 및 효과패턴의 시각화

먼저 데이터를 불러옵시다.

```
> # Count outcome: Within-subject & Between-subject
> mydata <- read_csv("dt_count_WS_BS.csv",show_col_types=F)
> mydata |> print(n=2)
# A tibble: 160 × 5
    pID     bsf time1 time2 time3
  <dbl>   <chr> <dbl> <dbl> <dbl>
1     1 control     1     2     0
2     2 control     5     2     1
# i 158 more rows
# i Use `print(n = ...)` to see more rows
```

출력결과에서 확인할 수 있듯, 넓은 형태 데이터로 저장되어 있습니다. 일반화혼합모형(GMM)을 적용하기 위하여 긴 형태 데이터로 변환한 후, 측정시점을 개체내 요인으로 바꾸어준 다음, 개체내 요인과 개체간 요인은 요인형 변수로 전환하였습니다. 아울러 두 요인에 대해 효과코딩을 적용하였습니다.

```
> mydata <- mydata |>
+  pivot_longer(cols=time1:time3,names_to="wsf",values_to="y") |>
+  mutate(across(
+    .col=c(pID,wsf,bsf),
+    .fns=function(x){factor(x)}
+  ))
> contrasts(mydata$bsf) <- contr.sum(2)
> contrasts(mydata$wsf) <- contr.sum(3)
```

먼저 횟수형 종속변수에서 과대분포 현상이 나타나는지 확인하기 위해 예시데이터를 대상으로 랜덤효과를 포함한 포아송 혼합모형과 음이항 혼합모형을 각각 추정한 후, 두 모형에 대해 로그우도비 테스트를 실시하였습니다. glmer() 함수는 lme4 패키지의 lmer() 함수와 비슷하며, family 옵션 지정을 통해 다양한 형태의 종속변수에 대해 일반화혼합모형(GMM)을 추정할 수 있습니다. 또한 glmer.nb() 함수는 앞에서 살펴본 일반화선형모형인 glm.nb() 함수와 유사하며 랜덤효과를 반영한 일반화혼합모형(GMM)을 추정할 수 있습니다. lrtest() 함수를 활용하여 2가지 모형에 대한 로그우도비 테스트를 진행하였습니다.

```
> mypois_re <- glmer(y~wsf*bsf+(1|pID), mydata,
+                   family=poisson(link="log"))
> mynb_re <- glmer.nb(y~wsf*bsf+(1|pID), mydata)
> lrtest(mypois_re,mynb_re)
Likelihood ratio test

Model 1: y ~ wsf * bsf + (1 | pID)
Model 2: y ~ wsf * bsf + (1 | pID)
  #Df LogLik Df Chisq Pr(>Chisq)
1   7 -864.96
2   8 -860.41  1 9.0937   0.002565 **
---
Signif. codes:  0 '***' 0.001 '**' 0.01 '*' 0.05 '.' 0.1 ' ' 1
```

출력결과에서 확인할 수 있듯, 음이항 혼합모형이 포아송 혼합모형보다 예시데이터를 더 잘 설명할 수 있는 것으로 나타납니다[$\chi^2_{LR}(1) = 9.09$, $p = .003$]. 이를 토대로 포아송 혼합모형이 아닌 음이항 혼합모형을 사용하겠습니다. 음이항 혼합모형으로 추정한 두 요인의 주효과와 2원상호작용효과는 아래와 같습니다.

```
> mynb_re |> joint_tests()
 model term df1 df2 F.ratio  Chisq p.value
 wsf          2 Inf  48.432 96.864  <.0001
 bsf          1 Inf  33.564 33.564  <.0001
 wsf:bsf      2 Inf  10.393 20.786  <.0001
```

출력결과에서 확인할 수 있듯, 상호작용효과는 통계적으로 유의미하게 나타납니다($\chi^2_{Wald} = 20.79$, $p < .001$). 상호작용효과가 어떤 패턴인지 확인하기 위해 음이항 혼합모형 추정결과를 시각화하면 아래 [그림 9-11]과 같습니다.

```
> mynb_re |>
+ emmip(bsf~wsf,type="response",
+        CIs=TRUE, CIarg=list(lwd=5,alpha=0.4))+
+ labs(x="Within-subject factor", y="Point estimates and 95% CI",
+       color="Between-subject factor",
+       caption="Negative binomial mixed model")+
+ theme_bw()+
+ theme(legend.position="top")
```

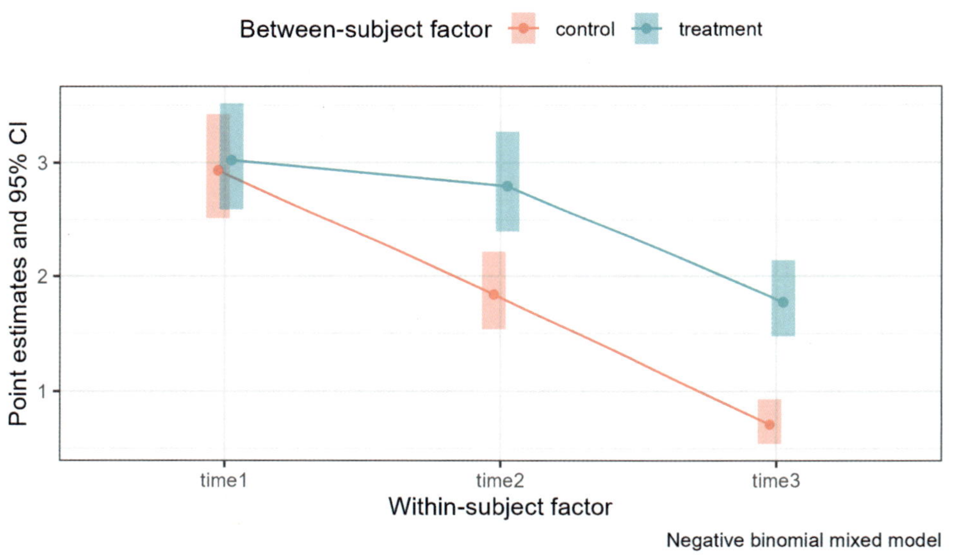

[그림 9-11] 횟수형 종속변수 상황 3×2 개체내-개체간 2요인설계 2원상호작용효과 패턴

7-3 추가 분석: 단순효과 분석, 계획비교, 사후 다중비교

음이항 혼합모형으로 개체내-개체간 요인설계 데이터를 분석하였을 경우에도 추가 분석을 진행하는 방법은 동일합니다. 먼저 개체간 요인의 수준별 개체내 요인의 단순주효과 분석을 실시하면 다음과 같습니다.

```
> # 추가 분석
> # 단순주효과 분석
> mynb_re |> emmeans(~wsf|bsf) |>
+  joint_tests(by="bsf")
bsf = control:
 model term df1 df2 F.ratio Chisq p.value
 wsf          2 Inf   41.008 82.016   <.0001

bsf = treatment:
 model term df1 df2 F.ratio Chisq p.value
 wsf          2 Inf   10.811 21.622   <.0001
```

출력결과에서 확인할 수 있듯, 두 집단 모두에서 개체내 요인의 단순주효과가 통계적으로 유의미하게 나타납니다. 그러나 2원상호작용효과가 유의미하게 나타나듯, 개체내 요인의 효과는 control 수준에 비해($\chi^2_{Wald} = 82.02$, $p < .001$) treatment 수준에서 더 강하게 나타납니다($\chi^2_{Wald} = 21.62$, $p < .001$).

다음으로 [그림 9-11]에 나타난 개체내 요인의 효과패턴에 대해 다항비교를 실시해보면 아래와 같습니다. 출력결과에 잘 나타나듯, 두 집단에서 모두 1차선형관계가 확인되며(control 집단 $z = -9.98$, $p < .001$; treat 집단 $z = -4.44$, $p < .001$), 2차곡선형관계의 경우 control 집단에만 적용된다는 것을 확인할 수 있습니다($z = -2.02$, $p = .04$).

```
> # 다항비교
> mynb_re |> emmeans(~wsf|bsf,type="response") |>
+  contrast("poly")
bsf = control:
 contrast  ratio     SE  df null z.ratio p.value
 linear     0.242 0.0382 Inf    1  -8.979  <.0001
 quadratic 0.614 0.1484 Inf    1  -2.020  0.0434

bsf = treatment:
 contrast  ratio     SE  df null z.ratio p.value
 linear     0.588 0.0704 Inf    1  -4.438  <.0001
 quadratic 0.686 0.1346 Inf    1  -1.921  0.0547

Tests are performed on the log scale
```

위에서 얻은 다항비교 결과 중 개체내 요인의 1차선형관계가 개체간 요인의 수준에 따라 통계적으로 유의미하게 다른지 계획비교를 통해 살펴보면 아래와 같습니다. 출력결과를 통해 control 집단에서 나타난 1차선형관계가 treatment 집단에서 나타난 1차선형관계에 비해 통계적으로 유의미하게 큰 것을 알 수 있습니다.

```
> # 계획비교
> mynb_re |> emmeans(~wsf:bsf,type="response") |>
+ contrast(interaction=list(
+   a=list(c(1,0,-1)),b=list(c(1,-1))
+ ))
 wsf_custom bsf_custom ratio    SE  df null z.ratio p.value
 c(1, 0, -1)  c(1, -1)       2.43 0.482 Inf    1   4.480  <.0001

Tests are performed on the log scale
```

사후 다중비교 역시 마찬가지입니다. 예를 들어 개체간 요인의 수준별 개체내 요인의 시점 변화에 따른 기대평균이 통계적으로 유의미하게 달라지는지 여부를 테스트하는 방법은 아래와 같습니다. 여기서는 연속된 수준간 다중비교를 실시할 때 디폴트로 채택되어 있는 더넷 기법을 사용하였습니다. 출력결과에서 확인할 수 있듯, control 집단의 경우 시점이 변할 때마다 통계적으로 유의미하게 기대평균이 하락하는 반면, treatment 집단의 경우 두 번째 시점까지는 큰 변화가 없다가 세 번째 시점에서는 기대평균이 뚜렷하게 하락하는 모습을 보입니다.

```
> # 사후 다중비교
> mynb_re |> emmeans(~wsf|bsf,type="response") |>
+ contrast("consec")
bsf = control:
 contrast      ratio     SE  df null z.ratio p.value
 time2 / time1 0.628 0.0748 Inf    1  -3.908  0.0002
 time3 / time2 0.385 0.0639 Inf    1  -5.752  <.0001

bsf = treatment:
 contrast      ratio     SE  df null z.ratio p.value
 time2 / time1 0.926 0.1004 Inf    1  -0.711  0.7037
 time3 / time2 0.635 0.0769 Inf    1  -3.752  0.0003
```

```
P value adjustment: mvt method for 2 tests
Tests are performed on the log scale
```

8 영포화 종속변수 대상 모형: 개체간 3×2 2요인설계

8-1 표본크기 추정, 실험설계, 데이터 수집

횟수형 종속변수에서 '0'은 1 이상의 양의 정수와는 그 이론적 의미가 다른 경우가 많으며, 실제 데이터를 분석할 때 양의 정수 등장빈도에 비해 '0'의 등장빈도가 매우 높은 상황은 매우 빈번하게 발생합니다. 횟수형 종속변수에서 '0'의 등장빈도가 매우 높은 경우, '영포화 모형(zero-inflated model)' 혹은 '허들 모형(Hurdle model)'을 고려할 수 있습니다. 0의 높은 등장빈도와 함께 과대분포 현상이 나타나는지 여부에 따라 '영포화 모형'과 '허들 모형'은 포아송 모형이나 음이항 모형으로 구분됩니다.

앞에서 살펴본 횟수형 종속변수 대상 일반화선형모형(GLM)이나 일반화혼합모형(GMM)에서는 하나의 모형이 추정됩니다. 반면 영포화 모형과 허들 모형의 경우 0과 양의 정수를 구분한 모형(이항로짓모형)과 양의 정수를 대상으로 추정한 기대평균 모형(포아송 모형 혹은 음이항 모형)으로 두 모형이 추정됩니다. 이후 추정된 2개의 모형을 통합하여 최종 기대평균을 추정하며, 따라서 요인설계 데이터에 대한 모형 추정결과와 추가 분석결과의 경우 총 3가지의 한계추정치('0'이 나올 확률, '양의 정수'의 기대평균, '영포화 종속변수'의 기대평균)를 얻을 수 있습니다. 이에 대해서는 조금 후 예시데이터 분석과정을 통해 보다 자세히 살펴보겠습니다.

아쉽게도, 영포화 모형의 경우에도 간단하게 이용할 수 있는 표본크기 추정 R 패키지 혹은 별도의 프로그램이 개발되지 않은 것으로 알고 있습니다. 만약 필요하다면 별도의 프로그래밍을 통해 영포화 모형의 표본크기를 연구자가 직접 추정해야 할 것입니다. 여기서는 별도의 표본크기 추정과정을 제시하지 않았습니다.

영포화 종속변수 대상 영포화 모형 혹은 허들 모형을 적용할 예시데이터는 dt_count_zeroinflate.csv입니다. 이 데이터는 개체간 3×2 2요인설계를 토대로 수집되었으며 요인을 나타내는 변수는 a와 b입니다.

8-2 처치효과 추정 및 효과패턴의 시각화

먼저 아래와 같이 예시데이터를 불러온 후, 요인에 해당되는 변수는 factor() 함수를 이용해 요인형 변수로 변환하고, 각 요인의 수준개수에 맞도록 효과코딩을 적용하였습니다.

```
> # Zero-inflated model
> mydata <- read_csv("dt_count_zeroinflate.csv",show_col_types=FALSE)
> mydata <- mydata |>
+ mutate(across(
+   .col=c(a,b,ID),
+   .fns=function(x){factor(x)}
+ ))
> contrasts(mydata$a) <- contr.sum(3)
> contrasts(mydata$b) <- contr.sum(2)
```

영포화 모형과 나중에 살펴볼 허들 모형을 추정하기 위해 pscl 패키지를 구동한 후, 먼저 영포화 모형을 추정하였습니다. 예시데이터에서 과대분포 현상이 나타났는지 살펴보기 위해 영포화 포아송 모형과 영포화 음이항 모형을 추정한 후, 로그우도비 테스트를 실시하였습니다. 영포화 모형을 추정하는 zeroinfl() 함수 내부에 공식을 지정할 때 '|' 이전은 양의 정수에 해당되는 모형을, '|' 이후는 양의 정수 대비 0의 발생 확률을 예측하는 모형을 의미합니다.

```
> # 영포화 포아송 vs. 영포화 음이항
> library(pscl)
> myzip <- zeroinfl(y~a*b | a*b, data=mydata,
+                   dist="poisson",
+                   link="logit")
> myzinb <- zeroinfl(y~a*b | a*b, data=mydata,
+                    dist="negbin",
+                    link="logit")
> lrtest(myzip,myzinb)
Likelihood ratio test

Model 1: y ~ a * b | a * b
Model 2: y ~ a * b | a * b
 #Df LogLik Df Chisq Pr(>Chisq)
```

```
1 12 -246.14
2 13 -244.20  1 3.8664     0.04926 *
---
Signif. codes: 0 '***' 0.001 '**' 0.01 '*' 0.05 '.' 0.1 ' ' 1
```

출력결과를 보면, 영포화 음이항 모형이 영포화 포아송 모형보다 데이터를 더 잘 설명하는 것으로 나타나[$\chi^2_{LR}(1) = 3.87, p = .049$], 과대분포 현상이 나타난 것을 확인할 수 있습니다. 이에 여기서는 영포화 음이항 모형을 최종모형으로 사용하였습니다.

앞에서 이야기했듯, 영포화 모형의 경우 횟수형 종속변수를 0과 양의 정수로 구분하여 예측한 모형과 양의 정수의 기대평균을 예측한 모형을 동시에 추정합니다. 이렇게 2가지 모형을 추정한 후, 횟수형 종속변수에 대한 최종 기대평균을 추정합니다. emmeans 패키지의 emmeans() 함수는 영포화 모형의 이러한 특성을 반영하기 위해 mode 옵션을 제공하고 있습니다. mode 옵션은 앞에서 소개한 type 옵션과는 반드시 구분해야 합니다. type 옵션은 제시되는 한계통계치를 링크함수 적용 이전으로 할지 아니면 적용 이후로 할지를 지정하는 것인 반면, mode 옵션은 영포화 모형에서 어떤 부분을 적용하고자 하는 것인지를 지정하는 역할을 담당합니다. 만약 0과 양의 정수를 구분하는 모형 추정결과를 원한다면 mode="zero"를, 양의 정수의 기대평균을 추정하고자 한다면 mode="count"를, 횟수형 종속변수 자체의 기대평균을 추정하고자 한다면 mode="response"를 지정하면 됩니다. 먼저 mode="zero"를 지정한 이후의 추정결과를 살펴보면 다음과 같습니다.

```
> myzinb |> emmeans(~a|b, mode="zero", type="response")  # 0 발생확률
b = B1:
 a    emmean        SE  df asymp.LCL asymp.UCL
 A1 5.57e-01 0.093092 Inf   0.37419    0.7391
 A2 3.33e-01 0.112340 Inf   0.11305    0.5534
 A3 4.70e-06 0.005304 Inf  -0.01039    0.0104

b = B2:
 a    emmean        SE  df asymp.LCL asymp.UCL
 A1 1.40e-06 0.000916 Inf  -0.00179    0.0018
 A2 3.95e-01 0.108292 Inf   0.18269    0.6072
 A3 8.18e-02 0.481898 Inf  -0.86272    1.0263

Confidence level used: 0.95
```

출력결과에서 얻은 한계추정치는 0이 예측될 확률값입니다. 예를 들어 요인 b가 B1이고 요인 a가 A2일 경우, 0이 등장할 확률은 약 .333입니다. 다음으로 mode="count"를 지정한 후 한계추정치를 도출하면 아래와 같습니다.

```
> myzinb |> emmeans(~a|b, mode="count", type="response") # 양의 정수
b = B1:
 a emmean    SE  df asymp.LCL asymp.UCL
 A1   2.730 0.571 Inf    1.6109     3.850
 A2   2.586 0.522 Inf    1.5632     3.608
 A3   2.111 0.404 Inf    1.3194     2.903

b = B2:
 a emmean    SE  df asymp.LCL asymp.UCL
 A1   2.267 0.463 Inf    1.3591     3.174
 A2   3.183 0.624 Inf    1.9604     4.406
 A3   0.436 0.258 Inf   -0.0695     0.941

Confidence level used: 0.95
```

출력결과에서 얻은 한계추정치는 0이 아닌 양의 정수에서의 기대평균입니다.[9] 예를 들어 요인 b가 B1이고 요인 a가 A2일 경우, 0이 아닌 양의 정수의 기대평균은 약 2.586입니다. 다음으로 mode="response"를 지정한 후 한계추정치를 도출하면 아래와 같습니다.

```
> myzinb |> emmeans(~a|b, mode="response", type="response") # 디폴트
b = B1:
 a emmean    SE  df asymp.LCL asymp.UCL
 A1    1.21 0.310 Inf     0.602     1.819
 A2    1.72 0.373 Inf     0.993     2.455
 A3    2.11 0.404 Inf     1.320     2.903
```

9 정확하게 말하자면 완전절단된(truncated) '0'을 제외하며, 부분절단된(censored) '0'은 이 과정에 포함되어 계산됩니다. 완전절단과 부분절단의 개념 구분에 대해서는 관련 주제를 다루는 졸저(백영민, 2019)를 참조해 주시기 바랍니다.

```
b = B2:
 a emmean    SE  df asymp.LCL asymp.UCL
 A1   2.27 0.463 Inf     1.359     3.174
 A2   1.93 0.451 Inf     1.043     2.809
 A3   0.40 0.113 Inf     0.179     0.621

Confidence level used: 0.95
```

출력결과에서 얻은 한계추정치는 mode="zero"일 때 얻은 모형 추정결과와 mode="count"일 때 얻은 모형 추정결과를 통합하여 얻은 결과입니다. 예를 들어 요인 b가 B1이고 요인 a가 A2일 경우, 종속변수에 대한 기대평균은 약 1.72입니다. 이 결과는 mode="zero"일 때의 결과 0.333과 mode="count"일 때의 결과 2.586을 다음과 같은 과정을 통해 계산한 것입니다.

```
> (1-0.333)*2.586
[1] 1.724862
```

따라서 독자께서는 자신의 연구목적에 따라, 3가지 mode 옵션별로 두 요인의 주효과와 2원상호작용효과를 테스트할 수 있습니다.

```
> myzinb |>
+  joint_tests(mode="zero")# 0발생확률
 model term df1 df2 F.ratio  Chisq p.value
 a            2 Inf   1.050  2.100  0.3499
 b            1 Inf   0.656  0.656  0.4181
 a:b          2 Inf   6.485 12.970  0.0015

> myzinb |>
+  joint_tests(mode="count") # 양의정수
 model term df1 df2 F.ratio  Chisq p.value
 a            2 Inf   7.578 15.156  0.0005
 b            1 Inf   1.700  1.700  0.1923
 a:b          2 Inf   3.231  6.462  0.0395

> myzinb |>
+  joint_tests(mode="response")  # 디폴트
 model term df1 df2 F.ratio Chisq p.value
```

```
a              2 Inf   1.646  3.292   0.1929
b              1 Inf   0.248  0.248   0.6186
a:b            2 Inf   8.786 17.572   0.0002
```

출력결과에서 알 수 있듯, 두 요인 사이의 상호작용효과는 양의 정수 대비 0을 예측하는 모형이든[$\chi^2_{Wald}(2) = 12.97$, $p = .002$], 양의 정수를 설명하는 모형이든[$\chi^2_{Wald}(2) = 6.46$, $p = .04$], 전체 횟수형 종속변수를 설명하는 모형이든[$\chi^2_{Wald}(2) = 17.57$, $p < .001$] 통계적으로 유의미한 것으로 나타납니다.

시각화 결과 역시 마찬가지입니다. 연구목적이 무엇인가에 따라 분석결과의 시각화 제시 방식은 달라질 수 있습니다만, 영포화 모형의 경우 앞에서 살펴본 것처럼 mode 옵션을 조정하는 총 3가지 방식으로 모형을 추정할 수 있습니다.

```
> # 시각화
> f1 <- myzinb |>
+  emmip(~a|b, mode="zero", type="response",
+        CIs=TRUE,CIarg=list(lwd=4,alpha=0.3))+
+  labs(x="Factor A",y="Point estimates and 95% CI",
+       caption="Zero-inflated negative binomial")+
+  theme_bw()+
+  theme(legend.position="top")+
+  ggtitle("Predicting zero probabilities")
> f2 <- myzinb |>
+  emmip(~a|b, mode="count", type="response",
+        CIs=TRUE,CIarg=list(lwd=4,alpha=0.3))+
+  labs(x="Factor A",y="Point estimates and 95% CI",
+       caption="Zero-inflated negative binomial")+
+  theme_bw()+
+  theme(legend.position="top")+
+  ggtitle("Predicting non-zero counts")
> f3 <- myzinb |>
+  emmip(~a|b, mode="response", type="response",
+        CIs=TRUE,CIarg=list(lwd=4,alpha=0.3))+
+  labs(x="Factor A",y="Point estimates and 95% CI",
+       caption="Zero-inflated negative binomial")+
+  theme_bw()+
+  theme(legend.position="top")+
+  ggtitle("Predicting counts")
> (f1+f2)/f3
```

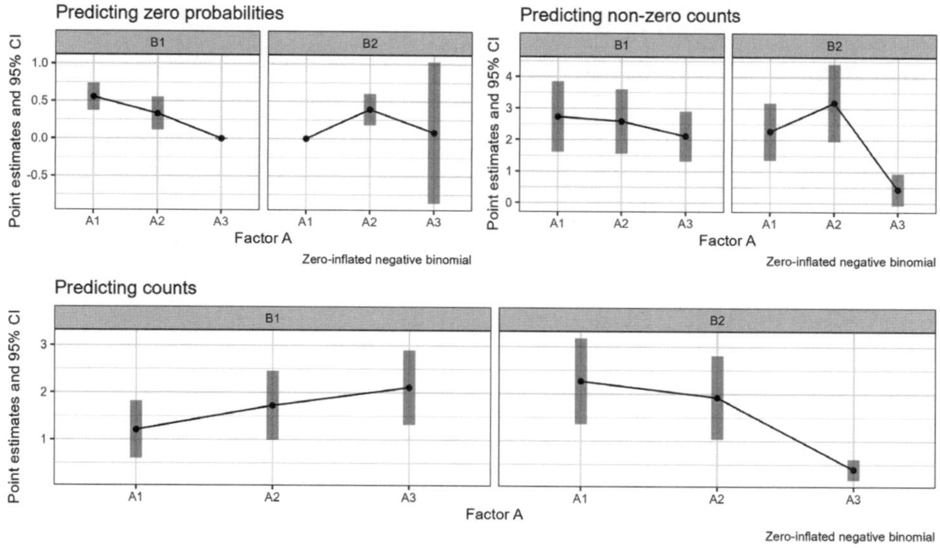

[그림 9-12] 영포화 음이항 모형 기반 횟수형 종속변수 상황 3×2 2요인설계 2원상호작용효과 패턴

8-3 추가 분석: 단순효과 분석, 계획비교, 사후 다중비교

영포화 모형에 대한 추가 분석과정 역시 앞에서 살펴본 추가 분석과정과 본질적으로 동일합니다. 그러나 양의 정수 대비 0을 구분하는 모형과 양의 정수를 설명하는 모형을 동시에 추정한 후, 그 2가지 모형 추정결과를 통합하는 영포화 모형의 특징으로 인해 다양한 추가 분석을 실시할 수 있습니다.

먼저 단순주효과 분석을 살펴보죠. 요인 b의 수준별 요인 a의 단순주효과가 어떻게 나타나는지 살펴본다고 가정해보죠. 이때도 3가지 mode 옵션을 각각 적용할 수 있습니다. 추정결과가 많기 때문에 티블 형태의 데이터로 전환한 다음 결과를 정리하여 제시하였습니다.

```
> #단순주효과 분석
> bind_rows(
+ myzinb |> joint_tests(mode="zero",by="b") |>
+   as_tibble() |> mutate(mode="zero"),
+ myzinb |> joint_tests(mode="count",by="b") |>
+   as_tibble() |> mutate(mode="count"),
+ myzinb |> joint_tests(mode="response",by="b") |>
+   as_tibble() |> mutate(mode="response")
```

```
+ ) |> select(mode,b,Chisq,df1,p.value) |>
+ mutate(sigstar=ifelse(p.value<.05,"*"," ")) |>
+ arrange(b)
# A tibble: 6 × 6
  mode     b     Chisq   df1 p.value sigstar
  <chr>    <fct> <dbl> <dbl>    <dbl> <chr>
1 zero     B1    42.8      2 5.21e-10 "*"
2 count    B1     0.956    2 6.20e- 1 " "
3 response B1     3.29     2 1.93e- 1 " "
4 zero     B2    13.3      2 1.29e- 3 "*"
5 count    B2    24.6      2 4.57e- 6 "*"
6 response B2    24.7      2 4.26e- 6 "*"
```

양의 정수 대비 0을 예측하는 모형의 경우, 요인 b의 수준이 B1이든 B2이든 요인 a의 단순주효과는 통계적으로 유의미합니다[물론 B1일 때의 요인 a의 단순주효과는 $\chi^2_{Wald}(2) = 42.75$, $p < .001$로 B2일 때의 요인 a의 단순주효과 $\chi^2_{Wald}(2) = 13.30$, $p = .001$보다 뚜렷하게 나타납니다]. 반면 양의 정수 등장을 설명하는 모형의 경우, B1 수준에서는 요인 a의 단순주효과가 통계적으로 유의미하지 않은 반면($p = .62$), B2 수준에서는 통계적으로 유의미한 패턴을 보입니다[$\chi^2_{Wald}(2) = 24.59$, $p < .001$]. 끝으로 두 모형을 통합하여 얻은 횟수형 종속변수에 대한 한계추정치의 경우, B1 수준에서는 요인 a의 단순주효과가 통계적으로 유의미하지 않은 반면($p = .19$), B2 수준에서는 통계적으로 유의미한 패턴을 보입니다[$\chi^2_{Wald}(2) = 24.73$, $p < .001$].

다항비교 역시도 비슷하게 실시할 수 있습니다.

```
> # 다항비교
> bind_rows(
+   myzinb |> emmeans(~a|b,mode="zero",type="response") |>
+     contrast("poly") |> as_tibble() |> mutate(mode="zero"),
+   myzinb |> emmeans(~a|b,mode="count",type="response") |>
+     contrast("poly") |> as_tibble() |> mutate(mode="count"),
+   myzinb |> emmeans(~a|b,mode="response",type="response") |>
+     contrast("poly") |> as_tibble() |> mutate(mode="response")
+ ) |> select(contrast,mode,b,estimate,z.ratio,p.value) |>
+ mutate(sigstar=ifelse(p.value<.05,"*"," ")) |>
```

```
+ arrange(contrast)
# A tibble: 12 × 7
   contrast  mode     b     estimate z.ratio p.value       sigstar
   <fct>     <chr>    <fct> <dbl>    <dbl>   <dbl>         <chr>
 1 linear    zero     B1    -0.557   -5.97   0.00000000236 "*"
 2 linear    zero     B2     0.0818   0.170  0.865         " "
 3 linear    count    B1    -0.619   -0.885  0.376         " "
 4 linear    count    B2    -1.83    -3.45   0.000550      "*"
 5 linear    response B1     0.901    1.77   0.0770        " "
 6 linear    response B2    -1.87    -3.92   0.0000899     "*"
 7 quadratic zero     B1    -0.110   -0.459  0.646         " "
 8 quadratic zero     B2    -0.708   -1.36   0.175         " "
 9 quadratic count    B1    -0.330   -0.267  0.790         " "
10 quadratic count    B2    -3.66    -2.72   0.00662       "*"
11 quadratic response B1    -0.127   -0.140  0.888         " "
12 quadratic response B2    -1.19    -1.16   0.245         " "
```

출력결과에서 확인할 수 있듯, 0을 예측하는 모형의 경우 B1인 조건에서 요인 a의 효과는 1차선형관계라고 볼 수 있으며($z = -5.97$, $p < .001$), 양의 정수를 설명하는 모형의 경우 B2인 조건에서 요인 a의 효과 역시 1차선형관계($z = -3.45$, $p < .001$)를 혹은 2차곡선형관계($z = -2.72$, $p = .007$)를 보인다고 볼 수 있습니다. 종속변수의 기대평균의 경우 B2인 조건에서 요인 a의 효과가 1차선형관계($z = -3.92$, $p < .001$)에 부합한다고 볼 수 있습니다.

계획비교도 비슷하게 실시할 수 있습니다. 예를 들어 앞에서 테스트했던 다항비교 결과 중 요인 a의 1차선형관계 추정항이 요인 b의 수준에 따라 통계적으로 유의미하게 다르다고 볼 수 있는지를 테스트해봅시다. 3가지 mode 옵션에 따른 계획비교 과정 및 추정결과는 아래와 같습니다.

```
> # 계획비교
> myzinb |> emmeans(~a|b,mode="zero",type="response") |>
+   contrast(method=list(
+     linear_zero=c(1,0,-1)
+   ),by="b") |>
+   joint_tests()
 model term df1 df2 F.ratio Chisq p.value
 b            1 Inf   1.672 1.672  0.1960
```

```
> myzinb |> emmeans(~a|b,mode="count",type="response") |>
+ contrast(method=list(
+   linear_zero=c(1,0,-1)
+ ),by="b") |>
+ joint_tests()
 model term df1 df2 F.ratio Chisq p.value
 b            1 Inf   1.886  1.886  0.1697

> myzinb |> emmeans(~a|b,mode="response",type="response") |>
+ contrast(method=list(
+   linear_zero=c(1,0,-1)
+ ),by="b") |>
+ joint_tests()
 model term df1 df2 F.ratio Chisq p.value
 b            1 Inf  15.737 15.737  0.0001
```

출력결과에서 확인할 수 있듯, mode="zero" 혹은 mode="count"인 경우 요인 b의 수준별 요인 a의 1차선형관계효과가 통계적으로 유의미하게 다르다고 보기 어렵지만, mode="response"인 경우 요인 b의 수준별 요인 a의 1차선형관계효과는 통계적으로 유의미하게 다른 것을 확인할 수 있습니다.

사후 다중비교 역시도 mode 옵션에 따라 3가지 결과를 얻을 수 있습니다. 앞에서와 마찬가지로 요인 b의 수준별, 요인 a의 수준들을 교차하여 얻을 수 있는 모든 비교쌍을 3가지 mode 옵션별로 추정한 후, 뚜끼 기법으로 통계적 유의도를 조정하였을 때도 여전히 통계적으로 유의미하게 다른 비교쌍을 살펴본 결과는 아래와 같습니다. 출력결과에 대한 별도의 해석은 제시하지 않았습니다.

```
> # 사후 다중비교
> bind_rows(myzinb |> emmeans(~a|b,mode="zero",type="response") |>
+             contrast("pairwise") |> as_tibble() |> mutate(mode="zero"),
+           myzinb |> emmeans(~a|b,mode="count",type="response") |>
+             contrast("pairwise") |> as_tibble() |> mutate(mode="count"),
+           myzinb |> emmeans(~a|b,mode="response",type="response") |>
+             contrast("pairwise") |> as_tibble() |> mutate(mode="response")) |>
+ filter(p.value<0.05) |>
+ select(mode,b,contrast,estimate,z.ratio,p.value)
# A tibble: 7 × 6
  mode     b     contrast estimate z.ratio p.value
  <chr>    <fct> <fct>       <dbl>   <dbl>   <dbl>
```

```
1 zero     B1   A1 - A3   0.557     5.97    0.00000000708
2 zero     B1   A2 - A3   0.333     2.96    0.00855
3 zero     B2   A1 - A2  -0.395    -3.65    0.000776
4 count    B2   A1 - A3   1.83      3.45    0.00160
5 count    B2   A2 - A3   2.75      4.11    0.000118
6 response B2   A1 - A3   1.87      3.92    0.000265
7 response B2   A2 - A3   1.53      3.29    0.00293
```

8-4 허들 모형의 경우

횟수형 종속변수에서 0의 발생빈도가 매우 높을 경우, 영포화 모형과 함께 '허들 모형(hurdle model)'도 매우 빈번하게 사용됩니다. 영포화 모형과 허들 모형은 '0'을 다르게 개념화한다는 점에서 다르지만,[10] 분석과정이라는 점에서 허들 모형의 추정방법, 시각화 방법, 추가 분석방법은 영포화 모형의 분석과정과 별반 다르지 않습니다.

먼저 영포화 모형과 마찬가지로 과대분포 현상을 반영할 필요가 있는지 살펴보아야 합니다. 즉 허들 포아송 모형과 허들 음이항 모형을 각각 추정한 후, 로그우도비 테스트를 통해 어떤 허들 모형을 택할지 선택합니다. 영포화 모형에서 사용했던 예시데이터를 대상으로 허들 포아송 모형과 허들 음이항 모형을 각각 추정한 후, 로그우도비 테스트를 실시하는 방법은 아래와 같습니다.

```
> #허들 모형
> myhdp <- hurdle(y~a*b | a*b, data = mydata,
+                 dist="poisson",
+                 link="logit")
> #허들 음이항
> myhdnb <- hurdle(y~a*b | a*b, data = mydata,
+                  dist="negbin",
+                  link="logit")
> lrtest(myhdp,myhdnb)
Likelihood ratio test
```

---

10 영포화 모형의 경우 관측된 횟수형 종속변수의 '0'을 완전절단된(truncated) '0'과 부분절단된(censored) '0'의 혼합으로 간주하는 데 반해, 허들 모형에서는 관측된 횟수형 종속변수의 '0'을 완전절단된(truncated) '0'으로만 간주한다는 차이가 있습니다. 영포화 모형과 허들 모형의 차이에 대해서는 관련 주제를 다루는 졸저(백영민, 2019)를 참조해주시기 바랍니다.

```
Model 1: y ~ a * b | a * b
Model 2: y ~ a * b | a * b
 # Df LogLik Df Chisq Pr(>Chisq)
1  12 -246.14
2  13 -244.17  1 3.9278     0.04749 *
---
Signif. codes: 0 '***' 0.001 '**' 0.01 '*' 0.05 '.' 0.1 ' ' 1
```

출력결과에서 확인할 수 있듯, 영포화 모형을 예시하였을 때와 마찬가지로 과대분포 현상이 나타나[$\chi^2_{LR}(1) = 3.93, p = .048$] 허들 포아송 모형이 아닌 허들 음이항 모형을 선택하였습니다. 영포화 모형과 마찬가지로 3가지 mode 옵션에 따라 2개 요인의 주효과와 2원상호작용효과를 추정하면 다음과 같습니다. 여기서 주의할 점은 영포화 모형에서 mode="zero"는 0을 예측할 확률이지만, 허들 모형에서의 mode="zero"는 0이 아닌 양의 정수를 예측할 확률입니다.

```
> # 허들 음이항. 주효과 상호작용효과 테스트
> bind_rows(
+  myhdnb |> joint_tests(mode="zero", type="response") |>
+   as_tibble() |> mutate(mode="zero"),
+  myhdnb |> joint_tests(mode="count", type="response") |>
+   as_tibble() |> mutate(mode="count"),
+  myhdnb |> joint_tests(mode="response", type="response") |>
+   as_tibble() |> mutate(mode="response")
+ ) |> select(mode,`model term`,df1,df2,F.ratio,p.value) |>
+  mutate(sigstar=ifelse(p.value<.05,"*"," "))
# A tibble: 9 × 7
  mode     `model term` df1   df2 F.ratio p.value  sigstar
  <chr>    <chr>        <dbl> <dbl> <dbl>  <dbl>    <chr>
1 zero     a            2     149   0.106  0.900    " "
2 zero     b            1     149   0.064  0.800    " "
3 zero     a:b          2     149   0.17   0.844    " "
4 count    a            2     149   6.48   0.00199  "*"
5 count    b            1     149   1.61   0.206    " "
6 count    a:b          2     149   2.76   0.0665   " "
7 response a            2     149   1.63   0.199    " "
8 response b            1     149   0.248  0.619    " "
9 response a:b          2     149   8.53   0.000310 "*"
```

출력결과를 살펴보면 느끼시겠지만, 위의 결과는 영포화 모형을 대상으로 얻은 2원상호작용효과 테스트 결과와 사뭇 다릅니다. 무엇보다 큰 차이는 바로 상호작용효과입니다. 0 발생을 설명하는 모형과 양의 정수를 설명하는 모형의 경우 2원상호작용효과가 모두 통계적으로 유의미하지 않습니다. 그러나 두 모형을 통합하였을 경우에는 영포화 음이항 모형과 허들 음이항 모형의 추정결과가 아주 조금 다를 뿐 전반적으로 매우 유사합니다. 앞에서 이야기하였듯, 이러한 차이는 영포화 모형과 허들 모형이 횟수형 종속변수의 '0'을 각기 다르게 개념화하기 때문입니다.

아래와 같이 허들 음이항 모형 추정결과를 시각화한 [그림 9-13]을 영포화 음이항 모형 추정결과를 시각화한 [그림 9-12]와 비교해봅시다. 두 그림에서 왼쪽 상단 패널을 자세히 비교해보기 바랍니다. 영포화 모형의 경우 '양의 정수가 아닌 0일 확률'을 추정한 반면, 허들 모형에서는 '0이 아닌 양의 정수일 확률'을 추정하고 있습니다. mode="zero"라는 동일한 표현을 쓰지만, 영포화 모형과 허들 모형은 그 한계추정치가 각각 다르게 제시된다는 점을 유념하기 바랍니다.

```
> # 시각화
> f1 <- myhdnb |>
+  emmip(~a|b, mode="zero", type="response",
+         CIs=TRUE,CIarg=list(lwd=4,alpha=0.3))+
+  labs(x="Factor A",y="Point estimates and 95% CI",
+       caption="Hurdle negative binomial")+
+  theme_bw()+
+  theme(legend.position="top")+
+  ggtitle("Predicting non-zero probabilities")
> f2 <- myhdnb |>
+  emmip(~a|b, mode="count", type="response",
+         CIs=TRUE,CIarg=list(lwd=4,alpha=0.3))+
+  labs(x="Factor A",y="Point estimates and 95% CI",
+       caption="Hurdle negative binomial")+
+  theme_bw()+
+  theme(legend.position="top")+
+  ggtitle("Predicting non-zero counts")
> f3 <- myhdnb |>
+  emmip(~a|b, mode="response", type="response",
+         CIs=TRUE,CIarg=list(lwd=4,alpha=0.3))+
+  labs(x="Factor A",y="Point estimates and 95% CI",
+       caption="Hurdle negative binomial")+
+  theme_bw()+
```

```
+ theme(legend.position="top")+
+ ggtitle("Predicting counts")
> (f1+f2)/f3
```

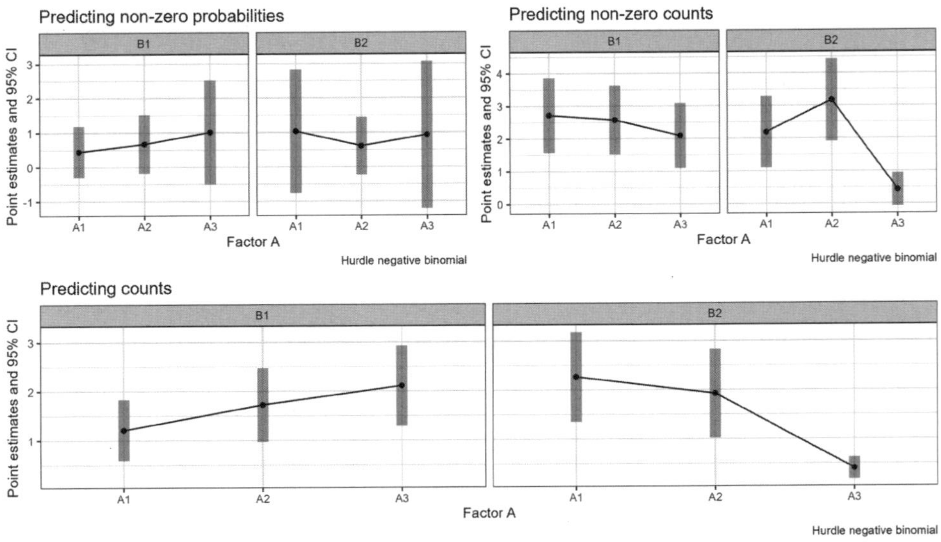

[그림 9-13] 허들 음이항 모형 기반 횟수형 종속변수 상황 3×2 2요인설계 2원상호작용효과 패턴

허들 모형에 대한 추가 분석방법의 경우, 앞서 영포화 모형에서 제시한 추가 분석방법들을 참고하기 바랍니다. mode="zero"를 사용할 경우 출력되는 결과가 '0이 아닌 양의 정수일 확률'이라는 점만 유념한다면, 영포화 모형이나 허들 모형이나 추가 분석과정은 개념적으로 동일합니다.

9 영포화 종속변수 일반화선형혼합모형: 개체내-개체간 3×2 2요인설계

9-1 표본크기 추정, 실험설계, 데이터 수집

이번에는 개체내 요인이 포함된 요인설계 데이터의 종속변수가 영포화 변수인 경우 사용할 수 있는 '영포화 종속변수(zero-inflated outcome) 일반화선형혼합모형(GLMM, generalized linear mixed model)'을 살펴봅시다. 개체내 요인, 즉 동일한 개체에게서 반복측정이 이루어졌기 때문에 혼합모형(mixed model)을 사용하는 것이며, 종속변수에 대해 정규분포를 가정하지 못한다는 점에서 일반화선형혼합모형을 사용해야 합니다. 아울러 영포화 종속변수의 경우 '0'을 예측하는 모형과 '양의 정수'의 기댓값을 예측하는 모형을 동시에 추정하는 '영포화 모형(zero-inflated model)' 혹은 '허들 모형(Hurdle model)'을 사용해야 합니다. 끝으로 영포화 변수 역시 횟수형 변수(count variable)라는 점에서 수집된 데이터에서 과대분포가 나타나는지를 살펴볼 필요가 있습니다. 앞에 소개되었던 내용들을 충실하게 살펴보았다면, 영포화 종속변수 일반화선형혼합모형(GLMM)을 이해하고 사용하는 데 큰 어려움은 없으실 것으로 생각합니다.

그러나 개체내-개체간 3×2 2요인설계에서 종속변수가 영포화 변수인 경우, 실제 데이터를 분석하는 과정에서 몇 가지 난관을 접할 가능성이 높습니다. 첫째, 표본크기를 추정하는 것이 매우 어렵습니다. 앞에서 살펴본 여러 모형과 마찬가지로 사용이 편리한 R 패키지 혹은 독립적인 표본크기 추정 프로그램이 없는 것은 물론, 연구자가 스스로 프로그래밍을 하는 것도 매우 어렵기 때문입니다. 데이터가 복잡하고, 복잡한 데이터를 대상으로 영포화 일반화선형혼합모형(GLMM)을 구성하고 추정하는 것 역시도 복잡하기 때문에 시뮬레이션을 통해 모형크기를 추정하는 것 자체가 매우 복잡하고 어렵습니다. 아마도 이러한 이유 때문에 영포화 일반화선형혼합모형(GLMM)에 대한 표본크기 추정 혹은 검증력 분석에 대한 자료를 찾는 것은 쉽지 않은 듯합니다.

둘째, 실제 데이터를 대상으로 모형을 추정하는 것 자체가 쉽지 않습니다. 모형을 추정할 때 계산시간이 많이 소요되는 것은 물론, 상황에 따라 모형이 추정되지 않는 경우도 매우 빈번합니다. 매우 빈번하게 디폴트 옵티마이저가 작동하지 않는 경우가 발생하며, 이에 따라 다양한 옵티마이저(optimizer)들을 별도로 시도해야 모형 추정결과를 얻을 수 있는 경우가 많습니다.

셋째, 다양한 조건들을 상정해야 합니다. 먼저 과대분포 현상이 존재하는지 살펴보아야 합니다. 즉 포아송 모형과 음이항 모형을 모두 추정한 후, 두 모형을 비교할 필요가 있습니다(2가지 모형). 또한 '0'과 양의정수 여부를 분별하는 로짓모형에서 나타나는 랜덤효과와 양의 정수의 기대평균을 추정하는 빈도모형에서 나타나는 랜덤효과를 어떻게 설정할 것인지 살펴볼 필요가 있습니다(다시 말해 총 4가지 모형). 아울러 2가지 모형에 대해 동일한 공식(formula)을 적용할지 아니면 각각에 맞는 상이한 공식을 적용할지 판단해야 합니다(요인이 2개인 경우, 상호작용효과를 넣을지 여부에 따라 총 4가지 모형). 여기까지만 하더라도 총 32개의 모형을 생각해볼 수 있습니다(추가적인 옵션들을 더 고려하면 가능한 모형의 개수는 더욱 늘어납니다).

이러한 난관들이 존재하지만, 영포화 일반화선형혼합모형(GLMM)은 복잡한 데이터에 대한 매력적인 분석기법임에는 틀림없습니다. 9장에서 살펴볼 마지막 기법인 영포화 일반화선형혼합모형(GLMM)을 적용할 예시데이터는 dt_count_GLMM.csv입니다. 이 데이터는 개체내-개체간 3×2 2요인설계를 토대로 수집되었습니다.

9-2 처치효과 추정 및 효과패턴의 시각화

먼저 아래와 같이 예시데이터를 불러온 후, 혼합모형을 적용하기 위해 개체내 요인에 해당되는 변수 생성, 즉 '긴 형태 데이터' 변환을 실시합시다. 아울러 개체내 요인과 개체간 요인 변수들은 모두 factor() 함수를 이용해 요인형 변수로 변환하였습니다.

```
> # 개체내-개체간 2요인설계: 영포화 종속변수 대상
> mydata <- read_csv("dt_count_GLMM.csv",show_col_types=F)
> # 데이터 변환 및 정리
> mydata <- mydata |>
+  pivot_longer(cols=time1:time3,names_to="wsf",values_to="y") |>
+  mutate(across(
+    .cols=c(ID,trt,wsf),
+    .fns=function(x){factor(x)}
+  ))
```

여기서는 허들 일반화선형혼합모형(Hurdle GLMM)을 실시해보겠습니다.[11] 아울러 0과 양의 정수를 구분하여 예측하는 이항로짓모형과 함께 '과대분포(overdispersion)' 존재여부를 살펴보기 위해 양의 정수의 기대평균을 추정하는 모형으로는 음이항 모형(negative binomial model)과 포아송 모형(Poisson model) 2가지를 추

11 즉 0은 완전절단된 0으로 개념화하였습니다.

정한 후, 로그우도비 테스트를 실시하였습니다. 또한 이항로짓 모형과 음이항/포아송 모형을 추정할 때는 모두 반복측정에 따른 랜덤효과를 가정하였으며, 개체내-개체간 두 요인의 주효과와 상호작용효과를 모두 추정하였습니다. 영포화 일반화선형혼합모형(GLMM) 추정을 위해서는 glmmTMB 패키지의 glmmTMB() 함수를 활용하였습니다.

```
> # 허들 일반화선형혼합모형
> library(glmmTMB)
> # 허들음이항 GLMM
> glmm_hnb <- glmmTMB(y ~ trt*wsf+(1|ID),
+                   ziformula = ~trt*wsf+(1|ID),
+                   data=mydata,
+                   family=truncated_nbinom1, # 허들 음이항
+                   control=glmmTMBControl(optimizer=optim,
+                                          optArgs=list(method="BFGS")))
> # 허들음이항 GLMM
> glmm_hp <- glmmTMB(y ~ trt*wsf+(1|ID),
+                  ziformula = ~trt*wsf+(1|ID),
+                  data=mydata,
+                  family=truncated_poisson, # 허들 포아송
+                  control=glmmTMBControl(optimizer=optim,
+                                         optArgs=list(method="BFGS")))
> # 로그우도비 테스트
> lrtest(glmm_hp,glmm_hnb)
Likelihood ratio test

Model 1: y ~ trt * wsf + (1 | ID)
Model 2: y ~ trt * wsf + (1 | ID)
 # Df LogLik Df Chisq Pr(>Chisq)
1  14 -1446.5
2  15 -1446.5  1 0.0017     0.9673
```

출력결과에서 확인할 수 있듯, 영포화 음이항 일반화선형혼합모형(GLMM)이나 영포화 포아송 일반화선형혼합모형(GLMM)이나 큰 차이가 없으며[$\chi^2_{LR}(1) = 0.002$, $p = .97$], 과대분포 현상이 없기 때문에 영포화 포아송 일반화선형혼합모형(GLMM)을 사용하는 것이 더 낫다고 판단할 수 있습니다.

다음으로 개체내-개체간 요인의 수준별 0이 나올 확률과 양의 정수의 기대평균, 그리고 전체 종속변수를 대상으로 얻은 기대평균을 살펴봅시다. 앞서 pscl 패

키지의 zeroinfl() 함수나 hurdle() 함수에서 type 옵션과 함께 mode 옵션을 사용했던 것을 아마도 기억하실 것입니다. 개념적으로 glmmTMB() 함수로 얻은 영포화 일반화선형혼합모형(GLMM) 추정결과의 경우도 마찬가지입니다. 그러나 pscl 패키지에서 사용되는 용어와 glmmTMB 패키지에서 사용되는 용어는 서로 다릅니다. 먼저 emmeans() 함수의 경우, pscl 패키지로 얻은 출력결과에 대해서는 mode 옵션과, glmmTMB 패키지로 얻은 출력결과에 대해서는 component 옵션과 개념적으로 유사합니다. 또한 mode 옵션의 지정 용어도 조금 다릅니다. pscl 패키지로 얻은 출력결과의 경우 mode="zero", mode="count", mode="response"에 해당되는 표현이, glmmTMB 패키지로 얻은 출력결과에서 각각 component="zi", component="cmean", component="response"에 해당됩니다. 즉 emmeans() 함수의 옵션 이름이 조금 다를 뿐 개념적으로는 동일합니다.

먼저 component="zi"를 지정한 이후의 추정결과를 살펴보면 다음과 같습니다.

```
> # pscl 패키지의 zeroinfl() 함수나 hurdle() 함수와는 조금 다름
> # 0 발생확률
> glmm_hp |> emmeans(~wsf|trt, component="zi", type="response")
trt = control:
 wsf   response     SE  df asymp.LCL asymp.UCL
 time1    0.152 0.0323 Inf    0.0986     0.226
 time2    0.246 0.0421 Inf    0.1729     0.337
 time3    0.686 0.0471 Inf    0.5870     0.770

trt = treatment:
 wsf   response     SE  df asymp.LCL asymp.UCL
 time1    0.148 0.0323 Inf    0.0947     0.222
 time2    0.323 0.0480 Inf    0.2366     0.423
 time3    0.460 0.0526 Inf    0.3596     0.563

Confidence level used: 0.95
Intervals are back-transformed from the logit scale
> glmm_hp |> joint_tests(component="zi")
 model term df1 df2 F.ratio  Chisq p.value
 trt          1 Inf   0.812  0.812  0.3675
 wsf          2 Inf  42.769 85.538  <.0001
 trt:wsf      2 Inf   6.184 12.368  0.0021
```

출력결과에서 확인할 수 있듯, 두 요인 사이의 상호작용효과는 통계적으로 유의미합니다[$\chi^2_{Wald}(2) = 12.37, p = .002$]. 즉 개체내 요인이 종속변수에서 '0'이 등장할 확률에 미치는 효과는 개체간 요인의 수준 변화에 따라 통계적으로 유의미하게 변합니다.

다음으로 component="cmean"을 지정한 후 한계추정치를 도출하면 아래와 같습니다.

```
> # 양의 정수 기대평균
> glmm_hp |> emmeans(~wsf|trt, component="cmean", type="response")
trt = control:
 wsf   emmean     SE  df asymp.LCL asymp.UCL
 time1   1.63 0.1012 Inf      1.43      1.83
 time2   1.35 0.0615 Inf      1.23      1.47
 time3   1.14 0.0385 Inf      1.06      1.21

trt = treatment:
 wsf   emmean     SE  df asymp.LCL asymp.UCL
 time1   1.71 0.1068 Inf      1.50      1.92
 time2   1.72 0.1143 Inf      1.50      1.94
 time3   1.48 0.0835 Inf      1.32      1.65

Confidence level used: 0.95
> glmm_hp |> joint_tests(component="cmean")
 model term  df1 df2 F.ratio  Chisq p.value
 trt           1 Inf   8.294  8.294  0.0040
 wsf           2 Inf  15.449 30.898  <.0001
 (confounded)  2 Inf   4.862 48.419  0.0077
```

출력결과에서 확인할 수 있듯, 두 요인 사이의 상호작용효과는 통계적으로 유의미합니다[$\chi^2_{Wald}(2) = 48.42, p = .008$]. 다시 말해 개체내 요인이 종속변수에서 양의 정수인 경우의 기대평균에 미치는 효과는 개체간 요인의 수준 변화에 따라 통계적으로 유의미하게 변합니다.

끝으로 종속변수 전체를 대상으로 기대평균이 어떻게 달라지는지 살펴보죠. component="response"를 지정한 후 한계추정치를 도출하면 아래와 같습니다.

```
> # 합산
> glmm_hp |> emmeans(~wsf|trt, component="response", type="response")
trt = control:
 wsf   emmean     SE  df asymp.LCL asymp.UCL
 time1  1.381 0.1006 Inf     1.184     1.578
 time2  1.020 0.0735 Inf     0.876     1.164
 time3  0.358 0.0550 Inf     0.250     0.466

trt = treatment:
 wsf   emmean     SE  df asymp.LCL asymp.UCL
 time1  1.454 0.1064 Inf     1.246     1.663
 time2  1.164 0.1132 Inf     0.943     1.386
 time3  0.801 0.0902 Inf     0.625     0.978

Confidence level used: 0.95
> glmm_hp |> joint_tests(component="response")
 model term   df1 df2 F.ratio   Chisq p.value
 trt            1 Inf   5.999   5.999  0.0143
 wsf            2 Inf  53.510 107.020  <.0001
 (confounded)   2 Inf  11.350 136.459  <.0001
```

출력결과에서 확인할 수 있듯, 두 요인 사이의 상호작용효과는 통계적으로 유의미합니다[$\chi^2_{Wald}(2) = 136.46, p < .001$]. 다시 말해 개체내 요인이 종속변수의 기대평균에 미치는 효과는 개체간 요인의 수준 변화에 따라 통계적으로 유의미하게 변합니다.

앞에서 살펴본 영포화 일반화선형모형과 마찬가지로 component="zi"로 얻은 한계추정치와 component="cmean"으로 얻은 한계추정치를 통합한 것이 component="response"로 얻은 한계추정치입니다. 예를 들어 control 집단에서 세 번째 측정시점(즉 time3)에서의 0 발생확률과 양의 정수의 기대평균은 각각 0.686과 1.14입니다. 즉 이 결과를 이용하면 component="response"를 적용해서 얻은 0.358을 얻을 수 있습니다.

```
> (1-0.686)*1.14
[1] 0.35796
```

즉 독자께서는 자신의 연구목적에 따른 3가지 component 옵션에 따라 총 3가지 방식을 통해 두 요인의 주효과와 2원상호작용효과를 테스트할 수 있습니다. 또한 테스트 결과에 따라 glmmTMB() 함수의 공식과 ziformula 공식을 변경할 수도 있습니다.

시각화 방식도 크게 다르지 않습니다. 연구목적에 맞는 분석결과를 제시할 수 있지만, 여기서는 3가지 방식을 모두 제시하도록 하겠습니다.

```
> # 시각화
> f1 <- glmm_hp |>
+  emmip(trt~wsf, component="zi", type="response",
+        CIs=TRUE,CIarg=list(lwd=4,alpha=0.3))+
+  labs(x="Within-subject factor",y="Point estimates and 95% CI",
+       color="Between-subject factor",
+       caption="Hurdle generalized linear mixed model")+
+  theme_bw()+
+  theme(legend.position="none")+
+  ggtitle("Predicting zero probabilities")
> f2 <- glmm_hp |>
+  emmip(trt~wsf, component="cmean", type="response",
+        CIs=TRUE,CIarg=list(lwd=4,alpha=0.3))+
+  labs(x="Within-subject factor",y="Point estimates and 95% CI",
+       color="Between-subject factor",
+       caption="Hurdle generalized linear mixed model")+
+  theme_bw()+
+  theme(legend.position="none")+
+  ggtitle("Predicting non-zero counts")
> f3 <- glmm_hp |>
+  emmip(trt~wsf, component="response", type="response",
+        CIs=TRUE,CIarg=list(lwd=4,alpha=0.3))+
+  labs(x="Within-subject factor",y="Point estimates and 95% CI",
+       color="Between-subject factor",
+       caption="Hurdle generalized linear mixed model")+
+  theme_bw()+
+  theme(legend.position="bottom")+
+  ggtitle("Predicting counts")
> (f1+f2)/f3
```

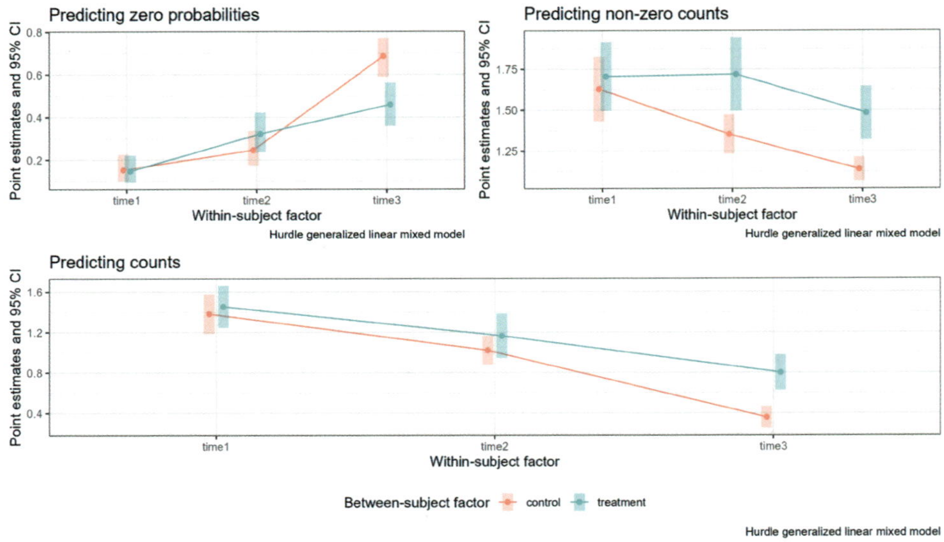

[그림 9-14] 허들 포아송 일반화선형혼합모형 기반 횟수형 종속변수 상황 3×2 개체내-개체간 2요인설계 2원상호작용효과 패턴

9-3 추가 분석: 단순효과 분석, 계획비교, 사후 다중비교

모형구성에서 고려할 부분들이 많고, 추정하는 과정이 복잡할 뿐 추가 분석을 진행하는 방법은 앞서 살펴본 과정과 크게 다르지 않습니다.

먼저 단순주효과 분석을 살펴보죠. 개체간 요인 trt 수준별 개체내 요인 wsf의 단순주효과가 어떻게 나타나는지 살펴본다고 가정해보죠. 영포화 종속변수를 대상으로 한 모형의 특성상 이 경우에도 3가지 component 옵션을 각각 적용할 수 있습니다. 추정결과를 정리하지 않으면 분량이 너무 많아 티블 형태의 데이터로 전환한 다음 결과를 정리하여 제시하였습니다.

```
> # 추가 분석
> # 단순주효과 분석
> bind_rows(
+ glmm_hp |> joint_tests(component="zi",by="trt") |>
+   as_tibble() |> mutate(component="zero"),
+ glmm_hp |> joint_tests(component="cmean",by="trt") |>
+   as_tibble() |> mutate(component="count"),
+ glmm_hp |> joint_tests(component="response",by="trt") |>
```

```
+   as_tibble() |> mutate(component="response")
+ ) |> select(component,trt,Chisq,df1,p.value) |>
+ mutate(sigstar=ifelse(p.value<.05,"*"," ")) |>
+ arrange(trt)
# A tibble: 6 × 6
  component trt       Chisq df1   p.value sigstar
  <chr>     <fct>     <dbl> <dbl> <dbl>   <chr>
1 zero      control    71.9  2    2.39e-16 *
2 count     control    28.2  2    7.53e- 7 *
3 response  control   101.   2    1.37e-22 *
4 zero      treatment  29.5  2    3.86e- 7 *
5 count     treatment   8.89 2    1.17e- 2 *
6 response  treatment  34.1  2    4.01e- 8 *
```

양의 정수 대비 0을 예측하는 모형의 경우 개체간 요인의 수준이 control이든 [$\chi^2_{Wald}(2) = 71.94$, $p < .001$], treatment이든 개체내 요인 wsf의 단순주효과는 통계적으로 유의미합니다[$\chi^2_{Wald}(2) = 29.53$, $p < .001$]. 또한 양의 정수의 기대평균을 설명하는 모형의 경우에도, control 수준에서도[$\chi^2_{Wald}(2) = 28.20$, $p < .001$] 그리고 treatment 수준에서도 모두 단순주효과가 통계적으로 유의미한 것을 확인할 수 있습니다[$\chi^2_{Wald}(2) = 8.89$, $p = .002$]. 끝으로 두 모형을 통합하여 얻은 영포화 종속변수에 대한 한계추정치의 경우에도, control 수준이든[$\chi^2_{Wald}(2) = 100.69$, $p < .001$] treatment 수준이든 개체내 요인 wsf의 단순주효과는 모두 통계적으로 유의미하게 나타납니다[$\chi^2_{Wald}(2) = 34.07$, $p < .001$]. 다항비교 실행방법도 아래와 같이 비슷합니다.

```
> # 다항비교
> bind_rows(
+ glmm_hp |> emmeans(~wsf|trt,component="zi") |>
+   contrast("poly") |> as_tibble() |> mutate(component="zero"),
+ glmm_hp |> emmeans(~wsf|trt,component="cmean") |>
+   contrast("poly") |> as_tibble() |> mutate(component="count"),
+ glmm_hp |> emmeans(~wsf|trt,component="response") |>
+   contrast("poly") |> as_tibble() |> mutate(component="response")
+ ) |> select(contrast,component,trt,estimate,z.ratio,p.value) |>
+ mutate(sigstar=ifelse(p.value<.05,"*"," ")) |>
+ arrange(contrast)
# A tibble: 12 × 7
  contrast  component trt       estimate z.ratio p.value sigstar
  <fct>     <chr>     <fct>     <dbl>    <dbl>   <dbl>   <chr>
```

```
 1 linear    zero      control    2.50      8.05   8.22e-16 "*"
 2 linear    zero      treatment  1.59      5.42   5.94e- 8 "*"
 3 linear    count     control   -0.489    -5.25   1.49e- 7 "*"
 4 linear    count     treatment -0.223    -2.57   1.01e- 2 "*"
 5 linear    response  control   -1.02     -9.49   2.23e-21 "*"
 6 linear    response  treatment -0.653    -5.84   5.33e- 9 "*"
 7 quadratic zero      control    1.30      2.70   7.02e- 3 "*"
 8 quadratic zero      treatment -0.434    -0.926  3.54e- 1 " "
 9 quadratic count     control    0.0618    0.598  5.50e- 1 " "
10 quadratic count     treatment -0.250    -1.60   1.09e- 1 " "
11 quadratic response  control   -0.301    -2.14   3.26e- 2 "*"
12 quadratic response  treatment -0.0730   -0.374  7.08e- 1 " "
```

출력결과에서 확인할 수 있듯, 개체간 요인의 수준이 control이든 treatment이든, 그리고 추정하고자 하는 대상이 0의 발생확률이든 양의 정수의 기대평균이든, 두 모형을 통합하여 얻은 종속변수의 기대평균이든 무관하게 개체내 요인인 wsf 효과는 1차선형관계라고 볼 수 있습니다. 개체내 요인인 wsf 효과는 2차곡선형관계로 간주할 수 있는 경우는 개체간 요인수준이 control인 경우 0의 발생확률($z = 2.70$, $p < .001$) 혹은 종속변수의 기대평균으로만 한정되는 것을 볼 수 있습니다($z = -2.14$, $p = .003$).

계획비교도 비슷하게 실시할 수 있습니다. 방금 테스트했던 개체내 요인 wsf의 1차선형관계효과가 개체간 요인 trt의 수준에 따라 통계적으로 유의미하게 다르다고 볼 수 있는지를 3가지 component 옵션에 따라 다르게 비교하면 다음과 같습니다.

```
> #계획비교
> glmm_hp |> emmeans(~wsf|trt,component="zi") |>
+ contrast(method=list(
+   linear_zero=c(1,0,-1)
+ ),by="trt") |>
+ joint_tests()
model term df1 df2 F.ratio Chisq p.value
trt          1 Inf   5.038 5.038  0.0248

> glmm_hp |> emmeans(~wsf|trt,component="cmean") |>
+ contrast(method=list(
+   linear_zero=c(1,0,-1)
+ ),by="trt") |>
+ joint_tests()
model term df1 df2 F.ratio Chisq p.value
```

```
trt             1 Inf   4.713  4.713  0.0299

> glmm_hp |> emmeans(~wsf|trt,component="response") |>
+  contrast(method=list(
+   linear_zero=c(1,0,-1)
+  ),by="trt") |>
+  joint_tests()
model term df1 df2 F.ratio Chisq p.value
trt             1 Inf   6.368  6.368  0.0116
```

출력결과에서 확인할 수 있듯, '0' 발생확률의 경우 treatment 집단에 비해 control 집단에서 더욱 뚜렷한 양의(positive) 1차선형관계가 나타납니다 [$\chi^2_{Wald}(1) = 5.04$, $p = .02$]. 다시 말해 treatment 집단보다 control 집단의 경우, wsf 요인의 수준 변화에 따라 0이 보다 빠르게 증가한다고 볼 수 있습니다. 아울러 양의 정수 기대평균 혹은 종속변수 대상 기대평균의 경우, control 조건에 비해 treatment 조건에서의 기대평균이 wsf 요인의 수준 변화에 따라 더욱 느리게 감소하는 것을 통계적으로 유의미하게 확인할 수 있습니다[각각 $\chi^2_{Wald}(1) = 4.71$, $p = .03$; $\chi^2_{Wald}(1) = 6.37$, $p = .01$].

사후 다중비교 역시도 component 옵션에 따라 3가지 결과를 얻을 수 있습니다. 아래에서 확인할 수 있듯, 개체간 요인 trt의 수준별, 개체내 요인 wsf 수준이 변할 때 0의 발생확률(component="zi"), 양의 정수의 기대평균(component="cmean"), 종속변수의 기대평균(component="response")이 통계적으로 유의미하게 변화하는지를 살펴보았습니다. 연속된 요인수준 변화에 따른 한계추정치의 변화에 대한 출력결과의 통계적 유의도는 디폴트인 더넷 기법을 이용해 수정하였습니다. 별도의 해석은 제시하지 않았습니다.

```
> # 사후 다중비교
> bind_rows(
+  glmm_hp |> emmeans(~wsf|trt,component="zi") |>
+   contrast("consec") |> as_tibble() |> mutate(component="zero"),
+  glmm_hp |> emmeans(~wsf|trt,component="cmean") |>
+   contrast("consec") |> as_tibble() |> mutate(component="count"),
+  glmm_hp |> emmeans(~wsf|trt,component="response") |>
+   contrast("consec") |> as_tibble() |> mutate(component="response")
+ )
```

```
# A tibble: 12 × 8
   contrast      trt       estimate SE     df    z.ratio p.value  component
   <fct>         <fct>     <dbl>    <dbl>  <dbl> <dbl>   <dbl>    <chr>
 1 time2 - time1 control    0.601   0.286  Inf    2.10   6.75e- 2 zero
 2 time3 - time2 control    1.90    0.287  Inf    6.62   7.34e-11 zero
 3 time2 - time1 treatment  1.01    0.289  Inf    3.51   8.86e- 4 zero
 4 time3 - time2 treatment  0.579   0.264  Inf    2.20   5.29e- 2 zero
 5 time2 - time1 control   -0.275   0.0779 Inf   -3.53   8.17e- 4 count
 6 time3 - time2 control   -0.213   0.0600 Inf   -3.56   7.48e- 4 count
 7 time2 - time1 treatmen   0.0134  0.0877 Inf    0.153  9.83e- 1 count
 8 time3 - time2 treatment -0.236   0.0905 Inf   -2.61   1.72e- 2 count
 9 time2 - time1 control   -0.361   0.0934 Inf   -3.86   2.24e- 4 response
10 time3 - time2 control   -0.662   0.0836 Inf   -7.92   4.88e-15 response
11 time2 - time1 treatment -0.290   0.109  Inf   -2.65   1.53e- 2 response
12 time3 - time2 treatment -0.363   0.116  Inf   -3.14   3.27e- 3 response
```

3부

마무리

10장 기타 실험설계 및 실험데이터 분석

10장에서는 본서에서는 다루지 않았지만, '실험(experiment)'과 관련된 문헌들에서 흔히 등장하는 다양한 실험방식 혹은 실험데이터 분석기법들에 대해서 간략하게 소개하고자 합니다. 간단하게 소개할 내용은 '집단·군집 무작위 실험(GRT, group randomized trial)', '부분요인설계(fractional factorial design)', '반응표면방법(RSM, response surface method)', '마이크로어레이 실험(microarray experiment)', '컴퓨터 실험(computer experiment)' 등입니다. 제시된 순서대로 본서의 내용과 가까운 관계를 보이고 있고, 나중에 제시된 내용일수록 본서의 내용과 명확하게 구분됩니다. 10장에서 언급하는 주제들은 본서의 범위를 훨씬 넘어선다는 점에서, 각 주제에 관심 있는 독자는 별도 교재를 통해 심화학습을 진행하기 바랍니다. 특히 마지막에 제시되는 마이크로어레이 실험과 컴퓨터 실험의 경우에는 본서에서 소개하는 실험설계 방식과 매우 거리가 멀기 때문에 해당 주제에 대해 관심 있는 독자들은 별도의 전문교재를 참조하길 바랍니다.

1 집단·군집 무작위 실험

본서에서 소개한 실험설계 및 실험데이터는 모두 '개인(individual)' 혹은 '개별사례(individual case)'를 측정단위(unit-of-measurement)이자 분석단위(unit-of-analysis)로 그리고 추론단위(unit-of-inference)로 채택하고 있습니다. 즉 개인을 대상으로 실험처치를 실시한 후 개인에게서 나타난 결과(종속변수)를 측정하고, 개인을 기본 분석단위로 모형을 실시한 후 이를 통해 얻은 추론결과를 일반적 개인을 대상으로 적용하고 해석합니다. 반면 지금 말씀드리는 집단 무작위 실험(GRT, group randomized trial) 혹은 군집 무작위 실험(CRT, cluster randomized trial)에서는 집단을 대상으로 실험처치를 하지만, 실험처치로 인한 결과 변화(종속변수)는 개인을 대상으로 측정하고, 분석과정에서는 개인적 특성(예를 들어 나이)과 집단특성(이를테면 공립학교 혹은 사립학교)이 결과에 미치는 효과를 같이 고려해야 합니다. 아울러 실험처치의 특성에 따라 연구결과를 어떻게 해석하고 적용해야 할지, 즉 추론 단위가 개인이 될 수도 혹은 집단이 될 수도 있습니다.

GRT가 어떻게 진행되는지, 개인수준에서 무작위 배치가 진행되는 통상적 실험설계(RCT, randomized controlled trial)와 비교할 때 어떤 문제점이 존재하는지 이해하기 위해 구체적으로 예를 들어보겠습니다. 어떤 연구자가 "토론수업을 받은 학생은 기존의 강의식 수업을 받은 학생보다 창의력이 더 높다"는 연구가설을 테스트하고자 하며, 다음과 같은 실험연구를 실시했다고 가정해보죠. 여기서 실험처치는 '토론수업'이며, 수업은 개별 학생을 대상으로 진행되지 않으며 '학급'이라는 집단을 중심으로 진행된다는 점을 감안하여 이 연구자는 '집단 무작위 실험(GRT)'을 실시하였습니다.

학급에 대해서는 토론수업을 실시하였습니다(즉, 처치집단). 이후 타당성과 신뢰성이 확보되었다고 알려진 창의력 평가지표를 통해 총 100명(10개 학급, 학급당 10명의 학생)의 창의력 점수를 측정하였습니다. 이후 처치집단(토론수업)에 해당되는 50명 학생의 창의력 점수와 통제집단(기존 강의식 수업)에 해당되는 50명 학생의 창의력 점수를 독립표본 티테스트를 실시하였습니다. 독립표본 티테스트 결과 토론수업에 참여한 학생들이 기존 강의식 수업을 들은 학생들보다 창의력 점수가 통계적으로 유의미하게 높게 나타났습니다.

그런데 위와 같은 방식으로 진행된 GRT 데이터 분석방식에는 '독립성 가정 위배(violation of independence assumption)'라는 결정적인 문제점이 존재합니다. 왜냐하면 토론수업의 '토론'은 학생들 사이의 상호작용을 의미하며, 따라서 같은 학급에 속하는 학생들의 경우 공통성, 즉 공유분산을 형성할 가능성이 매우 높기 때문입니다. 이러한 특징은 강의식 수업에서도 마찬가지입니다. 같은 학급 내 학생들은 같은 강사에게서 수업을 듣게 되면서 공통된 특성을 공유할 가능성이 매우 높습니다. 다시 말해 집단을 대상으로 실험처치가 진행되는 GRT의 경우, 개인 혹은 개별사례를 분석단위로 하는 분석기법(예를 들어 위의 가상사례에서 언급한 독립표본 티테스트)을 사용하는 것은 매우 부적절합니다.

본서에서 소개한 혼합모형(mixed model)이나 GRT 데이터에 대해 자주 활용되고 추천되는 다층모형(multi-level modeling) 혹은 일반화추정모형(GEE, generalized estimating equations)을 활용하면, 적어도 통계적 가정이라는 점에서 독립성 가정 위배 문제를 해결할 수 있습니다. 그렇다면 독립성 가정 위배 문제에 대응하기 위해 혼합모형·다층모형 혹은 GEE를 사용하면 아무런 문제가 없을까요? 그렇지 않습니다. 통계적 기법으로 독립성 가정 문제에 대응하더라도, 연구자는 현실적 문제에 직면할 수밖에 없습니다.

연구자가 직면하게 될 가장 큰 현실적 문제는 바로 '자유도(*df*, degree of freedom)'가 대폭 감소한다는 점입니다. 위에서 언급한 가상사례를 다시 살펴봅시다. 데이터의 측정단위인 '학생'은 총 100명으로 표본규모가 너무 작다고 보기 어렵습니다(물론 연구상황에 따라 표본규모에 대한 평가는 충분히 다를 수 있습니다). 반면 처치단위인 '학급'은 총 10개로 표본규모가 충분하다고 볼 수 없습니다. 예를 들어 분산동질성을 가정할 때, 표본규모가 100인 경우의 자유도는 98이지만, 표본규모가 10인 경우의 자유도는 8입니다. 자유도가 낮다는 것은 통계적 검증력이 낮아진다는 의미입니다. 다시 말해 실험처치가 집단수준에서 진행되는 GRT 데이터의 경우, 혼합모형이나 다층모형 등과 같이 분석단위를 구분하는 모형 추정기법을 활용하는 연구자는 집단수준의 자유도가 너무 낮다는 현실적 문제에 직면하게 됩니다. 이러한 현실적 문제를 해결하기 위한 방법은 실험처치가 적용되는 집단의 개수를 증가시키는 것이며,[1] 결국 연구자는 더 많은 연구비를 집행하는 수밖에 없습니다. GRT 문헌들에서 흔히 권장되는 층화

---

1 집단의 개수를 늘리는 방법으로는 2가지를 생각해볼 수 있습니다. 첫 번째는 집단개수를 늘리되, 집단의 특성을 추정하기에 충분한 집단구성원(개별사례)들을 확보하는 방법입니다. 가상사례를 예로 들어 설명하면, 100개의 학급을 표집하되 학급별로 10명의 학생을 표집하는 것입니다. 이렇게 할 경우, 총 1,000명 규모의 표본을 수집해야 합니다. 두 번째는 집단개수를 늘리되, 집단구성원을 적게 표집하는 것입니다. 가상사례를 예로 들어 설명하면, 100개의 학급을 표집하되 학급별로 1명의 학생만 표집하는 것입니다. 이렇게 할 경우, 총 100명 규모의 표본이 수집됩니다. 직관적으로 느낄 수 있겠지만, 첫 번째 방법이 두 번째 방법보다 훨씬 더 낫습니다. 다만 표본수집에 소요되는 비용이라는 측면에서 본다면 첫 번째 방법보다는 두 번째 방법이 더 나을지도 모르겠습니다.

(stratification), 매칭(matching) 기법 등은 알려진 정보를 토대로 오차요인을 감소시켜 적은 사례수로도 통계적 검증력을 확보하고자 하는 시도입니다.

바로 이러한 이유 때문에, GRT를 소개하는 문헌에서는 꼭 필요한 상황이 아니라면 GRT가 아닌 개인수준에서의 무작위 배치를 통한 통상적 실험설계(RCT)를 시도해야 한다고 말하고 있습니다. 그렇다면 불가피하게 GRT를 실시해야 하는 상황은 어떤 상황일까요? 머레이 등(Murray et al., 2020, p. 6)은 RCT 대신 GRT를 실시해야 하는 이유로 5가지를 언급하고 있습니다.

첫째, 실험처치의 성격이 집단수준일 수밖에 없거나 실험처치가 개인수준에서 진행되더라도 효과가 집단수준으로 구현되는 상황이라면 RCT 대신 GRT를 채택하는 것을 고려할 수 있다고 합니다. 앞에서 언급한 가상사례와 같이 '수업방식'은 교실과 학급이라는 집단수준에 적용될 수밖에 없는 원인처치입니다. 또한 지난 코로나19 팬데믹 사례에서 잘 드러나듯, 집단내 개별구성원들이 충실하게 마스크를 착용할 경우 감염병 예방이라는 집단수준의 효과로 나타납니다(즉, 개체수준의 행동이 집단수준의 효과로 나타남). 이러한 상황에서는 처치효과 추론을 위한 GRT 실시가 효과적입니다.

둘째, 개인대상 실험처치의 효과가 해당 개인과 관계를 맺는 다른 개인으로 전파되는 상황을 막는 것이 현실적으로 불가능한 경우라면 RCT 대신 GRT를 채택할 수 있습니다. 채식이 건강에 미치는 효과를 연구한다고 가정해보죠. 일반적으로 가족구성원들은 식사를 공유한다는 점에서 '채식'처치를 받은 개인과 같은 공간에서 거주하는 다른 가족구성원은 연구자의 의도와 무관하게 '채식'처치 혹은 이에 준하는 수준의 처치를 받을 가능성이 매우 높습니다. 또한 채식처치를 받은 개인의 경우에도 다른 가족구성원의 식단에 영향을 받을 가능성이 높습니다(예를 들어 채식처치를 받았지만, 다른 가족 구성원이 치킨을 먹고 있다면 아무 생각 없이 치킨 한 조각을 집어먹을 수도 있고, 이 경우 실험처치가 제대로 진행되었다고 보기 어렵습니다). 만약 이러한 상황이라면 차라리 가족집단을 대상으로 실험처치를 시도하는 GRT가 더 나을 수도 있습니다.

셋째, 연구에 소요되는 비용을 절감하거나 실험처치에 대한 순응도(compliance)를 높이기 위한 목적으로 RCT보다 GRT를 실시할 수 있습니다. 바로 앞에서 언급했던 사례와 마찬가지로 식사가 가족단위로 진행된다는 점에서, 개인이 아닌 가족을 대상으로 실험처치를 하는 것이 실험처치에 대한 순응도가 훨씬 높을 가능성이 높으며, 실험과정에 대한 설명이나 실험진행상황 관리가 훨씬 더 쉽고 효율적일 수 있기 때문입니다.

GRT를 본서에서 소개할지 여부를 두고 고민이 많았지만, 제가 속한 사회과학분야에서 그리 널리 활용되지 않는다는 점을 고려할 때 본서의 목적을 넘어선다고 생각하였기 때문에 자세한 설명을 제시하지는 않았습니다. 만약 피치 못할 사정으로 GRT를 실시해야만 한다면, GRT 관련 문헌들을 잘 살펴보기 바랍니다. GRT와 관련하여 제가 읽어보고 유용하다고 생각하는 문헌들을 주제별로 몇 가지만 소개하고 이번 섹션을 마무리하겠습니다.

GRT가 등장하게 된 배경, 활용분야, 장단점 등에 대한 전반적 소개로는 헤이즈와 물톤(Hayes & Moulton, 2017)의 책, 클라와 도너(Klar & Donner, 2014)의 북챕터, 머레이의 북챕터(Murray, 2014), 머레이 등(Murray et al., 2020)의 리뷰논문 등을 추천합니다. 이들 문헌에는 GRT(CRT)에 대한 전반적 소개는 물론 GRT를 둘러싼 논란과 문제점들에 대한 해결방식 등이 친절하게 소개되어 있습니다. GRT가 활발하게 활용되는 분야가 의학이라서 사회과학 전공자가 읽기에는 다소 버거운 부분들이 없지 않지만, 조금만 인내심을 갖고 읽는다면 조직연구(organizational studies)나 정책분석(policy analysis) 영역 등에서 어떻게 활용할 수 있을지 감을 잡을 수 있지 않을까 생각합니다.

GRT 설계시 표본규모를 어떻게 추정할 것인가에 대해서는 헤밍 등(Hemming et al., 2020)을 참조하고, 이들이 개발한 샤이니앱(Shiny App)을 사용해보기 바랍니다. 만약 헤밍 등(Hemming et al., 2020)의 샤이니앱을 사용하기 어려울 정도로 복잡한 GRT 설계를 시도한다면, 키서(Kieser, 2020)의 책 13장을 읽어본 후 키서가 작성한 예시코드를 자신의 연구맥락에 맞게 확장·응용·변경해야 하지 않을까 싶습니다. GRT 데이터 분석기법들로 추천되는 혼합모형·다층모형 혹은 GEE 등이 통상적으로 널리 사용되는 분석기법들이 아니라서, 사용이 간편한 표본규모 추정 패키지들이 널리 보급되지는 않은 상황입니다.

아울러 GRT 데이터 분석방법과 그 과정에서 유념할 점들에 대해서는 도너와 클라(Donner & Klar, 2004)의 논문, 클라와 도너(Klar & Donner, 2001)의 논문과 클라와 도너(Klar & Donner, 2014)의 북챕터, 엘드리지 등(Eldridge et al., 2004)의 논문, 펑 등(Feng et al., 2001)의 논문, 머레이 등(Murray et al., 2004)의 논문 등을 살펴보기 바랍니다. GRT 데이터 분석의 경우 다층모형에 대한 기본적 이해가 필수적이며 추가적으로 GEE와 메타분석(meta-analysis)의 기초적 개념들도 어느 정도 숙지해야 합니다.

R을 이용하여 GRT 데이터를 분석할 경우 본문에서 소개한 혼합모형·다층모형 추정 패키지(즉 `lme4` 패키지, `glmmTMB` 패키지 등)를 활용할 수 있으며, GEE의 경우 `geepack` 패키지(version 1.3.11)를 추천합니다.

2 부분요인설계

본서에서 소개한 모든 실험설계기법은 완전요인설계(full factorial design)에 속합니다. 완전요인설계 데이터의 경우, 모든 요인의 주효과와 함께 요인들 사이의 모든 상호작용효과를 추정할 수 있습니다. 그러나 실험요인의 개수가 늘어날 경우, 완전요인설계 데이터의 규모는 무지막지하게 커질 수밖에 없습니다. 예를 들어 요인수준이 2개인 경우, 요인의 개수가 1부터 10까지 1씩 늘어날 때마다 집단의 개수는 2, 4, 8, 16, 32, 64, 128, 256, 512, 1024개로 폭증합니다. 만약 각 집단별 표본수를 동등하게 배치한다면, 연구에 필요한 표본규모는 생각하기 어려울 정도로 급속하게 증가하게 됩니다. 그리고 실험에 필요한 사례가 매우 비싸거나 혹은 매우 희귀하다면, 표본규모를 대량으로 확보하는 것은 불가능해집니다.

요인의 개수를 고려할 때, 연구비가 제한되어 있는 등의 상황이라면 부분요인설계(fractional factorial design)를 적극적으로 고려하는 것이 좋습니다. 부분요인설계에서는 처치요인의 수준을 교차하여 얻은 조건들 중 체계적으로 선택된 일부 조건만을 고려하는 방법으로, 이론적 혹은 현실적 측면에서 중요하게 고려해야 하는 주효과와 다원 상호작용효과를 계획비교를 통해 테스트합니다. 물론 부분요인설계를 채택하면 모든 주효과와 모든 상호작용효과를 테스트할 수 없으며, 무엇보다 특정 요인의 주효과가 다른 요인들 사이의 상호작용효과와 '교란(confounding)'되는 현상이 나타날 수 있다는 문제점이 발생할 수 있습니다. 다시 말해 부분요인설계는 현실적 필요성과 연구의 효율성이라는 장점과 해석과정의 교란이라는 단점을 맞교환하는 연구설계입니다.

부분요인설계 개념을 간단한 사례를 통해 살펴보겠습니다. 2수준의 세 요인 A, B, C를 이용하여 종속변수의 변화를 예측한다고 가정해보겠습니다. 완전요인설계를 적용할 경우 아래 [표 10-1]과 같이 총 8(2^3)개의 조건이 생성됩니다.

[표 10-1] 요인별 2수준인 3요인설계의 실험집단

	A	B	C	AB	AC	BC	ABC
1	+1	+1	+1	+1	+1	+1	+1
2	+1	+1	−1	+1	−1	−1	−1
3	+1	−1	+1	−1	+1	−1	−1
4	+1	−1	−1	−1	−1	+1	+1
5	−1	+1	+1	−1	−1	+1	−1
6	−1	+1	−1	−1	+1	−1	+1
7	−1	−1	+1	+1	−1	−1	+1
8	−1	−1	−1	+1	+1	+1	−1

만약 연구자가 선행연구들을 살펴보니 세 요인 사이의 3원상호작용효과가 통계적으로 유의미하지 않고 효과크기도 매우 미미해서 딱히 고려할 필요가 없다고 확신하며, 이러한 연구자의 확신이 충분히 타당하다고 가정해보겠습니다. 이를 기반으로 연구자는 2개 수준 4개 요인을 교차해 얻을 수 있는 16(2^4)개 조건으로 구성된 표본이 아닌, 다음 [표 10-2]와 같이 8개 조건으로 구성된 보다 효율적인(다시 말해 보다 경제적인) 4요인설계를 실시할 수도 있습니다. [표 10-2]에서 ABC의 3원상호작용효과와 D의 합산코딩이 동일한 것에 주목하기 바랍니다. 부분요인설계를 소개하는 문헌들에서는 다음과 같은 상황에서의 ABC와 D의 관계를 '별명(에일리어스, alias)'이라고 부릅니다.

[표 10-2] 부분요인설계와 별명(에일리어스, alias) 관계 예시

	A	B	C	AB	AC	BC	ABC	D^{ABC}
1	+1	+1	+1	+1	+1	+1	+1	+1
2	+1	+1	−1	+1	−1	−1	−1	−1
3	+1	−1	+1	−1	+1	−1	−1	−1
4	+1	−1	−1	−1	−1	+1	+1	+1
5	−1	+1	+1	−1	−1	+1	−1	−1
6	−1	+1	−1	−1	+1	−1	+1	+1
7	−1	−1	+1	+1	−1	−1	+1	+1
8	−1	−1	−1	+1	+1	+1	−1	−1

알림. 위첨자가 표시된 효과항의 경우 해당 효과항과 위첨자로 표시된 효과항이 '별명(에일리어스, alias)' 관계임을 나타냄

위와 같은 방식으로 2수준 요인인 D를 새로 추가하고 난 후, 연구자는 [표 10-3]과 같이 추가로 몇 가지 가정을 더 해야 합니다. 예를 들어 A와 D(AD), B와 D(BD), C와 D(CD)의 2원상호작용효과를 추정하는 합산코딩을 생성해보면, 아래와 같이 AD는 BC와, BD는 AC와 CD는 AB와 합산코딩 결과가 완전하게 동일합니다. 다시 말해 AD는 BC와, BD는 AC와 CD는 AB와 '별명(에일리어스)' 관계라고 할 수 있습니다.

[표 10-3] 예시상황의 모든 별명(에일리어스, alias) 관계

	A	B	C	AB	AC	BC	ABC	D^{ABC}	AD^{BC}	BD^{AC}	CD^{AB}
1	+1	+1	+1	+1	+1	+1	+1	+1	+1	+1	+1
2	+1	+1	−1	+1	−1	−1	−1	−1	−1	−1	+1
3	+1	−1	+1	−1	+1	−1	−1	−1	−1	+1	−1
4	+1	−1	−1	−1	−1	+1	+1	+1	+1	−1	−1
5	−1	+1	+1	−1	−1	+1	−1	−1	+1	−1	−1
6	−1	+1	−1	−1	+1	−1	+1	+1	−1	+1	−1
7	−1	−1	+1	+1	−1	−1	+1	+1	−1	−1	+1
8	−1	−1	−1	+1	+1	+1	−1	−1	+1	+1	+1

알림. 위첨자가 표시된 효과항의 경우 해당 효과항과 위첨자로 표시된 효과항이 '별명(에일리어스, alias)' 관계임을 나타냄

실험조건이 8개 집단이라는 점을 고려할 때, 모형 추정을 위한 모수의 수는 7개(=8-1)까지 가능합니다. 즉 위의 표에서 ABC 3원상호작용효과가 0이라고 가정하였을 때, 연구자가 분석에 투입할 수 있는 효과항들은 주효과항 4개(A, B, C, D), 2원상호작용효과항 3개(AB/CD, AC/BD, BC/AD)입니다.

정리하자면 위와 같은 부분요인설계를 통해 효율적인 실험설계를 실시할 경우 완전요인설계에서 가정할 필요가 없는 몇 가지를 추가로 가정해야 합니다. 첫째, 기존 연구에서 주목하는 세 요인 A, B, C 사이의 3원상호작용효과는 통계적으로 유의미하지도 않고 효과크기도 무시할 수 있을 정도로 작기 때문에, 표본크기를 줄이기 위해 새로운 요인의 주효과로 대체할 수 있습니다. 둘째, 만약 선행연구들을 검토해본 결과 A, B, C 세 요인 사이의 2원상호작용효과 역시도 통계적으로 유의미하지 않고 효과크기 역시 극히 미미할 경우, 부분요인설계를 통해서 통계적으로 유의미한 2원상호작용효과는 AD, BD, CD라고 해석할 수 있습니다. 셋째, 만약 선행연구들에서 A, B, C 세 요인 사이의 2원상호작용효과가 통계적으로 유의미하며, 부분요인설계 데이터를 분석하여 얻은 2원상호작용효과항이 선행연구에서 나타난 통계적 유의도 테스트 결과 및 효과크기 통계치와 유사하다면 AD, BD, CD의 2원상호작용효과가 통계적으로 유의미하지 않거나 혹은 극히 미미하다는 것을 보여준다고 볼 수 있습니다. 넷째, 만약 선행연구들에서 A, B, C 세 요인 사이의 2원상호작용효과가 통계적으로 유의미한데, 부분요인설계 데이터를 분석해서 얻은 2원상호작용효과가 선행연구에서 보고된 결과와 상당히 다르다면, 완전요인설계 혹은 연구표본규모의 확장을 통해 ABD, ACD, BCD 등과 같은 3원상호작용효과의 패턴을 추가로 확인하는 것을 검토해보아야 합니다.

문헌들에서는 위와 같은 방식의 부분요인설계는 흔히 2^{3+1}설계라고 부르기도 합니다[즉 3원상호작용효과항과 추가된 요인의 주효과가 '별명(에일리언스)' 관계인 경우]. 상당히 복잡하게 느껴질 수도 있지만, 만약 연구결과가 누적되어 있으며 실험연구결과에서 상황적 요소가 많이 개입되지 않은 경우라면 위와 같이 '별명(에일리언스)' 관계를 설정하는 방식으로 표본규모를 줄이는 것은 매우 효율적이고 합리적인 전략이라고 생각합니다. 바로 이러한 이유 때문에 부분요인설계가 가장 활발하게 적용되는 분야는 연구결과가 누적되어 있고, 상황이 일정하게 유지·관리되는 제품관리나 공정관리 등과 관련된 산업계입니다. 반면 연구상황이 지속적으로 변하고 사회적·문화적 맥락에 따라 처치효과가 다르게 나타날 수 있으며 연구사례를 수집하는 데 그렇게 많은 비용이 들거나 윤리적 우려를 자아내는 경우가 아니라면, 부분요인설계를 적용하는 것보다는 완전요인설계를 적용하는 것이 이론적·방법론적으로 더 타당하다고 볼 수 있습니다.

부분요인설계와 관련하여 보다 자세한 소개와 설명을 원하는 분들은 관련 참고문헌(Dean et al., 2017, Chapter 15; Gunst & Mason, 2009; Montgomery, 2020, Chapter 9; Rash et al., 2011, Chapter 7)을 참고하기 바랍니다. 아울러 사회과학 분과에서 부분요인설계를 어떻게 활용할 수 있을지에 대해서는 유명한 심리통계학자인 케니(Kenny, 1985)를 참조하길 권합니다.

위에서 설명한 사례는 아주 간단한 부분요인설계이며, 아마도 느끼셨겠지만 부분요인설계는 계획 자체가 복잡하기 때문에 세심히 주의하면서 계획하여야 합니다. 그러나 부분요인설계를 진행하고, '별명(에일리어스)' 관계를 갖는 효과 추정항이 무엇인지를 이해하는 데 도움을 줄 수 있는 매우 유용한 R 패키지들이 많이 개발되어 있습니다. 관련 분야에 대한 매우 제한적인 제 경험을 토대로 말씀드리면, 2수준 요인설계의 경우 `FrF2` 패키지(version 2.3-3)가, 최적설계(optimal design) 관점에서 복잡한 부분요인설계[2]와 모형 추정 효과항의 구성에 대한 R 패키지로는 `AlgDesign` 패키지(version 1.2.1)가 매우 흥미로웠습니다. 아울러 부분요인설계가 적용된 데이터에서 최적의 결과치를 산출하는 요인들의 조건조합을 탐색하고자 할 경우 `leap` 패키지(version 3.2)를 활용할 것을 추천합니다.

---

2 이와 관련하여 관심 있는 독자는 쿡과 내츠샤임(Cook & Nachtsheim, 1989)을 읽어보면 좋을 듯합니다. 상당히 어려운 영역이며 연구배경이 사회과학자에게는 낯설지만, 기본적인 아이디어와 효율적 해결방안이라는 점에서 직접 적용은 어렵다고 하더라도 아이디어를 아는 것만으로 매우 흥미롭고 유익한 경험일 것으로 확신합니다.

3 반응표면방법

반응표면방법(RSM, response surface methodology)은 가장 최적의 결과를 산출할 수 있는 원인처치 수준의 조건이 무엇인지를 효율적으로 탐색하는 것을 주목적으로 하며 제품공정을 다루는 기술공학 분야에서 주로 활용됩니다. RSM은 본문에서 소개했던 다항비교(polynomial contrast) 및 다항회귀모형(polynomial regression model)과 밀접한 관련을 맺고 있으며, 바로 앞에서 소개했던 부분요인설계와도 매우 밀접하게 연관되어 있습니다. 본문에 소개되었던 다항비교 방식을 다시 떠올려보기 바랍니다. 만약 종속변수에 영향을 미치는 어떤 원인요인 X가 2차곡선형 패턴을 보인다면, 연구자는 X의 변화에 따른 종속변수의 반응이 최적화되는 X의 수준을 확인할 수 있을 것입니다. 본문에서는 다루지 않았지만, 여기서 만약 원인요인 2개를 고려할 경우에도 요인 2개의 수준이 어떻게 교차될 때 종속변수의 반응값이 최적값을 보이는지 탐색하는 것이 가능할 것입니다. 아마도 독자들은 원인요인의 개수가 증가하면 증가할수록 종속변수의 반응값이 최적이 되는 지점을 찾는 것이 쉽지 않음을 짐작할 것이며, 아울러 원인요인의 개수가 증가할수록 이론적 혹은 현실적 필요성에서 완전요인설계가 아닌 부분요인설계를 채택할 수밖에 없을 것이라는 점에 동의할 것입니다.

이런 점에서 RSM은 설계측면에서 어떻게 최적의 실험상황을 설계할지(최적설계, optimal design)와 실제 데이터 분석과정에서 종속변수 반응값이 최적상태를 보이는 원인요인조건들의 조합방식을 찾아낼지[3] 2가지로 구분하여 살펴볼 수 있습니다. 최적의 실험상황을 설계하는 방법이든, 최적의 요인조건들의 조합방식을 찾아내는 것이든 쉽지 않은 일입니다. 이런 점에서 저는 RSM은 본문에서 소개한 완전요인설계 방식의 실험보다는 최적화 문제를 풀어내는 알고리즘 적용 및 개발의 영역에 보다 가깝지 않나 생각합니다. 예를 들어 RSM과 관련하여 자주 등장하는 D-, A-, I-, G-최적기준(optimality criterion) 등과 같은 최적기준들은 어떤 요인조건들의 조합방식이 최적인지를 판가름하는 기준을 어떻게 설정하며, 어떤 과정을 통해서 이를 계산하는지에 대

3 이런 점에서 RSM이 적용된 실험을 '스크리닝 실험(screening experiment)'이라고 부르기도 합니다.

한 논의에 주력하는 듯합니다(각 최적기준의 정의와 강점 및 약점에 대해서는 다음을 참조. Atkinson, 2014; Myers et al., 2016). 이러한 이유로 RSM은 본서의 범위를 훌쩍 뛰어넘으며, RSM의 개념을 간단하게 소개하는 것으로 갈음하려 합니다.

반응표면방법(RSM)과 관련하여 보다 자세한 소개와 설명을 원하는 독자는 관련 참고문헌(Anderson & Whitcomb, 2016; Atkinson, 2014; Dean et al., 2017, Chapter 16; Montgomery, 2020, Chapter 11; Myers et al., 2016)을 참고하기 바랍니다. RSM에 대해 매우 제한적으로만 알고 있지만, RSM과 관련된 R 패키지로는 앞서 소개한 `AlgDesign` 패키지(version 1.2.1)와 `rsm` 패키지(version 2.10.5)를 시도해볼 수 있으며, R 패키지는 아니지만 *DesignExpert*라는 이름의 상업용 프로그램[4]이 많이 사용되고 있습니다.

4 마이크로어레이 실험

마이크로어레이 실험(Microarray experiment)은 '실험'이라는 이름이 붙기는 했지만, 본서에서 소개한 실험과 완전히 다른 의미를 갖는다고 보는 것이 타당할 듯합니다. 1990년대 후반부터 급속하게 발전하기 시작한 유전자 기술을 바탕으로 등장하였고, 엄청난 규모의 DNA 정보들을 수집·분류하며 유기체 단위의 현상(이를테면 유전병이나 특정한 암 발병 가능성 등)과의 연관성을 조사하는 데이터 분석방법들을 통칭합니다. 최근 코로나19 팬데믹을 겪으면서 적지 않은 분들이 'PCR검사'라고 불리는 코로나19 감염검사를 받아보았을 텐데, 중합효소연쇄반응(PCR, polymerase chain reaction) 검사 역시 마이크로어레이 데이터 분석의 일종이라고 볼 수 있습니다.

사실 마이크로어레이 데이터 분석은 매우 전문적인 분야이며, 마이크로어레이 실험은 감히 제가 어떻게 이야기할 수 있는 영역이 아닙니다. 다만 마이크로어레이 데이터를 분석할 때도 본서에서 소개한 방식의 실험설계(이를테면 표본규모 추정), 혹은 데

4 관련 프로그램은 다음의 웹페이지에서 확인할 수 있습니다.
https://www.statease.com/software/design-expert/

이터 분석기법들, 이를테면 무작위 배치(randomization), 블록화(blocking) 등의 기법들이 활용됩니다. 다시 말해 마이크로어레이 데이터 분석과정에서 인과추론의 타당성을 높이기 위해 본서의 실험설계 및 데이터 분석기법을 사용할 수 있다는 점을 이야기하기 위해 아주 짧게 마이크로어레이 실험에 대해 언급하였습니다. 마이크로어레이 데이터를 통해 인과추론을 실시하기 위해 전통적 실험설계와 실험데이터 분석기법들이 어떻게 활용되는지에 대한 사례로는 관련 기초문헌(Page & Cui, 2014, Chapter 23; van Belle & Kerr, 2012, Chapter 8)에 언급된 연구들을 참조할 수 있으며, 마이크로어레이 데이터와 분석도구와 관련한 R 패키지들의 목록은 Bioconductor 프로젝트 홈페이지(bioconductor.org[5])를 참조하기 바랍니다.

5 컴퓨터 실험

마지막으로 간략하게 살펴보게 될 '컴퓨터 실험(computer experiment)' 역시 본서에서 소개한 실험설계와 실험데이터 분석기법과는 성격이 많이 다릅니다. 컴퓨터 실험은 '물리적 실험(physical experiment)' 혹은 '컴퓨터 시뮬레이터 실험(computer simulator experiment)'이라고 불리기도 하는데, 이름에서 명확하게 잘 드러나듯 컴퓨터 코드로 구성된 시뮬레이터를 활용하여 진행되는 연구로 주로 물질현상을 연구하는 분야에서 매우 자주 등장합니다. 컴퓨터 실험이 많이 활용되는 분야는 기후변화와 같이 통상적 방식으로 실험이 불가능하며 조건에 따른 장기간의 변화과정을 시뮬레이션해야 하는 환경공학은 물론, 자동차 충돌로 인한 차량사고에서 차체를 구성하는 원자재의 종류와 무게, 디자인 등의 물리적 속성과 충돌각도와 충돌차량의 속도나 무게 등을 조합하여 피해규모를 예상해야 하는 기술공학 분야, 지진이나 화산폭발에 따른 피해규모를 연구하거나 해양지진 등으로 인한 해일 피해를 유체역학 관점에서 추정하는 자연과학 연구 등에서 많이 활용됩니다.

---

5 구체적인 목록은 다음을 참조하기 바랍니다.
https://www.bioconductor.org/packages/release/BiocViews.html#___Software

아마 독자들도 느끼셨겠지만, 이런 점에서 컴퓨터 실험은 본서에서 소개한 'RCT 토대의 실험'이라기보다는 컴퓨터 시뮬레이션에 더 가깝다고 보는 것이 적절합니다. 따라서 본서의 목적과는 크게 벗어나기 때문에 구체적으로 소개하지는 않겠습니다. 본서에서 소개한 실험과 컴퓨터 실험이 어떤 면에서 서로 유사하고 다른지에 대해서는 딘 등(Dean et al., 2017, Chapter 20)을 추천합니다. 아울러 자연과학이나 공학 등의 영역에서 컴퓨터 실험이 어떻게 활용되는지, 가장 널리 활용되는 정규확률과정 모형(GaSP, Gaussian stochastic process, model)을 비롯하여 기타 다른 분야의 컴퓨터 실험 모형들은 어떠한지에 대해서는 팽 등(Fang et al., 2006) 혹은 샌터 등(Santer et al., 2018)을 살펴보기 바랍니다. 아울러 컴퓨터 실험과 관련된 R 패키지로는 DICE 콘소시엄(https://diceconsortium.com/)에서 개발한 `DiceDesign`(version 1.10)과 `DiceEval` 패키지(version 1.6.1) 등을 살펴볼 수 있을 듯합니다(Dupuy et al., 2015).

11장 실험설계 및 데이터 분석 요약

지금까지 일반적으로 널리 활용되는 실험설계 형태들은 무엇이며, 각 실험설계를 따르는 데이터를 어떻게 분석할 수 있는지 예시데이터를 통해 실습하였습니다. 본서에서 소개한 실험설계기법들은 흔히 '완전요인설계(full factorial design)'라고 불리는 실험설계들에 한정하였다는 아쉬움이 있지만, 여기에 제시된 실험설계와 각 설계별 실험데이터 분석방법으로도 대부분의 실험연구들을 이해하고 스스로 계획할 수 있을 것으로 기대합니다.

마지막 장에서는 계획된 실험설계에 맞는 실험데이터를 수집하고 분석하고 해석하는 일련의 단계를 제시한 후, 각 단계별로 유의할 사항이 무엇인지 최종 정리하겠습니다.

1 실험설계

실험설계는 진공상태에서 진행되지 않습니다. 연구자는 자신이 중요하게 생각하는 현상에 대한 이론적 예측과 전망을 갖고 있으며, 이를 테스트하기 위한 적절한 실험자극물을 생성하고 내적 타당도를 확보하기 위해 처치집단과 통제집단을 무작위 배치해야 합니다. 또한 연구자가 탐구하고자 하는 연구대상에 따라 혹은 처치효과의 통계적 검증력을 높이기 위해 개체간 요인과 함께 개체내 요인을 포함하는 것 역시 고려할 필요가 있습니다. 아울러 실험처치효과를 명확하게 추정하기 위해 필요할 경우 공변량을 측정하고, 블록화(blocking)를 통해 블록요인을 설정하는 것도 고려해야 합니다. 실험설계 과정에서는 다음과 같은 점들을 유의하면 좋을 듯합니다.

첫째, 어떤 실험을 설계할 것인지 명확하게 결정해야 합니다. 실험설계에 몇 개의 요인을 포함할지, 그리고 각 요인의 수준은 몇 개이며 어떻게 구분할지 등에 대해서 명확한 이론적 판단을 내려야 합니다. 아울러 요인의 개수가 2개 이상인 경우, 종속변수에 대한 처치효과를 일으키는 원인변수가 무엇이며, 조절효과를 일으키는 조절변수(moderator)는 무엇인지 명확하게 설정해야 합니다. 또한 실험 진행과정에서 반드시 고려해야 할 공변량은 없는지 역시 잘 살펴보아야 합니다. 어떠한 실험설계를 할지가 명확하지 않으면, 수집된 실험데이터를 어떻게 분석해야 할지가 명확해지지 않기 때문입니다. 이를 위해 연구자는 연구대상이 되는 현상을 다룬 선행연구들을 꼼꼼히 그리고 비판적으로 살펴보아야 합니다.

둘째, 연구자의 실험상황에 대해 면밀하게 조사해보아야 합니다. 이를테면 선행연구의 연구상황과 연구자의 현재 실험상황이 서로 비슷하다고 볼 수 있는지, 그리고 선행연구의 표본구성과 연구자가 수집할 수 있는 혹은 수집하게 될 대상이 서로 비슷한지에 대해 비판적으로 살펴볼 필요가 있습니다. 예를 들어 미국의 학부생들을 대상으로 진행된 실험연구결과를 접한 어떤 연구자가 비슷한 실험을 한국에서 실시하고자 한다고 가정해보겠습니다. 미국이라는 연구상황이 한국이라는 연구상황과 과연 비슷하다고 볼 수 있을까요? 또한 미국의 학부생들의 경우 다인종일 텐데, 한국의 학부생들은 단일인종에 가깝기 때문에 연구결과가 다르지 않을까요? 이러한 상황에서 선행연구에서 보고된 효과크기 통계치를 토대로 연구자가 표본크기 추정을 진행할 경우, 실험연구결과가 비슷하게 반복될 것으로 기대할 수 있을까요? 이러한 문제는 쉽게 해결되기 어려운 문제이며, 상황 변화에 대한 연구자의 비판적 판단이 절대적으로 요청될 수밖에 없습니다.

셋째, 효과적이고 동시에 효율적인 실험설계를 실시할 수 있도록 실험설계와 관련된 지식을 적극 활용해야 합니다. 먼저 블로킹(blocking)을 실시한 후 이를 블록요인으로 통제하면 처치효과의 통계적 검증력을 높일 수 있습니다. 아울러 개체내 요인을 실험에 포함시키는 방식으로 처치효과의 통계적 검증력을 높일 수도 있습니다. 또한 본서에서 간단한 설명만 제시하였지만, 선행연구결과를 철저하게 살펴본 후 굳이 상호작용효과를 추정하지 않아도 되는 경우라면 '부분요인설계'를 통해 효율적인 실험설계를 할 수도 있습니다. 실험을 진행하기 위해서는 연구비가 소요된다는 점에서 처치효과를 효율적으로 추정할 수 있는 최적 표본규모의 실험을 계획하기 바랍니다.

넷째, 철저한 선행연구 검토를 통해 명확한 연구가설을 설정해야 합니다. 일반적 실험연구에서는 분산분석과 같은 방식으로 처치효과를 테스트한 후, 계획비교나 단순주효과 혹은 단순상호작용효과를 분석합니다. 그러나 이러한 분석방법이 이론적이고 구체적인 의미를 갖기 위해서는 왜 특정 집단(들)과 다른 집단(들)의 평균을 비교하는 것이 의미가 있는지(즉, 계획비교), 혹은 왜 조절변수의 수준이 특정한 수준에서만 유효한 처치효과가 나타나는지, 혹은 뚜렷하게 강하거나 약한 처치효과가 나타나는지(즉, 단순효과 분석)에 대한 명확한 이론적 근거와 논리가 필요합니다. 다시 말해 연구자가 왜 단순효과 분석을 실시하는지 혹은 계획비교를 진행하는지에 대한 명확한 근거가 없다면, 실험데이터 분석결과는 그저 숫자뭉치에 불과합니다.

정리하자면 연구자는 "왜 이러한 실험을 실시해야 하는가? 왜 이러한 방식으로 실험데이터를 분석했는가?"에 대해 충분한 설명과 답변을 제공해야 합니다. 이러한 질문들에 대한 설득력 있는 답변은 관련 선행연구들을 꼼꼼하게 그리고 비판적으로 읽은 연구자만이 제공할 수 있을 것이라고 저는 감히 확신합니다.

2 표본크기 추정

실험설계 계획을 완료하였다면, 그다음 단계에서는 '표본크기 추정(sample size determination)' 작업을 실시합니다. 표본크기를 추정하기 위해서는 반드시 '제1종 오류 가능성(α)', '제2종 오류 가능성(β)', 처치효과의 '효과크기(effect size)' 통계치, 그리고 연구자의 실험설계 유형 등에 대한 정보를 명확하게 파악해야 합니다.

첫째, 특별한 이유가 아니라면 '제1종 오류 가능성(α)'과 '제2종 오류 가능성(β)'은 통상적인 관례를 따르기 바랍니다. 본서에서는 일관되게 $\alpha = .05$, $\beta = .80$을 채택하였습니다. 그러나 연구목적에 따라 α값을 0에 더 가깝게 설정할(예를 들어 $\alpha = .001$) 필요가 있을지도 모릅니다. 관례적인 기준을 따르지 않아도 무방하지만, 만약 관례적 기준을 따르지 않는다면 왜 따르지 않는지에 대한 명확한 설명을 제시하여야 한다고 생각합니다.

둘째, 연구자는 자신이 예상하는 처치효과 크기를 통상적인 효과크기 통계치 형태로 정량화해두어야 합니다. 최근에 출간된 거의 대부분의 실험연구들의 경우, 처치효과에 대한 테스트 통계치 및 통계적 유의도 테스트 결과를 보고하는 것과 동시에 코헨의 d나 부분에타제곱($\eta^2_{partial}$) 등의 효과크기 통계치를 함께 보고합니다. 그러나 아쉽게도 과거에 출간된 실험연구들은 통상적인 효과크기 통계치가 보고되지 않은 경우가 많으며, 이 경우 연구자는 연구에 보고된 기술통계분석의 결과나 테스트 통계치를 활용하여 효과크기 통계치를 추정해야 합니다. 본문에서 소개했지만, 자유도 정보가 보고되어 있는 경우 t-$value$는 코헨의 d로 전환 가능하며, F-$value$의 경우 $\eta^2_{partial}$이나 코헨의 f^2 등의 효과크기 통계치로 변환할 수 있습니다. 일반적으로 널리 받아들여지는 통계적 유의도 테스트만 보고되거나 혹은 기술통계치만 보고된 경우라도 `effectsize` 패키지의 부속함수들을 활용하면 매우 쉽고 간단하게 효과크기 통계치를 산출할 수 있다는 것은 2부에서 몇 차례 예시한 바 있습니다.

셋째, 실험설계 유형은 연구자가 어떤 실험으로 어떤 처치효과를 추정하는지를 일컫습니다. 예를 들어 실험설계에 투입되는 요인은 어떤 유형의 요인인지(즉, 개체간 요인인지 아니면 개체내 요인인지), 각 요인의 수준개수는 어떠한지(단일요인설계일 경우 집단개수, 그리고 다요인설계의 경우 요인들을 교차하여 얻게 될 각 요인별 집단개수), 그리고 표본크기 추정시 점검대상이 되는 처치효과가 주효과인지 아니면 상호작용효과인지 명확하게 파악해야 합니다. 또한 추가적으로 연구자는 개체간 요인의 수준별 혹은 개체간 요인들을 교차한 조건별 집단규모를 동등하게 하는 균형설계(balanced design)를 시도하는지, 아니면 집단규모가 어느 정도 달라도 상관없는 불균형설계(unbalanced design)를 시도하는지 명확한 입장을 설정해야 합니다.

넷째, 본서에서는 간결한 설명을 위해 실험참여 요청에 대한 실험대상자의 순응도(compliance) 혹은 협조율(cooperation rate)을 100%로 가정하였습니다. 실험요청에 대해 모든 대상자가 100%의 확률로 협조하거나 혹은 실험처치를 순순히 받아들일 것으로 가정하는 것은 상당히 비현실적입니다. 그러나 순응도 혹은 협조율이 어느 정도일지는 연구자가 직면한 실험상황에 따라 상이하다고 보는 것이 타당합니다. 일률적으로 확정하기 어렵지만, 해당 분야에서 경험이 많은 분이라면 정확하지는 않더라도 대략적 수준을 가늠하는 것이 어렵지는 않을 것입니다. 상황에 따라 실험대상자들의

순응도 혹은 협조율을 반영하여 표본수집 계획을 세우기 바랍니다.[1]

다섯째, 완전요인설계가 아니거나 혹은 정규분포를 가정하기 어려운 종속변수가 포함된 실험설계의 경우, 별도의 표본크기 추정방법이 필요합니다. 통상적으로 널리 활용되는 G*Power 프로그램이나 본서에 소개된 pwrss 패키지나 기타 R 패키지들의 경우 활용빈도가 높은 연구설계들에 대해서만 표본크기 추정 함수들을 제공하고 있습니다. 실험설계시 널리 활용되지 않는 모형 추정기법들, 이를테면 구조방정식모형(SEM)[2]이나 다층모형,[3] 혹은 영포화 모형 등의 경우 연구자는 별도로 표본크기를 추정해야 합니다. '제1종 오류 가능성(α)', '제2종 오류 가능성(β)', 처치효과의 '효과크기' 통계치를 활용한다는 점은 다르지 않지만, 복잡함 모형이라는 점에서 표본크기 추정 과정이 그리 쉽지는 않습니다.[4]

---

1 예를 들어 표본크기 추정을 통해 4개 집단 100명의 표본이 필요한 실험에서 실험협조율이 90%일 것으로 추정되는 경우, 각 집단별로 $28 \approx 25 \times \frac{10}{9}$명을 모아야 합니다.

2 SEM의 경우 simsem 패키지(version 0.5-16)와 pwrSEM이라는 이름의 R 샤이니 앱(yilinandrewang.shinyapps.io/pwrSEM/)을 활용할 수 있습니다. simsem 패키지의 경우 M-plus 개발자인 뮤쎈 부부(Muthen & Muthen, 2002)의 알고리즘을 R의 구조방정식모형 추정 패키지인 lavaan 패키지 맥락에 맞도록 개발된 패키지이며, pwrSEM은 이용자 편의성을 높인 구조방정식 모형 표본크기 추정 샤이니 앱입니다(해당 앱의 소스 코드는 https://osf.io/tcwyd/ 참조; Wang & Rhemtulla, 2021).

3 다층모형의 경우 simr 패키지(version 1.0.7; Arend & Schäfer, 2019; Bolger & Laurenceau, 2013)를 통해 표본크기를 추정할 수 있습니다. 몬테카를로 시뮬레이션을 기반으로 표본크기를 추정하며, 다층모형 추정시 필요한 모수들(이를테면 각 수준별 랜덤효과 추정치)에 대한 정보가 추가로 필요합니다. 아울러 시뮬레이션을 기반으로 표본크기를 추정하다 보니 컴퓨팅 장비의 수준에 따라 표본크기 추정에 소요되는 시간이 크게 다를 수 있습니다.

4 표본크기 규모를 직접 프로그래밍하고 싶은 분들은 사례별 이론적 배경과 설명에 대해서는 초우 등(Chow et al. 2008)을, R 코드 작성에 대해서는 키서(Kieser, 2020)를 참조하기 바랍니다.

3 처치효과 추정 및 효과패턴의 시각화

표본크기 추정을 마친 후, 연구자의 계획대로 데이터 수집이 끝난 후 본격적으로 처치효과를 추정합니다. 정규분포를 가정할 수 있는 종속변수인 경우 연구설계에 부합하는 방식의 분산분석 혹은 공분산분석을 실시하면 되며, 만약 정규분포를 가정하기 어려운 종속변수라면 종속변수의 분포에 적합한 일반화선형모형(GLM)을 추정하면 됩니다. 또한 개체내 요인이 포함되어 있고 종속변수에 대해 정규분포를 가정할 수 있는 경우라면 활동하는 분과의 관례에 맞게 반복측정분산분석(ANOVA with repeated measures)을 실시하거나 최근 주류로 정착된 혼합모형(mixed model)을 적용하면 됩니다. 마찬가지로 만약 정규분포를 가정하기 어려운 종속변수인 경우라면 일반화선형혼합모형(GLMM, generalized linear mixed model)을 추정하면 됩니다. 분산분석이나 GLM, 반복측정분산분석이나 GLMM을 추정할 때는 다음과 같은 사항에 유념하기 바랍니다.

첫째, 분산분석 혹은 공분산분석을 실시하는 경우 분산합을 어떤 유형으로 추정할지 결정하기 바랍니다. 본서에서는 일반적으로 가장 많이 활용되는 '제III유형' (공)분산분석을 실시하였는데, 어쩌면 활동하는 분과에서 '제III유형'이 아닌 '제I유형' 혹은 '제II유형'을 선호할 수도 있습니다.[5] 참고로 SAS나 SPSS와 같은 상업용 통계처리 프로그램들에서 '제III유형'을 디폴트 옵션으로 제공하는 것과 달리, R 베이스 aov() 함수에서는 '제I유형'을 분산분석의 디폴트 옵션으로 제공하고 있습니다. 이에 따라 본서에서는 '제III유형'을 디폴트 옵션으로 제공하는 분산분석 함수로 afex 패키지의 aov_4() 함수를 중점적으로 사용하였습니다.

둘째, 분산분석 혹은 공분산분석을 실시할 때 집단간 분산동질성을 가정할 수 있는지 여부에 대해 적절하게 판단하기 바랍니다. 일반적으로 르빈의 *F*테스트가 집단간 분산동질성 점검을 위해 많이 활용되고 있지만, 어쩌면 활동분과에 따라 다른 방식으로 분산동질성 테스트를 진행할 수도 있습니다. 집단간 분산동질성을 가정할 경

5 3가지 유형의 분산분석 제곱합 추정방식의 특성과 차이점에 대해서는 '별첨-2'를 참조하기 바랍니다.

우 상대적으로 분석방법이 용이하고 분석결과를 간단하게 소통할 수 있다는 장점이 있지만, 테스트 추정결과가 '제1종 오류'를 범할 가능성이 높아지는 문제가 발생합니다. 통상적으로 분산동질성을 가정하지 못할 때, 일원분산분석의 경우 웰치 조정기법(Welch's adjustment method)이 많이 활용되지만, 다원분산분석이나 반복측정분산분석 혹은 혼합모형의 경우 집단간 분산동질성을 가정할 수 없는 상황에서의 대처방법이 그리 간단하지는 않을 듯합니다.[6] 활동분과에 따라 분산동질성 가정에 대한 판단은 다를 수도 있으니, 복잡한 실험설계 상황에서의 분산이질성 발생시 대처방안에 대해서는 활동분과의 관례와 전문가의 조언을 따르면 될 듯합니다.

셋째, 실험설계에 맞는 방식으로 주효과와 상호작용효과를 테스트하기 바랍니다. 다시 말해 상호작용효과를 추정하는 경우라면 최고차 상호작용효과항(the highest interaction effect term)을 먼저 테스트한 후, 최고차 상호작용효과항을 추정모형에서 제거할지 여부를 판단한 다음, 순차적으로 그다음 차수의 상호작용효과항들을 추정모형에 포함시킬지 여부를 살펴보기 바랍니다. 예를 들어 요인의 개수가 3개인 3요인 설계의 경우, 가장 먼저 3원상호작용효과항에 대한 통계적 유의도 테스트를 실시한 후, 만약 3원상호작용효과가 통계적으로 유의미하지 않으며 연구상황에서 3원상호작용효과항을 제거해도 무방하다면, 3원상호작용효과항을 삭제한 후 주효과항들과 2원상호작용효과항들을 테스트하면 됩니다. 또한 공변량을 투입한 공분산분석을 사용한다면, 공변량과 실험요인들 사이에 상호작용효과가 없는지 살펴볼 것을 권합니다[물론 활동분과에 따라 무작위 배치된 실험요인이 공변량과 상호작용이 없다고 가정할 수 있다면 곧바로 공변량을 가법(addictivity) 형태로 투입할 수도 있습니다].

넷째, 분석모형이 최종 확정되면 활동하는 분과의 통계치 보고양식에 맞게 테스트결과와 효과크기 통계치를 보고하기 바랍니다. 일반적으로 분산분석이나 공분산분석의 경우 *F-value*와 함께 2가지 자유도를 같이 보고하며, 평균오차제곱(MSE, mean square error)을 같이 보고하기도 합니다(APA 스타일의 경우). 아울러 비슷한 현상 혹은 주제를 연구하는 후속연구자를 위하여 표준적인 효과크기 통계치도 같이 보고하

---

6 본서에서는 다원분산분석을 활용할 경우에 일반최소자승(GLS, generalized least squares) 기법을 소개하였습니다. 그러나 반복측정분산분석이나 혼합모형의 경우에는 필자 스스로 별다른 대처방법을 알지 못하는 관계로 대처방법을 예시하지 못하였습니다.

기 바랍니다. 일반적으로 $\eta^2_{partial}$을 보고하는 것이 권장되지만, 활동분과에 따라 $\omega^2_{partial}$과 같이 조금 더 보수적 형태의 효과크기 통계치를 사용하는 것이 권장되기도 합니다. 또한 효과크기 통계치에 대한 질적 해석[이를테면 소(small)효과, 중(medium)효과, 대(large)효과 등]이 요구되는 분과에 있다면, 해석기준을 명확하게 밝힌 후 사용하면 될 듯합니다.

끝으로 요인의 효과를 설명할 때 집단 혹은 조건별로 추정된 한계평균(estimated marginal means)을 같이 제시하고, 실험설계가 간단한 경우가 아니라면 모형 추정결과를 시각화하여 제시하기 바랍니다. 특히 공변량이 포함된 공분산분석 결과를 제시하거나 혹은 다요인 분산분석에서 특정 요인을 통제한 후 단순한 결과를 제시하고자 한다면, 공변량의 수준 혹은 통제된 요인의 수준을 어떻게 가정하였는지 밝혀야 합니다. 그리고 가급적 모형 추정결과를 시각화할 때는 한계평균(혹은 한계추정치)과 함께 95% 신뢰구간(혹은 활동하는 분과에서 주로 택하는 신뢰구간 범위에 맞게)을 같이 제시하기 바랍니다.

4 추가 분석: 단순효과 분석, 계획비교, 사후 다중비교

매우 간단한 형태의 실험설계 데이터 분석방법(이를테면 독립표본 티테스트)이 아닌 한 대부분의 실험연구에서는 추가 분석을 통해 처치효과를 보다 자세하게 제시하는 것이 보통입니다. 본서에서는 추가 분석기법들을 단순효과 분석(simple effect analysis), 계획비교(planned contrast), 사후 다중비교(posthoc multiple comparison) 3가지로 구분한 후, 다양한 실험설계 상황에서 각각을 어떻게 활용할 수 있는지 예시하였습니다.

첫째, 일반적으로 단순효과 분석은 연구자의 모형에 상호작용효과가 포함된 경우 주로 활용됩니다. 통계적으로 유의미한 상호작용효과가 나타날 경우, 주효과를 어떻게 해석해야 하는가에 대해서는 활동분과에 따라 입장이 다를 수 있습니다. 일단 본서에서는 상호작용효과가 확인된 경우 주효과항을 해석하지 않고, 대신 단순주효과(simple main effect)를 추정하고 해석하는 방식을 따랐습니다. 또한 본서에서는 3원 이상의 차수를 갖는 상호작용효과의 경우 단순상호작용효과(simple interaction effect)를 추정하는 방법도 예시하였습니다. 아울러 범주형 변수가 아닌 연속형 변수와 실험요인과의 상호작용효과가 나타난 경우, 단순효과 분석의 특수 형태로 단순기울기(simple slope) 분석 역시 제시하였습니다. 상호작용효과를 의미 있게 해석할 수 있다는 점에서 단순효과 분석은 매우 유용성이 높습니다.

둘째, 실험을 설계할 때 이론적으로 중요한 두 집단의 한계평균 혹은 두 집단 사이의 한계평균을 비교할 필요가 있다면 계획비교를 실시할 것을 강하게 권합니다. 특히 표본크기가 작지만 실험조건들이 많을 경우라면, 더욱 계획비교를 사용해야 합니다. 왜냐하면 계획비교를 사용하지 않고 사후 다중비교를 실시할 경우 적정 수준의 통계적 검증력을 확보하기 어렵기 때문입니다. 연구자들은 자신의 이론적 예측이 타당하다는 것을 보여주기 위해서 실험을 실시하며, 이런 점에서 계획비교는 이론 발전과 심화에 기여할 수 있는 중요한 기법이라고 볼 수 있습니다.

끝으로 실험집단의 한계평균들을 비교할 때 통계적 유의도를 조절하여 적절한 방식으로 비교할 수 있는 사후 다중비교를 실시할 경우에는 다음의 몇 가지 점에 유의하기 바랍니다.

첫째, 활동분과에서 가장 추천되는 통계적 유의도 조정기법이 무엇인지 살펴보기 바랍니다. 본서에서는 emmeans 패키지의 디폴트로 제공되는 통계적 유의도 조정기법을 주로 따랐지만, 활동분과에 따라 추천되는 통계적 유의도 조정기법을 따르는 것이 가장 적절할 듯합니다.

둘째, 다원요인분석을 실시했을 경우, 어떤 방식으로 집단의 한계평균들을 비교하는 것이 적절할지 연구자가 신중히 판단하기 바랍니다. 예를 들어 이원분산분석의 경우, 두 요인의 수준을 교차한 후 모든 집단간 평균비교를 실시할지, 아니면 한 요인의 수준별 다른 요인의 집단간 평균비교를 실시할지 판단을 내려야 합니다. 3×3 이원분산분석으로 얻은 모형 추정결과를 대상으로 본페로니 조정기법을 동일하게 적용한다고 하더라도($\alpha = .05$), 모든 집단간 사후 다중비교를 실시할 경우 조정된 통계적 유의도는 약 $p_{adjust} = .001$인 반면, 한 요인의 수준별 다른 요인의 집단간 평균비교를 실시할 경우라면 조정된 통계적 유의도는 약 $p_{adjust} = .017$이기 때문입니다.

셋째, 연구설계의 맥락에 맞는 사후 다중비교와 통계적 유의도 조정기법을 선택하면 좋습니다. 일반적으로 널리 활용되고 있는 사후 다중비교는 가능한 모든 집단 사이의 평균을 비교하는데, 연구설계의 목적과 맞지 않는 경우가 적지 않습니다. 요인이

'자극의 강도'나 '시간'과 같이 순차적으로 변화하는 경우라면 인접한 요인수준 사이의 평균비교를 실시하는 것이 적절하며, 통제집단이 명확한 경우라면 통제집단과 다른 처치집단들 사이의 평균비교만 실시하는 것이 더 적절한 경우도 적지 않습니다. 비교집단의 개수가 증가할수록 통계적 유의도 조정이 과할 수 있다는 점에서 실험설계의 성격에 맞지 않는 사후 다중비교는 '제2종 오류'의 가능성만 높일 수도 있습니다. 본서에서는 emmeans 패키지에서 제공하는 다양한 사후 다중비교 조정기법들을 제시하였으며, 각 기법에 맞는 통계적 유의도 조정기법이 무엇인지에 대해서도 설명한 바 있습니다.

5 분석결과 해석

추가 분석까지 다 마쳤다면, 연구자는 이론적 관점에서 자신이 발견한 연구결과가 어떤 의미를 갖는지 논의하면 됩니다. 선행연구의 발견들을 실험설계 단계와 표본크기 추정 단계에서 적극 활용했다는 점을 감안하면서, 자신의 연구가 후속연구에 어떻게 기여할지 유념하면서 분석결과를 제시하고 해석하면 더 좋지 않을까 합니다.

지금까지 많이 활용되는 실험설계 유형과 각 실험설계에 따라 생성된 실험데이터를 어떻게 분석할 수 있는지 살펴보았습니다. 실험은 인과율이 확보된 처치효과를 추정할 수 있는, 알려진 모든 연구방법 중 가장 좋은 방법입니다. 본서를 통해 독자들께서 실험설계를 진행하고 실험표본규모를 적정하게 추정하며, 처치효과를 다각도로 효과적으로 추정할 수 있기를 진심으로 기원합니다.

별첨-1 표본크기 추정 관련 추가사항들

1 사후 (통계적)검증력 분석

본문에서는 소개하지 않았지만, 통계적 검증력을 데이터 수집이 완료된 후 추가적으로 추정해야 할 수도 있습니다. 실제로 일부 학술지 편집장(journal editor)은 편집지침을 통해 심사원고를 제출할 때 '사후 (통계적)검증력 테스트(posthoc power test)' 결과를 제출하라고 명시적으로 요구하기도 합니다. 그러나 본서에서는 사후 검증력 분석을 본문이 아닌 별첨에서 소개하고자 합니다. 왜냐하면 사후 검증력 분석결과는 데이터 분석과정에서 보고된 테스트 통계치와 중복된다는 점에서 불필요하며(unnecessary), 심지어 오해를 불러올 수 있는(misleading) 분석결과로 비판받으며(Althouse, 2021; Zhang et al., 2019), 사용이 자제되고 있기 때문입니다. 그러나 독자들이 활동하는 분과의 연구관례에 따라 혹은 투고대상 학술지의 편집지침에 따라 사후 검증력 분석이 필요할 수도 있다는 점을 감안해 사후 검증력 분석을 실시하는 방법에 대해 간단히 소개하고자 합니다.

본문에서도 이야기했지만, 제1종 오류는 귀무가설을 수용해야 하는 상황에서 귀무가설을 기각할 확률을 의미하며, 제2종 오류는 귀무가설을 기각해야 하는 상황에서 귀무가설을 수용할 확률을 의미합니다. 이때 통계적 검증력은 제2종 오류를 피할 가능성($1-\beta$), 즉 '모집단에서 나타나는 차이를 표본에서 확인할 수 있는 확률'로 정의됩니다. 사후 (통계적)검증력 분석이란, 데이터 분석결과를 통해 얻은 테스트 통계치를 활용하여 제2종 오류(그리고 통계적 검증력)의 가능성을 역추정하는 것을 의미합니다.

본문에서 표본크기 추정과정을 설명할 때 3가지 모수를 입력값으로 사용했던 것을 기억할 것입니다. 표본크기 추정과정에 필요한 모수들은 α, β, 효과크기입니다. 통계적 검증력은 1-β로 정의된다는 점에서 α와 효과크기, 그리고 표본규모가 주어진다면, 당연히 통계적 검증력 역시 추정할 수 있습니다. 본질적으로 테스트 통계치는 효과크기와 표본규모를 이용해서 산출된다는 점에서 *t-value*나 *F-value*가 α 및 자유도(*df*)와 함께 제공된다면 연구사후 β와 통계적 검증력을 쉽게 추정할 수 있습니다. 실제로 본서에서 사용한 pwrss 패키지는 물론 표본크기 추정을 위한 다른 R 패키지들, 그리고 G*Power의 경우도 효과크기 추정은 물론 사후 검증력 분석을 동시에 실시할 수 있습니다.

여기서는 본문 4장(독립표본 티테스트와 일원분산분석)과 본문 5장(이원분산분석)의 예시데이터 사례들을 대상으로 사후 검증력 분석을 pwrss 패키지 함수를 이용해 실시해보겠습니다.

1-1 제4장 분석사례 대상 사후 검증력 분석

먼저 4장에서 다루었던 예시데이터를 살펴보겠습니다. 가장 먼저 소개했던 2수준 개체간 요인설계 데이터에 대한 독립표본 테스트 결과에 대해 사후 검증력 분석을 실시해보겠습니다. 분산동질성을 가정할 경우 $t(126) = 5.04$를, 분산이질성을 가정하였을 경우에는 $t(125.67) = 5.04$의 결과를 얻었습니다. pwrss 패키지의 `power.t.test()` 함수를 이용하면 아래와 같이 쉽게 사후 검증력 분석결과를 얻을 수 있습니다. 2가지 상황 모두 거의 1에 근접하는 통계적 검증력을 얻을 수 있습니다.

```
> library(pwrss)
> # 4장: 독립표본 티테스트
> # 분산동질성 가정: t(126)=5.0434
> power.t.test(ncp=5.0434,df=126,alpha=0.05,alternative="not equal",plot=F)
    power ncp.alt ncp.null alpha  df t.crit.1 t.crit.2
0.9988353     5.043        0  0.05 126 -1.978971 1.978971
> # 분산이질성 가정: t(125.67)=5.0434
> power.t.test(ncp=5.0434,df=125.67,alpha=0.05,alternative="not equal",plot=F)
    power ncp.alt ncp.null alpha     df t.crit.1 t.crit.2
0.9988349     5.043        0  0.05 125.67 -1.979021 1.979021
```

3수준 개체간 요인설계 데이터의 경우, 표본크기 추정시 사용했던 pwrss.f.ancova() 함수를 이용해 사후 검증력 분석을 실시할 수 있습니다. 표본크기 추정시와 다른 점이 있다면, 표본크기를 추정할 때는 power 옵션을 지정하고 사례수를 추정하지만, 사후 검증력 분석을 실시할 때는 n 옵션을 지정하고 검증력을 추정합니다. 3수준 개체간 요인설계 데이터를 대상으로 일원분산분석을 실시한 결과 얻은 효과크기(eta2 옵션)와 요인의 개수(n.way 옵션) 그리고 요인의 수준수(n.levels 옵션)를 입력한 후, 예시데이터의 표본크기(n 옵션)를 입력하면 아래와 같이 .908이라는 사후 검증력 추정결과를 얻을 수 있습니다.

```
> # 일원분산분석: partial eta2=0.04, N=315
> pwrss.f.ancova(eta2=0.04,n.way=1,n.levels=3,n.covariates=0,
+                alpha=0.05,n=315)
One-way Analysis of Variance (ANOVA)
 H0: 'eta2' or 'f2' = 0
 HA: 'eta2' or 'f2' > 0
------------------------------------
Factor A: 3 levels
------------------------------------
effect power n.total    ncp df1 df2
     A 0.908       315 13.125   2 312
------------------------------------
Type I error rate: 0.05
```

만약 효과크기 추정치가 제시되지 않았거나 ω^2과 같이 $\eta^2_{partial}$이 아닌 다른 방식의 효과 추정치가 투입된 선행연구라면, *F-value*와 2개의 자유도 정보를 이용하여 사후 검증력 분석을 실시할 수 있습니다. effectsize 패키지의 F_to_eta2() 함수를 이용하면 *F-value*와 자유도 정보를 이용하여 $\eta^2_{partial}$값을 추정할 수 있습니다.

```
> F_to_eta2(6.52,2,312)
Eta2 (partial) |    95% CI
----------------------------
0.04           | [0.01, 1.00]
- One-sided CIs: upper bound fixed at [1.00].
> pwrss.f.ancova(eta2=F_to_eta2(6.52,2,312)[[1]], # Eta2로 변환
+                n.way=1,n.levels=3,n.covariates=0,
+                alpha=0.05,n=315)
```

```
One-way Analysis of Variance (ANOVA)
 H0: 'eta2' or 'f2' = 0
 HA: 'eta2' or 'f2' > 0
--------------------------------------
Factor A: 3 levels
--------------------------------------
effect power n.total    ncp df1 df2
     A  0.909      315 13.165   2 312
--------------------------------------
Type I error rate: 0.05
```

5수준 개체간 요인과 1개의 공변량을 투입한 일원공분산분석 결과에 대한 사후 검증력 분석의 경우 n.covariates 옵션에 공변량의 개수를 지정한다는 점이 다를 뿐, 일원분산분석 결과에 대한 사후 검증력 분석과 크게 다르지 않습니다. 먼저 $\eta^2_{partial}$과 표본크기 정보를 활용한 사후 검증력 분석결과는 아래와 같습니다.

```
> # 일원공분산분석: F(4,229)=3.94, partial eta2=0.064, N=235
> pwrss.f.ancova(eta2=0.064,n.way=1,n.levels=5,n.covariates=1,
+                alpha=0.05,n=235)
One-way Analysis of Covariance (ANCOVA)
 H0: 'eta2' or 'f2' = 0
 HA: 'eta2' or 'f2' > 0
--------------------------------------
Factor A: 5 levels
--------------------------------------
effect power n.total    ncp df1 df2
     A  0.907      235 16.068   4 229
--------------------------------------
Type I error rate: 0.05
```

마찬가지로 만약 $\eta^2_{partial}$ 없이 $F(df_1, df_2)$ 정보만 보고되었다면, 아래와 같은 방식으로 사후 검증력 분석을 실시할 수 있습니다.

```
> pwrss.f.ancova(F_to_eta2(3.94, 4, 229)[[1]],
+                n.way=1,n.levels=5,n.covariates=1,
+                alpha=0.05,n=235)
One-way Analysis of Covariance (ANCOVA)
 H0: 'eta2' or 'f2' = 0
```

```
HA: 'eta2' or 'f2' > 0
--------------------------------------
Factor A: 5 levels
--------------------------------------
effect power n.total    ncp df1 df2
     A  0.909      235 16.173   4 229
--------------------------------------
Type I error rate: 0.05
```

1-2 제5장 분석사례 대상 사후 검증력 분석

5장에서는 2개의 개체간 요인설계 데이터를 대상으로 이원분산분석을 실시하였습니다. 본문에서는 상호작용효과를 기준으로 표본크기를 추정한 바 있습니다. 마찬가지로 여기서도 상호작용효과 추정결과에 대한 사후 검증력 분석을 실시하겠습니다. 필요하다면 동일한 방식으로 주효과 추정결과에 대한 사후 검증력 분석을 실시할 수도 있습니다. 다만 다원분산분석에서 주효과 추정결과에 대한 사후 검증력 분석을 실시할 경우, 제곱항 추정방식에 따라 사후 검증력 분석결과가 달라질 수도 있다는 점은 반드시 유념하기 바랍니다. 왜냐하면 다원분산분석의 경우 상호작용효과는 분산분석의 3가지 유형(제I유형, 제II유형, 제III유형)에 따라 달라지지 않지만, 주효과 추정방식은 달라지기 때문입니다(각 유형별 주효과 추정방식이 어떻게 달라지며, 왜 달라지는지에 대한 보다 자세한 설명은 '별첨-2'를 참고하기 바랍니다).

먼저 2×2 요인설계 데이터에 대한 이원분산분석 상호작용효과 추정결과에 대한 사후 검증력 분석결과입니다. 일원분산분석 추정결과에 대한 사후 검증력 분석결과와 본질적으로 동일하지만, 요인의 개수(n.way 옵션)와 각 요인별 수준수(n.levels 옵션)를 2×2 요인설계에 맞게 지정하는 것이 조금 다릅니다. 출력결과에서 확인할 수 있듯 사후 검증력은 .843으로 나타납니다.

```
> # 5장: 이원분산분석
> # 2x2 이원분산분석: 상호작용효과 F(1,248)=8.69, partial eta2=0.034, N=252
> pwrss.f.ancova(eta2=0.034,n.way=2,n.levels=c(2,2),n.covariates=0,
+                alpha=0.05,n=252)
 Two-way Analysis of Variance (ANOVA)
  H0: 'eta2' or 'f2' = 0
```

```
HA: 'eta2' or 'f2' > 0
-------------------------------------
Factor A: 2 levels
Factor B: 2 levels
-------------------------------------
effect power n.total ncp df1 df2
     A  0.843     252 8.87   1 248
     B  0.843     252 8.87   1 248
   AxB  0.843     252 8.87   1 248
-------------------------------------
Type I error rate: 0.05
```

만약 공변량을 하나 추가한 이원공분산분석을 실시한다면, 아래와 같이 n.covariates 옵션에 공변량 개수를 추가하면 됩니다.

```
> # 2x2 이원공분산분석: 상호작용효과 F(1,247)=10.80, partial eta2=0.042, N=252
> pwrss.f.ancova(eta2=0.042,n.way=2,n.levels=c(2,2),n.covariates=1,
+                alpha=0.05,n=252)
Two-way Analysis of Covariance (ANCOVA)
 H0: 'eta2' or 'f2' = 0
 HA: 'eta2' or 'f2' > 0
-------------------------------------
Factor A: 2 levels
Factor B: 2 levels
-------------------------------------
effect power n.total    ncp df1 df2
     A  0.912     252 11.048   1 247
     B  0.912     252 11.048   1 247
   AxB  0.912     252 11.048   1 247
-------------------------------------
Type I error rate: 0.05
```

끝으로 3×3 요인설계 데이터에 대한 이원분산분석 추정결과에 대한 사후 검증력 분석결과를 살펴보면 아래와 같습니다. 요인의 개수(n.way 옵션)와 각 요인별 수준수(n.levels 옵션)를 3×3 요인설계에 맞게 변화하는 것으로 충분합니다.

```
> # 3x3 이원분산분석: 상호작용효과 F(4,387)=5.02, partial eta2=0.049, N=396
> pwrss.f.ancova(eta2=0.049,n.way=2,n.levels=c(3,3),n.covariates=0,
```

```
+                 alpha=0.05,n=396)
Two-way Analysis of Variance (ANOVA)
 H0: 'eta2' or 'f2' = 0
 HA: 'eta2' or 'f2' > 0
------------------------------------
Factor A: 3 levels
Factor B: 3 levels
------------------------------------
effect power n.total    ncp df1 df2
     A  0.986      396 20.404   2 387
     B  0.986      396 20.404   2 387
   AxB  0.965      396 20.404   4 387
------------------------------------
Type I error rate: 0.05
```

2 기타 귀무가설 테스트: 우월성, 비열등성, 동등성

일반적으로 두 집단의 평균을 비교하는 독립표본 티테스트를 진행할 때 설정하는 귀무가설은 H_0: $M_1 - M_2 = 0$, 대안가설은 H_A: $M_1 - M_2 \neq 0$(양방향 테스트, two-sided test), 혹은 H_A: $M_1 - M_2 > 0$나 H_A: $M_1 - M_2 < 0$(일방향 테스트, one-sided test)입니다. 사회과학에서는 거의 등장하지 않지만, 의료통계에서는 다른 방식의 '귀무가설-대안가설' 등도 매우 자주 사용됩니다. 본문에서는 소개하지 않았지만, 여기서는 대안가설이 두 집단 중 한 집단의 우월성(superiority), 두 집단 중 한 집단의 비열등성(non-inferiority), 그리고 두 집단의 동등성(equivalence)을 의미하는 경우를 간략히 설명하고, 각각의 경우에 대한 표본규모 추정방법을 예시하겠습니다.

2-1 두 집단 중 한 집단의 우월성 대안가설

먼저 우월성(superiority) 대안가설의 의미는 비교되는 두 집단 중 어느 한 집단의 평균이 다른 집단의 평균보다 단순히 높은 것이 아니라, '특정 기준값(margin)'보다 높다는 의미입니다. 다시 말해 우월성 대안가설을 설정한다는 것은 일방향 테스트를 실시한다는 의미이며, 테스트를 실시하기 전 이론적으로 명확한 의미를 갖는 '특정 기준값'을 가정한다는 의미입니다. 예를 들어보죠. 어떤 연구자가 새로운 약물을 개발했고, "새로운 약물치료가 기존 약물치료보다 훨씬 더 우월하다"고 주장한다고 가정해보겠습니다.

통상적인 테스트를 실시한다면, 연구자는 아래와 같은 귀무가설과 대안가설을 설정하고, 독립표본 티테스트를 실시할 것입니다.

$$H_0: M_{new} - M_{old} = 0$$
$$H_A: M_{new} - M_{old} < 0$$

그러나 우월성 대안가설을 테스트하는 경우에 설정하는 귀무가설과 대안가설은 아래와 같이 다릅니다. 즉 기준이 '0'이 아닌 δ라는 특정 기준값이 되며, 만약 연구결과로 귀무가설을 기각하고 대안가설을 받아들이게 된다면 "새로운 약물치료는 기존 약물치료보다 최소 δ만큼 더 우월하다"는 주장을 하게 됩니다.

$$H_0: M_{new} - M_{old} \leqq \delta$$
$$H_A: M_{new} - M_{old} > \delta$$

그렇다면 예를 들어 $\delta = 0.10$인 우월성 대안가설을 설정할 경우, 통상적인 연구방법에 비해 연구자는 얼마나 더 많은 표본을 모아야 할까요? 연구자는 $\alpha = .05$, $\beta = .20$을 설정하였으며, 관련된 선행연구와 자신의 경험을 토대로 두 집단의 표준편차는 모두 1.00이며, 새로운 약물치료로 얻을 수 있는 종속변수의 평균은 3.30, 기존 약물치료로 얻을 수 있는 종속변수의 평균은 3.00으로 예상하고 있습니다. 먼저 통상적인 귀무가설과 대안가설을 대상으로 일방향 테스트를 실시할 경우, 필요한 표본규모는 아래와 같이 278로 추정됩니다.

```
> # 우월성(Superiority) 대안가설
> # 통상적 귀무가설-대안가설
> pwrss.t.2means(mu1=3.30,mu2=3.00,
+                sd1=1,sd2=1,kappa=1,
+                alpha=0.05,power=0.80,
```

```
+                 alternative="greater")
Difference between Two means
(Independent Samples t Test)
H0: mu1 = mu2
HA: mu1 > mu2
------------------------------
 Statistical power = 0.8
 n1 = 139
 n2 = 139
------------------------------
Alternative = "greater"
Degrees of freedom = 276
Non-centrality parameter = 2.501
Type I error rate = 0.05
Type II error rate = 0.2
```

다음으로 우월성 대안가설을 상정할 경우는 아래와 같습니다. 아래의 함수에서 margin 옵션은 바로 δ를 의미합니다. 추정결과에서 확인할 수 있듯, 우월성 대안가설을 가정할 경우에 표본규모는 620으로 통상적 귀무가설과 대안가설을 상정했을 때와 비교해 약 2배가 넘는 규모입니다.[1]

```
> pwrss.t.2means(mu1=3.30,mu2=3.00,
+                 sd1=1,sd2=1,kappa=1,
+                 alpha=0.05,power=0.80,
+                 margin=0.10,
+                 alternative="superior")
Difference between Two means
(Independent Samples t Test)
H0: mu1 - mu2 <= margin
HA: mu1 - mu2 > margin
------------------------------
 Statistical power = 0.8
```

---

1 우월성 대안가설의 경우 아래와 같은 방식으로 계산할 수도 있습니다(밑줄 그은 부분에 주목하세요). 과거에 개발된 프로그램은 우월성 대안가설 테스트를 위한 별도의 옵션을 제공하지 않는 경우도 있습니다. 예를 들어 pwr 패키지는 별도의 대안가설 테스트 옵션을 제공하지 않고 있습니다.

```
> pwrss.t.2means(mu1=3.20,mu2=3.00,sd1=1,sd2=1,kappa=1,
+                alpha=0.05,power=0.80,alternative="greater")
```

[이후 출력결과는 분량 조절을 위해 제시하지 않음]

```
n1 = 310
n2 = 310
------------------------------
Alternative = "superior"
Degrees of freedom = 618
Non-centrality parameter = 2.49
Type I error rate = 0.05
Type II error rate = 0.2
```

2-2 두 집단 중 한 집단의 비열등성 대안가설

비열등성(non-inferiority) 대안가설의 의미는 비교되는 두 집단 중 어느 한 집단의 평균이 다른 집단의 평균보다 '특정 기준값(margin)' 이하로 낮지 않다는 의미입니다. 비열등성 대안가설은 우월성 대안가설과 마찬가지로 일방향 테스트를 실시한다는 의미이며, 마찬가지로 테스트를 실시하기 전 이론적으로 명확한 의미를 갖는 '특정 기준값'을 가정해야 합니다. 예를 들어보죠. 특허기간이 만료된 약물에 대해 어떤 연구자가 복제약(generic)을 개발했는데, 이번에는 "복제약이 오리지널약보다 효과가 매우 떨어지지는 않는다(즉 복제약이 오리지널약보다 열등하다고 말할 수 없다)"고 주장한다고 가정해보겠습니다.

통상적인 테스트를 실시한다면, 연구자는 아래와 같은 귀무가설과 대안가설을 설정하고 독립표본 티테스트를 실시할 것입니다.

$$H_0: M_{original} - M_{generic} = 0$$
$$H_A: M_{original} - M_{generic} > 0$$

반면 비열등성 대안가설을 테스트하는 경우, 설정하는 귀무가설과 대안가설은 다음과 같이 다릅니다. 즉 기준이 '0'이 아닌 δ라는 특정 기준값이 되며, 만약 연구결과로 귀무가설을 기각하고 대안가설을 받아들인다면 "오리지널약의 효과와 카피약의 효과 차이는 δ 이하의 차이를 보여 카피약의 효과는 오리지널약의 효과와 유사하거나 상황에 따라 미미하게 높을 수도 있다"는 주장을 할 수 있게 됩니다.

$$H_0: M_{original} - M_{generic} \leqq \delta$$
$$H_A: M_{original} - M_{generic} > \delta$$

예를 들어 $\delta = 0.10$인 비열등성 대안가설을 설정할 경우, 통상적인 연구방법에 비해 연구자는 얼마나 더 많은 표본을 모아야 할까요? 연구자는 $\alpha = .05$, $\beta = .20$을 설정하였으며, 관련된 선행연구와 자신의 경험을 토대로 두 집단의 표준편차는 모두 1.00이며, 카피약으로 얻을 수 있는 종속변수의 평균은 3.00, 오리지널약으로 얻을 수 있는 종속변수의 평균은 3.30으로 예상하고 있습니다. 먼저 통상적인 귀무가설과 대안가설을 대상으로 일방향 테스트를 실시할 경우, 필요한 표본규모는 아래와 같이 352로 추정됩니다.

```
> #비열등성(non-inferiority) 대안가설
> #통상적 귀무가설-대안가설
> pwrss.t.2means(mu1=3.00,mu2=3.30,
+                sd1=1,sd2=1,kappa=1,
+                alpha=0.05,power=0.80,
+                alternative="not equal")
Difference between Two means
(Independent Samples t Test)
H0: mu1 = mu2
HA: mu1 != mu2
------------------------------
 Statistical power = 0.8
 n1 = 176
 n2 = 176
------------------------------
Alternative = "not equal"
Degrees of freedom = 350
Non-centrality parameter = -2.814
Type I error rate = 0.05
Type II error rate = 0.2
```

다음으로 비열등성 대안가설을 상정할 경우는 다음과 같습니다. 우월성 대안가설 경우와 마찬가지로 margin 옵션은 바로 δ를 의미합니다. 다음의 추정결과에서 확인할 수 있듯, 비열등성 대안가설을 가정할 경우에 표본규모는 158로 통상적 귀무가설

과 대안가설을 상정했을 때와 비교해 약 절반 규모의 표본을 수집하면 됩니다.[2]

```
> pwrss.t.2means(mu1=3.00,mu2=3.30,
+               sd1=1,sd2=1,kappa=1,
+               alpha=0.05,power=0.80,
+               margin=0.10,
+               alternative="non-inferior")
Difference between Two means
(Independent Samples t Test)
H0: mu1 - mu2 <= margin
HA: mu1 - mu2 > margin
------------------------------
 Statistical power = 0.8
 n1 = 79
 n2 = 79
------------------------------
Alternative = "non-inferior"
Degrees of freedom = 156
Non-centrality parameter = -2.514
Type I error rate = 0.05
Type II error rate = 0.2
```

2-3 두 집단의 동등성 대안가설

동등성(equivalence) 대안가설은 비교되는 두 집단의 평균차이가 '± 특정 기준값(margin)'의 범위에 포함된다는 의미입니다. 동등성 대안가설은 통상적인 양방향 테스트 조건에서의 귀무가설-대안가설과 비슷하지만, 완전히 다릅니다. 예를 들어보죠. 어떤 연구자가 특정한 색깔을 나타내는 색채소자를 매우 싼값으로 생산할 수 있는 방법을 개발하였으며, 이 방법으로 기존의 생산방법을 대체한다면 생산비를 약 50%가량

2 비열등성 대안가설의 경우, 아래와 같은 방식으로 계산할 수도 있습니다. 밑줄 그은 부분에 주목하기 바랍니다. 과거에 개발된 프로그램은 비열등성 대안가설 테스트를 위한 별도의 옵션을 제공하지 않는 경우도 있습니다(이를테면, pwr 패키지).

```
> pwrss.t.2means(mu1=3.00,mu2=3.40,sd1=1,sd2=1,kappa=1,
+              alpha=0.05,power=0.80,alternative='less')
```

[이후 출력결과는 분량 조절을 위해 제시하지 않음]

낮출 수 있다고 주장하고 있습니다. 즉 기존의 색채소자와 비교할 때, 기존 방법으로 생산된 색채소자와 새로운 방법으로 생산된 색채소자는 동등하다고 주장하고 있습니다. 다시 말해 이 연구자는 "기존 방식으로 생산된 색채소자와 새로운 방법으로 생산된 색채소자의 색채 차이는 허용범위 이내로 동등한 색채를 낸다"고 주장한다고 가정해보겠습니다.

통상적인 테스트를 실시한다면, 연구자는 아래와 같은 귀무가설과 대안가설을 설정하고, 독립표본 티테스트를 실시한 후, 귀무가설을 수용하지 않는 결과를 원할지 모릅니다.

$$H_0\text{: } M_{new} - M_{old} = 0$$
$$H_A\text{: } M_{new} - M_{old} > 0$$

그러나 이는 적절하지 않습니다. 왜냐하면 통상적인 $\alpha = .05$를 기준으로 할 때, 연구자가 설정한 귀무가설은 너무 쉽게 수용할 수 있기 때문입니다. 연구자가 세워야 하는 귀무가설과-대안가설은 통상적인 방식이 아닌, 다음과 같은 방식으로 설정해야 합니다.

$$H_0\text{: } |M_{new} - M_{old}| \geq \delta$$
$$H_A\text{: } |M_{new} - M_{old}| < \delta$$

예를 들어 $\delta = 0.10$인 동등성 대안가설을 설정할 경우, 두 집단의 평균차이는 –0.10보다는 크고 0.10보다는 작은, 다시 말해 {–0.10, 0.10}의 범위에 포함되어야 합니다. 그렇다면 이러한 상황에서 연구자는 많은 표본을 모아야 할까요? 연구자는 통상적 관례에 따라 $\alpha = .05$, $\beta = .20$을 설정하였으며, 관련된 선행연구와 자신의 경험을 토대로 기존 방법으로 생산된 색채소자의 평균은 50.00이고, 신공법으로 생산된 색채소자의 평균은 50.10이며, 두 방식으로 생산된 색채소자의 표준편차는 1.00으로 동일하다고 가정하였습니다.

```
> # 동등성(equivalence) 대안가설
> pwrss.t.2means(mu1=50.10,mu2=50.00,
```

```
+                 sd1=1,sd2=1,kappa=1,
+                 alpha=0.05,power=0.80,
+                 margin=0.30,
+                 alternative="equivalent")
Difference between Two means
(Independent Samples t Test)
H0: |mu1 - mu2| >= margin
HA: |mu1 - mu2| < margin
------------------------------
 Statistical power = 0.8
 n1 = 430
 n2 = 430
------------------------------
Alternative = "equivalent"
Degrees of freedom = 858
Non-centrality parameter = -2.933
Type I error rate = 0.05
Type II error rate = 0.2
```

위의 출력결과에서 확인할 수 있듯, 연구자는 각 공법별로 430개 이상(전체표본으로는 860개 이상)의 색채소자들로 구성된 연구표본이 필요합니다.[3]

---

3 동등성 대안가설의 경우 아래와 같은 방식으로 계산할 수도 있습니다. 밑줄 그은 부분에 주목하기 바랍니다. 과거 개발된 프로그램의 경우 동등성 대안가설 테스트를 위한 별도의 옵션을 제공하지 않을 수도 있습니다(이를테면, pwr 패키지).

비열등성 대안가설이나 우월성 대안가설과 달리 동등성 대안가설 테스트 상황에서는 귀무가설이 2개이며 따라서 α값이 0.05일 경우는 0.10으로, β값이 0.80인 경우 0.90으로 조정해주어야 합니다. 다소 복잡하니 가급적 pwrss 패키지를 사용할 때 alternative 옵션을 상황에 맞게 정의할 것을 강력히 권장합니다.

```
> pwrss.t.2means(mu1=49.80,mu2=50.00,sd1=1,sd2=1,kappa=1,
+               alpha=0.10,power=0.90,alternative="not equal")
Difference between Two means
(Independent Samples t Test)
H0: mu1 = mu2
HA: mu1 != mu2
------------------------------
 Statistical power = 0.9
 n1 = 430
 n2 = 430
------------------------------
Alternative = "not equal"
Degrees of freedom = 858
Non-centrality parameter = -2.933
Type I error rate = 0.1
```

추가로 사후 검증력 분석을 실시할 경우에는, 반드시 동등성 대안가설을 테스트한다는 점을 명확하게 밝혀야 합니다. 만약 통상적인 귀무가설-대안가설을 상정하고 사후 검증력 분석을 실시한다면 매우 왜곡된 결과를 얻을 수 있습니다.

```
> # 아래가 맞음
> power.t.test(ncp=2.933, df=430*2,alternative="equivalent",plot=F)
   power ncp.alt ncp.null.1 ncp.null.2 alpha  df  t.crit.1 t.crit.2
0.8015005        0     -2.933      2.933  0.05 860 -1.287728 1.287728
> # 아래는 오류
> power.t.test(ncp=2.933, df=430*2,plot=F)
   power ncp.alt ncp.null alpha  df  t.crit.1 t.crit.2
0.8339172   2.933        0  0.05 860 -1.962726 1.962726
```

3 표본크기 추정시 기타 고려사항들

연구자가 표본크기 추정을 실시해야 하는 이유는 크게 2가지입니다. 첫째는, (특히 최근 들어) 현실 연구자는 연구를 수행하기 전에 연구윤리 관련 '기관생명윤리위원회(IRB, Institutional Review Board)'의 검토를 받아야 하기 때문입니다. 이 과정에서 연구자는 어느 정도 규모의 연구표본을 수집해야 할지 밝혀야 합니다. 둘째는, 연구자는 연구를 계획하면서 '테스트하고자 하는 연구가설에 대한 실증적 해답을 얻기 위해서는 어느 정도의 표본을 수집해야 하는가?'라는 지극히 현실적인 질문에 맞닥뜨릴 수밖에 없기 때문입니다. 왜냐하면 데이터 수집에는 '돈'이 들고, 당연히 연구자 입장에서 '연구비'는 희소자원이기 때문에 효율적으로 사용해야만 하기 때문입니다.

이와 같은 현실적 필요성에 대한 '통계학적 제안'이 바로 표본크기 추정(sample size determination)입니다. 제가 '통계학적 제안'이라고 이름 붙인 이유는 표본크기를 추정할 때는 '귀무가설 및 대안가설 테스트' 결과뿐만 아니라 기타 사항들도 고려할 필요가 있기 때문입니다. 귀무가설 및 대안가설 테스트 외에 고려해야 할 몇 가지 사항을 예로 들면 다음과 같습니다.

- 첫째, 귀무가설 및 대안가설 테스트가 연구목표가 아닌 경우라면 표본크기 추정에 크게 얽매일 필요가 없습니다. 본조사 이전에 진행되는 사전조사(pilot test)라면, 처치효과 경향성만 확인하거나 혹은 연구도구(instruments)의 타당도와 신뢰도를 살펴보는 것 정도로 충분하기 때문입니다.

- 둘째, 현실적 제약조건입니다. 만약 연구사례가 매우 희소하거나(이를테면 희귀병) 현실적 제약조건들로 인해 연구사례를 확보하는 것이 어렵다면(이를테면 유아), 표본크기 추정보다는 현실적 제약조건에서 최대한의 연구사례를 확보하는 것에 집중하는 것이 더 적절합니다.

- 셋째, 연구대상의 연구협조율에 따라 표본크기 추정결과를 적절하게 가감하여 활용해야 합니다. 사회과학 연구를 실제로 진행해본 분들은 모두 아시겠지만, 모든 사람들이 연구에 협조하지는 않습니다[명시적인 비협조는 물론, 연구과정에서 나타나는 중도탈락이나 연구의 자극물 및 측정도구에 대한 부주의(inattention) 역시 포함]. 또한 동일한 연구기법을 사용했다고 하더라도 연구대상에 따라, 그리고 연구가 진행되는 시대상황에 따라 사람들의 연구협조율은 달라지기 쉽습니다. 표본규모 추정과정에서 연구협조율을 고려하기도 하지만, 연구협조율을 객관적 방법으로 추정하는 방법은 아마도 존재하지 않을 듯합니다. 연구협조율은 해당 분야에서 오랜 기간 연구를 수행한 전문가의 '감(感)'에 상당 부분 의존할 수밖에 없을 듯합니다.

- 넷째, 연구자는 통상적인 방법으로 표본크기 추정을 적용하기 어려운 데이터 분석기법을 사용해야 할 경우가 적지 않습니다. 본문에서도 몇 차례 이야기했지만, 통상적인 표본크기 추정은 분산분석과 OLS 회귀모형을 비롯한 몇몇 일반화선형모형(GLM) 기법에만 국한되어 있습니다. 물론 최근 몬테카를로(Monte Carlo) 기법을 기반으로 시뮬레이션을 통한 표본크기 추정 기법들이 속속 개발되고 있지만, 일반 연구자가 사용하기에는 편의성이 떨어집니다. 즉 분석기법의 특수성에 따라 표본크기 추정을 활용하기 어려운 상황들이 자주 발생합니다.

- 다섯째, 표본규모 추정에 필수적인 효과크기(effect size) 통계치를 적절하게 상정하기 어려운 경우가 적지 않습니다. 관련 분야의 선행연구들이 누적되어 있지 않을 경우, 코헨(Cohen, 1988)의 효과크기 분류를 활용하여 효과크기 통계치의 조건으로 지정하고 투입하기도 합니다만, 학문분과에 따라 적절하지 않을 가능성도 배제하기

어렵습니다. 특히 사회과학 분과에서는 새롭게 등장한 현상 혹은 선행연구가 진행된 시점과 시공간적 맥락이 완전히 다른 환경에서 연구를 진행해야 하는 경우가 적지 않은데, 이러한 상황에서는 타당한 효과크기 통계치를 상정하기 어렵습니다.

본서에서 소개한 표본크기 추정은 위와 같은 현실적 한계들을 적극적으로 고려하지 않고 있습니다. 실제 현장에서 연구를 수행하는 연구자들은 연구표본 추정과정은 물론 연구상황에서 맞닥뜨리게 되는 현실적 요건들을 잘 고려하시기 바랍니다.

별첨-2 제곱합 추정유형과 분산분석 추정결과

분산분석(analysis of variance)이라는 이름에서 잘 드러나듯, 분산분석은 개체간 요인의 수준별 평균차이를 추정할 때 '분산(variance)'을 활용하며, 이 과정에서 '제곱합(sum of squares)'을 어떤 방식으로 계산하는가에 따라 분산분석 추정결과는 조금씩 혹은 크게 달라질 수 있습니다. '별첨-2'에서는 2가지 예시데이터를 통해 어떤 상황에서 3가지 제곱합 추정유형에 따라 분산분석 결과가 달라질 수 있는지 살펴보도록 하겠습니다. 이번 섹션에서 살펴볼 3가지 예시데이터는 모두 개체간 요인설계 데이터이지만, 데이터의 상황은 아래와 같이 다릅니다.

- dt_ssdata1.csv: 네 집단의 집단크기(cell size)가 완전하게 동일한 균형 데이터(balanced data)
- dt_ssdata2.csv: 네 집단의 집단크기가 상이한 불균형 데이터(unbalanced data)

구체적으로 각 데이터를 불러온 후, 개체간 요인수준별 집단크기와 종속변수의 평균을 시각화한 결과는 [그림 A-1]과 같습니다.

```
> library(tidyverse)
> library(afex)
> library(car)
> library(patchwork)
> # balanced data
> ssdata1 <- read_csv("dt_ssdata1.csv",show_col_types=FALSE) |>
```

```
+ mutate(fa=factor(fa),fb=factor(fb))
> # unbalanced data
> ssdata2 <- read_csv("dt_ssdata2.csv",show_col_types=FALSE) |>
+ mutate(fa=factor(fa),fb=factor(fb))
> # Figure drawing
> draw_figure <- function(input_data){
+ myfig <- input_data |> group_by(fa, fb) |>
+   summarise(M=mean(y),N=length(y))
+ myfig |> ggplot(aes(x=fa, y=M, shape=fb))+
+   geom_point(size=4)+
+   geom_line(aes(x=as.integer(factor(fa)),y=M))+
+   geom_text(aes(x=fa, y=M+0.7, label=str_c("n=",N)))+
+   labs(x="Factor A",y="Means",shape="Factor B")+
+   theme_bw()+theme(legend.position="top")
+ }
> fig1 <- draw_figure(ssdata1)+ggtitle("Balanced data")
`summarise()` has grouped output by 'fa'. You can override using the `.groups` argument.
> fig2 <- draw_figure(ssdata2)+ggtitle("Unbalanced data")
`summarise()` has grouped output by 'fa'. You can override using the `.groups` argument.
> fig1+fig2
```

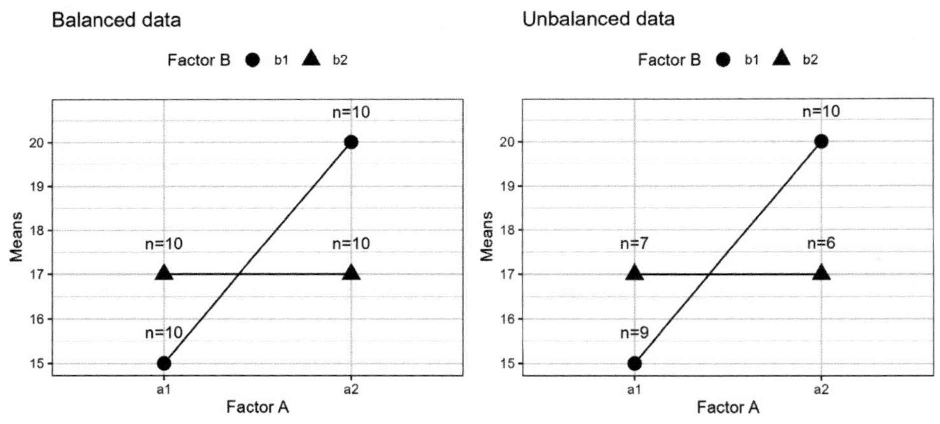

[그림 A-1] 2×2 2요인설계 상황에서 균형 데이터와 불균형 데이터 비교

[그림 A-1]의 두 그래프는 두 요인간 상호작용효과 패턴이 정확하게 일치합니다. 그러나 왼쪽 그래프는 네 집단의 집단크기가 10으로 모두 동일한 반면, 오른쪽 그래프에서는 네 집단의 집단크기가 각기 상이하게 나타나고 있습니다.

제곱합 추정유형에는 '제I유형', '제II유형', '제III유형' 3가지 방법이 있습니다. 본서의 본문에서는 '제III유형'을 중심으로 분산분석기법을 소개하였습니다. 그렇다면 3가지 제곱합 추정유형은 어떤 특징을 갖고 있을까요? 구체적인 추정방법을 소개하기 전에 [그림 A-1]의 3가지 상황에 대해 각 유형별 분산분석 추정결과가 어떠한지 살펴보겠습니다. 제곱합 추정유형은 3가지이지만, 여기서는 각 유형별로 두 요인의 투입순서를 바꾸는 방식으로 y~fa*fb와 y~fb*fa를 각각 지정하였습니다.

먼저 네 집단의 집단크기가 완전하게 동일한 'dt_ssdata1.csv'를 대상으로 2가지 방식의 제I유형과 제II유형, 제III유형 제곱합 추정방식을 적용한 분산분석결과를 추정한 결과는 아래와 같습니다. 출력결과에서 확인할 수 있듯, 효과항들의 테스트 통계치와 통계적 유의도는 정확하게 동일합니다. 다시 말해 집단크기가 완전히 동일한 균형 데이터의 경우에는 어떤 유형으로 분산분석을 실시해도 그 결과가 정확히 동일합니다.

```
> contrasts(ssdata1$fa) <- contr.sum(2)
> contrasts(ssdata1$fb) <- contr.sum(2)
> aov(y~fa*fb, ssdata1) |> summary()
                                [구체적 결과는 [표 A-1] 참조]
> aov(y~fb*fa, ssdata1) |> summary()
                                [구체적 결과는 [표 A-1] 참조]
> aov(y~fa*fb, ssdata1) |> Anova(type=2)
                                [구체적 결과는 [표 A-1] 참조]
> aov(y~fb*fa, ssdata1) |> Anova(type=2)
                                [구체적 결과는 [표 A-1] 참조]
> aov(y~fa*fb, ssdata1) |> Anova(type=3)
                                [구체적 결과는 [표 A-1] 참조]
> aov(y~fb*fa, ssdata1) |> Anova(type=3)
                                [구체적 결과는 [표 A-1] 참조]
```

[표 A-1] 균형 데이터 상황(ssdata1)에서의 제곱합 추정유형별 분산분석 결과

	제I유형	제II유형	제III유형
투입순서			
fa 주효과	19.99 (p < .001)	19.99 (p < .001)	19.99 (p < .001)
fb 주효과	0.80 (p = .377)	0.80 (p = .377)	0.80 (p = .377)
fa:fb 상호작용효과	19.99 (p < .001)	19.99 (p < .001)	19.99 (p < .001)
투입순서			
fb 주효과	0.80 (p = .377)	19.99 (p < .001)	19.99 (p < .001)
fa 주효과	19.99 (p < .001)	0.80 (p = .377)	0.80 (p = .377)
fb:fa 상호작용효과	19.99 (p < .001)	19.99 (p < .001)	19.99 (p < .001)

알림. 6가지 상황 모두에서 평균제곱합(MSE, mean square of error)은 3.13으로 동일함

[표 A-1]과 같은 균형 데이터 상황에서는 어떤 방식의 분산분석이든 분석결과가 동일한 것을 발견할 수 있습니다. 그러나 현실에서는 균형 데이터보다 불균형 데이터를 접하게 될 가능성이 더 높습니다. 왜냐하면 실험조건마다 실험참여자가 완전히 동일한 순응도(compliance)를 보일 가능성은 매우 희박하며, 결측데이터 역시 실험조건에 따라 각기 다르게 나타날 수 있기 때문입니다. 그렇다면 상호작용효과 패턴은 그대로 유지되지만, 불균형 데이터인 경우에 3가지 제곱합 유형별 분산분석 결과가 어떻게 달라지는지 살펴보겠습니다.

```
> contrasts(ssdata2$fa) <- contr.sum(2)
> contrasts(ssdata2$fb) <- contr.sum(2)
> aov(y~fa*fb, ssdata2) |> summary()
                                   [구체적 결과는 [표 A-2] 참조]
> aov(y~fb*fa, ssdata2) |> summary()
                                   [구체적 결과는 [표 A-2] 참조]
> aov(y~fa*fb, ssdata2) |> Anova(type=2)
                                   [구체적 결과는 [표 A-2] 참조]
> aov(y~fb*fa, ssdata2) |> Anova(type=2)
                                   [구체적 결과는 [표 A-2] 참조]
> aov(y~fa*fb, ssdata2) |> Anova(type=3)
                                   [구체적 결과는 [표 A-2] 참조]
```

```
> aov(y~fb*fa, ssdata2) |> Anova(type=3)
```

[구체적 결과는 [표 A-2] 참조]

[표 A-2] 불균형 데이터 상황(ssdata2)에서 제곱합 추정유형별 분산분석 결과

	제I유형	제II유형	제III유형
투입순서			
fa 주효과	31.67 ($p < .001$)	30.97 ($p < .001$)	21.12 ($p < .001$)
fb 주효과	0.65 ($p = .426$)	0.65 ($p = .426$)	0.84 ($p = .366$)
fa:fb 상호작용효과	21.12 ($p < .001$)	21.12 ($p < .001$)	21.12 ($p < .001$)
투입순서			
fb 주효과	1.35 ($p = .254$)	0.65 ($p = .426$)	0.84 ($p = .366$)
fa 주효과	30.97 ($p < .001$)	30.97 ($p < .001$)	21.12 ($p < .001$)
fb:fa 상호작용효과	21.12 ($p < .001$)	21.12 ($p < .001$)	21.12 ($p < .001$)

알림. 6가지 상황 모두에서 평균제곱합(MSE, mean square of error)은 2.27로 동일함

[표 A-2]에서 확인할 수 있듯, 분산분석 추정결과는 각 유형별로 상당히 다릅니다. 무엇보다 두 요인의 주효과 추정결과가 매우 다릅니다. [표 A-2]에서는 다음의 사항들에 주목해야 합니다. 첫째, 6가지 상호작용효과의 테스트 통계치는 모두 정확하게 동일합니다. 즉 제곱합 추정 유형별 차이는 상호작용효과가 아닌 주효과를 추정할 때 발생합니다. 둘째, 제II유형이나 제III유형과 달리 제I유형에서는 주효과항이 어떤 순서로 투입되는가에 따라 주효과 추정결과가 달라집니다. 예를 들어 제I유형 제곱합 추정방법의 경우, 먼저 투입된 주효과항일수록 테스트 통계치가 더 크게 추정되는 것을 알 수 있습니다[fa가 첫 번째로 투입되면 $F(1,29) = 32.22$, 두 번째로 투입되면 $F(1,29) = 31.88$]. 반면 제II유형과 제III유형 제곱합 추정방식을 사용할 경우, 주효과 추정항의 투입순서에 따른 테스트 통계치 변화는 나타나지 않습니다. 셋째, 제III유형으로 추정한 fa의 주효과 테스트 통계치는 다른 유형으로 추정한 fa의 주효과 테스트 통계치와 비교할 때 상당히 작은 것으로 나타납니다.

이러한 결과가 나타난 이유는 제곱합을 추정하는 방식이 각기 다르기 때문입니다. 두 요인의 제곱합을 [그림 A-2]와 같은 벤다이어그램으로 나타낼 때, 3가지 유형별 제곱합을 추정하는 방법은 아래와 같습니다.

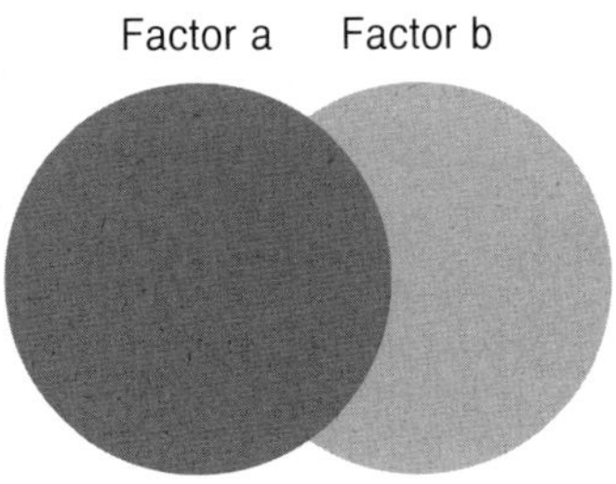

제I유형(투입순서)	제II유형(투입순서)	제III유형(투입순서)
SS(A)	SS(A|B)	SS(A|B,A*B)
SS(B|A)	SS(B|A)	SS(B|A,A*B)
SS(A*B|A,B)	SS(A*B|A,B)	SS(A*B|A,B)

[그림 A-2] 분산추정 공식을 `y~fa*fb`로 지정하였을 경우 유형별 제곱합 추정방식
알림. SS는 제곱합(sum of sqaures)의 약자임

첫째, 3가지 제곱합 추정방식 모두 상호작용효과의 제곱합은 동일한 방식으로 추정하는 것을 알 수 있습니다. 둘째, 제II유형과 제III유형의 경우 두 요인을 어떠한 순서로 투입해도 각 요인의 추정된 제곱합은 동일한 것을 확인할 수 있습니다. 그러나 제I유형은 처음에 투입한 제곱합의 경우 다른 요인으로 인한 제곱합을 고려하지 않기 때문에, 먼저 어떤 순서로 투입되었는가에 따라 각 요인의 주효과 추정결과가 달라진다는 것을 알 수 있습니다. 셋째, 제II유형과 제III유형의 경우 주효과를 추정하는 방법이 상이한 것을 확인할 수 있습니다. 제II유형 제곱합의 경우 다른 요인만을 고려하는 반면, 제III유형 제곱합의 경우 다른 요인은 물론 두 요인의 상호작용효과 요인까지도 추가로 고려하고 있습니다.

[그림 A-2]는 3가지 제곱합 추정방식의 특성이 무엇인지 잘 보여줍니다. 우선 분석하고자 하는 데이터가 균형 데이터인 경우, 어떤 유형을 사용하든 분산분석 추정결과가 달라지지 않습니다. 그러나 분석하고자 하는 데이터가 불균형 데이터인 경우, 연구목적에 따라 적절한 방식을 선택하는 것이 좋습니다. 첫째, 제I유형의 경우 추정항

의 투입순서가 매우 중요합니다. 만약 전체분산 중 가장 먼저 고려되는 요인의 효과를 추정한 후, 남은 잔여분산을 대상으로 다른 요인으로 순차적으로 설명하고자 하는 것이 연구의 목적이라면, 제I유형을 선택하는 것이 적절합니다. 이 경우 연구자는 왜 자신이 설정한 방식으로 모형을 구성했는지에 대한 이론적 근거를 갖추어야 합니다. 둘째, 만약 모형에 투입되는 다른 모든 요인의 효과를 통제한 후, 해당 요인의 효과를 '보수적으로(conservatively)' 추정하는 것이 목적이라면, 제III유형 제곱합 추정방법이 적절합니다. 제III유형 제곱합의 이러한 보수적 특성으로 인해 제III유형 제곱합 추정방법이 가장 권장되곤 합니다. 셋째, 만약 두 요인의 상호작용효과가 0이거나 혹은 무시할 수 있을 정도로 작다고 확신할 수 있다면, 제II유형 제곱합 추정방법을 사용하는 것이 좋습니다. 그러나 연구자가 다루는 현상에서 상호작용효과가 0이라고 확신할 수 있는 상황이 과연 빈번할 수 있는지 상상하기 어렵다는 점을 고려할 때, 제II유형 제곱합 추정방법이 현실적으로 타당한지 개인적으로는 의구심이 듭니다.

여기에 제시된 내용은 맥스웰과 델라니(Maxwell et al., 2018)의 논의를 사례 중심으로 평이하게 서술한 것입니다. 제III유형이 가장 많이 사용되고 있지만(특히 FDA와 같은 정부기관에서 제III유형 제곱합 추정방법을 의무화하고 있다는 점에서), 제III유형이 아닌 두 유형 역시 학계에서 지속적으로 주목받고 있습니다. 제I유형의 장점에 대한 보다 자세한 논의는 버네이블(Venables, 1998)을, 제II유형의 장점에 대해서는 랑스러드(Langsrud, 2003)를 참조하기 바랍니다. 개인적으로는 헥터 등(Hector et al., 2010)의 논문이 분산분석의 제곱합 추정방법에 대한 가장 균형 잡힌 의견이라고 생각하며, 관심 있는 독자들에게 일독을 권하고 싶습니다.

참고문헌

강현철 (2019). 《G*Power를 활용한 효과크기와 표본크기 계산》. 자유아카데미.

남상석 (2015). 《스포츠 의·과학 연구를 위한 G*Power와 Sample Size》. 한나래아카데미.

백영민 (2018b). 《방법론적 사유: 입말로 풀어쓴 사회과학 연구방법론》. 한나래아카데미.

백영민 (2018a). 《R을 이용한 다층모형》. 한나래아카데미.

백영민 (2019). 《R 기반 제한적 종속변수 대상 회귀모형》. 한나래아카데미.

백영민 (2023). 《R 기반 데이터과학: tidyverse 접근(개정판)》. 한나래아카데미.

백영민·박인서 (2021). 《R 기반 성향점수분석: 루빈 인과모형 기반 인과추론》. 한나래아카데미.

심성률 (2019). 《(의학·보건학 연구자를 위한) R 메타분석》. 한나래아카데미.

차재형 (2021). 《R과 함께하는 의학통계: 비교분석 연구에서의 표본크기와 검정력》. 자유아카데미.

Allen, J., & Le, H. (2008). An additional measure of overall effect size for logistic regression models. *Journal of Educational and Behavioral Statistics*, 33(4), 416–441. https://doi.org/10.3102/1076998607306081

Althouse, A. D. (2021). Post hoc power: Not empowering, just misleading. *Journal of Surgical Research*, 259, A3–A6. https://doi.org/10.1016/j.jss.2019.10.049

Anderson, M. J. & Whitcomb, P. J. (2016). *RSM simplified: Optimizing processes using response surface methods for design of experiments* (2nd Ed.). Talyor & Francis.

Arend, M. G., & Schäfer, T. (2019). Statistical power in two-level models: A tutorial based on Monte Carlo simulation. *Psychological Methods*, 24(1), 1–19. https://doi.org/10.1037/met0000195

Atkinson, A. C. (2014). Optimal design. In Balakrishnan, N. Colton, T. Everitt, B. Piegorsch, W. Ruggeri, F. & Teugels, J. L. (Eds.), *Wiley StatsRef: Statistics Reference Online* (pp. 1–17). https://doi.org/10.1002/9781118445112.stat04090.pub2.

Babbie, E. (2020). *The practice of social research* (15th Ed.). Cengage Learning.

Benjamini, Y., & Hochberg, Y. (1995). Controlling the false discovery rate: a practical and powerful approach to multiple testing. *Journal of the Royal Statistical Society: Series B (Methodological)*, 57(1), 289-300.

Bolger, N., & Laurenceau, J. P. (2013). *Intensive longitudinal methods: An introduction to diary and experience sampling research*. Guilford press.

Chow, S-C., Shao, J., & Wang, H. (2008). *Sample size calculations in clinical research* (2nd Ed.). Chapman & Hall.

Cohen, J. (1969). *Statistical power analysis for the behavioral sciences* (1st Rev. Ed.). Academic Press.

Cohen, J. (1988). *Statistical power analysis for the behavioral sciences* (2nd Ed.). Routledge.

Cohen, J. (1992). A power primer. *Psychological Bulletin*, 112(1), 155-159.

Conover, W. J., Johnson, M. E., & Johnson, M. M. (1981). A comparative study of tests for homogeneity of variances, with applications to the outer continental shelf bidding data. *Technometrics*, 23(4), 351-361.

Constantin, M. A., Schuurman, N. K., & Vermunt, J. K. (2024). A general Monte Carlo method for sample size analysis in the context of network models. *Psychological Methods*. Advance online publication. https://dx.doi.org/10.1037/met0000555

Cook, R. D., & Nachtsheim, C. J. (1989). Computer-aided blocking of factorial and response-surface designs. *Technometrics*, 31(3), 339-346.

Dean, A., Voss, D., & Draguljic, D. (2017). *Design and analysis of experiments* (2nd Ed.). Springer.

Donner, A., & Klar, N. (2004). Pitfalls of and controversies in cluster randomization trials. *American Journal of Public Health*, 94(3), 416-422. https://doi.org/10.2105/ajph.94.3.416

Dupuy, D., Helbert, C., & Franco, J. (2015). DiceDesign and DiceEval: Two R packages for design and analysis of computer experiments. *Journal of Statistical Software*, 65(11), 1–38. https://doi.org/10.18637/jss.v065.i11

Eldridge, S. M., Ashby, D., Feder, G. S., Rudnicka, A. R., & Ukoumunne, O. C. (2004). Lessons for cluster randomized trials in the twenty-first century: A systematic review of trials in primary care. *Clinical trials*, 1(1), 80-90. https://doi.org/10.1191/1740774504cn006rr

Fang, K. T., Li, R., & Sudjianto, A. (2006). *Design and modeling for computer experiments*. Chapman & Hall/CRC.

Faul, F., Erdfelder, E., Buchner, A., & Lang, A.-G. (2009). Statistical power analyses using G*Power 3.1: Tests for correlation and regression analyses. *Behavior Research Methods*, 41, 1149-1160. https://doi.org/0.3758/BRM.41.4.1149

Feng, Z., Diehr, P., Peterson, A., & McLerran, D. (2001). Selected statistical issues in group randomized trials. *Annual Review of Public Health*, 22(1), 167-187. https://doi.org/10.1146/annurev.publhealth.22.1.167

Fisher R. (1937). *The Design of Experiments*. Oliver and Boyd.

Gunst, R. F., & Mason, R. L. (2009). Fractional factorial design. *Wiley Interdisciplinary Reviews: Computational Statistics*, 1(2), 234-244. https://doi.org/10.1002/wics.027

Hayes, R. J., & Moulton, L. H. (2017). *Cluster randomised trials* (2nd Ed.). CRC Press.

Hector, A., Von Felten, S., & Schmid, B. (2010). Analysis of variance with unbalanced data: an update for ecology & evolution. *Journal of Animal Ecology*, 79(2), 308-316. https://doi.org/10.1111/j.1365-2656.2009.01634.x

Hemming, K., Kasza, J., Hooper, R., Forbes, A., & Taljaard, M. (2020). A tutorial on sample size calculation for multiple-period cluster randomized parallel, cross-over and stepped-wedge trials using the Shiny CRT Calculator. *International Journal of Epidemiology*, 49(3), 979-995. https://doi.org/10.1093/ije/dyz237

Hoffman, J. P. (2016). *Regression models for categorical, count, and related variables: An applied approach*. University of California Press.

Holland, P. W. (1986). Statistics and causal inference. *Journal of the American statistical Association*, 81(396), 945-960.

Hunter, J. E., & Schmidt, F. L. (2004). *Methods of meta-analysis: Correcting error and bias in research findings*. Sage.

Imbens, G. W. (2024). Causal inference in the social sciences. *Annual Review of Statistics and Its Applications*, 11, 123-152.

Kenny, D. A. (1985). Quantitative methods of special interest to social psychologists. In Lindsey, G. & Aronson, E. (Eds). *The Handbook of Social Psychology* (pp. 487-508). Erlbaum.

Keselman, H. J., & Keselman, J. C. (1988). Repeated measures multiple comparison procedures: Effects of violating multisample sphericity in unbalanced designs. *Journal of Educational Statistics*, 13(3), 215–226. https://doi.org/10.3102/10769986013003215

Klar, N., & Donner, A. (2001). Current and future challenges in the design and analysis of cluster randomization trials. *Statistics in Medicine*, 20(24), 3729–3740. https://doi.org/10.1002/sim.1115

Klar, N. & Donner, A. (2014). Cluster randomization. In Balakrishnan, N. (Ed.), *Methods and applications of statistics in clinical trials: Concepts, principles, trials, and design* (pp. 216–229). Wiley.

Kieser, M. (2020). *Methods and applications of sample size calculation and recalculation in clinical trials*. Springer.

Langsrud, Ø. (2003). ANOVA for unbalanced data: Use Type II instead of Type III sums of squares. *Statistics and Computing*, 13(2), 163–167.

Lenth, R., Bolker, B., Buerkner, P. Giné-Vázquez, I. Herve, M., Jung, M., Love, J. Miguez, F., Piaskowski, J. Riebl, H, & Singmann, H. (2024). *emmeans: Estimated Marginal Means, aka Least-Squares Means*. R package version 1.10.2. https://CRAN.R-project.org/package=emmeans

Long, J. S. (1997). *Regression models for categorical and limited dependent variables*. Sage.

Maxwell, S. E. (1980). Pairwise multiple comparisons in repeated measures designs. *Journal of Educational Statistics*, 5(3), 269–287. https://doi.org/10.3102/10769986005003269

Maxwell, S. E., Delaney, H. D. & Kelly, K. (2018). *Designing experiments and analyzing data: A model comparison perspective* (3rd Ed.). Routledge.

Montgomery, D. C. (2020). *Design and analysis of experiments* (10th Ed.). Wiley.

Murray, D. M. (2014). Group-randomized trials. In Balakrishnan, N. (Ed.), *Methods and applications of statistics in clinical trials: Concepts, principles, trials, and design* (pp. 448–466). Wiley.

Murray, D. M., Taljaard, M., Turner, E. L., & George, S. M. (2020). Essential ingredients and innovations in the design and analysis of group-randomized trials. *Annual Review of Public Health*, 41, 1–19. https://doi.org/10.1146/annurev-publhealth040119-094027

Murray, D. M., Varnell, S. P., & Blitstein, J. L. (2004). Design and analysis of group–randomized trials: A review of recent methodological developments. *American Journal of Public Health*, 94(3), 423–432. https://doi.org/10.2105/ajph.94.3.423

Muthen, L. K., & Muthen, B. O. (2002). How to use a Monte Carlo study to decide on sample size and determine power. *Structural Equation Modeling*, 9(4), 599–620. https://doi.org/10.1207/S15328007SEM0904_8

Myers, R. H., Montgomery, D. C., & Anderson–Cook, C. M. (2016). *Response surface methodology: Process and product optimization using designed experiments* (4th Ed.). John Wiley and Sons.

Page, G. P. & Cui, X. (2014). Microarray. In Balakrishnan, N. (Ed.), *Clinical trials: Planning, analysis, and inferential methods* (pp. 391–415). Wiley.

Page, M. J., McKenzie, J. E., Bossuyt, P. M., Boutron, I., Hoffmann, T. C., Mulrow, C. D, et al. (2021). The PRISMA 2020 statement: An updated guideline for reporting systematic reviews. *BMJ*, 372. https://doi.org/10.1136/bmj.n71

Pearl, J., & Mackenzie, D. (2018). *The book of why: The new science of cause and effect*. Basic books.

Rasch, D., Pilz, J., Verdooren, R., & Gebhardt, A. (2011). *Optimal experimental design with R*. CRC Press.

Raudenbush, S. W., & Bryk, A. S. (2002). *Hierarchical linear models: Applications and data analysis methods*. Sage.

Rosenbaum, P. R., & Rubin, D. B. (1983). The central role of the propensity score in observational studies for causal effects. *Biometrika*, 70(1), 41-55.

Santer, T. J., Williams, B. J., & Notz, W. I. (2018). *The design and analysis of computer experiments* (2nd Ed.). Springer.

Schutt, R. K. (2022). *Investigating the social world: The process and practice of research* (10th Ed.). Sage.

Shadish, W. R., Cook, T. D., & Campbell, D. T. (2001). *Experimental and quasi-experimental designs for generalized causal inference* (2nd Ed.). Cengage Learning.

Singmann, H., & Kellen, D. (2019). An introduction to mixed models for experimental psychology. In D. H. Spieler & E., Schumacher, (Eds.), *New methods in cognitive psychology* (pp. 4–31). Routledge.

Splawa-Neyman, J. (1923/1990). On the application of probability theory to agricultural experiments. Essay on principles. Section 9. *Statistical Science*, 5(4), 465-472. (Translated and edited by D. M. Dabrowska and T. P. Speed)

van Belle, G. & Kerr, K. F. (2012). *Design and analysis of experiments in the health sciences*. Wiley.

Venables, W. N. (1998). *Exegeses on linear models*. Paper presented to the SPlus User's Conference, Washington DC, 8–9 October 1998.

Wang, Y. A., & Rhemtulla, M. (2021). Power analysis for parameter estimation in structural equation modeling: A discussion and tutorial. *Advances in Methods and Practices in Psychological Science*, 4(1), 1-17. https://doi.org/10.1177/251524592091

Wickham, H., Cetinkaya-Rundel, M., & Grolemund, G. (2023). *R for data science* (2nd Ed.). O'Reill.

Zhang, Y., Hedo, R., Rivera, A., Rull, R., Richardson, S., & Tu, X. M. (2019). Post hoc power analysis: Is it an informative and meaningful analysis?. *General Psychiatry*, 32(4). e100069. https://doi.org/10.1136/gpsych-2019-100069

Zhang, Z. & Yuan, K-H. (2018). *Practical statistical power analysis using WebPower and R*. ISDSA Press.

주제어 찾아보기

ㅇ

ㅈ

ㅊ

ㅋ

ㅌ

ㅍ

ㅎ

R 함수 찾아보기